中國近代史

著 孔守李

行 印 局 書 民 三

國立中央圖書館出版品預行編目資料

中國近代史／李守孔著．--十三版．--
臺北市：三民，民84
　　面；　　公分
ISBN 957-14-0665-1（平裝）

1.中國-歷史-近代（1600-　　　）

627

ⓒ 中國近代史
（近代史及現代史）

著　作　人　李守孔
發　行　人　劉振強
著作財產權人　三民書局股份有限公司
發　行　所　三民書局股份有限公司
　　　　　　地址／臺北市復興北路三八六號
　　　　　　郵撥／○○○九九九八一五號
印　刷　所　三民書局股份有限公司
　　　　　　復北店／臺北市復興北路三八六號
門　市　部　重南店／臺北市重慶南路一段六十一號
初　版　中華民國六十三年八月
十三版　中華民國八十四年八月
編　　號　S 62012
基本定價　陸元陸角
行政院新聞局登記證局版臺業字第○二○○號

ISBN 957-14-0665-1（平裝）

中國近代史 目錄

上編・清代部份

二

上編・清代部份

第一章　鴉片戰爭

第一節　早期之中外關係

中國在鴉片戰爭以前，未涉足於國際之林，外人雖與中國有歷史相演之通商關係，但斷續無常，清廷只認為係嘉惠遠人，既不重關稅收入，更不予外人以合法地位。而來華外商類多慕利不法之徒，以致雙方隔閡日漸加深。

歐人之來華通商，葡萄牙人雖首開其端，並租借澳門居住，但自康熙二十三年（一六八四）清廷開放海禁後，英國駸駸駕於西方各國之上。其商業組織之東印度公司為負責對華貿易之機構，由其派駐廣州之「大班」，照顧在華英商利益。中國則限定廣州一埠為外商販賣之區，由兩廣總督負監督之責。乾隆以後，來華外商日增，中外人民糾紛益多，清廷遞次增訂「防範夷人章程」，加以各種限制，例如：禁止夷商在廣州過久，夷船進口應由行商（通稱十三行）具保，不許夾帶違禁貨物，交易完稅由認保行商承辦，夷商居住夷館不得擅自出入，如有陳稟一律由行商代轉。加以稅無定額，規禮繁重，英人益感難支。初要求開港寧波，因遭拒絕，乃於乾隆五十七年（一七九二）秋，藉口叩祝清高宗八秩萬壽，派專使馬戞爾尼來華，直接與北京政府交涉，以謀改善在華英商地位。

乾隆五十八年（一七九三）七月，馬戞爾尼抵北京，八月十日在熱河行宮覲見清高宗，因拒行三跪

九叩首禮，曾發生嚴重爭執，雖受到中國禮遇，而其要求增開口岸、北京通商、使用舟山、寬減關稅，

清廷均認為「與天朝禮制不合」，加以拒絕。馬氏被迫於同年九月取道運河南下，十二月離廣州放洋歸

國，此行任務完全失敗。

馬戞爾尼來華之年，正值法國革命國會對英宣戰，使英國無暇東顧，中國通商制度之改良只得暫時

擱置。同時中國方面亦變故多端，嘉慶初年湖北教匪之亂，蔓延四川、河南、陝西、甘肅等省，歷時八

年始告平定。閩、粵復海盜蠭起，清廷籌餉增稅，外人通商困難日增。嘉慶十三年（一八〇八）八月，

英法戰爭波及中國。英國恐法國奪取澳門，危及其遠東商務，不顧葡人反對，公然登陸，分守礮臺，欲

圖永久佔領。兩廣總督吳熊光勸告撤退不遂，乃下令封艙，調兵守禦，斷絕對英貿易。英船駛入虎門，

進泊黃浦，意圖尋釁。後因外商調停，由澳門葡人納款六十萬兩犒師，英船始起碇出洋，清廷對英人之

印象更加惡劣。

嘉慶二十年（一八一五），英法戰爭結束，英國成為歐洲最強之國家。加以十八世紀下半葉工業革

命後，自由貿易學說興起，開闢海外市場成為迫切之需要，於是英國再派阿美士德為專使來華，於翌年

閏六月抵達天津。惟仁宗重視覲見禮節，阿美士德復桀敖不馴，於七月七日覲見前被驅逐離京，更加深

雙方之誤會。

先是英國自工業革命後，新資本家興起，對東印度公司壟斷對華貿易，甚表不滿。英國國會乃通過

自道光十四年（一八三四）起，撤消東印度公司對華貿易之特權，聽憑英人在東方自由經商，由英政府

設置駐華商務總監督，統攝一切，此爲中英關係之一大轉變，由商業公司之對華關係，一變而爲英政府之對華交涉。

道光十四年（一八三四）六月初九日，出身貴族之英國商務總監督律勞卑抵達澳門，旋乘軍艦至黃浦，改乘商船至廣州，居住於英國商館，不照舊規章「陳稟」由行商代轉，而以平行國書直接向兩廣總督盧坤投遞。盧坤退其國書，迭命行商勸告其暫歸澳門，律勞卑均置之不顧。盧坤認爲律勞卑「自絕於天朝」，於七月二十九日下令封艙，撤退英國商館職工水手，停止飲食供應。英人處境始感困難。

盧坤與律勞卑間之爭執，在盧坤並無苛求之意，僅是遵循二百多年來中西關係之成例，而律勞卑則認爲國書由行商代遞，無異對英王和其個人均係一種侮辱，絕對無法忍受。八月五日律勞卑下令英兵船乘潮直攻黃埔，礮臺發礮阻擊無效，虎門礮臺被毀；於是盧坤派兵圍其商館，並利用大石木排阻塞省河。

盧坤之防堵政策雖無功效，而封艙政策卻使英人遭受莫大打擊。律勞卑不欲英國貿易永停，且其本人患病，體力不支，乃於八月十九日返回澳門，同月二十七日中英貿易重開，九月九日律勞卑憤懣以卒，由副監督德庇時繼其任。德庇時初爲東印度公司職員，在華頗久，熟悉中國情況，對華交涉採取緘默政策，因此雙方相安無事。而在粵英商則極爲不滿，上書英王請求派遣全權代表，以武力作後盾，直接向北京政府進行交涉。在華英國傳教士因不滿中國各種禁令，亦有同樣之表示。同年十二月德庇時辭職，由羅賓生繼任，遵行其政策。道光十六年（一八三六）十一月，羅賓生辭職，由義律繼任。義律表面對中國仍採取和平政策，暗中則建議英政府，非使用武力不能得到中國政府之平等待遇，中英兩國之

武裝衝突遂勢所難免。

作 業

一、早期外人來華通商，清廷設有那些限制？

二、馬戞爾尼使華因何失敗？

三、說明英國駐華商務監督之性質，及盧坤與律勞卑衝突之原因？

第二節　鴉片輸入與清廷之查禁

初期之中英貿易，中國出口以茶葉、大黃、磁器、絲斤爲大宗，入口則以毛織物、五金、香料、工藝品爲主，直至道光初年，中國恒居於出超地位。惟因鴉片輸入，大量白銀外流，稅收減少，形勢漸對中國不利。

鴉片初產於埃及，後傳至希臘、中東，唐代中葉由阿拉伯商人自印度、南洋傳至中國。初用作藥劑，數量不多。十六世紀海道大開，沿海居民漸得吸食之法，入口數量乃隨之而日增。康熙十年（一六七一）以前，每年不過數十箱，乾隆中葉漸增至三百箱上下。乾隆三十八年（一七七三），英國東印度公司取得孟加拉灣一帶鴉片之專賣權，統制對華鴉片貿易，鴉片輸入中國數量乃陡然上昇。乾隆十六年（一七五一）鴉片僅佔英國輸華商品八分之一，至此竟增至二分之一以上。道光初年鴉片進口約五千箱，道光中葉銷售量高達三萬箱以上。

鴉片之大量輸入，使中國發生白銀短缺現象。道光二年（一八二二）鴉片最貴時，大箱（約重一百二十斤）價洋二千五百五十圓，小箱（約重九十斤）價洋一千八百圓。道光十年（一八三〇）鴉片最賤時，大箱價洋七百九十圓，小箱五百二十圓。以廣東為例，道光初年每兩紋銀僅合制錢七百文，道光十八年（一八三八）增至三千餘萬兩之多。是以銀價遞增，道光初年歲漏銀一千七八百萬兩，道光十八年（一八三八）高達一千六百文以上，因之民生困苦，國家財政感到窘絀。

清廷鑒於鴉片之為害，甚於洪水猛獸，早在雍正七年（一七二九）頒發禁煙上諭，規定販賣鴉片，枷號一月，發往近邊充軍。私開煙館照邪教惑眾律，擬絞監候。但不禁鴉片充作藥材之用，海關准許進口徵稅如舊。嘉慶十五年（一八一〇）再申禁煙之令，命閩粵海關查斷來源，鴉片始成為違禁品。然因外商與地方官吏狼狼相結，裝載鴉片船隻可不經海關查驗，在澳門或黃埔船側成交。

道光元年（一八二一），清廷准兩廣總督阮元奏，規定洋船至粵，由行商出具甘結，保證並無夾帶鴉片，方准開艙驗貨。倘事後查出容隱，行商加等治罪。從此裝載鴉片躉船改泊廣州港外之伶仃洋面，乃創設勾結內地奸民，乘夜往來傳送。道光六年（一八二六），兩廣總督李鴻賓以鴉片躉船充斥洋面，復將水師巡緝船船嚴查偷漏。旋因水師將領收受規銀，私放入口，聽其銷售，道光十二年（一八三二），復將水師巡緝船裁撤。道光十六年（一八三六），粵督鄧廷楨再設水師巡緝船，水師將領竟與洋船約，每萬箱許送數百箱與水師以報功，甚或代運進口，煙毒乃氾濫於全國。

清廷之禁煙政策既不收效，留心時務大臣遂有改弦更張之建議。道光十四年（一八三四）粵督盧坤在上朝廷奏摺中，除說明驅逐躉船困難外，於其附片中，曾就「粵士私議」隱約其詞，准鴉片公開販運

進口，加徵關稅，以貨易貨，禁止白銀出口，或弛內地裁種罌粟之禁，使吸食者買食土膏，外人不能專利。時禁煙之議方張，清廷置而不覆。道光十六年（一八三六）四月，太常寺少卿許乃濟，立論引徵，公開提出弛禁鴉片主張。其辦法：鴉片照藥材納稅入口，交行商後，只准以貨易貨，不得用銀購買。洋銀照紋銀一律禁止出洋，民間吸食栽種罌粟一概勿論。文武官員，士子兵丁，均不得沾染惡習。宣宗下軍機大臣寄兩廣總督鄧廷楨、廣東巡撫祁墳，及粵海關監督文祥等議奏。鄧等認為許乃濟弛禁徵稅建議，係「因時制宜」之舉，於國計民生均有裨益，並比照許招擬定鴉片販運章程九條呈送朝廷。

許乃濟之主張如果實行，禁煙政策勢必走入歧途，其結果洋煙與土煙同時流行，因之遭到主張澈底嚴禁廷臣之堅決反對。道光十六年（一八三六）十月，內閣學士兼禮部侍郎朱樽、兵科給事中許球，先後上疏予以駁斥。認為鴉片既不禁其售賣，又豈能禁人吸食？若只禁官與兵，而官與兵皆出自民間，又何預為防範？況明知為毒人之物，而聽其流行，復課征其稅，殊失朝廷愛民之心。宣宗卒從朱樽等議，嚴定鴉片販買吸食罪名，弛禁之議遂寢而不行。

道光十八年（一八三八）閏四月，鴻臚寺卿黃爵滋，上疏痛陳鴉片之害，主張寬給一年期限，由煙民自動戒絕，鄰里互結，準令舉發，屆期仍有犯者，罪以死論，知而不告者，負連坐之責。文武官員違禁者，照常人加等，除本犯治罪外，其子孫不准參加各級考試。清廷命各省督撫各抒所見，迅速具奏。

同年九月，收到奏覆二十餘件，其中贊成黃爵滋禁煙辦法者有湖廣總督林則徐、兩江總督陶澍、四川總督蘇廷玉、河南巡撫桂良等。贊同禁煙不贊同黃爵滋「吸食者罪以死論」者，有直隸總督琦善、兩廣總督鄧廷楨、雲貴總督伊里布等。於是清廷決心嚴禁鴉片，通飭各省認真辦理。以太常寺卿許乃濟「冒昧

瀆陳，殊屬鈍謬」，降職勒令休致，以爲懲儆。

作業

一、略述鴉片傳入中國之經過？

二、鴉片輸入對中國財政發生何種不良影響？

三、說明清廷禁煙之經過？及其何以失敗？

四、許乃濟之弛禁鴉片主張若何？

第三節　林則徐廣東禁煙

林則徐字少穆，福建侯官人，生於乾隆五十年（一七八五），成嘉慶十六年進士，道光初年曾任江蘇按察使、江蘇巡撫，道光十七年（一八三七）調升湖廣總督。清廷自禁煙以來，其動機以財政困難爲主要原因，封疆大吏中惟林則徐能著眼於民生。道光初年，則徐曾和黃爵滋、龔自珍、魏源等，組織宣南詩社，以號召禁煙相鼓吹。及就任湖廣總督，捐廉配製大量斷癮藥丸，強迫吸食者服用禁絕，並在武昌大舉搜查，繳獲煙膏一萬二千餘兩，煙槍三千五百餘桿。道光十八年（一八三八）閏四月黃爵滋主張嚴禁鴉片之奏疏，即受則徐所影響，故則徐之覆奏中，其言最爲剴切。認爲：「（鴉片）流毒天下，則爲害甚鉅，法當從嚴，若猶泄泄視之，是使數十年後，中原幾無可以禦敵之兵，且無可以充餉之銀。」宜宗爲其所動，召其入京，先後八次覲見，獻議禁煙辦法。同年十一月十五日遂被任爲欽差大臣，命其

駛驛前往廣東，會同兩廣總督鄧廷楨，查辦海口，清除弊源，遂展開轟轟烈烈之禁煙行動。

道光十八年（一八三八）十一月二十三日，林則徐陛辭出都，途中密劄廣東官吏嚴拿各路鴉片商販，及護送快艇頭目。翌年正月二十五日，則抵廣州，寓居越華書院，英國鴉片煙商紛紛逃中國，伶仃洋面裝載鴉片洋商躉船二十二艘，企圖駛避，被則徐所派水師攔阻。最初幾日，則徐傳訊行商，偵查鴉片偷運私販情形，旋假學政考棚，集廣州粵秀、越華、羊城三書院學生數百人，命題以試之，開列四事爲問：（一）鴉片集散地，及設棧者姓名。（二）零星販戶。（三）過去禁煙弊端。（四）禁絕之法。試卷不寫姓名，任諸生盡書。於是悉販賣者姓名，及水師納賄漁利欺矇官吏情狀。

二月四日，則徐諭行商，發交諭帖，轉諭外商，限三日之內將躉船鴉片盡數繳出焚燬，並出具甘結，聲明：「嗣後來船永遠不敢夾帶鴉片，如有帶來，一經查出，貨盡沒官，人卽正法。」三日限期已滿，外商並無呈繳鴉片出具甘結表示，英商務監督義律一度走避澳門從事觀望；旋以事急復來廣州，欲率英商潛逃出境。二月八日，則徐乃依照「封艙」舊例，下令停止中外貿易，派兵圍守各商館，撤退買辦人役，斷絕飲食等物，外人被困者二百七十五人。義律無奈，於十三日具稟，願繳出鴉片二萬二百八十三箱，時值英金三百萬鎊，銀洋一千二百萬元，於是則徐弛商館之圍，允其一箱鴉片，補償茶葉五斤，以爲獎勵。

義律具心險詐，通知載煙各躉船，由其出具收據，將鴉片代繳中國政府，以憑將來付價，因之本係中國追繳外商私販鴉片之普通事件，一變而爲中英兩國政府間之交涉。二月二十九日，林則徐、鄧廷楨親至虎門開始繳收鴉片，直至四月六日始收繳完竣，反多出一千餘袋，其中包括其他國家鴉片一千五百

餘箱，亦由義律出據代爲繳出，陰謀連絡各國共同對付中國。清廷初擬鴉片收繳完畢解京覆驗，旋感廣東距京遙遠，長途轉運，易啟偷漏抽換之弊，乃命則徐就地銷燬。則徐於虎門海灘高處挖池，自四月二十二日至五月五日，始全部銷燬完畢。

則徐爲貫澈其主張，與收繳鴉片同時，命各洋商出具「永遠不敢夾帶鴉片」甘結，義律代表英國商人拒絕，美、荷諸國商人雖表示今後不再販賣鴉片，但反對甘結中有「人即正法」字樣。四月十二，義律率領全體英商退回澳門，公開向中國尋釁。五月二十七日，英水兵多人在九龍酒醉行兇，將尖沙嘴村民林維喜擊斃。林則徐、鄧廷楨迭次勒令義律交出兇犯，按照中國律例治罪，義律則狡稱親自開庭審判，依照英國法律判水兵三人罰金二十磅，監禁六個月，二人罰金十五磅，監禁三個月，顯與中國殺人償命之規定有極大區別。林、鄧氣憤，七月十六日命令澳門中國同知驅逐澳門英人，英人乃悉移船上，寄泊香港附近。二十七日義律率兵船多艘轟擊虎門港外我巡船，中英戰爭序幕因以揭開。

中英衝突消息傳抵北京，宣宗命林則徐等，停止對英貿易，驅逐該國船隻出口，十月二十一日，林、鄧乃宣佈封港，自十一月一日起，停止對英國貿易。十二月一日清廷以林則徐爲兩廣總督，以專責成。調鄧廷楨爲兩江總督，旋再改閩浙總督，仍命其暫留廣州，協助則徐以終其事。

林則徐在清代最早認識西方，力求迎合時代。道光十九年（一八三九）春，抵達廣州之初，對外界尚認識不清，故其所致英女王維多利亞第一次照會曾謂：「我天朝四海爲家，大皇帝如天之仁，無所不覆，卽退荒絕域亦在並生並育之中。」完全立於天朝對藩屬態度，表示對世界大勢所知不多。及在粵稍久，和外人接觸漸多，思想隨之而轉變。同年七月十九日第二次致英王照會則改謂：「向聞貴國王存心

仁厚，自不肯以己所不欲者施之於人。」儼然承認英國之平等地位，比第一次照會顯有進步。則徐在粵期間，積極籌備戰守，添築礮臺，購洋礮二百餘尊，派人刺探外事，翻譯澳門、新加坡、印度報紙，累積資料編成四洲志、國際公法、華事夷言錄要等書，比起當時盲目辦理外交琦善、奕山等輩，誠不可同日而語。

作　業

一、說明林則徐在湖廣總督任內之禁煙表現？

二、林則徐在廣東收繳鴉片時，英國商務監督義律使用何種陰謀手段相抗衡？

三、何謂林維喜案件？

第四節　中英之戰與和

中國收繳鴉片及虎門港外衝突消息先後傳抵英國，英政府認為係利用武力改善英商在華地位之良好機，道光二十年（一八四〇）正月，乃以懿律為全權代表，以義律（按：懿律係義律之堂兄弟），率海陸軍一萬五千人東來，於五月中到達廣東海面。因粵省海防有備，且懿律欲直接威脅北京，乃於六月二日沿海北駛，七日陷舟山，十四日駐泊大沽海面，照會直隸總督琦善，要求六款，大意：賠償鴉片慳價及軍費，兩國往來用平行禮節，割讓沿海一島嶼供英人居住，並歸還商欠，立派全權代表會議。琦善昧於外交，誤認英軍之來係受欺於林則徐，故迭次照覆懿律，希望英軍能返棹南還，必當奏請朝廷，代雪

冤抑。甚至隱約其詞，接受英人之要求。懿律誤認認已獲得滿意答覆，乃於八月二十日回棹南返，琦善竟以英人受撫上奏朝廷。

琦善大沽退兵之舉甚得宣宗之信任，九月三日罷林則徐、鄧廷楨職，命琦善署理兩廣總督，未到任前著廣東巡撫怡良暫行護理。九月八日琦善陛辭離京，十一月六日到達廣州，一反林則徐所為，撤防裁軍，廣東人心因之解體。懿律以琦善易與，於前在天津所提六款外，復增加十四項要求，大意租借土地，增開口岸六處，北京派駐公使，設立商館，享受領事裁判權，傳教自由，劃一或減免關稅，貿易不經行商之手。琦善僅允賠償煙價六百萬元，其餘猶豫不能決。而宣宗態度強硬，一面命各省督撫備兵聽候調遣，一面命琦善整飭營伍，進剿英人。琦善戰既不能，和又不可，惟有拖延時日而已。十二月十五日，懿律率英軍攻陷大角、沙角礮臺，直入虎門，二十六日琦善遣買辦鮑鵬與懿律會於穿鼻洋，議定停戰草約，其要點如下：（一）割讓香港，惟中國仍可徵稅。（二）賠款六百萬元，先交一百萬，餘分五年還清。（三）兩國往來用平行禮節。（四）恢復廣州商務，英軍交還定海，退出大角、沙角礮臺。約中矛盾之處甚多，而琦善不以實情上奏，反稱英人對其恭順，戰守之不足恃，以為敷衍之計。

道光二十一年（一八四一）正月初五日，大角、沙角礮臺失守消息傳抵北京，宣宗震怒，即日下詔對英用兵，簡派御前侍衞大臣奕山為靖逆將軍，戶部尚書隆文、湖南提督楊芳為參贊大臣，統率各省援軍，馳赴廣東進剿英人。十九日，復以裕謙為欽差大臣，負責浙江攻守事宜。二十五日穿鼻草約到京，懿律聞中國援兵將至，二月上旬盡陷虎門各礮臺，廣東水師提督關天培戰死，兵弁傷亡甚眾，林則徐去年所購洋礮二百餘尊皆為敵有。宣宗更怒不可過，命將琦善革職，鎖拏解京，所有家產查抄入官。

三月二十三日，奕山偕新任兩廣總督祁墳到粵，援軍至者三萬五千餘人。奕山一無佈置，四月一日夜半分三路偷襲英船，失利敗退，翌日英艦盡焚省河中國船隻木筏，初三日大舉登陸，初四日廣州被圍。初七日奕山遣廣州知府余保純與懿律議定停戰條款：（一）一週以內中國軍隊退離廣州六十里，繳付賠償六百萬元。（二）賠償英國及他國商船損失。（三）英軍退出虎門，中英懸案未解決前中國不得設防。（四）香港割讓俟日後協商。中英戰爭暫時告一段落。

先是道光二十一年（一八四一）三月，穿鼻草約傳至倫敦，英政府認爲條件過寬，所得賠償不敷損失。英人在華居留之安全既無保障，香港割讓尚有中國徵稅之附帶條件；於是撤換懿律，改以樸鼎查代之。同年六月底，樸鼎查到達廣東海面，投書奕山，不承認穿鼻約，要求照去年七月懿律在天津所提要求辦理。奕山派廣州知府余保純前往交涉，樸鼎查藉口其官職低微，不肯接見，乃於七月五日率兵船沿海北上。十一日陷廈門，八月十七日再度陷舟山，總兵鄭國鴻、王錫朋、葛雲飛力竭戰死。英軍登陸，二十六日陷鎮海，二十九日陷寧波，掠及餘姚、慈谿一帶，清欽差大臣兩江總督裕謙自盡，東南大震。

九月四日浙東失守消息傳抵北京，當日清廷授協辦大學士奕經爲揚威將軍，侍郎文蔚、副都統特依順爲參贊大臣，牛鑑爲兩江總椌，分調各省駐軍，增防浙東。道光二十二年（一八四二）正月初，奕經抵杭州，二十八日倉卒出師，分三路冒雨雪進攻鎮海、定海、寧波。英軍以逸待勞，利用新式槍礮，居高臨下，迎擊清軍，清軍三路均潰敗，奕經跟蹌逃回杭州。捏奏誇張敵勢，減輕己過。

浙軍軍事既不可爲，宣宗採約浙江巡撫劉韻珂建議，於二月十七日改調新任廣州將軍者英爲杭州將

軍，馳赴浙江辦理撫局；另命前任兩江總督伊里布隨同辦理一切。三月二十九日耆英抵杭州，英軍則早於同月二十四棄寧波北駛，四月一日再棄鎮海，八日陷乍浦，五月八日陷吳淞口，江南提督陳化成力戰殉國，五月十一日英軍遂入上海。耆英迭次派人與英軍接洽議和，均被拒不納。五月二十日英軍溯長江西上，六月十四日攻鎮江，清軍抵抗激烈，雙方死傷均重。同日城陷，六月二十八日，英軍前鋒進薄南京城下，東南震動。

作　業

一、說明琦善誤國之經過？

二、中英穿鼻草約內容若何？

三、英軍統帥懿律因何被英政府所撤換？

四、比較奕山、奕經鴉片戰爭期間之過失？

第五節　南京條約及其他商約

英軍既抵南京城下，兩江總督牛鑑一面遣人向樸鼎查乞和，一面咨請耆英、伊里布速來進行交涉。七月初三日伊里布先至，六日耆英亦到，乃遣伊里布家丁張喜赴英船從事接洽。樸鼎查開列條件，要求一字不改，全部承認，否則即行開仗，滋擾別省。耆英不得已，卒全部接受英人之要求。七月二十四日（一八四二年八月二十九日）中國便宜行事欽差大臣耆英，率同伊里布、牛鑑至英艦，與英國全權代表

璞鼎查，簽訂南京條約十三款，其要點如下：

（一）開廣州、福州、廈門、寧波、上海為通商口岸，許英國設置領事，照管商務。

（二）割讓香港於英國。

（三）中國賠償鴉片煙價六百萬元，商欠三百萬元，軍費一千二百萬元。

（四）英人得在中國各地自由遊歷。

（五）重新議定稅則。

（六）兩國公文往來平行。

約成，英國乃任命璞鼎查為香港總督，同年八月二日清廷將條約批准，道光二十三年（一八四三）五月二十九日，兩國在香港互換生效。

南京條約簽字後，著英復於同年八月十五日與璞鼎查議定「善後章程」八條，作為解決兩國懸案之細則。九月十四日，清廷以伊里布卒於任，清廷特授耆英為廣州將軍兼欽差大臣，赴廣州繼續與英人交涉。道光二十三年（一八四三）二月伊里布卒於任，清廷特授耆英為兩廣總督，並頒給欽差大臣關防，管轄五口通商事宜。五月二十九日，耆英與璞鼎查會於香港，於交換兩國批准之南京條約同時，復以「善後章程」為基礎，議定五口通商章程十五條，其要點如下：

（一）英船進口，關稅值百抽五，廢除所有雜項費用。

（二）中英人民間如有交涉訴訟，由英國領事處理，英人犯罪按英國法律科罰。

（三）通商口岸准英國停泊兵艦，約束水手，保護商民。

中國近代史

一四

（四）英國商船卸貨，任由英商自僱小艇剝運。

同年八月，耆英再與樸鼎查簽訂「虎門條約」，規定英人在華享受最惠國待遇，英人在通商口岸「議定界址」內，有居住之權，是為租界之起源。

鴉片戰爭之失敗原因甚多，約略言之可分數端：

（一）國人昧於外情，數千年閉關自守之國家，不知世界大勢，驟遇劇變，措施乏術。

（二）武器不敵，中國所用之鳥槍撞礮，射程不遠，運轉不靈，無法與英國新式武器相抗衡。兵船頓位速度更為懸殊。

（三）將領懦弱，兵非素練，如琦善之媚英乞和，奕山、奕經之輕敵虛驕。加以遊勇惰卒，遇敵即潰，是以雖多英人數倍之眾，而終無法挽回大局。

（四）奸民為敵所用，貪英人小利，或為其輸送械彈，或為其助攻引路，或為其探聽消息。

惟是役之失敗，並非我國致命傷，致命傷在於失敗後不知振作，力圖自強，直到英法聯軍後才發現不如外人。白白喪失二十年寶貴光陰。

先是中英南京條約談判時，英人曾提議駐使北京，清廷不明國際慣例，以北京為首善之區，恐外人窺我堂奧，堅拒其要求。及條約簽字，歐美各國紛起效尤。道光二十三年（一八四三）四月，美國派顧盛為駐華全權公使，道光二十四年（一八四四）正月初七日，顧氏抵澳門，知清廷弱點所在，投書護理兩廣總督廣東巡撫程矞采，反覆說明即將進京之意。時者英已改調兩江總督，清廷復任耆為兩廣總督，頒給欽差大臣關防，命其馳驛前往廣東，婉言相拒，如不進京呈遞國書，其他要求盡可通融辦理。四月十

四日，耆英抵廣州，五月六日雙方以澳門之望廈村為談判地點，開始會談。爭執多日，最後美使讓步，

允不進京，將國書備文遞送清廷，耆英則接受顧盛之其他要求。五月十八日雙方條約簽字，共三十四

款，除南京條約中割地賠款等項外，所有英人應享之特權，美人均得享受。

道光二十四年（一八四四）六月三十日，法使剌萼尼率兵船到澳門，對中國所採取之狡猾手段較美

使顧盛為尤甚。投書耆英，聲明僅給予英美在華所享受之特權，不足以滿足其願望，進一步要求公使駐

京，法人擔任中國欽天監，中國派學生留學法國。甚至藉口防備英人佔領，要求割讓虎門及琉球；均被

耆英所拒絕。至於堅持中國開放天主教禁，耆英表示同意。九月十三日，耆英與法使在黃埔法艦訂

約，除享受英美在華之特權外，准許法人在華傳教，耆英一概接受。

先是葡萄牙租借澳門，其主權屬中國，其治權則為中葡所共有，中國政府須負責保護教士及教堂。

南京條約簽訂後，五口通商，香港屬英，澳門地位因之降落。葡政府有鑒於英人侵華之成功，亦遣使向

耆英提出要求多項，除豁免澳門租金，擴展界址被拒外，他若減輕貨稅，澳門修造房屋不必請領牌照，

華商運澳貨物即在澳門上稅等要求，澳門逐以國際居留地而日趨繁盛。

道光二十五年（一八四五）六月四日，耆英從比利時廣州領事蘭瓦之請，准在五口貿易通商，與英

法享受同等待遇。道光二十七年（一八四七）耆英復應瑞典、挪威之請，給與同等之權利。此外荷蘭、

西班牙、普魯士、丹麥等國，亦先後派遣公使來粵，要求援例五口通商，清廷概允其前來貿易，並分別

發給通商稅則，中國外患乃因之而益亟。

第二章 英法聯軍與俄帝侵略

第一節 廣州入城事件與修約之爭

先是鴉片戰爭期間，道光二十年（一八四一）四月，奕山與英人既訂廣州城下之盟（已詳第一章第四節），粵民多不服。同月十日，英軍一隊經過城西北三元里，村民鳴鑼聚眾，豎立「平英團」大旗，圍攻英軍。雖經廣州知府余保純勸解平息，而粵民甚不平。及南京條約簽字，開放五口通商，准英人入城居住，設領事照管商務，獨粵民認為外人之不許入城係「天朝二百年來之禁例」，一面請願粵督，一面團結自保。英人則以歷年在廣州受到約束，一旦戰爭勝利，乃思有所報復，堅持入城之約，雙方嫌隙因之日深。廣州將軍欽差大臣伊里布受脅於雙方，於道光二十三年（一八四三）二月憤懣卒於任，兩廣總督者英對雙方採取敷衍調停態度。

是時上海商業繁盛，已凌駕廣州之上，外商直接到上海販買茶絲，廣州官商勞工收入頓形減少，生活所逼，益銜恨外人。道光二十五年（一八四五）多，英國新任香港總督德庇時，率水兵千餘人，占領虎門礮臺，闖進省河，要求入城。者英被迫佈告開放廣州，禁止人民阻撓，粵民大嘩，撕毀告示。者英無奈，撤劉潯職，派知府劉潯到英船密商進城日期，為粵民偵知，火焚知府衙門，劉潯跳牆逃避。消息傳至倫敦，英政府以英人入城徒增紛擾，乃訓令德庇時重作考慮。改外人入城佈告，以緩和民氣。

翌年三月，耆英與德庇時議定：英人暫緩入城，保護英人生命財產安全，中國不得割讓舟山羣島於他國。而粵人氣焰日張，與英人衝突事件乃層出不窮。

道光二十七年（一八四七）三月，德庇時藉口英人被辱，率兵船突入虎門，逼近廣州，脅耆英二年後開放廣州，懲辦禍首，英商得於河南建造貨棧，英教士得建築禮拜堂。耆英盡允其要求，而不以實情上奏，竟以粵事辣手，運動內調。同年十二月，清廷調耆英入京，命廣東巡撫徐廣縉署理兩廣總督，廣東布政使葉名琛署理廣東巡撫。道光二十八年（一八四八）夏，英新任香港總督文翰，迭次照會徐廣縉，詢以明年進城一事，徐氏藉口「眾怒難犯，獨欲難成」，婉拒其請。

道光二十九年（一八四九）四月，文翰率兵船闖入省河，欲申前約，廣縉先得消息，密召諸鄉團十餘萬人夾河而軍，呼聲震天地，文翰爲之一驚，因候英政府指示，暫不言入城事。清廷嘉獎徐廣縉一等子爵，葉名琛一等男爵，以酬其功，粵民益自負。咸豐二年（一八五二）徐廣縉移督湖廣，葉名琛升任兩廣總督，會太平軍東出，而廣東差全，且爲餉源所出，名琛名望因之日隆，對外交涉力爭上游，以「雪大恥，膏國體」自矢，採「靜以待動」之法以應付外人。

初道光二十三年（一八四三）五月中英五口通商章程規定，中國進出口稅律爲值百抽五（已詳第一章第五節），其後美、法等國循其例，於望厦、黃埔等條約中均有同樣之規定，並附有十二年爲修約之期。十年以後，世界物價降低，而中國海關徵收稅銀如舊，英商病之，英政府乃力謀修改前約。惟五口通商章程並無修約之條文，乃藉口同年八月兩國所簽訂之虎門條約，英國可享受最惠國待遇，故咸豐四年（一八五四）爲兩國商約屆滿之期。同年七月，英使包冷連合美使麥運勒畢唵，法使布爾布隆，致書

藥名琛，要求修約，名琛以無必要，拒與談判，三國公使乃率兵船北駛天津，欲直接與清廷進行交涉。

清廷仍命其赴廣東與粵督會商，英公使以目的之不遂，乃報告本國政府，謂苟無兵力相助，勢難達成修約

之目的。同年俄土戰爭爆發，英法援助土耳其，無暇對華採取進一步行動。葉名琛不知內幕，反誤認外

交之成功。

咸豐六年（一八五六），克里米亞戰役結束，英國無後顧之憂，香港總督包冷、廣州英領事巴夏禮

乃找尋藉口製造事端。同年九月十日，有亞羅號商船，張英旗自廈門駛泊黃浦，巡河水師偵知係奸民借

英旗以自護，登船大索，捕華民十二人，其中三人為通緝慣盜。水師將領以該船香港註冊之護照業已過

期，乃拔英旗置甲板上，巴夏禮竟向葉名琛提出最後通牒，要求：禮遣水手，正式道歉，擔保以後不再

有同類事件發生，乃送水師將領由英人治罪，名琛初允還九人，巴夏禮故意刁難，必送

十二人於原船中，且限二十四小時內答覆，否則認為談判決裂。名琛大怒，下十二人於獄，而不設備。二十五日英軍登陸

進攻廣州，清軍四散走，十月一日廣州失陷，葉名琛走匿民居。英軍以眾少，且未奉政府命令，盡劫

粵督署及各衙門庫銀，自動退出，名琛乃以大捷奏聞。

英軍既退，名琛遣廣州知府蔣立昂赴英軍營詰英使用兵之故，巴夏禮請入城面議，名琛慮見而受

辱，不許。復請會議於城外，亦不許。自十月六日起，英軍連日礮轟廣州，十一月十七日起，名琛縱粵

民焚城西各國商館，陜及十三行，皆成灰燼，英軍亦焚燒城外民居數千戶以報之。旋陸續退屯香港，馳

報本國，請速派大軍東來。

一、粵民因何反對英人進入廣州通商？

二、咸豐初年，英國為何要求修改商約？

三、何謂亞羅船事件？葉名琛措施有何失當？

第二節　中英法天津條約與換約衝突

咸豐七年（一八五七）正月，亞羅船事件傳至倫敦，英首相巴麥尊乘機鼓動對華戰爭，因遭國會反對，不惜解散下議院，四十日後召集新國會，始以較多數票通過派兵東來。同時聯絡各國共同抵制中國。會咸豐六年（一八五六）二月，法神父為賴在廣西西林縣被害，法皇拿破崙三世欲得教皇歡心，以維持其王位，且思發展勢力於東方，遂與英國同盟，出兵七千二百人，以葛羅為統帥，繼英軍之後，向東方進發。

咸豐七年（一八五七）四月，英軍至印度，因境內部落叛亂，至同年秋始告敉平，到華期間因之遲延。國人不明真像，反誤認葉名琛「馭夷」之成功。咸豐七年（一八五七）九月，葉名琛接英使額爾金照會，要求訂期相會，重訂商約，名琛置不答。美國廣州領事願居間排解，名琛謂其「朋比相脅」，不聽亦不設備。十月，英法軍大至，廣州文武共請戰守策，而名琛澹若無事。十一月六日，英法軍自沙面登陸，奪民屋以駐兵。十二日致最後通牒於葉名琛，限四十八小時以內以廣州城出降。名琛迷信乩

語，仍不以為意，十四日聯軍遂破城入。二十二日獲名琛，初四香港，後移印度領爾各答。名琛自比為

「海上蘇武」，終不降英，至咸豐九年（一八五九）三月病歿，自是聯軍占領廣州達三年之久。咸豐八年（一八五八）正月，英法美俄四國達大臣至上海領議，代表其

政府通知兩江總督何桂清，改訂商約仍無頭緒。咸豐八年（一八五八）前，派遣欽差大臣至上海會議，桂清

上奏，清廷堅持英美法三國公使應在廣東惠州，與新任兩廣總督黃宗漢接洽；俄國公使應赴黑龍江，與

該處辦事大臣談判。四國以目的不遂，於是英使額爾金、法使葛羅、美使列衛廉、俄使普提雅廷，聯兵

北上，計英艦十餘艘，法艦六艘，美艦三艘，淺艦一艘，於二月底到達大沽海面。

大沽觀察動靜，酌情辦理。英法公使以二人非全權代表，拒不與晤。四月八日，英法聯軍攻陷大沽礮

事上聞，三月三日清廷命倉場侍郎崇綸、內閣學士署禮部侍郎烏爾棍泰，會同直隸總督譚廷襄，赴

臺，直薄天津。詔命僧格林沁赴通州一帶防堵，另派大學士桂良、吏部尚書花沙納馳驛前往天津辦理交

涉。四月二十三日桂良、花沙納與英法公使會於天津城南之海光寺，以戰守均不足持，盡允英法公使要

求。至五月十六日（六月二十六日）與額爾金簽訂中英天津條約五十六款，其要點如下：

（一）今後英國得派公使駐北京，中國亦得派公使駐倫敦。

（二）兩國交涉用平行禮節。

（三）中國准許英國傳教士自由傳教，英人得至中國內地自由遊歷。

（四）除前開五口通商外，增開牛莊、登州、臺灣、潮州、瓊州五口為通商口岸。又長江沿岸俟秩

序恢復，許另擇三處口岸通商。（後開鎮江、九江、漢口）。

（五）英船得航行中國內河。

（六）中國賠償英商損失二百萬兩，英國軍費二百萬兩。

五月十七日，中法條約亦由桂良、花沙納與法使葛羅簽字，計四十二款，其不同於英約者如下：㈠除中國已開放五口通商外，加開瓊州、潮州、臺灣（臺南）、淡水（臺北）、登州、南京六處為通商口岸。㈡賠償法商損失及軍費共二百萬兩。

中俄商約因無賠款，早於五月三日議定，（詳本章第四節）中美商約亦早於五月八日訂立，除無賠款外，盡享英法在華之特權。以上諸約當時朝野所感最嚴重問題，為北京駐使與內地遊歷，認為外人窺我堂奧，將有防不勝防之憂。至於減低關稅，反不重視。同年十二月，桂良等與英法代表在上海議定通商新稅則，規定洋貨入口值百納稅銀二‧五，鴉片公開進口，每百斤納稅銀三十兩，火藥槍械禁止販運。英法代表同意公使不久駐北京，惟依天津條約規定，約本經雙方政府批准後，必需在北京交換。

先是天津條約既簽訂，四國兵艦南撤，清廷命僧格林沁督辦天津海防，數月期間守備略有起色。咸豐九年（一八五九）五月中，英換約代表普魯斯、法換約代表布爾布隆到達大沽口海面，英遠東艦隊司令賀普率艦隊隨同保護。文宗聞二使來，命在正陽門外為其預備居所，沿途招待供給，必當盡禮。惟以白河礮臺林立，為免發生衝突，由直隸總督恒福、僧格林沁照會英法代表，希望二使由北塘登岸，經天津由陸路進京。英法代表因欲尋釁，命海軍掃除大沽口障礙，預備作戰。五月二十四日，英艦鼓輪溯白河西上，發礮向兩岸轟擊，另遣步隊登岸抄襲砲臺後路。砲臺守軍瞄準還擊，大創英艦，沈者四，重傷者六，餘艦得美艦援救始行逸出。是役英兵死者四百三十人，法兵十六人，賀普傷足，登陸英軍亦不支

逃竄，中國官兵損失輕微；於是朝野色動，誤認從此穩操勝算矣。而英法兵艦悉數南返上海，報請本國再派大軍來華報復。清廷命兩江總督何桂清，照會英法代表，仍盼其自北塘上岸，進京換約，必當優待如初，英法代表置之不顧。

作　業

一、法國利用何種藉口繼英國之後派兵侵華？
二、說明中英天津條約之重要內容？
三、白河衝突因何而起？結果如何？

第三節　聯軍之蹂躪京師

咸豐九年（一八五九）十月，白河敗報傳抵倫敦，英國會大多數議員咸斥普魯斯之輕率好事，蓋在天津條約批准交換前，英艦無航行中國內河之權利。英政府則以要求賠償損失爲藉口，再命額爾金爲全權公使，率兵東來。法仍以葛羅爲全權公使繼之，咸豐十年（一八六〇）二月，會於香港中國海面。

上海中外商民，懼戰禍再起，密商和平辦法：天津條約繼續有效，中國增加賠款一百萬兩，許英法公使帶兵一二千人廕送進京，中國撤退大沽防兵，由兩江總督何桂清上奏朝廷。文宗以英法白河之敗咎由自取，不肯盡允其要求，公使率兵進京更難接受，雙方遂不免走上戰爭之一途。四月十九日法軍侵據煙台，五月初英軍登陸遼東，劫掠往來商船漕船，知大沽中國有備，乃於六月二十六日乘潮自北塘登

岸，出不意攻清軍。清軍大敗，傷亡極眾。同日北塘失守，僧格林沁收潰兵退屯大沽礮臺。

北塘敗報抵京，六月二十九日清廷以侍郎文俊、前粵海關監督恒祺為代表，前往北塘海口與英法公使接洽，伴送二使入京換約。七月二日文俊等抵天津，照會英法公使，二使以其職卑，且非全權，拒與會晤。七月五日聯軍復陷大沽礮臺，七日再陷天津。清廷震動，乃命大學士桂良、直隸總督恒福前往議和，惟仍未頒給欽差大臣關防。七月十五日，桂良等抵天津城外，幾經設法，始與英使隨員巴夏禮、威妥瑪相晤，英人要求：除批准天津條約外，開放天津為通商口岸，賠償兩國兵費八百萬兩（先付每國一百萬兩），公使帶兵入京換約。桂良為解目前危急，不得已盡允之。奏報到京，文宗以英法要求過苛，且恃僧格林沁尚有數萬之眾在張家灣，嚴斥桂良違訓輕諾。七月二十三日英法公使遣人前來索取全權證書，以便簽約，知桂良無便宜行事權，憤怒離去，談判因之決裂。同日聯軍前鋒逼通州，畿輔大震。

清廷以大局嚴重，撤桂良職，另派怡親王載垣、兵部尚書穆蔭前往通州，與聯軍議和。二十五日載垣等抵通州，二十九日英參贊巴夏禮及威妥瑪等馳至，要求承認桂良在天津已允條款，載垣見潰兵塞途，知無力再戰，乃表示接受，是和議又將成矣！會文宗誤聽人言，謂巴夏禮、威妥瑪係聯軍謀主，著載垣等將之羈留在通，毋令折回。八月三日巴夏禮復來通州接洽和議，遂被逮捕，其隨行同時囚禁者英二十六人，法十三人。同日聯軍候巴夏禮不歸，進攻張家灣，交戰數小時，清軍死傷甚眾，通州失陷，僧格林沁退守八里橋，將巴夏禮等解京，寄押刑部大牢。初七日聯軍分三路來攻，適兵部侍郎勝保率部自江北勤王至，亦分三路迎之，勝保中傷墜馬，清軍大潰，退入北京城內。

先是七月二十四日文宗以敵氛日張，詭言御駕親征，實欲出京他避。及聞八里橋兵敗，知京師難以

二五

固守，乃於八月初八日卯刻，率同后妃近支王公大臣，離京出走熱河。頻行命其弟恭親王奕訢爲留守，

頒給欽差大臣官銜，另派大學士桂良、戶部尙書周祖培等協同守城。時聯軍已進抵北京城郊，留京王大臣每日會議一次，均無善策。初十日，接英法照會，限期送回巴夏禮，否則攻城。十一日恭王遂命將巴夏禮自刑部獄中釋出，供給豐美，旋由前粵海關監督恒祺手執白旗，送交聯軍。

八月二十二日，法軍首入圓明園，翌日英軍亦至，將園中器物珍玩盡數洗劫，九月五日額爾金竟下令焚毀之，大火歷三晝夜不息，恭王憂懼，南奔長辛店。二十六日，英法公使致書留京王大臣，限二十九日午時開放北京投降，諸大臣相顧無策，乃於二十九日午刻如期將安定門開放，於是英法軍狂歌入城，縱兵大掠，登城樹立旗幟，安設洋礮。

九月初三日，恭王自長辛店回駐廣寧門外之天寧寺，初七日和議漸就緒，由英法公使擬定草約，除中英北京續約在禮部大堂簽字，其要點如下：

咸豐八年（一八五八）天津條約繼續有效外，英約新增九款，法約新增十款。十一日（十月二十四日）

（一）中國皇帝對大沽衝突事件表示歉意。

（二）開天津爲通商口岸。

（三）賠償軍費八百萬兩。

（四）華民得自由僑居工作英國各屬地。

（五）割九龍司海岸於英國。

十二日中法北京續約亦如儀在禮部大堂簽字，其不同於英約者，無割讓土地之條文，另規定：中國

二六

開放天主教禁，許法國傳教士在各地租買田地，建造教堂。於是四年來中國與英法之交涉告一段落。同月底，北京聯軍撤退。明年春，天津、金州、烟臺、定海、廣州之聯軍亦次第歸國。恭親王奕訢受命於危難之際，初因無外交經驗，舉棋不定，其後認清局勢，毅然與英法議和。從此我國與西洋關係更為密切，奕訢等謀在國際間找尋新出路，希望因禍而得福，挽回鴉片戰後所喪失之二十年寶貴歲月。

中英、中法北京條約之條款雖多，賠款之外主要為北京駐使和沿海沿江通商。

作　業

一、咸豐十年（一八六〇）七月，桂良天津交涉因何失敗？

二、清文宗何時出奔熱河？留派何人收拾北京殘局？

三、說明中英北京條約之重要內容？與中法北京條約有何不同？

第四節　俄人之假道出師與脅誘割地

英法聯軍期間，俄人趁火打刼，巧取豪奪，其所得較英法為尤大。先是康熙二十八年（一六八九）中俄尼布楚條約之訂立，我國東北邊疆與俄國以外興安嶺為界。雍正五年（一七二七）兩國復訂恰克圖條約，規定恰克圖互市，西自沙弼奈嶺，東至額爾古納河，設立界碑，南屬中國，北屬俄國，自是北疆無事者達一百五十年之久。一則當時西伯利亞尚未開發，交通不便，俄國在遠東實力薄弱；再則正逢清朝盛世，俄國有所顧忌，；因之其最大希望在享受通商之利，等待機會以逞其侵華之志。

鴉片戰後，中國弱點暴露於於世界，俄皇尼古拉一世見獵心喜，決定在大陸與海上之英國作侵華之競賽。道光二十七年（一八四七）任命木里斐岳幅為東部西伯利亞總督，授以東侵之任，至道光三十年（一八五〇），俄人竟侵據黑龍江下游，登陸庫頁島，築城置兵，欲作久據之計。咸豐元年（一八五一）四月，中國理藩院收俄廷照會，謂其出兵黑龍江係免外國之搶奪，保守兩國之邊界。咸豐三年（一八五三）八月，復接俄廷照會，要求中國派員會同俄國在烏第河流域設立界牌（依照尼布楚條約規定，外興安嶺南北支間烏第河流域為兩國共管地），經理藩院與黑龍江將軍計議後　復書同意明春派員與其立牌劃界，尚不疑俄人之別具野心。同年十月俄廷再致書理藩院，要求在上海地方貿易，惟被中國所拒絕。

咸豐四年（一八五四），克里米亞戰爭爆發，英法援助土耳其，共同對俄作戰。為防止俄艦在太平洋侵擾海上貿易，乃派遣聯合艦隊東來。俄國為迅速應付起見，惟有假道黑龍江增援海口，方足濟事。木里斐岳幅事前未得中國允許，於同年夏率大隊自石勒喀河駛入黑龍江，經璦琿東下，闖入中國腹地。吉林將軍景淳、盛京將軍英隆、黑龍江將軍奕格先後奏報到京，清廷以太平天國之亂方熾，邊陲之事不暇顧及，諭以：「如果俄國船隻所過地方無要求擾害情事，不值得與之為難。」態度既不積極，俄人乃無所顧忌。

咸豐五年（一八五五）四月，木里斐岳幅再度率兵強航黑龍江，隨帶墾民，欲圖霸佔黑龍江左岸，並照會東北疆吏重提分界事。同年八月十日，中國黑龍江、吉林將軍，及庫倫辦事大臣三方所派代表，於潤吞屯地方與木氏相遇，木氏竟狡稱黑龍江左岸原係俄屬，中國代表認為與舊約不合，加以拒絕，和議遂無結果。

咸豐六年（一八五六），克里米亞戰爭結束，俄人經營遠東更加積極，前此偏重軍運，此時則偏重移殖農民。過去僅重視下游，此時則兼及中游。於是呼瑪爾河口、精奇里河口，及松花江口均被佔領。四處建築軍屯，設立市鎮，視同己有。是年廣州中英衝突事起，江南大營復初次被太平軍所破，清廷無暇北顧，更予俄人以侵略之機。

咸豐七年（一八五七）二月，俄派普提雅廷爲駐華公使，欲取道恰克圖經陸路赴北京，清廷拒其請，俄使竟東下黑龍江，於同年六月率兵船由海道轉抵大沽口，徘徊不去。除要求東北勘界外，並提出西北界址及恰克圖商務。清廷僅允商議烏第河之界，其他要求逐一加以駁斥。俄使乃南去香港，慫恿英法公使，對華採取共同行動，直接施壓力於清廷，遂有咸豐八年（一八五八）四國公使聯合照會清廷修訂商約之舉。（已詳本章第二節）

咸豐七年（一八五七）冬，木里斐岳幅爲擴大對華侵略，西返俄京，要求俄廷予以全權及充分支援，俄廷盡允其要求。故咸豐八年春木氏重回黑龍江時，帶有大量軍隊，乃於璦琿對岸之海蘭泡築營安砲，用作對華交涉之後盾。會清宗室新任黑龍江將軍奕山，奉命與俄使議界，四月五日抵璦琿，派副都統吉拉明阿前往連絡，雙方乃於初十日在璦琿城開議。木氏要求中俄疆界改爲黑龍江及烏蘇里江，奕山以有違舊約拒之。至十四日木氏舉止猖狂，俄軍沿江發礮助威，奕山驚恐之餘，遂於十五日（五月二十七日）

（一）依木氏原稿，雙方簽訂璦琿條約二款，其要點如下：

黑龍江以北割讓於俄國，自精奇里河至霍勒木爾錦屯，原住中國人，仍照常居住，歸中國政府管轄；烏蘇里江以東，兩國共管。

（二）烏蘇里江、黑龍江、松花江兩國人民彼此貿易，由地方官互相照管。

是約之嚴重性與我國所受之損失，爲中外歷史所少有，奕山訂約之原因：一則兵力懸殊，無法與俄人對抗；再則大敵當前，不願多樹敵國。復不瞭解所喪失土地之價值，誤認黑龍江以北屯戶仍歸中國管理，烏蘇里江以東本係空曠地面，無人居住，其得失無大關係，遂鑄下千古之大錯。

清廷之昏庸愚昧同於奕山，故當五月四日奕山締結璦琿條約奏摺到京時，並未加以斥責，同意黑龍江以北之割讓，命吉林將軍景淳，迅速查明烏蘇里江以東地方，果係空曠無人居住，自可與黑龍江以北一併辦理，俄人乃大逞其侵華之野心。

作　業

一、道光末年俄皇任命何人經營黑龍江下游？手段若何？

二、俄使普提雅廷怎樣聯合英法爲害中國？

三、說明中俄璦琿條約之內容？

四、奕山因何冒昧簽訂璦琿條約？

第五節　中俄天津條約與北京條約

咸豐八年（一八五八）春，俄使普提雅廷隨英法聯軍自香港北上，二月底至大沽口海面，三月十六日先英法使向直隸總督譚廷襄提出分界通商二事，關於分界主張割黑龍江左岸於俄國。關於通商，要

求俄人在通商口岸享受最惠國待遇。狡稱倘清廷接受，當竭力助中國剿滅英法兩國，並願供給中國器械，派軍官代中國訓練軍隊。清廷不信俄人誠意，猶豫不能決。及大沽口失守，桂良、花沙納接替與英法交涉，俄使復聲言：如能將俄約議定，可促使英法減低其要求。內外大臣感以若拒俄人要求，必致合英法共虐中國，從其請且可離間其合作。故桂良答以關於劃界，朝廷已派奕山負責辦理，至於通商，中國已開放口岸多處，許英法等國貿易，多一俄國亦無大礙。五月三日（六月十三日）中俄天津條約先英法簽字，凡十二款，其要點如下：

（一）中俄除前定邊界通商外，增開上海、寧波、福州、廈門、廣州、臺灣、瓊州等七處爲通商口岸。

（二）俄國得在通商口岸設立領事館，並派兵船停泊保護俄僑。

（三）准俄人內地傳敎。

（四）俄人享受領事裁判權。

（五）俄國享受最惠國待遇。

約成，桂良懇求俄使設法挽回英法要求，俄使竟告以無能爲力，以愚弄清廷。

及中英中法天津條約訂立，英法聯軍退出津、沽，清廷始悟瑷琿條約損失之嚴重，力謀挽救。而俄人則已進入黑龍江作事實上之佔領。同年十二月，吉林將軍景淳奏稱：烏蘇里江以東至海地面遼闊，向係華民採捕葠珠之地，距與安嶺甚遠，與俄境並不相接。清廷乃命景淳，據理拒絕俄人佔據烏蘇里江以東土地之要求。但以籌辦天津海防，防英法軍再來，反於此時分別自吉林、黑龍江各抽調一千人，力不

彙顧，更予俄人以侵略之機。同年冬，俄國新任公使丕業羅幅斯奇達北京，要求劃分吉林及新疆伊

犁、塔爾巴哈臺地界，喀什噶爾、齊齊哈爾、張家口等地通商。清廷派戶部尚書管理理藩院事務蕭順，

及刑部尚書瑞常與之交涉，日久不得要領。咸豐九年（一八五九）四月底，東北警報傳京，知俄人已紛

紛進步烏蘇里江流域，添蓋房屋，興築礮臺，清廷至此始悔奕山誤國之禍，五月十日將奕山革職留任，

辦理交涉之黑龍江副都統吉拉明阿革職，帶往烏蘇里江以東地方枷號示眾，以示決心；惟此種方法對狡

詐之俄人並未能阻止其侵略之野心。

咸豐九年（一八五九）五月，中國大沽口勝利，清廷對俄交涉膽勢為之一壯。六月，俄新公使伊格

那提業幅取道恰克圖抵京，繼續兩國之交涉，清廷仍命蕭順等與之折衝，俄使進一步要求兩國東北疆

界，應以黑龍江及烏蘇里江為準，並議定新疆界址和內地貿易辦法。蕭順嚴拒之。伊氏再三行文軍機

處，要求清廷改派別人與其談判，軍機處皆答以蕭順、瑞常皆皇帝近臣，擔任交涉最為相宜。伊氏滯京半

載，不得要領，於咸豐十年（一八六〇）四月宣佈談判決裂，下旗出京，南去上海，煽動英法公使，一

致對付中國。

同年六月初，二次英法聯軍雲集大沽口外，伊格那提業幅率兵船四艘先至，照會清廷，聲言願調停

雙方衝突。清廷知其詐，答以：「中國並無失信於二國，又何勞貴國從中調處。」伊氏頗失望，遂告英

法北塘進兵之便利，聯軍遂陷大沽、天津，進逼京畿。同年七月底，桂良與英法交涉將成，俄使又寄信

清廷，要求許其進京。清廷答以需俟英法換約事畢乃可。八月二十二日聯軍已開始刼掠圓明園，俄使再

托俄教士向恭親王奕訢提出同樣要求。清廷答以：「如果有意為中國不平，亦必在外代為調停，俟兩國

之兵退後，即可照常來京。」固知俄使之不懷善意也。

八月二十九日聯軍進入北京，俄使乘機而入，大事活動，以調人自居。會英法恐對中國壓力太甚，清廷瓦解，引起列強在遠東戰爭。且因意大利問題兩國關係趨於緊張，勢難在華繼續合作。加以隆多將至，不得不急圖收束，亦有願和表示，俄使因之而邀功。九月十一、十二日，中英、中法北京條約簽訂後，伊格那提業幅遂向恭親王奕訢要求報酬。其後英國軍隊因故退出北京稍遲數日，恭王懼俄使從中破壞，不得已盡從其要求。十月初二日（十一月十四日），中俄北京條約正式簽字，約文共十五款，其要點如下：

（一）中國將黑龍江以北烏蘇里江以東完全劃讓於俄國。

（二）兩國定期會勘西部疆界。

（三）中國開放庫倫、張家口、喀什噶爾為通商口岸，許俄國駐紮領事。

是約中國喪失土地之廣，實開世界歷史上土地割讓之新記錄，其總面積比今日之東北九省尚大，超過德法兩國面積之總和，但俄人卻未費一兵一彈，自始至終以中國友人自居，其投機取巧從中漁利之陰謀，較之英法更為可恨也。

作　業

一、咸豐八年（一八五八）中俄天津條約之重要內容若何？

二、咸豐九年（一八五九）夏至咸豐十年春，中俄北京交涉因何失敗？

三、說明咸豐十年（一八六〇）十月中俄北京條約簽訂之背景及其重要內容？

第三章 太平天國之興滅

第一節 洪秀全與上帝會

鴉片戰爭後，中國開放五口通商，鴉片進口日增，洋貨奪土貨而代興，使華南農村經濟發生極大變化。加以內地傳教，不同於中國風俗習慣，社會人心甚受影響。復因清中葉之後土地集中，人口激增，政治腐敗，軍備廢弛，益以天地會民族思想之鼓吹，及道光末年粵西之災荒，遂爆發太平天國之動亂。

太平天國創立者洪秀全，廣東花縣官祿㘵村人，生於嘉慶十八年十二月初十（一八一四年一月一日），屬客家籍，家世貧寒，而恃才傲物，因屢試不中，遂蒙革命排滿之念。道光十六年（一八三六）在廣州得英牧師瑪禮遜、教士梁發所贈「勸世良言」，翌年病中異夢，思想一變，與病前相較判若兩人。道光二十三年（一八四三）春，秀全第四次廣州試落第歸，設帳授徒本村附近蓮花塘，偶閱「勸世良言」，有所覺悟，乃創立上帝會，認上帝爲天父，耶穌爲天兄，本人爲天王，奉命下凡「鋤妖鏟奸」，於是逢人宣傳，反對敬孔子拜偶像，其族弟洪仁玕、表弟馮雲山信之不疑。

道光二十四年（一八四四）四月，秀全、雲山傳教於廣西貴縣賜谷村，居其表兄黃盛均家，信者較多。七月，秀全東歸，雲山轉往桂平紫荊山苦心傳道，活動於勞苦農工羣中，組織拜上帝會，兩三年間，徒眾增至數千人，由紫荊山蔓延於鄰近各州縣，其中十之八九爲客家人。在此期間，秀全蟄伏家鄉，仍

執敎鞭爲業，先後撰寫「原道救世歌」、「原道醒世訓」、「原道覺世訓」、「百正歌」、「改邪歸正」等文字，勸人做正人，戒淫盜，提倡政治上之平等自由思想。

道光二十七年（一八四七），秀全偕洪仁玕赴廣州，從美國牧師羅孝全學基督敎敎義，起初頗得羅孝全信任，曾派其回鄉宣傳敎義，後回施洗禮事雙方發生誤會，秀全乃離粵再赴廣西，洪仁玕因故未能隨往。秀全旣抵紫荆山，以上帝會勢力漸大，恐遭淸吏疑忌，隱藏深山敎徒盧六家內，仿照摩西十誡，製定上帝會各種儀式及禁條，會務發展大有一日千里之勢。

上帝會自始與基督敎精神所不同者，卽施用暴力反對人敬拜偶像，因此會徒所至之處，將所有神像廟宇破毀殆盡。是時廣西天地會黨人到處起事，淸吏誤認上帝會係屬天主敎，有外人支持，聽其滋事，不加干涉。尤以廣西客家人與土人之鬪爭，促成上帝會勢力之發展。蓋廣西土人因防匪亂而團練自保，客家人因被土人凌壓，紛紛投奔入上帝會以爲安身之所，上帝會徒衆因之大增。道光三十年（一八五〇）春，廣西各縣拜上帝會敎徒已逾萬人，秀全以桂平縣金田村地勢險要，且當交通要衝，易守難攻，利用豪富韋昌輝號召，預作軍事上之準備，以爲他日發難之集合地。最初參預革命之謀者，除秀全、雲山外，有楊秀淸、蕭朝貴、韋昌輝、石達開，六人結爲異姓兄弟，奉上帝爲天父，耶穌基督爲長兄，洪秀全爲次兄，雲山行三，秀淸行四，朝貴行五，昌輝行六，達開行七，雁行排列，各以齒序，彼此以兄弟相稱，各人家族成爲一合體之宗族，實如一大家庭然。

先是道光二十七年（一八四七）冬，馮雲山因破壞偶像被平南知縣繫於獄，翌年判爲無業游民，派差役二人押解其回廣東原籍，俟到花縣後始行釋放。途中差役爲其說動，一同逃回紫荆山，加入拜上帝

會。在此期間，秀全不知內情，誤認將雲山遞送廣州治罪，於道光二十八年三月兼程東下，欲圖管救。

兩人途中相左，往來奔達一年之久，紫荆山會眾缺少領導，人心動搖，有分裂之慮。楊秀清乃自言上

帝附體，發佈號令。蕭朝貴亦詭稱天兄下凡，朋比爲奸，而竊取拜上帝會之領導權。及洪、馮同回紫荆

山，雖明知其欺詐，而無可奈何，惟有承認既成之事實。於是太阿倒持，授人以柄，政教領導二元化，

秀全雖尸位領袖，而事事受秀清所挾制。故道光三十年（一八五○）春，金田起義籌備次第就緒，乃發

生領導權之爭。蓋起義後天王下之正軍師，亦即全軍定謀決策發號施令之最高統帥，無論以雁行次序，

或功德才能，均應屬雲山，而秀清有上帝附體之資，乃藉病不肯理事，以爲抵制。馮雲山顧全大體，讓

楊爲全軍正軍師，一場糾紛始告解決，楊秀清至同年十月始出復掌軍務。

洪、馮爲防止楊秀清野心專擅，一方面拉攏蕭朝貴使爲己用，以秀全之胞妹宣嬌妻之，推爲全軍又

正軍師，負實際統兵之責，以奪秀清之權。一方面厚結上帝會核心以外之有力份子韋昌輝、石達開，使

自成一系，以與楊氏嫡系相抗衡。雲山居中調停緩衝，使兩大勢力保持平衡發展。然此可利用於暫時，

不能維持於長久。因此當金田起義之初，上帝會本身實分爲兩派，洪、馮爲一派，楊、蕭又爲一派，洪、

馮創敎，楊、蕭代上帝耶穌傳言，隱藏分裂之嚴重危機。韋、石並非上帝會基本信徒，韋係被人欺辱憤

而參加，石則富有個人英雄思想。在特殊時機下，韋必爭權內亂，石必負氣獨立，簡單之宗教信仰，不

足以束縛其行動。馮、蕭雖早死，洪、楊、韋、石四人間之錯綜關係，繼續發展到分裂，爲其失敗之一

大原因。

一、說明洪秀全創立上帝會之經過？

二、上帝會與基督教傳教手段有何不同？

三、分析太平天國起義前領導份子之錯綜複雜關係？

第二節　太平天國之建立

道光三十年十二月初十日（一八五一年一月十一日），正值洪秀全三十八歲生日，上帝會眾起義於桂平縣金田村，定國號「太平天國」，稱其軍為「太平軍」，取周官制度，秀全稱天王，下令男子皆蓄髮，女子皆放足，恢復明朝衣冠，改明年為太平天國元年。

先是道光三十年（一八五〇）正月，清宣宗崩逝，四子奕詝嗣立，改明年為咸豐元年。九月，以廣西大亂起，革巡撫鄭祖琛職，起用林則徐為欽差大臣，並簡授廣西巡撫，入桂督師。則徐於鴉片戰後遣戍伊犁，道光二十五年（一八四五）召回，明年補授陝西巡撫。道光二十七年（一八四七），遷雲貴總督。二十九年以頻年積勞，奏請開缺回籍調理；至是奉詔力疾而行，十一月卒於潮州途中。此後廣西清軍將帥屢易，彼此多不和，大局遂不可為。

咸豐元年（一八五一）正月中，廣西提督向榮合諸路援軍進攻金田村，太平軍設伏敗敵，清軍傷亡甚眾。二月，太平軍出金田村西走，沿途裹脅，勢力日盛。閏八月初一日陷永安州，清大學士賽尚阿督

向榮及廣州副都統烏蘭泰諸軍圍之。清軍士氣渙散，半載不能攻下。於是秀全論功行賞，封楊秀清、蕭朝貴、馮雲山、韋昌輝爲東西南北王，石達開爲翼王，有功將領羅大綱、秦日綱、胡以晃、林鳳祥、李開芳等，均晉陞官職有差。

咸豐二年（一八五二）二月十六日，太平軍以羅大綱爲先鋒，潰圍東出，烏蘭泰追之，中伏陷阱中，受重傷而死，隨行四總兵同殞，輜重盡失，清軍傷亡數千人。向榮度太平軍必趨桂林，率部間程於二十八日晨馳至，是夜太平軍先鋒到，假烏蘭泰軍旗誑守軍，語誤不得入，乃分兵以圍之。四月潛師北趨，陷全州，取道湘江入湖南。

初湖南新寧人江忠源，以在籍知縣在縣境募勇平亂，後助官軍圍永安，守桂林。太平軍既東出湖南，忠源料其必經湘江要隘蓑衣渡，乃設伏以待之。太平軍順流至，兩岸槍砲齊發，全軍潰敗，精銳多喪亡，南王馮雲山傷重死，太平軍乃棄舟登陸，會合湘西飢民，於七月底薄長沙南門而軍。清廷以湖南靡爛，詔罷巡撫駱秉章，代以張亮基，命向榮火速赴援。蕭朝貴揮兵攻南門，爲清軍所目，發礮轟之，朝貴中彈死，太平軍聲勢一挫。十月中，太平軍作浮橋渡湘江西走，破益陽，掠得民舟數千，出洞庭，陷岳州，薇江而下，十一月十日陷漢陽，十二月四日陷武昌，清吏士民兵勇死者十餘萬人，太平軍驟增至五十餘萬，船隻萬艘，聲勢大張。

咸豐三年（一八五三）正月，太平軍棄武昌悉眾東下，帆檣蔽江，清軍望風披靡，二月八日轟塌南京城牆而入，自兩江總督陸建瀛以下，軍民死者十餘萬人。乃改南京爲「天京」，以兩江總督衙門爲天王府。東取鎮江，北佔揚州，粗具立國基礎。清廷以太平軍東出，以向榮爲欽差大臣，追躡其後，南京

陷後旬日向榮率部將張國樑始至，結營城東孝陵衞，號稱「江南大營」。清廷別以琦善爲欽差大臣，督師自河南經安徽循陸路至揚州，號稱「江北大營」。兩部合計約十萬人，然因八旗綠營暮氣已深，太平軍雖兩面背敵，不能稍限其行動。當是時淮河流域捻眾大起，長江以南各省到處天地會響應，清廷因承平日久，京畿空虛，倘太平軍能全師北伐，清廷之危亡立見。

咸豐三年（一八五三）四月，東王楊秀清命丞相林鳳祥、李開芳率兵北征，主力僅二三千人，取道皖北、豫東，孤軍深入，見城不攻，自鞏縣偷渡黃河，穿太行山入晉省，復自河南武安入直隸境，九月初陷深州，裹脅增至五萬餘眾，先鋒距北京六百里，清廷震動，官民紛紛逃遷。文宗授惠親王綿愉爲督師大臣，僧格林沁、勝保助之，合各路援軍以迎敵。太平軍缺乏輜重，不耐寒冷，九月十九日會戰不敵，棄城東走。攻天津不下，乃被迫南撤。東王所遣援軍兵單勢弱，復覆敗於山東，林鳳祥退據東光之東西連鎮，李開芳別屯荏平之馮官屯。咸豐五年（一八五五）正月十九日，清軍陷連鎮，鳳祥被擒，礫死於北京。四月十六日，李開芳力竭出降，解北京危害。於是清廷始能傾全力制太平軍於東南。

太平軍北伐同時，東王楊秀清命丞相胡以晃、賴漢英統船隻千艘，將士萬餘人西征。五月四日陷安慶，圍南昌九十日不下，八月二十九日陷九江。翼王石達開、燕王秦日綱先後督師增援，太平軍勢大張。十二月十六日陷廬州，安徽巡撫江忠源巷戰不敵，自投古塘死。太平軍逾大舉西進，咸豐四年（一八五四）正月十日，敗湖廣總督吳文鎔於黃州，清軍大潰，文鎔死亂軍中。同月底漢陽、漢口再陷，六月二日武昌復失，太平軍先鋒破岳州，逼近長沙。

作業

一、襄衣渡之戰有何重大意義？

二、何謂江南大營？何謂江北大營？

三、太平軍北伐因何失敗？

第三節　愚昧政策與恐怖統制

洪秀全出身於中國下層社會，有濃厚之封建思想，其所創上帝會竊取基督教之皮毛，用秘密社會組織手段團結羣眾。法苛而殘酷，可以詐欺無知農工於一時，不能維繫國運於長久。況其領導諸人知識幼稚，出身不同，能共患難而不能共安樂，爭權奪利，更促成其早日之敗亡。

先是太平軍起於廣西，楊秀清以狡黠之資，詭稱天父下凡附體以惑眾，秀全明知其詐；但既以上帝會籠絡人心，亦無可奈何！故得封東王，掌號令，權在馮雲山上，秀全徒擁傀儡虛名而已。及奠都南京，秀清屢藉天父下凡怒責天王，每見秀全立而不跪，甚至據天王之座，自秀全以下各王皆須長跪聽受。天王稱萬歲，東王九千歲，西王八千歲，南王七千歲，北王六千歲，翼王五千歲。奏事時東王立在階下，其餘則跪在階下。天京內訌知東王不知天王，南王、西王早死，北王、翼王積不能平。

咸豐六年（一八五六）五月，太平軍破清江南大營，向榮憂憤卒，江南提督張國樑收集散卒退走丹陽。清廷旋以和春代為欽差大臣，天京遂無心腹之患。而東王權勢益盛，篡位之謀日亟。十月，詭稱天

父下凡，召天王至東王府，思乘間以弒之。秀全藉更衣逸去，嚙血書召北王韋昌輝入衞。昌輝星夜自安

慶來，因誅秀清，並盡族其家人，閉城大索餘黨，旬日之間被殺男女達二萬餘人。

方昌輝之回天京也，嘗與石達開密議，僅殺東王一人，及昌輝誅秀清，濫殺日眾，橫暴過於東王，

達開乃至天京諫之。昌輝以達開素負人望，恐不利於己，夜圍翼王府，縱火欲焚之，達開縋城脫走，昌

輝以兵入達開第，無老幼悉屠之。達開至安慶，召兵靖難。天王乃誘殺昌輝，以溫詞召達開還京。惟鑒

於楊、韋之難，專任洪姓，不肯授達開以實權。達開閑居，危疑不自安，乃率眾十餘萬西走，取道江

西、湖南，流竄黔、桂、滇諸省達六、七年之久，行踪飄忽，聲勢震盪。

同治二年（一八六三）三月，達開將眾數萬，由雲南東犯四川，攀絕壁長驅至大渡河，四川總督駱

秉章收買土司斷其後路，遣重兵佈防對岸，達開乃陷伏中，士卒死傷日眾，草根樹葉皆啖盡。五月，力

竭出降，械送成都被殺，餘眾盡殲。達開於起義諸王中，以善戰稱著，且負文名，惟生性自負，最後終

不免於失敗。太平天國精銳，初消耗於天京內訌，繼犧牲於大渡河之戰，其後雖有李秀成之支持殘局，

一度席捲東南，已成夕陽餘暉，終不能挽救其厄運。

此外太平軍盛時，既不能傾全力以北伐，復不能鞏固長江上游，江北陷於敵手，武漢三得三失，最

後被湘軍用作根據地，自處於被動坐困之局。至於其他失敗原因，仍有下列數端：

一、昧於外情　咸豐初年，清廷與外人關係惡劣，太平天國既奠都南京，外人多持觀望態度。英國

駐香港總督兼駐華全權代表文翰，特至南京視察太平軍實況，欲太平天國承認南京條約，而太平天國則

指英國為藩屬，觀見天王禮節尤發生爭執，文翰乃失意而返。及咸豐十年（一八六○），太平軍攻上

海，外人恐影響其商業利益，乃組織洋槍隊（後改稱常勝軍），由美人華爾率領，協助江蘇巡撫薛煥，抵禦太平軍。太平軍屢攻上海，精銳多損挫，李鴻章卒利用常勝軍恢復長江下游各地。

二、**民生凋疲** 太平天國之社會，其理想雖仿周官行公有制度，分田爲九等，行均田之法；惟因戰事不停，農村秩序無法安定，此種制度並不曾實施。其禮俗係軍政教合而爲一，用神權控制羣衆，禁止人民祭祀祖先，對於佛道所祀偶像及經典，均在毀棄之列。所至之處焚燒書籍文物，否認中國禮教與傳統文化，因之引起中國各階層之一致憤慨。

三、**軍隊腐化** 太平天國起義之初，規定軍中不得蓄私財，嚴禁擾民。其組織仿自周官，以軍帥爲單位，下轄五師帥，再下五旅帥，再下五卒長，再下四兩司馬，再下五伍長，統一軍一萬三千一百五十六人，官員皆出自選舉。其上迭升有監軍、總制、將軍、指揮、檢點、丞相、諸王等差等，則爲中央命官，而操縱於東王。有男營女營之分，不得混雜。迨至南京，諸領袖爲繁華所迷，專務聲色貨利，每遇攻戰，爭相搶掠，賞罰無度，而人心因之解體。

四、**知識幼稚** 太平天國諸領袖因知識所限，設施多不切實際。所頒曆法陰陽曆混雜，規定一年爲三百六十六日，私定氣節，不合於地球輪廻學理。復竄改文字，用上帝會教義爲取士之資，所錄人員類多素質低劣之徒。名爲男女平等，而諸王養尊處優，盛營宮室，妃妾甚多。只知破壞，不知建設，天京城中大興諸王府，高峙入雲，而街衢污濁，市面殘破。及其末年，洪秀全愚人自愚，誤認本人確有天助，與臣下問答，語無倫次，不圖挽回大局。

五、**國政日非** 自咸豐六年（一八五六）諸王內訌後，秀全疑忌外姓，專任其兄安王洪仁發、福王

洪仁達，二人固執貪婪，政事不一，人各一心。咸豐九年（一八五九）春，洪仁玕自香港間道至天京，封干王，掌握政權，頗思有所作為，終因積重難返，所有改革內政建設國家根本大計，皆無法實行。是時李秀成兵最強，秀全忌之，乃廣封王爵以分秀成之勢，不論功勞，用錢買王者比比皆是，人心益為之解體。而廣東與廣西上帝會份子多不合，兩粵老兄弟與江南新兄弟復成派別之爭。湘軍破天京前，城中公開搶刧，洪姓之人為害尤烈，焉能不速其滅亡。

作　業

一、說明太平天國內訌之經過？

二、石達開怎樣敗亡？

三、太平軍組織情形若何？

四、何謂常勝軍？

五、分析太平天國失敗諸原因？

第四節　維護中華文化之湘軍

湘軍創立者曾國藩，字滌生，湖南湘鄉人，生於嘉慶十六年（一八一一）十月十一日，成道光十八年（一八三八）進士，二十九年洊升至兵部侍郎，從當時大儒唐鑑、倭仁遊，致力於經世義理之學。咸豐二年（一八五二）六月，被任為江西正考官。七月，赴贛途中，聞母喪訃耗，乃倉卒還鄉。時太平軍已大起，圍攻長沙方急，清廷鑑於嘉慶年間長江流域白蓮敎之亂，藉團練之力以蕩平，乃於十一月，詔命

曾國藩以在籍侍郎督辦湖南團練事宜。十二月中，國藩抵長沙，認爲對付太平軍綠營既不可恃，團練又不可辦，乃決定練新軍以當大敵。

先是太平軍圍攻長沙時，湘鄉知縣朱孫貽請當地大儒羅澤南募鄉勇千人防守縣城。及太平軍北走，巡撫張亮基檄調來衞省城，國藩以之爲骨幹，加以擴充，號曰「湘勇」，或稱「湘軍」，兵皆農夫，將盡儒生。咸豐三年（一八五三）八月，國藩移屯衡州，銳意籌辦水師，立營制，訂餉章，日具規模。會太平軍二次陷漢口、漢陽，武昌被圍急，清廷屢詔國藩赴援，湘軍乃於咸豐四年（一八五四）正月二十八日發自衡州，計陸軍十三營，分由塔齊布、鄒壽璋、曾國葆等爲營官，水軍十營，分由楊載福、彭玉麟等爲營官，全軍水陸員弁兵夫約一萬七千人，夾湘江而下，軍容甚盛。國藩鑒於太平軍雖用民族革命作號召，而毀棄中國文化，背叛中國禮俗，乃豎起維護名教，保全中國倫理道德旗幟，以激起知識份子之同情。故湘軍所至，各地人民或慷慨自請從征，或踴躍捐資助饟，此一支有主義有信仰之隊伍，不僅平定太平軍，更挽救晚清五十年之國運。

惟湘軍初出師並不順利。先敗於寧鄉，復潰於岳州，再挫於靖港，同年六月，太平軍二次破武昌。國藩不屈不撓，銳意整頓，七月一日克岳州，八月二十三日克武昌，順流東下，湖北境內肅清，十一月遂圍九江。太平軍守將林啓榮堅守不下，石達開復將大軍上援，湘軍驟遇大敵，乃大潰敗。咸豐五年（一八五五）二月十七日，太平軍三破武昌，國藩因守南昌，江西境內五十餘縣盡被石達開所攻陷。國藩知大局重心在武漢，分兵羅澤南、胡林翼，力圖上游，咸豐五年（一八五五）十二月遂圍武昌，雙方死傷均重。咸豐六年（一八五六）三月，澤南負瘡卒於軍，會太平軍內訌，初起諸王死逃一

空，勢力頓弱，十一月二十二日胡林翼乃復武昌，以爲湘軍後路根本，爭回主動地位。咸豐七年二月，復圍九江，八年四月七日克之，太平軍自守將林啓容下戰死者一萬七千餘人。林翼乘勝揮兵東指，謀攻廬州、安慶。

先是自咸豐六年（一八五六）太平天國諸王內訌後，精銳盡喪，與清軍主客之勢爲之一變。然竟支持殘局七、八年之久，端賴李秀成之力。秀成廣西藤縣人，初以小卒，從蕭朝貴征戰。朝貴死，從胡以晃，多所謀劃。諸王內訌後，與陳玉成以丞相職同當軍國之任。玉成廣西貴縣人，幼年從父承瑢征戰，勇悍無敵，十九歲當方面之任，號「四眼狗」，守安慶，爲江北屏障。咸豐七年（一八五七）十一月，清江南大營破鎮江，再逼天京，江北大營亦於同時下瓜州。九江復於咸豐八年四月爲湘軍攻克，太平軍三面被敵，秀成、玉成力謀打開一條出路。同年六月，秀成、玉成會各鎮守將於樅陽，計劃解天京之圍。八月，破江北大營，清欽差大臣德興阿、兵部侍郎勝保北走。九月底圍攻湘軍於廬州之三河鎮，清將李續賓、曾國華皆戰死，一軍盡覆，死者六千人，殘部悉降。太平軍上游軍事暫告穩定。

咸豐九年（一八五九）二月，清廷以太平軍破江北大營，革德興阿職，江北軍務亦命欽差大臣和春節制，仍命江南提督張國樑佐之，增調援軍，江南北大營指揮權合一，清軍之勢復盛，天京再被圍。天王封陳玉成爲英王，命督師勤王，玉成年少，諸將多不服。十二月復封李秀成爲忠王，都督中外諸軍。咸豐十年（一八六〇）正月，率精兵三千突圍東走，曉宿夜行，二月二十七日陷杭州外城，斷江南大營糧道，清軍人心大亂。和春命總兵張玉良率眾救杭州，李秀成以誘分江南大營兵力之計已售，且滿城又未攻下，湖州、寧國尚有清軍，恐阻其歸路，乃製造旗幟用作疑兵，於

三月三日引軍退出。三月十八日秀成合諸軍五十萬眾，猛攻江南大營，清軍大潰，三百餘營夷爲平地。

閏三月底，秀成東逐至丹陽，張國樑迎戰不敵，躍馬溺斃城濠，清軍死者萬餘人，丹陽遂陷，和春突圍奔常州，傷重嘔血死，江南大營盡沒。秀成繼續東征，不及一月拓疆七百里，克城六十餘，五月中遂圍上海，因英法海軍協守，久攻不能拔。七月，秀成負傷退回蘇州息兵。咸豐十一年（一九六一）秋，秀成經略浙江，十一月二十八日再破杭州，同年底浙江屬縣多下。

太平軍長江下游雖所向克捷，卻予上游湘軍以喘息整頓機會。咸豐十年（一八六〇）四月，清廷以兩江總督何桂清喪師失地，罷其職，任命曾國藩爲兵部尚書，署理兩江總督，旋授爲欽差大臣，總綰全局，節制江蘇、浙江、安徽、江西四省軍事。初江南北大營未破時，清廷恃八旗綠營當大敵，猜忌湘軍，不予國藩以實權，各省疆吏聞其勝則妬嫉，聞其敗則相譏，不肯以實力相助；故國藩處境艱難，遇事多掣肘。至是清廷不得不倚重國藩，湘軍聲勢爲之一振。以國藩之識見，當愚昧無知之太平軍，成敗之數不卜可知，是爲大局轉移關鍵之所繫。

作　業

一、說明湘軍成軍之經過及其精神？

二、武漢之得失對清軍太平軍各有何種影響？

三、清廷因何任命曾國藩爲兩江總督？影響若何？

第五節　太平天國之敗亡

咸豐十一年（一八六一）四月被壽春團練苗沛霖所誘拘，送清將勝保磔死，國藩乃移大營居焉。遂定三路進兵策：以曾國荃督師沿江進兵攻南京；保薦李鴻章爲江蘇巡撫，防守上海，並爲平吳張本；左宗棠爲浙江巡撫，自江西進攻杭州。茲分述三路用兵次第如下：

一、李鴻章復江蘇　鴻章字少荃，安徽合肥人，生於道光三年（一八二三），成道光二十七年（一八四七）進士，授翰林院庶吉士。咸豐三年（一八五三）春，隨同工部左侍郎呂賢基回籍創辦團練。同年十月，賢基敗沒舒城，乃入安徽巡撫江忠源幕。十二月，忠源敗死廬州，復從新任皖撫福濟，屢立戰功，清廷命以道員缺候補。咸豐八年（一八五八）六月，清廷罷福濟職，太平軍復陷廬州，皖北糜爛，鴻章乃往江西依曾國藩。鴻章父文安與國藩係同年，鴻章早歲以年家子受業於國藩之門，從習制舉之文，素爲國藩器重者也。

咸豐十一年（一八六一）八月，湘軍既克安慶，而上海方被太平軍圍急，杭州旦夕難保，江蘇巡撫薛煥遣戶部主事錢鼎銘等至安慶乞師。十月，鼎銘至安慶，國藩以兵力難分；十二月十四日，奏保鴻章爲江蘇巡撫，援救長江下游。命鴻章儘速募勇淮南，以爲東征之資。鴻章遣人至廬州一帶募勇，於是劉銘傳、張樹聲、潘鼎新、吳長慶，相繼率團練至安慶，益以轉戰皖南鴻章舊部張遇

春一營，共五營，國藩乃定名爲「淮勇」，營制營規一法湘軍。復增撥程學啟等所統之湘軍八營以厚其勢力，合計六千五百人。同治元年（一八六二）二月，上海士紳以銀十八萬兩所僱洋輪七艘來安慶迎師，湘淮軍乃分批乘船東下，穿太平軍腹地千餘里。太平軍以輪船之捷速，又懼開罪外人，皆在江邊遙望，不敢用礮阻擊。三月十日鴻章至滬，乃結營城南，佈置上海守禦。其後淮軍防地擴張，整編防軍，招募新勇，收降太平軍，實力多達一百二十餘營，約六萬人上下，除初立之十三營外，新參加重要將領有郭松林、周盛波、周盛傳、李鶴章等，益以黃翼升所統淮揚水師，鴻章挾以攻戰，遂成平吳之功。同治元年（一八六二）五月，與太平軍慕王譚紹光大戰於虹橋，太平軍潰敗，上海附近肅清。八月，常勝軍領隊華爾攻浙江慈谿傷卒，由副領隊美人白齊文接統。十一月，白齊文自松江到上海索餉，歐傷前蘇松糧道楊坊，奪去洋銀四萬餘元，鴻章撤白齊文職，代以英人戈登，酌定常勝軍兵額三千人，白齊文乃率舊部百餘人，偷取一小火輪，並大量軍火，至蘇州投降太平軍。同治二年（一八六三）四月，鴻章分三路西進，迭克要地，十月初遂逼蘇州。太平軍納王郜永寬等暗通程學啟、戈登議降，李秀成見軍心散亂，知事不可爲，乘夜由胥門離城而去，惟譚紹光仍堅守不退。二十四日郜永寬等八將，竟刺殺譚紹光，開蘇坊。二十六日鴻章誘殺八降將，並其黨二千餘人。戈登憤鴻章背信，欲懲鴻章不果，撤還崑山。久之，清廷嘉獎戈登勞，復經總稅務司赫德從中調停，其事乃已。同治三年二月，常勝軍復助鴻章復溧陽，三月克常州，四月二十六日在崑山防地實行解散，長江下游戰事結束，清廷乃有令鴻章會攻南京之命。

二、左宗棠復浙江

左宗棠字季高，湖南湘陰人，生於嘉慶十七年（一八一二）十月初七日，成道光十二年（一八三二）舉人。咸豐初年太平軍大起，先後佐湘撫張亮基、駱秉章治軍書，多有獻替。曾國藩治湘軍，宗棠以四品京堂襄辦軍務。咸豐十年（一八六〇）四月，國藩奉命總督兩江，命宗棠別樹一幟，率湘軍五千援江西，屢敗太平軍，聲勢漸壯。翌年十二月，以國藩薦清廷乃授爲浙江巡撫，自提鎮以下皆歸節制。並命廣西、貴州、湖北、四川等省，各選精銳，來聽調遣，所部實力益強。

同治元年（一八六二）四月，英法海軍助清寧紹臺道張景渠克鎮海、寧波。寧波稅務司法人日意格乃組織中法混合軍以教練之，號稱「花勇」，又名常捷軍，進擊太平軍。同年五月，宗棠督部將蔣益澧、高連陞等，敗太平軍侍王李世賢於衢州，乘勝北逐，合常捷軍，於同年八月克慈谿。同治二年（一八六三）正月，連克金華、紹興等地。三月，清廷授宗棠爲閩浙總督，宗棠攻剿益力。同治三年（一八六四）二月二十四日，宗棠督湘軍、常捷軍克杭州，李世賢西趨皖南。宗棠乃合淮軍圍湖州，太平軍堵王黃文金堅守不下，浙江他處次第肅清。

三、曾國荃復南京

同治元年（一八六二）春，曾國荃自湖南募勇返安慶。清廷授爲江蘇布政使，勉以兄弟無庸廻避，國荃乃揮軍東下，合楊岳斌、彭玉麟所統湘軍水師，迭克池州、蕪湖等地，五月初，遂逼南京，設長圍以困之。太平軍忠王李秀成屢謀解圍不成，乃於十二月渡江陷和州、巢縣以牽制湘軍後路。國荃穩紮穩打，堅忍不退。同治二年春，秀成襲擊揚州，敗於湘軍鮑超部，渡江退回天京時，又爲楊載福、彭玉麟水師截擊，先後喪失精銳十餘萬人，太平軍勢大弱。會淮軍攻蘇、常急，秀成勉以兄弟無庸廻避，國荃乃揮軍東下，合楊岳斌、往援復不利，乃勸天王突圍別圖發展，洪秀全終不省，疑忌秀成更甚。及蘇、杭失，城內糧食盡，人心

大亂，江浙新弟兄與兩粵舊兄弟互相屠殺，統將不敢約束，秀成日放婦孺出城節食，仍無濟於事。先一日詔令大眾安心，謂卽上天堂領天兵保固天京，乃於四月二十七日服毒自盡，年五十二歲，遵上帝會禮，用白布裹屍，埋於宮中。六月三日，秀成、洪仁玕等扶幼主洪天貴福卽位，年僅十六歲，人心尚堅附不變，以草根樹皮為食。時清廷迭詔李鴻章協攻南京，曾國荃恥借力於人，且懼奪其功，致書鴻章拒之。鴻章亦欲成全國荃功，藉辭延不奉朝命，國荃因激勵將士，開地道，輪流猛攻，期於必破。

六月十六日（七月十九日）晨，太平門下地道爆發，炸塌城牆二十餘丈，湘軍卒入南京。城中火起，巷戰殘烈。李秀成、洪仁玕等扶幼主乘夜自缺口突圍出，秀成被擒，七月六日書供詞畢被殺。幼主、仁玕等走江西，先後被俘，磔死於南昌。太平軍殘部東南走，經福建流竄粵東；左宗棠奉命追之，同治四年（一八六五）十二月，圍之嘉應州山中，太平軍戰死者萬餘人，餘眾五萬悉降，計自太平軍興起至滅亡凡十五年。清廷酬湘淮軍將領勞，錫封曾國藩一等侯爵，李鴻章、左宗棠一等伯爵，其餘將領均升賞有差。

作　業

一、說明淮軍成軍及其東援上海之經過？
二、何謂常捷軍？
三、湘軍何時攻克南京？太平軍殘部何時消滅？

第六節　捻苗回之亂及平定

曾國藩既平定太平天國，以湘軍暮氣已深，加以避嫌忌謗，乃於克復南京後，毅然將所部湘軍十餘萬遣散，留鴻章所部淮軍爲平捻之用。淮軍將領出身寒微，不學者居多，無自闢乾坤之大志，與狂熱之犧牲精神，惟以功名利祿是圖，是以惟鴻章之命是從，其軍紀不如湘軍遠甚。湘淮軍之興起開晚清兵爲將有之端緒，形成清季外重內輕督撫專政之局面，影響所及造成民國初年軍閥之禍國。

先是太平軍既大起，各省直接間接受其影響之亂事相繼而作，其著者有淮河流域之捻亂，貴州之苗亂，雲南及西北之回亂等。除新疆回亂建號稱帝外，其他均無遠圖及政治號召。清廷調兵籌餉，勞師動眾，首尾近三十年，直至光緒初葉兵事始畢，國家元氣大受損耗，茲分敍諸亂事始末如下：

一、捻亂　捻爲黃河下游淮河流域農村無賴之秘密結社組織，起源於康熙間，掠人勒贖，強奪財物。或曰一聚爲一捻，或曰數百人爲一捻。初尚不敢抗官軍，及太平天國奠都南京，遣軍北伐，捻匪勢始大張。張洛行起於亳州，李昭壽起於霍邱，最爲大股。清廷初以前漕運總督周天爵幫辦安徽團練，天爵死，代以袁甲三。及太平軍北伐挫敗，散兵與捻匪合流，張洛行以安徽渦陽雉河集爲根據地，眾數十萬，助陳玉成禦清軍，後受太平天國沃王封號；李昭壽亦降於李秀成，禦清軍於江北。咸豐八年（一八五八）九月，李昭壽雖降清軍，捻勢仍不衰。咸豐十年（一八六〇）以捻匪西窺河南，北窺山東，清廷命僧格林沁爲欽差大臣，統籌剿捻事宜。同治二年（一八六三）二月，清

軍克雉河集，擒斬張洛行，而苗沛霖居壽州，叛服無常，勢仍猖獗。曾誘執陳玉成，以功高賞薄，同年三月復叛，及清軍來攻，同年十月敗死。惟張洛行姪宗禹仍將餘眾出沒豫鄂皖之交，受太平天國梁王封號，僧格林沁追捻鄂北，州縣供應不足，所部多擾民，鄂民頗失望。

初太平軍英王陳玉成敗亡，所部遵王賴文光、扶王陳得才、啟王梁成富等，率所部經豫南西趨漢中，沿途裹脅，實力大增。同治三年（一八六四）春，天京被圍急，文光等回援天京，至鄂北而天京已破，於是太平軍與捻匪合流。同治四年（一八六五）四月，捻匪北入山東，盡陷魯西各府縣，僧格林沁追捻於曹州，陷入圍中，中八創敗死，所部馬隊盡失，捻勢益不可制。同月二十九日，清廷命曾國藩為欽差大臣，節制直隸、山東、河南三省軍務，以李鴻章暫署兩江總督。閏五月，國藩督淮軍渡江北上，以捻匪已成流寇，「宜練有定之兵，制無定之賊。」建議清廷以安徽之臨淮關為老營，江蘇之徐州，河南之周家口，山東之濟寧，四路各駐大軍，一處有急，三處往援，庶幾往來神速，呼吸相通，清廷從之，剿捻戰略因以確立。

國藩督師日久無功，一則淮軍不為己用，指揮未能靈活，再則精力衰竭，年邁多病。同治五年（一八六六）七月，御史朱學篤劾國藩自督師以來，捻匪「蔓延愈廣，迄未大受懲創。」十一月，御史穆緝香阿復劾國藩「督兵大員日久無功，請量力加譴責。」清廷雖置之不問，而國藩已不安於位，乃薦李鴻章以自代。同年九月，捻匪大會於河南陳留、杞縣，分為二枝：賴文光、任柱等東走山東，是為東捻。張宗禹、張禹爵等西南走陝甘，是為西捻。西捻不如東捻遠甚。

同治五年（一八六六）十月，鴻章抵徐州督師，循國藩既定戰略，淮軍士氣為之一振。同治六年一

月十五日，淮軍劉銘傳合湘軍鮑超部，追敗東捻於湖北安陸尹隆河，東捻精銳盡殲，回竄山東。十一月

二十九日，淮軍劉銘傳、郭松林等部再敗東捻於山東壽光，斬獲三萬餘人，文光南走，十二月十一日至

揚州東北之瓦窖舖被擒殺，東捻平。

同治五年（一八六六）十一月，西捻逼近西安，力攻不能下。清廷詔授左宗棠為欽差大臣，督辦陝

甘軍務。同治六年三月，西捻為總兵劉松山所敗，被逼走陝北，十一月自宜川乘冰渡黃河，入山西境，

攻曲沃未下，穿太行山南走河南濟源。同治七年（一八六八）正月，北渡漳河入直隸境，四月攻靜海，

遂逼天津，京師戒嚴。會左宗棠所部湘軍追至，李鴻章復奉命引兵來會，六月二十八日，湘淮合軍堵

西捻餘眾於山東茌平南官屯運河圈套之內，西捻傷亡殆盡，張宗禹棄馬投徒駭河死，捻亂全平。清廷

賞李鴻章、左宗棠太子太保銜，鴻章並以協辦大學士出任湖廣總督，劉銘傳一等男爵，其餘將領均升賞

有差。計捻亂自大起至平定共十六年，被害區域凡豫、皖、蘇、鄂、魯、晉、陝、冀八省之廣。

二、苗亂　貴州地瘠民貧，所居多苗族，政令掌於土司，民性勇悍，文化落後。清雍正年間，雲貴

總督鄂爾泰行改土歸流策，設立州縣，由朝廷派官治理，漢民移殖漸多，苗民叛服無常。咸豐四年（一

八五四）春，黔苗受太平軍影響，推張秀眉為首，稱大元帥，起事於清江、臺拱間，防軍攻剿不能勝，

而蔓延日廣。咸豐九年（一八五九）八月，石達開流竄貴州，苗民蠭起響應，全省惟貴陽未陷，擾及桂

北、湘西一帶。

同治四年（一八六五），太平天國既平，清廷任湘軍將領席寶田為貴州布政使，專任剿苗軍事。寶

田利用新式武器，採取堅壁清野戰略，步步為營，圍困各苗寨，苗民缺糧，先後投降者二十餘萬，至同

治十一年（一八七二）四月張秀眉戰死，苗亂始全平。計清廷用兵達十八年，苗民死者百萬，存者十不及一。

三、雲南回亂

雲南回民不及漢民之眾，以其團結力強，與漢民風俗不同，時有衝突發生。咸豐六年（一八五六）夏，省城附近漢回復因爭奪礦穴發生衝突，雲貴總督恒春、雲南巡撫舒與阿慮回民謀變，密令境內於四月十六日屠盡回民。昆明、永昌被殺者均數千人，各州縣死者亦重。七月，杜文秀起兵永昌，盡陷滇西數十州縣，以永昌為首治，自稱元帥。明年五月，馬德新、及其姪馬現，復據激江叛變，連陷滇南晉寧、江川等地，進圍昆明。舒與阿稱病回京，恒春自殺，清廷新任督撫均無法赴任。同治元年（一八六二）二月，布政使署巡撫徐之銘招降馬現，奏保為總兵。馬現，改名岑毓英，盡獻所居八城，並五萬眾降清，昆明對外始有通路，總督潘鐸乃得抵達省城。

同治二年（一八六三）正月，降回馬榮叛變，突入昆明，弒總督潘鐸，布政使岑毓英率所部千人力驅昆明城內叛回，省城危而復安。時岑毓方率眾攻臨安，與土豪梁士美久持不下，聞變與梁士美議和，盡保城東南隅，馳書馬如龍求援。時如龍方率眾攻臨安，與土豪梁士美久持不下，聞變與梁士美議和，盡

自同治六年（一八六七）至八年（一八六九），杜文秀以楊榮為將，統三十萬眾圍攻昆明，巡撫岑毓英、提督馬如龍協力固守，及參將楊玉科率川軍來援，昆明始解圍。毓英督師西攻，迭支要地，同治十一年（一八七二）遂圍大理，杜文秀遣其子乞援於英國、土耳其，迄無應者。同治十一年（一八七二）十一月二十七日，大理被圍急，文秀知不能守，自殺其妻女，然後服毒，至清營求免殺大理回眾，毓英立斬之，盡戮降將三百餘人，回兵萬餘人，雲南回亂平，計自亂起達十八年之久。

四、陝甘回亂

同治元年（一八六二）冬，太平軍遵王賴文光等竄入陝西，圍攻西安。石達開別部藍大順、藍二順等亦自陝南深入甘肅，所至回眾紛紛響應，清廷方全力注意於東南太平軍，力不兼顧，聽其蔓延而已。同治五年（一八六六）冬，西捻入陝西，捻回合流，其勢益不可制。清廷以左宗棠為陝甘總督，督率湘軍進剿之。宗棠駐重兵於耀州，隔斷捻回，全力追逐西捻。同治七年（一八六八）六月，西捻平至陝西。宗棠再至陝西，以劉松山部為主力，十二月克綏德，回酋董福祥乞降，陝北肅清。同治八年（一八六九）八月，松山攻靈州，數敗回酋馬化龍，化龍勢竭請降。以松山誅戮降回，未幾化龍再叛，靈州復陷。同治九年（一八七〇）正月，松山攻化龍老巢金積堡，中彈陣亡，所部由其侄劉錦棠接統，十一月遂克金積堡，誅馬化龍。同治十年（一八七一）三月，寧夏平，五月宗棠親督諸將西攻，同治十一年（一八七二）正月復河州，叛回降者甚眾。同治十二年（一八七三）十月復肅州，回酋白彥虎西奔新疆，玉門關內亂平。

五、新疆回亂

同治三年（一八六四）六月，回酋阿渾妥明據烏魯木齊（迪化）起兵，自號清真王，盡陷天山北路各州縣。南路金相印據喀什噶爾，馬福迪據和闐，黃和卓據烏什，相繼響應。金相印引國境外浩罕王阿古柏帕夏以自固，阿古柏乃乘勢於同治六年（一八六七）統一天山南路。同治九年（一八七〇）北滅阿渾妥明，盡有新疆全境。阿古柏因舊壤四部中被俄國吞滅其三，故親英國，對俄採取敵視態度。

及陝甘回亂平，廷議用兵新疆。李鴻章以為日本後患方長，海防重於塞防，力主棄之。左宗棠以為無新疆則不足以保西北，非收復新疆不足杜俄人之狡謀。清廷卒從宗棠議，諭命統籌全局，以為收復新

疆之計。光緒元年（一八七五），宗棠調兵籌餉，合所部七萬餘人集中蕭州，借英國滙豐銀行一千萬

兩，購積糧食四千萬斤。翌年三月，親至蕭州督師，五月所部劉錦棠、金順等紛率大軍出關。時阿古柏

已得英國承認，供給其武器，派軍官代其訓練軍隊，雙方並從事商品貿易。英駐京公使威妥瑪抗議於總

理衙門，英外交部復向中國駐英公使郭嵩燾提出交涉，宗棠嚴斥其非。會阿古柏殘暴不仁，浩罕軍人多

不法，新疆漢回聞清軍至，所在歡迎。同年六月，清軍克烏魯木齊。九月，天山北路肅清。光緒三年

（一八七七）三月，天山冰融，清軍踰山南征，阿古柏以人心離散，於四月十日服毒死，其子伯克胡里

借白彥虎西走喀什噶爾。十一月十四日清軍克復喀城，伯克胡里、白彥虎分路逃入俄境，新疆回亂平。

清廷酬宗棠勞，由一等伯晉爲二等侯。

新疆回亂之所以能夠迅速平定：（一）由於英俄在中亞利益之衝突，阿古柏因浩罕部之被併，仇俄

而親英，俄人反同情中國，助清軍平定回亂。（二）其時正值俄土戰爭期間，俄人力不兼顧，不願新疆

落入英國之手。（三）清軍之訓練及武器，均非烏合回民所能及，是以清軍西征如同破竹之勢。（四）

左宗棠預籌軍餉充分，清軍無飢疲之慮。迨至光緒十年（一八八四），清廷始改新疆爲行省，以劉錦棠

爲首任巡撫。

作　業

一、湘淮軍之精神有何不同？

二、曾國藩剿捻之戰略若何？並說明東捻西捻之由來？

三、雲南回亂因何而起？何時始平定？

四、陝甘回亂因何而起？何時始平定？

五、同治末年塞防海防之爭各有何種不同主張？

六、新疆回亂怎樣迅速平定？原因安在？

第四章 自强運動

第一節 海防論與船堅礮利政策之推行

鴉片戰爭失敗後，國人能真正瞭解失敗原因，肯接受失敗教訓者為數不多，獨林則徐、魏源、梁廷枏等，感到有改弦更張之必要。則徐為民族自覺之前驅，奉命在粵禁煙期間，反對封關禁海，不主張停止對英通商，知道中國不能再返回孤立時代。其力求新知識，深以中國武器遠遜外人為恥。(已詳第一章第三節)魏源曾利用則徐所編之「四洲志」，及歷代史志輿地書籍，加上外國記錄，撰成「海國圖誌」一書，其自紋謂是書「為以夷攻夷而作，為以夷以款夷而作，為師夷人之長技以制夷而作。」其主張不僅要學習西洋文明，更要從國民心理方面作文化之根本改革。梁廷枏尤留心外事，著有「夷氛聞記」，並編寫許多介紹西方世界書籍，如「蘭倫偶說」、「合眾國說」等。他若汪文泰「紅毛英吉利考略」、楊炳南「海錄」、徐繼畬「瀛寰誌略」、何秋濤「朔方備乘」等，多受林則徐所啟發。諸人均認為外人來自海上，能防海，則外人勢力可以不至；可惜諸人主張，在當時並未引起清廷之注意。

英法聯軍期間，清廷鑒於軍事外交之失敗，始感改革之需要。北京和議時，英法統帥自誇其船礮之堅利，曾告恭親王奕訢中國若有所需，可以出售。若欲仿照製造，亦肯派人教習。及北京條約簽字，身負國家重任之恭親王奕訢、大學士桂良、文祥等，知此次事變多由於中國昧於外交應付不當所致，建議

朝廷，主張用和平方法，納中外關係於正規。乃奏准在北京設立總理各國事務衙門（簡稱總署），主持對外交涉，另於南北洋口岸分設通商大臣，北洋大臣駐天津，負責牛莊、天津、登州三海口，南洋大臣駐上海，管理長江及山東以南各海口。（後例由直隸總督及兩江總督兼任）旋復奏准設立同文館，招收八旗十三四歲以下兒童肄習西學。是時各國公使開始駐京，教士活動範圍漸廣，各通商口岸報紙刊物書籍發行日多，教堂學校紛紛設立，中外情意因之漸通。而美使蒲安臣，英使阿禮國，總稅務司赫德，同文館教習丁韙良等，對促成中國近代化協助尤大。

封疆大吏中，以曾國藩居首，李鴻章、左宗棠次之，均致力於自強新政之推動。國藩自始注重水師，認為在長江一帶作戰，水上優勢能決定整個戰局。咸豐十一年（一八六一）七月奏稱：「輪船之速，洋礮之遠，在英法則誇其所獨有，在中華則震於所罕見，若能陸續購買，據為己有，在中華則見慣而不驚，在英法亦漸失其所恃。」及克安慶，乃設局試造洋器。曾全用漢人，未雇洋匠，造成一小輪船，惜「行動遲鈍，不甚得法。」其後李鴻章奉命東援上海，多靠外國輪船運輸之力，抵滬之後與常勝軍併肩作戰，深以中國兵器遠遜外人為恥。於是命所部淮軍習洋操，用洋槍，聘洋人為教習，並在滬設立西洋礮局三所，守禦上海，進而戡定長江下游。

同治二年（一八六三），國藩派候補同知容閎攜銀六萬八千兩，赴美國購置機器。容閎澳門人，幼年得教會之力赴美留學，卒業於耶魯大學，雖入美籍，而熱愛祖國者也。同治三年（一八六四）四月，鴻章致書總理衙門，力陳練兵製器之不可緩，且預示中日兩國在東方勢必互爭雄長，其間成敗優劣，將以兩者之自強程度為定。認為：「中國欲自強莫如覓製器之器，師其法而不必盡用其人。欲覓製器之

器與製造器之人,則或專設一科取士,終身懸以為富貴功名之鵠,則業可成,藝可精,而才亦可集。」同

治四年(一八六五)五月,鴻章在上海涇涇近購買洋人機器廠一座,價銀四萬兩,能修造大小輪船及開

花礮洋槍各件,改稱江南製造總局。會容閎所購機器運回,乃併入該局,其後復在上海城南購地七十餘

畝,興建新廠,可自製輪船槍炮。並附設譯書局,翻譯外國自然科學及工業軍事書籍。同治五年(一八

六六)五月,左宗棠奏准在福州設立馬尾船政學堂,於是展開清季自強之序幕。

同治六、七年間(一八六七至一八六八),容閎條陳自強大計四策,托江蘇巡撫丁日昌上奏清廷

其大意如下:

(一)中國宜組織一合資汽船公司,負責漕運,純粹華股,所有職員概用中國人。

(二)選派穎秀青年,遣送出洋深造,以為國家儲備人材。

(三)設法開採礦產,地盡其利。

(四)禁止教會干涉人民訴訟,以防止外國勢力之侵入。

其後中國所辦各項新政多依之為根據。同治九年(一八七〇),李鴻章調任直隸總督,與曾國藩會銜奏

准清廷,容閎之第二項建議卒獲實現。於是決定幼童出國,暫定為一百二十名,考選結果以粵籍者居多

數。乃分作四批,每批三十人,按年分遣出洋。而以刑部主事陳蘭彬、江蘇同知容閎為正副監督。同治

十年(一八七一)七月,第一批學生赴美,同治十一年二月,國藩卒於兩江總督任所,享年六十二歲,

從此鴻章肩負北洋防務及中外交涉重任達二十餘年之久。

一、魏源撰寫「海國圖誌」之動機若何？
二、總理各國事務衙門設立於何時？職掌若何？
三、說明江南製造局成立之經過？
四、容閎對自強運動有何貢獻？

第二節　自強新政之實施

自咸豐十一年（一八六一）北京成立總理各國事務衙門，至甲午戰爭，三十餘年間，中國朝野爲自強呼聲所籠罩。惟時人觀念認爲「中國文武制度事事遠出西人之上，獨火器萬不能及。」因之各種建設均以軍事爲出發點。後期雖亦發展輕工業，而形同點綴，固不知近代化國防，需要配合近代化政治、經濟，以及社會和教育。即以國防而論，曾國藩、李鴻章、左宗棠，以及後期之張之洞、劉坤一等，亦無通盤之計劃，加以地域觀念太重，各自爲政，彼此缺乏合作與聯繫。綜其設施可分爲下列三階段：

一、新政第一期　此一階段偏軍械輪船之製造，與西方科學知識之介紹。時間自咸豐十一年（一八六一）至同治十三年（一八七四），中樞主持人爲恭親王奕訢、大學士桂良、文祥等，疆吏曾國藩、李鴻章、左宗棠、沈葆楨等各於轄區內推行新政。其時慈禧垂簾聽政之初，英法聯軍後國人創痛猶深，一時頗有新興氣象，舉其重要設施如下：

（一）咸豐十一年（一八六一）正月，北京設立總理各國事務衙門，作爲新政之樞紐，另在天津、上海分設南北洋通商大臣。

（二）同治元年（一八六二），北京設立同文館，敎授八旗子弟肄習西學。李鴻章在上海設立西洋礮局三所。及蘇州克復，移礮局一所於此。淸廷下令都司以下武弁學習外國兵法，李鴻章在上海命所部淮軍隨英德軍官學習礮術洋槍。

（三）同治二年（一八六三），李鴻章設廣方言館於上海，兩廣總督劉長佑亦在廣州設立訓練外國語言機關。總稅務司英人赫德自英國購得軍艦七艘，運輪船一艘，用銀一百零七萬兩，並與英政府訂約，軍官士兵均雇自英國。曾國藩以外人任中國海軍，中國水陸將士皆將引爲大恥，奏准淸廷，解散洋兵，將原船退回。

（四）同治四年（一八六五），李鴻章在上海洋涇涇以銀四萬兩購得洋人機器廠一座，能修造大小輪船及開花礮洋槍，改稱江南製造總局。同年容閎購買美國機器歸國，併入製造局，開始製造輪船。

（五）同治五年（一八六六），左宗棠在福州設立馬尾船政局，開辦費三十萬兩，每月經費僅五六萬兩，機器材料購自法國，正副監督工程師均由法人擔任。局中工匠二三千人，雜工八九百人，多爲湘軍兵弁。附設前後兩學堂，前學堂學法文及造船學，後學堂學英文及駕駛術，所造輪船編成南洋水師。

（六）同治六年（一八六七），曾國藩、李鴻章奏准撥留江海關稅金二成：充作江南製造局經費，

一成專作爲製造輪船之用。乃於上海城南購地七十餘畝，興建新廠，內分汽爐、機器、熟鐵、洋槍、木工、鑄廠、火箭等廠。另附設譯書局，翻譯西方工業軍事書籍。同年，中國自造第一號輪船竣工，命名「恬吉輪」。曾國藩接受容閎建議，設立兵工學校於製造局附近。

（七）同治七年（一八六八），李鴻章升任湖廣總督，力陳開礦之利。

同年，美駐華公使蒲安臣卸任回國，總署以其爲人處事和平，奏派爲出使歐美大臣，辦理中外交涉事務，另派記名海關道志剛、禮部郎中孫家穀隨同出使，學習觀察外交禮節。

（八）同治九年（一八七〇），李鴻章調任直隸總督，乃就三口通商大臣崇厚所設之機器製造局加以擴充，分設兩廠，一仍在海光寺舊址，用機器製造洋槍礮架，兼製大小輪船等物；一新設在城東八里大沽東北，專製火藥及各種軍械水雷。

（九）同治十年（一八七一），中國第一批留學生赴美，李鴻章籌設洋式礮臺於大沽口。

（十）同治十一年（一八七二），李鴻章請准設立輪船招商局，希望收回長江外海航運利權，挽救中國軍事上內外聯絡之缺陷。

（十一）同治十三年（一八七四），日軍犯臺，船政大臣沈葆楨率海軍赴臺巡視，購丹麥兵艦，並德槍三萬枝，設防澎湖。

二、新政第二期　此一階段除練兵製器外，已重視礦產與交通諸端，時間自光緒元年（一八七五）至光緒十年（一八八四），中樞主持人雖仍爲恭親王奕訢，但因慈禧漸攬權，心灰氣沮，一味因循保

守。疆吏李鴻章、左宗棠在對外政策上有所衝突，鴻章以中國大敵爲日本，認爲建設海防爲當前急務；宗棠則力主收復新疆，建設西北，防止俄人之侵略。舉其重要設施如下：

（一）光緒元年（一八七五），李鴻章在磁州試辦新式煤礦，開採湖北廣濟所屬陽城山煤礦，及江西興國煤礦。

（二）光緒二年（一八七六），李鴻章奏派游擊卜長勝等七人赴德國學習陸軍，船政大臣沈葆楨與鴻章會銜奏准選派閩廠前後學堂學生十四名，藝徒四名，赴法國官廠學習製造駕駛，另派前後學生十二名赴英國水師學堂學習水師作戰各法。

（三）光緒三年（一八七七），李鴻章奏請開採張家口外科爾沁鉛礦，並合官商資本二十七萬兩，籌設灤州開平礦務局。同年，四川總督丁寶楨設機器局於成都。

（四）光緒四年（一八七八），左宗棠在蘭州設織呢總局，聘德人爲技師，製造軍用品及普通衣料。

（五）光緒五年（一八七九），李鴻章集股銀四十萬兩，奏設機器織布局於上海楊樹浦。同年鴻章於大沽、北塘海口諸礮間架設電線以通天津，號令各營，頃刻響應。

（六）光緒六年（一八八〇），李鴻章築旅順軍港，設水師學堂於天津，奏准自唐山煤井至胥各莊修築鐵路二十里，以供運煤之需，爲我國自築鐵路之始。同年直隸提督劉銘傳奏請籌造鐵路以圖自強，兩廣總督張樹聲籌設黃埔海軍學校。

（七）光緒七年（一八八一），中國自架津滬電線竣工。吉林省城設立機器局，

（八）光緒八年（一八八二）開平礦務局增資本一百二十萬兩，利用新式機器開採煤礦。李鴻章致電出使德國大臣定購鐵甲快船。

（九）光緒九年（一八八三），李鴻章再請試辦內地鐵路，接架天津至通州電線。

（十）光緒十年（一八八四），李鴻章請設海軍部，清廷命總署及李鴻章整頓船政局、機器局，並籌議開辦軍火公司，織洋布毯呢局。

三、**新政第三期** 此一階段新政重心開始發展輕工業，如紡紗織布繅絲等項，進而欲從改革幣制，整頓國家財政。時間自光緒十一年（一八八五）至光緒二十年（一八九四），中樞主持人為醇親王奕譞，李鴻章雖仍居重要地位，惟外省督撫張之洞、劉坤一等聲望日隆，各於轄區內推行新政，足與李鴻章相頡頏。舉其重要設施如下：

（一）光緒十一年（一八八五），海軍衙門成立，中國在德所購定遠、鎮遠兩大艦駛歸，各七千三百五十噸，馬力六千四。李鴻章設武備學堂於天津。

（二）光緒十二年（一八八六），李鴻章籌開黑龍江漠河金礦，湖廣總督張之洞在廣州設立繅絲局。

（三）光緒十三年（一八八七），張之洞在廣州設立機器鑄錢局、銀元局。李鴻章在天津設立寶津局，用機器造幣。李鴻章建議海軍衙門請准興築津沽鐵路，北與唐胥鐵路接軌。李鴻章開始經營大連灣礮臺。

（四）光緒十四年（一八八八），北洋艦隊成軍，中國所購致遠、靖遠、經遠、來遠四艦自歐駛

歸，居世界海軍第八位，掌握黃海海權。同年李鴻章請准興築津通鐵路。

（五）光緒十五年（一八八九），張之洞在廣州設立織布局，籌設製鐵廠，建議清廷興建盧漢鐵路。

（六）光緒十六年（一八九〇），李鴻章奏設水師學堂於威海衞公島。

（七）光緒十七年（一八九一），張之洞在漢陽設漢陽鐵政局及槍炮廠，開採大冶鐵礦。

（八）光緒十八年（一八九二），李鴻章整頓上海織布局，旅順船塢完成。

（九）光緒十九年（一八九三），張之洞在武昌設織布、紡紗、製麻、繅絲四局，另設針釘、毡呢等廠。

（十）光緒二十年（一八九四），張之洞在湖北設盛昌、聚昌火柴公司。盛宣懷設華盛織布總廠於上海，另在寧波、鎮江等地，分設大純、裕源、華新、裕晉等十廠。

作　業

一、同光年間自強運動重點何在？

二、中國自造第一艘輪船何時竣工？是何名稱？

三、輪船招商局成立於何時？

四、說明中國自造鐵路那一條爲開端？

五、海軍衙門成立於何時？北洋艦隊何時成立？

第三節 自強新政之檢討

同光年間，曾國藩、李鴻章、左宗棠等，推行自強運動時，率於眾議，受制於環境，殊不能為所欲為。光緒三年（一八七七）春，中國首任駐英法大臣郭嵩燾，自倫敦致書李鴻章，舉出日本留學英國學生二百餘人，多學習律法，講求經制，而學兵法者絕少，鴻章復書曰：「人才風氣之固結不解，積重難返，鄙論由於崇尚時文小楷誤之。」蓋鴻章等非不知政法制度為百務之先，但在舊政治機構下，只能進行一枝一葉之改革，而此舊政治機構，反阻礙新政之推行。此外同光年間之自強新政，仍有以下數點弊端：

一、總理衙門雖為辦理新政之樞紐，因財政權操在督撫之手，不能約束其行動，何處應修鐵路，何處應設船廠，何處應鍊鋼鐵，無通盤之計劃，漢冶萍公司經營之不善即為一例。

二、各種工業官督商辦之結果，無企業之精神，有官場之惡習，以招商局為例，船式陳舊，用人較太古、怡和等公司多三倍以上，每一輪船引用親朋掛名分肥至二三十人之多。局董裝運私貨，碼頭停泊開船無時間限制，購料任洋商漁利，真正工作人員如船長、大副、二副皆由外人擔任，薪水較日本高二三倍，燒煤浪費，管車無責任心，而支應官差，送往迎來，習以為常。

三、各項新政主持人，以雜佐出身者居多，彼等失意於科場，因在滬、津接觸一些外國事務，流覽一些翻譯書籍，乃藉以獵取功名利祿。當時惟容閎、郭嵩燾、曾紀澤等對外界最有認識，可惜未能盡用其才。

四、一切設施多以軍事為出發點，無健全之人事制度。因練海軍而開礦，而設立船政學堂，而派學

生出洋學習駕駛製造。不從教育根本著手，普及大眾知識，轉移國人視聽。曾國藩、李鴻章、左宗棠等均有破格用人之長，曾爲多方面，李、左則因積習所限，無法通籌大局，有所更張。即以軍事而論，不講求戰略與戰術，無完善之後勤制度，指揮權操於行伍出身舊將領之手，故僅可用以平內亂，而不足以禦外侮。

五、所聘洋員多非上乘之選，技術落伍，但爲報酬而來，不講求工作之效率。以福州船政局爲例，自監督至工頭多爲常捷軍舊將領，船政大臣調動頻繁，經費不足，所造兵輪商輪不分。其後中國雖有相當人材，亦不能代其位。

當曾、李、左等推動自強新政時，尚遭遇守舊派之反對。同治五年（一八六六）十一月，恭親王奕訢以製器必須講求天文算學，請於同文館內添設分館，招考優秀舉人入學肄習，以爲製器之本源，而大學士倭仁以理學名家持反對態度，認爲同文館延聘外人教習正途一事，「上虧國體，下失人心。」故同文館招考時應考者寥寥無幾。

同光年間，內外大臣視與外人交涉爲危途，非僅反對外國公使駐北京，更反對中國使臣駐外國。同治九年（一八七○）天津發生教案，清廷命曾國藩前往查辦，國藩憂懼，於赴津前竟預立遺囑，報必死之決心。及抵津，懲爲首滋事人犯，而清議沸騰，至呼爲「賣國賊」。光緒初年，郭嵩燾出使英國，親西洋政教規模，著有「使西紀程」，稱道西洋富強之源，時論竟誣其有二心於外人，總署被迫毀其書版，嵩燾終以不容於清議，罷職歸國，晚年廢退家居，齎志以終。

交通爲富強根本，光緒二年（一八七六），英商首築淞滬鐵路，試車之日因輾斃人命，激起眾怒，

上海道馮焌光向英領事交涉，以二十八萬五千兩贖回。兩江總督沈葆楨竟認爲「鐵路雖中國必興之業，然斷不可使後人藉口，曰是沈某任兩江時所創。」下令拆毀，移運臺灣，其畏懼輿論可以概見。光緒六年（一八八〇），直隸提督劉銘傳奏請籌造鐵路以圖自強，而翰林院侍讀學士張家驤力陳鐵路之弊，認爲有損田畝、廬舍、墳墓、橋樑，且奪輪船招商局之利，內地築路計劃因之擱置。

海軍爲新政之重心，光緒初年中國分別訂購英德法各國兵船，而清議持反對之論，認爲「竭中華潤薇之賦，買狡夷窳下之船。」故自光緒十四年（一八八八）北洋艦隊成立後，中國未再增購一船。甲午戰前，李鴻章以中國海軍艦舊，速度緩，火力弱，以銀兩百萬兩向英國訂購兩艘鐵甲快船，而戶部藉口款絀，將船退還。甲午黃海海戰前，北洋艦隊出發時，每艦僅配彈十四枚，口徑多有不符者。而鎮遠、定遠之十寸口徑礮爲北洋海軍最大者，非日艦所能敵，其可用之開花巨彈僅三枚，定遠一，而鎮遠二，以此赴敵，焉能不敗？

不過同光年間，在奕訢、文祥、曾國藩、李鴻章、左宗棠等人領導下，中國畢竟向著近代化邁進，雖然作爲每一件事都不夠澈底，已經盡其最大之努力。

作　業

一、列舉同光年間自強新政之弊端？
二、郭嵩燾對同光間新政有何過人主張？
三、光緒初年，守舊份子因何反對修築鐵路？
四、李鴻章建設北洋海軍遭到何種阻礙？

第五章 同光年間之內憂與外患

第一節 慈禧聽政與晚清朝局

同光年間，慈禧把持朝政四十餘年，舉措乖方，因之政潮起伏，國勢阽危，促成滿清政府之滅亡。

先是清宣宗嗣業在位期間，有孳孳求治之心，無奈缺乏近代知識，加以自乾隆中葉以降，貪污成風，因之吏治軍事均不上軌道。煙期間初重用漢人林則徐、鄧廷楨等，及中英戰爭失利，復信任滿大臣耆英、伊里布等向英國求和。道光三十年（一八五○）正月，宣宗崩逝，四子奕詝即位，是為文宗，改明年為咸豐元年，怡親王載垣、鄭親王端華、協辦大學士蕭順用事。文宗天資英斷，即位之初頗思有所作為，罷黜尸位滿大臣穆彰阿等，復起用林則徐，對外交涉力持強硬政策，以求雪恥圖強。惟以大勢已成，加天災連年，內有太平天國之亂；復誤用葉名琛，召致英法聯軍之禍；故自咸豐六年（一八五六）後，縱情聲色，政事荒廢，國事日非。明年和約簽訂，文宗以近代知識所限，懼北宋徽欽二帝被擄之事重現，不肯遽歸。咸豐十年（一八六○）八月，英法聯軍逼北京，文宗北狩熱河。九月，和約簽訂，文宗以近代知識所限，懼北宋徽欽二帝被擄之事重現，不肯遽歸。明年七月十六日病篤，乃立皇子載淳為太子，並派怡親王載垣、鄭親王端華、協辦大學士蕭順、御前大臣景壽、兵部尚書穆蔭、吏部左侍郎匡源、署禮部右侍郎杜翰、太僕寺少卿焦佑瀛八人贊襄政務，逐於十七日殂於熱河。時載淳年方六歲，改明年為祺祥元年，尊皇后紐祜祿氏為孝貞皇后，生母懿貴妃葉赫那拉

氏為孝欽皇后，政權歸於王大臣。

葉赫那拉氏於咸豐四年（一八五四）被選入宮，初封懿貴人，咸豐六年（一八五六）生子載淳，晉封懿貴妃，時太平軍亂熾，軍書旁午，文宗常命其批答奏章，然皆口授大意，那拉氏僅能司朱而已。後以內憂外患交乘，文宗頗倦勤，那拉氏漸思盜竊權柄。及肅順等得帝歡，那拉氏頗忌之。文宗病危，那拉氏收藏玉璽，遣使往北京迎恭親王奕訢（宣宗第六子）於九月一日至行在，密議發動政變，罷免顧命大臣；奕訢旋返北京有所佈置。九月二十九日兩宮及幼帝回鑾北京，三十日乃召見親王大臣，宣讀在熱河命醇親王奕譞（宣宗第七子）所擬諭旨，罷免八大臣，旋議定肅順棄市，載垣、端華自盡，穆蔭充軍、景壽、匡源、杜源、焦佑瀛革職永不任用。十月一日授恭親王奕訢為議政親王，在軍機處行走。十月九日幼帝正式即位，以前定年號「祺祥」語意重複，改年號「同治」，是為穆宗，上母后紐祜祿氏為慈安太后（一稱東太后），生母葉赫那拉氏為慈禧太后（一稱西太后），於是垂簾之局定，是為辛酉政變。

兩太后聽政後，大權操於慈禧。同治初年慈禧於政事茫無所知，幸其時奕訢及大學士文祥等辦事認真，引用漢人沈桂芬、李鴻藻等入軍機，重用漢人曾國藩、左宗棠、李鴻章諸名臣，故能蕩平內亂，造成中興局面。久之慈禧對政事漸熟悉，同治四年（一八六五）忌恭王功高，藉口其攬權納賄，罷其議政王號，惟仍主持總署如故。同治八年（一八六九），慈禧所惡太監安得海違背清朝家法，出京擾民，山東巡撫丁寶楨執而殺之，慈安、奕訢實預其謀，大失慈禧歡心，國政乃日形紊亂。

同治十二年（一八七三），穆宗大婚，慈安欲立尚書崇綺女阿古特氏為皇后，慈禧欲立侍郎鳳秀女富察氏為皇后，相持不決，由穆宗自擇之，穆宗竟擇阿古特氏為皇后，而封富察氏為慧妃，慈禧大不

悅，乃戒穆宗不得居中宮。穆宗憂鬱寡歡，由侍講王慶祺、太監張得喜引導微服治遊，起居無度。明年三月親政，仍無以自勉，遂致嬰疾，乃於十二月五日崩逝。慈禧立醇親王奕譞長子載湉爲帝，年僅四歲，蓋利載湉與穆宗爲同輩，且年幼，仍可以太后名義獨攬朝政也。

載湉既即位，改明年爲光緒元年，是爲德宗，慈禧二度垂簾聽政。光緒二年（一八七六），大學士文祥卒。光緒七年（一八八一）三月，慈安太后卒，慈禧倒行逆施，國政日非，土木游宴之風大盛。而恭親王奕訢韜晦自全，惟知迎合慈禧而已。光緒十年（一八九四）春，中法越南事起，恭王總持樞機，一無善策。三月，軍臣五大臣奕訢、寶鋆、景廉、李鴻藻、翁同龢同時罷黜，由禮親王世鐸、孫毓汶、張之萬等代之，醇親王奕譞以雙重血統貴親（奕譞妻爲慈禧妹），頗能投慈禧之所好，國政益不可爲。

光緒十五年（一八八九）正月，德宗大婚，慈禧爲立其姪女副都統桂祥女葉赫那拉氏爲皇后，納侍郎長敍二女爲妃，長曰瑾妃，次曰珍妃。皇后性遲鈍，容貌平常，德宗則鍾情於二妃，尤以珍妃爲最，慈禧大恨之。

光緒十六年（一八九〇），德宗雖親政，一切用人行政大權仍操慈禧之手，內則宦官李蓮英，外則軍機大臣孫毓汶等，皆爲太后親信，把持朝政。奕譞爲海軍衙門大臣，爲贏得慈禧歡心，免其干預國政，與德宗謀，以海軍經費移作修建頤和園之用，而慈禧對國政仍不肯罷手，公開賣官鬻爵，廣事聚斂，德宗與太后之間日漸水火。甲午戰爭期間，帝主戰，太后主和。馬關和議後，德宗納其漢文師傅翁同龢言，將軍機大臣孫毓汶、徐用儀等罷斥，慈禧乃革去同龢毓慶宮行走，使其不得與德宗有所密談。吏部右侍郎汪鳳藻與同龢接近，戶部右侍郎長麟忠於德宗者也，光緒二十一年（一八九五）十月，均被太后

革職永不敍用。光緒二十二年（一八九六）二月，慈禧復戮德宗近閣寇萬才，逐瑾妃、珍妃師傅文廷式，德宗之勢益孤。同年五月，德宗生母醇親王奕譞妃死，益無人調停其間，雙方竟致互不相容，而促成戊戌政變之發生。

作　業

一、慈禧太后之出身若何？

二、說明咸豐辛酉政變之經過？

三、清德宗因何與慈禧太后日漸水火不容？

第二節　馬嘉理案與中英交涉

咸豐八年（一八五八）中英天津條約締結後，英人欲擴大對華貿易，曾於同治十三年（一八七四）由其印度政府派遣探險隊，欲由緬甸至雲南，再由雲南至北京。同年六月，由其駐京公使威妥瑪，照會總署，得照署許可，乃派譯員馬嘉理持總署護照往迎之。馬氏遂於同年底由上海經兩湖、貴州、雲南至緬甸，沿途平安，並得中國地方官吏之款待。

初雲南巡撫署理雲貴總督岑毓英，聞英人將來滇省設立洋行，並訛傳有襲奪騰越之舉，乃調兵備邊。光緒元年（一八七五）正月，馬嘉理偕探險隊長柏郎，率探險隊至騰越蠻允地面，參將李珍國殺馬嘉理及其隨從，柏郎率餘眾退回緬甸。毓英捏詞上奏，諉罪於野人所為，而英使則明指係毓英所主使，乃於二月六日向總署提出嚴重抗議。二月十七日，英使照會總署，提出要求數事：

（一）懲辦岑毓英。

（二）派員到滇協同審訊。

（三）增開口岸。

（四）賠償損失。

總署未能盡允其要求，英使乃於二月二十七日下旗出京，取道天津赴上海。總稅務司英人赫德則乘機向總署恫嚇，謂英國即將用兵於中國。五月十七日，清廷命湖廣總督李翰章赴滇查辦，英使一面派贊格維納赴武昌與李瀚章交涉；一面於七月四日遄返天津，向李鴻章接洽，要求中國派大員至英國謝罪，滇緬交界道路任由英人通行，整理通商口岸，懲辦岑毓英。鴻章多允其要求，清廷並任命候補侍郎郭嵩燾為出使英國大臣，獨於懲辦岑毓英一項，答以俟李瀚章查明後辦理。英使仍不滿，兵艦集中煙台以相要脅。

光緒元年（一八七五）十月，李瀚章抵昆明，英參贊格維納亦至。前一月岑毓英奏稱此案兇犯共計二十三人，除先後拿獲十五名外，餘均格斃，並搜出馬兩匹，零星贓物四十餘件。故瀚章查閱之覆奏，認爲與毓英毫無干係。清廷遂將騰越廳同知吳啟亮、總兵蔣宗漢、南甸都司李珍國等革職，英使仍不服，要求益多，並堅請將全案人證提京覆訊。光緒二年（一八七六）五月三十日，南下赴滬，宣稱談判決裂，報告本國政府，對華用兵。

總署恐因此引起中英兩國戰爭，人力財力均無把握，乃奏派總稅務司赫德赴滬勸說。值威妥瑪得英政府不願啟釁指示，清廷方有事於新疆，始允一星期後返煙台會議。六月八日，清廷命李鴻章爲全權大

臣，往煙台與英使議約，七月三日開始會議，英使仍堅請將全案人證提京覆訊，且謂已得證據，馬嘉理之被害係岑毓英所主使，鴻章婉言解釋之。十九日開始逐條討論條款，二十六日正式簽字。約文共分三項：一為昭雪滇案，計六款：

（一）滇案結案之奏稿應交英使閱看。

（二）中國惋惜滇案諭旨，應抄發各省，以兩年為期，由英使隨時派員分往各省查看張帖情形。

（三）由雲南巡撫與英政府所派官員會商滇緬通商章程。

（四）自光緒二年十一月十七日（一八七七年一月一日）起，以五年為限，許英國派員在大理一帶查看通商情形。

（五）賠償在滇被害人員家屬撫邮金二十萬元，由英使隨時兌取。

（六）中國惋惜滇案國書，由出使英國大臣帶往，文稿應先送英使閱看。

二為中外官員往來相待禮節，共分三項：

（一）規定中外官員會晤及公文往來章程。

（二）議定通商口岸會審章程。

（三）關係英人生命財產案件由英國派員觀審。

三為整頓通商事務，共分七項：

（一）添開四川重慶、湖北宜昌、安徽蕪湖、浙江溫州、廣東北海為通商口岸，許英國駐紮領事。其他沿江安徽之大通、安慶，江西之湖口，湖北之武穴、沙市等處，均准英輪暫時停泊上下

客商貨物。

（二）新舊各口岸除已規定有各國租界外，應將外人居住處所劃定界址。

（三）各省酌定洋藥（鴉片）入口關稅釐金。

（四）發給各國人民護照，應由總理衙門劃一格式。

（五）英商已完稅之出口貨稅單以三年為有效期間。

（六）中英核議香港海面稽查收稅事宜。

（七）新開各通商口岸貿易經中國政府批准後半年內開辦。

另有專約一項：准英國自明年起派員由北京經青海、西藏入印度通商，護照由總署發給，並通知地方官妥為保護。

烟台條約中國所受之損失，僅次於中英南京條約及天津條約。其時總署大臣昧於外交，予英人以挾持之端。威妥瑪在華甚久，熟悉中國官場情形，每有要求，一語不合，動輒以絕交戰爭相恫嚇，而總署惟以敷衍推諉為事，前後言論矛盾，更予英人以口實。總理衙門初成立時，由清廷任命恭親王奕訢、大學士桂良、戶部左侍郎文祥管理，其後大臣奉旨在總理衙門行走者多時曾達十一人。因總署大臣類多選自六部堂官或軍機大臣，結果一個新政發祥機關，其內部反而充滿守舊分子，組織鬆弛，責任不專。即以烟台條約為例，先由威妥瑪向總署提出，總署多已允許，英使仍幡然出京，李鴻章不過再加承認而已。而於租界、釐金、洋藥等款，尚能堅持立場，故鴻章自認為外交之成功。

然是時清議頗同情於岑毓英，兵部侍郎郭嵩燾曾參劾岑毓英不諳事理，未能先事預防，認為「楊玉

科駐紮騰越，李珍國駐紮南甸，距戕斃馬加理之變允地面，遠在數百里以外，非有主持督師，不問可知。所以遽至戕害者，由撫臣未能據總署來文，曉諭清晰，以致楊玉科、李珍國皆不及嚴示約束，至生意外之變。」因之橫遭誓毀，而為士大夫所不容。有人特撰一聯語以譏之曰：「岑毓英出乎其類拔乎其萃，不容於堯舜之世；郭嵩燾未能事人為能事鬼，何必去父母之邦。」鴻章悲憤是非之不辨，七月二十七日奏請從英人要求寬宥李珍國之罪，復憤外交主持之無人，八月十二日致書雲貴總督劉長佑曰：「洋務實非難辦，無如辦洋務者自生荊棘，予人以挾持之端，遂致國家陰受其禍，此案自始至終錯已成錯，徒薪曲突之無人，而鄙人乃不能不焦頭爛額以為補救，可勝慨嘆。轄境後患方長，事機繁巨，所賴長才碩畫，因時制宜。」固料及邊禍之無窮也。

作　業

一、說明馬嘉理案發生之原因？
二、中英煙台條約關於昭雪滇案及整頓通商事務部份內容若何？
三、舉出同光年間總理衙門處理外交之弊端？

第三節　伊犁問題與中俄交涉

咸豐元年（一八五一），以俄人要求，中俄訂立「伊塔通商章程」，中國開伊犁、塔城為商埠，是為俄人勢力侵入新疆之始。咸豐十年（一八六○）中俄北京條約，清廷割讓巴勒喀什湖、布魯特一帶游

牧地於俄。其後復於同治三年（一八六四）、同治八年（一八六九）續訂塔城界約，將齊桑泊，及烏梁海、科布多西部游牧地，劃出國境之外，俄入蠶食我國西疆乃獲得進一步成功。

及新疆回亂發生，俄人復藉口護僑，於同治十年（一八七一）五月，出兵強佔伊犁。十月，由其駐京公使照會總署，竟聲稱係「保民義舉」。清廷命新任伊犁將軍榮全，取道唐努烏梁海，與俄人交涉，相機收復伊犁。遲至同治十一年四月，與俄代表會於塔城附近，榮全表示願以三萬兩銀子犒賞俄軍，要求俄軍退還伊犁，俄代表則態度蠻橫，狡稱伊犁、塔城均係「俄國暫管地方」。至於新疆各地，俄令再不能收復，「俄國能代取之」。五月，交涉移於北京，俄使理屈，詐稱中國如能戡定新疆回亂，威令再行於伊犁，可保國境之安全時，俄國即將伊犁交還，並要求預爲訂約，准俄人在蒙古地方、天山南北路、科布多、烏魯木齊、哈密、烏里雅蘇台、阿克蘇、葉爾羌、喀什噶爾等處貿易，並設立領事，賠償伊犁、塔城等處回亂期間俄商損失。總署表示伊犁交還後各事儘可熟商，俄人仍無撤兵意。於是大量移民於伊犁，架設電線，修築道路，擴大市區，欲作久據之計，以爲侵奪新疆之初步。

光緒三年（一八七七），新疆回亂平。光緒四年（一八七八）五月，清廷以崇厚爲出使俄國大臣，交涉歸還伊犁及引渡逃犯諸事項。十二月，崇厚行抵俄京聖彼得堡。時俄駐華公使布策先期返俄，乃幫同其外相格爾斯與崇厚進行交涉。俄人詭稱伊犁爲形勝之區，俄國爲自固疆圉計，不得不稍寬其國界。崇厚昧於利害大計，不顧總署勸阻，竟受俄人引誘，於光緒五年八月十六日（一八七九年十月一日）在黑海附近利發第亞，與俄外相格爾斯簽定「返還伊犁條約」十八條，大致盡依俄人之要求，其要點如下：

（一）俄國交還伊犁城，俄人在伊犁所置舊產，准其照舊經管。

（二）中國允付俄國代守伊犁兵費五百萬盧布（合銀二百八十萬兩）。

（三）阨爾果斯河以西，帖克斯河流域割讓於俄國。

（四）增開嘉峪關（蕭州）、烏里雅蘇台、科布多、哈密、吐魯番、烏魯木齊、古城（庫車）為商埠，許俄國設置領事。

（五）俄商在蒙古天山南北路貿易均不納稅。

（六）俄商內地販運可經張家口、通州、天津、漢口、漢中、西安、嘉峪關返國。

依此條約，中國喪失國家利權甚巨，而崇厚竟於簽約後，將簽務交參贊邵友濂代理，不俟朝命，擅自回京覆命。

消息傳出，朝野大譁，議論激昂，兩江總督沈葆楨、翰林院侍讀學士黃體芳、司經局洗馬張之洞等，咸以崇厚專擅誤國，請處以極刑，不惜對俄作戰。而直隸總督李鴻章鑒於日本初併琉球，中國屢與交涉不得結果，倘彼此勾結，後患不堪設想，力斥「東征日本，西拒俄人」之非計。是時俄國軍隊集中於伊犁附近約九萬人，俄艦游弋遼海達二十二艘，清廷命彭玉麟辦海防，各省督撫籌備邊防。將崇厚革職拿問，交刑部治罪，旋定為斬監候。各國聞變，將遠東海軍集中上海待命，中俄關係頻於破裂，兩國戰爭一觸即發。

十月二十一日，陝甘總督左宗棠於「覆陳交收伊犁事宜摺」，主張：「先折之以議論委婉而用機，次決之以戰陣堅忍以求勝。」旋分兵三路以為規復伊犁準備。並親至哈密閱兵，以示作戰決心。會英人戈

第五章　同光年間之內憂與外患

七九

登遊歷印度，總稅務司赫德乃電邀其來華，以備總署大臣諮詢。戈登建議清廷，切勿與俄決裂，否則戰爭一起，兩月以內俄軍可至北京城下。中國勢必遷都西安，長期抵抗十年，滿人並需放棄政權，始可獲得勝利。總署王大臣聞之色變，和議始有轉機。光緒六年（一八七九）正月，清廷命出使英法大臣曾紀澤改充出使俄國欽差大臣，前往俄京改訂崇厚所簽之約。五月，復從各國駐京公使及曾紀澤請，諭命「法外施仁」，赦免崇厚之罪。七月，召左宗棠至京備顧問，以和緩戰機，一任曾紀澤使用外交手婉，折衝於俄京。

光緒六年（一八八〇）六月，曾紀澤抵俄京聖彼德堡，遵照總署指示，抱堅強意志，與俄外交大臣格爾斯、副大臣熱梅尼，及其駐華公使布策等迭次會商。紀澤所持立場：條約未經雙方政府批准而不生效力；採取謹慎態度與俄人從事爭辯。俄國則以西伯利亞鐵路尚未築成，遠東調兵諸多困難，加以俄土戰後國力疲憊，與英法關係極為惡劣，不得不重開談判。惟其蠻橫狡賴態度，仍使會議進行遭遇甚大困難。遲至光緒七年正月二十六日（一八八一年二月二十四日），雙方始議定「中俄改訂條約」二十款，專約一款，另「改訂陸路通商章程」十七款。「中俄改訂條約」與崇厚原約所不同者，計有以下數端：

（一）中國收回伊犂以南帖克斯河流域，寬二百里長四百里之土地。

（二）中國內地減少五處商埠，僅准俄國在肅州、吐魯番兩地設立領事。

（三）通商範圍縮小，俄國商隊僅可經張家口、通州至天津。

（四）中國增加償付俄國兵費及伊犂商民損失為九百萬盧布（合銀五百萬兩）。

於是兩國經年爭執告一結束。是約中國雖仍有相當損失，然較崇厚原約已大有進步，曾紀澤為當時

最幹練有眼光之外交人才，能有此種成就，已屬難能可貴。可惜紀澤回國後未被大用，中年早喪，實爲國家之不幸。

作　業

一、俄國何時強佔伊犁？以何爲藉口？

二、光緒五年（一八七九）八月，崇厚與俄人所訂「返還伊犁條約」，中國有何重大損失？

三、光緒七年（一八八一）正月，曾紀澤與俄人所訂「改訂返還伊犁條約」，中國收回那些利權？

第四節　中法戰爭

同治年間，法國勢力侵入越南，脅越南簽訂兩次西貢條約，割下交趾六省於法國，法國代辦越南外交，通航紅河，法人在越南享受領事裁判權。時雲南回亂方熾，清廷復有事於西北，置之不問。光緒七年（一八八一）中俄伊犁條約成立，國內無亂事，中國駐英法公使曾紀澤、雲貴總督劉長佑，以法人侵越日亟，有窺滇越企圖，上奏朝廷，爲鞏固藩籬計，不能置越南於度外。清廷一面命曾紀澤交涉於巴黎，一面命各省督撫妥籌邊防。光緒八年（一八八二）三月，法將李威利攻破越南河內、東京，兩廣總督張樹聲、雲貴總督劉長佑遣援軍入越助守，兩國衝突以起。同年十月，駐京法使寶海與李鴻章議於天津，決定三款：

（一）中國撤退越南駐軍，法國聲明無併吞越南意。

（二）開放紅河，以保勝為商埠。

（三）兩國以紅河為緩衝區。

法政府不同意寶海所訂之約，電召其回國，組織遠征軍，決定擴大對華戰爭。光緒九年（一八八三）二月，越南以國勢危急，請求清廷援助，吏部主事唐景崧自請赴越南招降黑旗軍將領劉永福，清廷從之。

永福本太平軍餘黨，太平天國滅亡，退居越北保勝一帶，拓疆七百餘里，兵力數千人，迭敗法軍，越王授為保勝防禦使。至是受撫，清廷賞提督銜，命歸署理雲貴總督岑毓英節制。四月，永福敗法將李威利於河內附近紙橋鎮，陣斬李威利，法兵死傷數百人。七月，法援軍大至，圍越都順化，脅越王締約，承認為法國保護國，許法國駐兵越南各地。監督行政、外交、財政等事務，越南名存實亡。

先是法政府撤回寶海後，另派駐日法使脫里古來華交涉，自光緒九年（一八八三）五月至八月，初與李鴻章會於上海，再會於天津，爭執焦點為劃分兩國在越南勢力界限，鴻章主以北緯二十度為界，脫里古堅持二十二度，及法越順化條約成立，中國朝野主戰，談判乃告決裂。同年十一月，越南法軍大舉北攻。廣西巡撫徐延旭督師諒山，由廣西提督黃桂蘭、廣西候補道趙沃分任左右兩翼統領，全軍約兩萬人，遇敵即潰。光緒十年（一八八四）二月，法軍連陷北寧、太原等地。黑旗軍不能當大敵，復棄與化北走，北圻要地盡歸法軍所掌握。清廷罷徐延旭職，代以潘鼎新，黃桂蘭、趙沃革職拿問。旋改以張之洞署理兩廣總督，彭玉麟督辦廣東海防。

同年四月十二日，以廣東稅務司德人德璀琳之介，李鴻章與法國代表福祿諾會於天津，至十七日議定「中法簡明條約」五款，一名李福簡約，其要點如下：

（一）法國不侵犯中國西南邊境。

（二）中國撤退越南駐軍。

（三）法國不向中國索取賠款，中國許法人在滇越邊界自由貿易。

（四）今後法國與越南或結新約，或改正舊約，不得有損中國之聲譽。

（五）三月以後兩國派遣全權代表會議詳細條款。

是約無異舉越南全境爲法有，一時彈劾李鴻章之奏疏多至四十七封，清廷乃密諭前敵將領督率所部，嚴陣以待。法政府亦不滿意於該約，命其新任駐華公使巴德諾於詳議款目時，多索利權，故雙方之再起爭端勢所難免也。

初「中法簡明條約」之簽訂，中國北圻撤兵期限，福祿諾要求三週，李鴻章要求三個月，議未定而福氏離華，頻行聲稱將派兵巡察越邊，驅逐黑旗軍，鴻章匿不上奏。閏五月初三日，法軍巡邊，在諒山附近觀音橋遭華軍阻擊，頗有傷亡，法公使巴德諾在滬竟聲稱咎在華軍，要求中國立刻撤兵，賠償一切損失。清廷命兩江總督曾國荃爲欽差大臣，馳赴上海與之交涉，巴德諾藉端要脅，索賠二億五千萬佛郎，國荃僅允付五十萬，反遭清廷斥責，認爲「於事無補，徒貽笑柄」，談判乃告決裂。七月一日，駐京法代辦謝滿祿下旗出京，雙方正式戰爭遂形爆發。

一、海上戰爭　中法戰爭期間，中國僅福建海軍成隊，船政大臣何汝璋、會辦福建海防事宜張佩綸，實不知兵，而好大言，意氣甚盛。光緒十年（一八八四）六月底，中法交涉已頻破裂，法海軍堵塞閩江口，華艦乃成被動勢態。七月三日午後二時，法艦突向我偸襲，交戰二小時，我沉兵艦七艦，官兵

傷亡甚眾。法僅沉一魚雷艇，死水兵十二名。是役法艦共八艘，計一萬四千五百噸，均爲新式鐵甲，我艦共十一艘，計六千五百噸，其中九艘全爲木造。是役法艦共八艘，兵力固甚懸殊也。七月六日清廷明諭對法宣戰，命劉銘傳以巡撫銜督辦臺灣軍務。銘傳駐淡水（臺北）督師，分兵佈防各港口。八月十三日，法艦十餘艘分攻臺灣基隆、滬尾（淡水），銘傳重創法軍，棄基隆守後山。二十日，提督孫開華、章高元再敗法軍於滬尾，法軍死傷數百人。光緒十一年（一八九五）二月，法將孤拔陷澎湖，雙方死傷均重。法艦原擬北上騷擾旅順、煙台各海口，因英國懼影響其商務，表示反對，孤拔乃宣佈封鎖臺灣海峽。旋乃病死澎湖，法艦益無進攻能力。

二、陸上戰爭　光緒十年（一八八四）八月，法艦既犯臺灣，清廷命滇、桂關外駐軍攻法軍以爲牽制。十二月二十日，法軍陷諒山，清軍傷亡頗重。光緒十一年（一八九五）正月九日，法軍再陷鎮南關，提督楊玉科戰死，巡撫潘鼎新負傷退龍州，關內震動。旋法軍毀關，自動南撤。

先是清廷聞諒山危急，於光緒十一年（一八九五）正月，以馮子材幫辦廣西關外軍務，復命提督王德榜、總兵王孝祺兼程往援。子材至龍州，諒山已失守，法兵且陷鎮南關。及聞法軍南撤，乃在鎮南關築壘堅守。二月七日法悉起諒山之眾來撲，子材督眾身先陷敵，王德榜、王孝祺復自兩翼夾擊，鏖戰二日，法軍大潰敗，傷亡千餘人。二月十日，子材進克文淵州。十二日合諸軍會攻諒山，明日克之，法軍敗散山谷，盡失戰鬭能力。同時雲南境外，清軍亦傳捷報，山西、興化、太原、北寧等處義民紛紛響應。

中法之戰，法國勞師遠征，本無必勝把握，及聞華軍諒山勝利，求和之意更切。清廷則以澎湖失

守，臺灣孤立，援斷餉絕，一失難復，不得不乘機收拾。光緒十一年（一八九五）二月十九日（四月四日），中國總稅務司赫德所派代表英人金登幹，在巴黎與法外交部次長畢樂會談，以光緒十年四月中法天津簡約爲根據，議定訂戰草約。四月二十七日（六月九日），李鴻章與法使巴德諾復據之，簽定天津條約十款，其要點如下：

（一）越南法兵不侵犯中國邊界。

（二）中國承認法越間之一切條約。

（三）約成六個月內兩國派員會勘邊界。

（四）中國開放蒙自、龍州爲通商口岸。

（五）法軍退出基隆，並撤消封鎖中國海面。

（六）中國西南各省創建鐵路時，應由法商承辦。

中法之戰法國之成功在於僥倖，清廷之失策在於和戰不定。果自始採取妥協手段，當無馬江海軍之覆敗與臺灣之兵禍；否則一鼓作氣，全力禦侮，亦足以鼓勵士氣，爭取國際之同情。無奈受制於清議，決策不定，反促成法國經營越南之成功。惟清廷鑒於海防之重要，於光緒十一年（一八九五）九月，成立海軍衙門，並開始籌練北洋海軍。

作　業

一、說明光緒十年（一八八四）中法天津簡明條約要點？中國朝野之反應如何？

二、光緒十年（一八八四）七月，中法正式宣戰因何而起？

三、中法戰爭中國陸軍在越南大捷，因何反而對法議和？

四、光緒十一年（一八八五）四月，中法天津條約之內容若何？

第六章　甲午戰爭

第一節　日軍犯臺與侵奪琉球

同治初年，日本首至中國通商，明治維新後，於同治十年（一八七一）七月，與華議定修好條約，除限制中國內地通商外，日人所得與英法諸國實相差無幾。同治十一年（一八七二）春，日政府遣柳原前光來華要求修約，希望享受西方國家在華之一切特權，北洋大臣李鴻章拒其請，但允換約之後再行議辦。同治十二年（一八六三）三月，日外相副島種臣來華換約，兼窺中國虛實，及對臺灣、朝鮮態度，陰謀出兵肇釁，而中日交涉以起。

先是自明初以來琉球已為中國藩屬，清代以來仍定隔年一貢之例，每立新王必來請封，風俗習慣一循中國，清廷屢派使臣至琉球有所宣慰。同治十年（一八七一）十月，琉球漁民六十六人遭颱風漂至臺灣東部，為牡丹社山胞所掠，死五十四人，餘十二人由臺灣地方官派船送回琉球，此事本與日本無干，日本竟用作藉口，出兵臺灣。同治十二年（一八七三），副島種臣來華換約時，隱約其事，探詢總署對於藩屬態度。總署大臣不知日人野心，答語立場不夠堅定，日政府乃照會各國駐東京公使，聲明琉球已歸日本，另以西鄉從道為都督，於同治十三年（一八七四）三月統兵數千人發自長琦，自臺灣東南部龜山、瑯瑀一帶登岸，遭山胞襲擊，復因水土不服，死亡相繼。消息傳出，清廷命福建船政大臣沈葆楨率

領兵船赴臺灣巡視，並命南北洋大臣調撥洋槍隊增援臺灣，飭令津滬各局現存砲械軍火陸續解濟。五月，葆楨至臺。六月，中國援軍先後至者萬餘人，倘雙方正式戰事發生，日軍增援不易，勢必悉數就殲，故日軍實成進退維谷之勢。

日軍犯臺同時，復先後遣柳原前光、大久保利通來華交涉，預留餘步。李鴻章以中國方有事於西北，為息事寧人計，請總署以禮待之，以了和局。大久保利通欲索兵費二百萬，且聲稱臺灣東南非中國所有，總署拒之，交涉日久不得要領。大久乃揚言談判決裂後，將以兵船擾中國海口，而陰托英公使威妥瑪居間調停。八月，葆楨奏稱：「倭備雖增，倭情實怯，彼非不知難思退，而謠言四布，冀我受其恫嚇，遷就求和。倘入彼轂中，必得一步又進一步，但使我厚集兵力，無隙可乘，自必貼耳而去。姑寬其稱兵既往之咎，已足明朝廷逾格之恩；倘妄肆要求，願堅持定見，力為拒卻。」其言甚為中肯。總署懼同時開罪英國，卒不能堅持立場，同年九月二十一日與日使簽訂臺事專約，認日軍此次犯臺「係保民義舉」，許賠償日本被難琉球漁民撫卹銀十萬兩，及在臺修道建房費四十萬兩。於是日本爭得琉球之宗主權，而益輕視清廷。

光緒元年（一八七五）五月，日本開始駐兵琉球，禁止琉球用中國年號，與中國往來。琉球尚泰王遣使向德宏來華求救，諭命出使日本大臣何汝璋向日本提出抗議。汝璋交涉久無結果，光緒四年（一八七八）夏，上書總署，陳上中下三策：

（一）派兵船駐琉球，示日本以必爭。

（二）約琉球夾攻日本。

（三）請求列強公論是非。

並致函鴻章曰：「日本國小而貧，自防不暇，何暇謀人？陸軍常備兵止三萬二千人，海軍止四千

人，輪船止十五號，多朽敗不可用。……日人無惰無理如瘈狗之狂，如無賴之橫。……阻貢不已，必滅

琉球，琉球既滅，行及朝鮮。否則以我所難行日事要求，聽之何以為國，拒之是讓一琉球，邊釁究不能

免，欲尋嫌隙，不患無端。」而鴻章覆書曰：「中國受琉球朝貢本無大利，若受其貢而不能保其國，固

為諸國所輕。若專恃筆舌與之理論，而近今日本舉動誠如來書所謂無賴之橫，瘈狗之狂，恐未必就我範

圍。若再以威力相角，爭小國區區之貢，務虛名而勤遠略，非惟不暇，亦且無謂。」鴻章固知日本之野

心，而態度固甚消極也。光緒五年（一八七九）閏三月，日本遂虜尚泰王，夷滅琉球，改為沖繩縣。琉

球使臣向德宏等自福建至天津，哭訴於鴻章，總署不能決。

同年夏，美國前總統格蘭忒來華遊歷，返國道經日本，鴻章乃請其從中調處，日本恐引起國際干

涉，願將宮古、八重山兩羣島劃歸中國。十月，日人竹添進一郎藉口運米助賑來華，重提前議，惟需將

中日通商條約修改，使日人在華享受最惠國待遇。查琉球共三十餘島，北部九島，中部十一島，南部雖

亦有十一島，而面積甚小，且貧瘠不足自立，孤懸於日本肘腋之下，一旦有事先為日有，日人之用心可

謂狡矣！

光緒六年（一八八〇）七月，總署與日使宍戶璣開始談判，依中國意欲三分琉球，以北部各島屬日

本，中部各島復琉球，「俾延一線之祀，庶不負存亡繼絕之心。」南部各島歸中國。而日本持原議甚

力。因中俄伊犁問題交涉嚴重，九月二十五日總署卒以日願定議。約成，廷臣交論不已，十月初四日奉

上諭：「李鴻章係原議條約之人，於日本情事素所深悉，著該督統籌全局。」鴻章以是約遺害甚大，十

月初九日奏稱：「今俄事方殷，中國之力暫難兼顧，且日人多所要求，允之則大受其損，拒之則多樹一敵，惟有用延宕之一法最為相宜。」琉球問題遂成懸案，而朝鮮事復起。

作　業

一、日本利用何種藉口出兵犯臺？臺事專約內容若何？

二、日本何時正式併吞琉球？清廷之態度若何？

三、說明光緒六年（一八八〇）秋中日北京會議琉球問題之經過？

第二節　中日朝鮮之交涉

中國傳統之宗藩觀念，從不過問藩屬之內政外交，但倘其領土主權遇到侵犯，必不能坐視不救。越南如此，朝鮮亦如此。甲午戰爭以前中國之對日交涉即本此原則進行，此與近代國際公法觀念不同，亦為中日兩國在朝鮮衝突之基本原因。

同治年間，朝鮮王李熙年幼，生父李昰應攝政，號稱大院君，固執排外，一惟清廷之命是從，頗為外人所不諒。日本明治維新後，遣使至朝鮮欲其入貢，昰應嚴拒之，逐其使臣，禁止韓人與日本往來。日本出兵朝鮮之議以起。同治十二年（一八七三），日外相副島種臣來華換約時，向總署申訴韓廷傲慢日使，總署答以：「朝鮮雖我藩屬，而內治外交聽其自主，我朝向不與聞。」日本遂放膽圖韓。光緒元年（一八七五）八月，遣雲揚號兵艦藉口測量水位，強入漢江，砲轟江華島。事後一面命黑田清隆率艦

隊赴朝鮮問罪，一面派森有禮來中國交涉。是時中國在朝鮮之威信甚高，本可主持其外交，而鴻章及總署大臣則命其直接與日本交涉，中國僅基於大國立場從中排解，是又明認朝鮮爲獨立自主之國。明年二月，日韓江華條約訂立，規定：兩國通使，朝鮮開放元山、仁川等地爲通商口岸，日本得自由測量朝鮮沿海水位，日人在通商口岸享有領事裁判權。清廷並無反對表示，而朝鮮之禍乃日亟。

是時俄國勢力亦侵入朝鮮，韓國處於中日俄三國勢力角逐之下。鴻章最初誤認日本，「國小民貧，自防不暇，焉能謀人。」而俄國方逞志於遠東，欲攫取朝鮮港灣爲海軍根據地，並計劃派遣軍官前往韓國，故應聯日以制俄。光緒三年（一八七七）春，日本發生內亂，鴻章特撥借子彈十萬發，以盡「救災邮鄰」之誼。光緒五年（一八七九）春，日本已併琉球，鴻章對日始有戒心。五月，前福建巡撫丁日昌條陳海防事宜，認爲「朝鮮不得已而與日本立約，不如統與泰西各國立約，日本有吞噬朝鮮之心，泰西無滅絕人國之例，將來兩國肇釁，有約之國皆得起而議其非，日本不致無所顧忌。」英使威妥瑪亦建議總署：「朝鮮若不與各國交通，必爲琉球之續。」鴻章乃致書朝鮮太師李裕元，勸其「用以敵制敵之策，次第與泰西各國立約，藉以牽制日本。」裕元覆書不能納。

光緒六年（一八八〇），韓王親政，朝鮮新黨漸得勢。光緒八年（一八八二）春，韓國得清廷允許，與美使薛斐爾會議商約，李鴻章遣幕僚周馥、馬建忠東渡主持。美方所提約稿以日韓條約爲藍本，中國則堅持約內需載明「朝鮮係中國屬邦，政治仍得自立」字樣，而爲薛斐爾所堅拒。僅由朝鮮於約成後，另備一照會，聲明爲中國屬邦而已。其後英、德等國與韓所議定之商約亦同。鴻章不早爭宗主權於日韓江華條約訂立時，而圖改變於韓國與美、英、德訂約之際；復因不被各國所承認，退而只求韓國承

認中國爲其上邦，其昧於國際公法可知，益乎朝鮮成爲越南之續也。

同年六月九日（七月二十三日），朝鮮因王妃閔氏與大院君爭權，發生壬午政變，大院君再奪政權。亂兵波及日使館，日軍官被害者多人。署理直隸總督張樹聲遣北洋水師提督丁汝昌、廣東陸路提督吳長慶、道員馬建忠率軍東渡平定韓亂，擒大院君歸國，重立韓王，中國在朝鮮勢力大增。惟同年七月十七日（八月三十日）竟聽任韓國與日使花房義質議定濟物浦條約，由朝鮮撫卹日本被害官員五萬元，懲辦兇犯治罪，賠償日本兵費及損失五十萬元，分五年還清，日本得駐兵漢城保護公使館。從此中日兩國在朝鮮均有駐軍，公開衝突因以發生。

光緒十年（一八八四）十月十七日（十二月四日）晚，日本駐韓公使竹添進一郎，利用中法戰爭機會，操縱開化黨（親日派）人金玉均、朴泳孝等，發動甲申政變，爲清軍將領吳兆有、袁世凱所平定，竹添自燒使館偕金玉均等逃日本，事大黨（親華派）人再當權。事後，日本藉口出兵，韓人懾於兵威，於十一月二十四日（一八八五年元月九日）與日代表井上馨締結漢城條約，由朝鮮賠償受難日人財物損失十一萬元，公使館修建費二萬元，懲兇謝罪，清廷仍不過問，日人野心因之大熾。

光緒十一年（一八九五）春，日本遣伊藤博文爲全權大臣，西鄉從道副之，來華談判朝鮮問題。二月，與李鴻章會於天津，伊藤力爭兩國在朝鮮地位平等，鴻章與之剖辯，日久不能決。其時正值中法和議期間，總署懼日法勾結，欲圖了結懸案，電鴻章於三月四日（四月十八日）卒依日方要求成議，規定：自簽字之日起，中日雙方各撤退朝鮮駐軍，將來朝鮮如有亂事發生，兩國均可應朝鮮請求派兵，惟須行文知照。此爲清廷對日外交之又一錯誤，亦爲甲午戰爭之主要導火線。清廷旋將大院君李昰應釋歸，閔

妃憾之，欲引俄人以自固。大院君則恨清廷之不為己援，暗結日人以圖報復，清廷措施之失當莫此為甚。

初甲申之變作，開化黨領袖金玉均、朴泳孝等逃日本，日人利用之，圖謀顛覆朝鮮政府。朝鮮政府遣洪鍾宇赴東京，陽交懽於金玉均，而陰謀伺機圖之。光緒二十年（一八九四）二月，鍾宇偕玉均來上海，乘便殺之於旅館，中國逮鍾宇，以詰韓廷，韓廷答以玉均叛黨，鍾宇其官員，請歸其獄自讞。中國乃派軍艦送鍾宇及玉均屍歸漢城。朝鮮戮玉均屍，梟其首以示眾，而超實鍾宇官，日人聞之大譁。會朝鮮所遣刺客李逸植刺朴泳孝未中，日人處逸植以極刑，日韓勢同水火，日人竟遷怒於中國。

作　業

一、說明光緒初年清廷對朝鮮之態度？
二、何謂壬午之變？何謂甲申之變？
三、光緒十一年（一八九五）三月，中日天津條約有何不妥之處？

第三節　東學黨之亂與日本肇釁

光緒二十年（一八九四）夏，朝鮮東學黨之亂大起，蔓延慶尚、忠清、全羅諸道。四月二十八日陷全州，漢城震動，韓廷乃求援於中國。日駐北京公使小村壽太郎、駐韓公使杉村濬、駐津領事荒川，均表示希望中國速出兵代韓平亂，李鴻章乃命直隸提督葉志超、太原鎮總兵聶士成率兵一千五百人乘招商局輪船往援。五月三日發天津，六日抵仁川，以循南路趨全州便，故未控制漢城也。

日本欲乘東學黨之亂發動中日戰爭，一面設圈套誘中國出兵，一面舉國動員作戰爭準備。故中國出兵之日，日政府未得朝鮮同意亦命大鳥圭介率大軍赴韓，五月六日抵仁川，七日遂入漢城。同月中，日軍至者八千餘人。東學黨聞中日兩國大軍至，棄全州遁散，而日軍來者不稍止，韓廷憂懼，而撤兵交涉以起。

中國出兵之日，總署命駐日公使汪鳳藻照會日本外務省，說明中國之出兵朝鮮目的在於保護藩屬。日外務大臣陸奧宗光堅拒之，不承認中國與朝鮮之宗藩關係。駐北京日使小村亦照會總署，聲稱日本派兵入韓，人數時間均不受限制。五月十一日，日內閣舉行會議，決定由中日兩國共同改革朝鮮內政，無論中國贊成與否，日本軍隊決不撤回。十三日陸奧宗光將此意通知中國駐日公使汪鳳藻，鳳藻奉總署命，十九日復書拒之，認爲改革朝鮮內政，應由朝鮮王自爲之，中日兩國均不應越俎代庖。雙方往返爭辯，終無定議。

當是時李鴻章不備戰自救，全部希望寄託於列強之干涉。初依英國援助，後賴俄國支持。並曾求救於法、德、美諸國。而各國類皆觀望，均無援華之決心，其中俄人之僞善表示遺害大局尤深。六月二十日，日軍已在漢城架礮設防，勢將發動戰爭，俄使喀西尼忽遣參贊巴布羅福至天津告鴻章曰：「已電請國家派兵驅逐，看倭人現在情形勢須動兵。」鴻章詢俄現將駐遠東兵船若干？巴曰：「有大兵船十隻，調往仁川甚便。」鴻章曰：「貴國如派船，我海軍提督亦可派往會辦。」巴曰：「甚好，俟本國回電卽知會。」鴻章電告總署，竟喜俄人「眞動公憤，未必收漁人之利。」尚不知落其圈套，以致此後軍事處處被動，爲導致甲午戰敗之一大原因。

鴻章自始知中國海陸軍之不可恃，然受掣於清議，對日交涉不敢輕以讓步。是時德宗年少氣盛，戶部尚書翁同龢以漢文師傅參予軍機及總理衙門事務，清望傾國，日以金石自娛，囿於環境，對外知識殊為淺陋。而張謇新大魁，遂入翁門，輕燥主戰，其言論足以影響翁之態度。及朝鮮撤兵交涉起，翁主對日強硬，李主讓步。翁主自力拒日，李主依賴外人。翁乃暗示朝臣文章論戰，要皆不切實際之言。

五月二十二日，德宗諭命鴻章從速應變，憤防俄國干涉之不足恃，或另有覬覦別謀。二十八日再旨寄鴻章速籌戰守，以免貽誤事機。時鴻章奏稱北洋鐵快各艦能備海戰者僅有八艘，認為韓事「若能善了，自較用兵易於收束。」六月二日鴻章覆陳北洋海陸軍現況，認為自守已感不足，實無餘力遠役朝鮮。而同日清廷諭曰：「究竟海軍所練之兵共有若干？此外北洋分紮沿海防軍若干？及直隸綠營兵丁可備戰守者，著即逐一詳細覆奏。」六月二日鴻章覆陳北洋海陸軍現況，認為自守已感不足，實無餘力遠役朝鮮。而同日清廷諭曰：「日人挾制朝鮮，倘致勢難收束，中朝自應大張撻伐，不宜借助他邦，致異日別生枝節。」德宗之昧於敵我實力，以及清議之誤國於此可見。

六月八日，葉志超以我軍孤懸牙山，建議鴻章三策：速派大軍自陸路北來，與牙山駐軍相呼應，是為上策。調派船隻將我軍撤回，徐圖再舉，是為中策。若守此不動，自處絕地，是為下策。鴻章認為上策有俄人在旁，似須緩辦，中策似應可行。六月九日奉上諭：「撤退既示弱於人，且將來進剿徒勞往返，殊屬非計。」因之鴻章竟出於下策之一途。十七日袁世凱藉病自仁川歸天津，告鴻章兵禍難免，鴻章不得已始行備戰，一面派兵向平壤進發，一面僱商船至大東溝增援，然已落後不及矣。

六月中，日軍至朝鮮者已逾萬人，遂於漢江口偏佈水雷，以重兵衛漢城諸門，搜查出入華人。十七

日，日使大鳥圭介向韓廷提出通牒，要求：許日軍架設漢城釜山間電線，韓國政府代日本建造兵營，驅逐牙山中國駐軍，廢棄中韓間一切條約，大鳥大爲不滿。二十一日晨，乃率兵破韓王宮，擄韓王，立大院君再主國政，矯韓王命廢棄中韓間一切條約，託日軍驅逐牙山中國駐軍，中日戰爭遂告爆發。

六月二十三日，日本吉野、浪速、秋津洲三艦要擊中國運兵船高陞號於牙山港外之豐島，華軍與船同沈者九百五十人。護送兵艦濟遠號逃歸旅順，操江號被擄，廣乙號擱淺自焚。葉志超知海道梗絕，牙山之援無望，乃移軍北撤，合六月二十一、二十二日增援之軍，共六營之衆，自率一營駐公州，留聶士成統五營駐成歡。二十六日，日軍萬餘至成歡，士成力戰一日，以衆寡不敵，明日趨公州就志超，志超已先遁走，乃追及之，繞道渡大同江至平壤與大軍會合。時値溽暑，殘軍饑疲，沿途死亡相屬。而志超諱敗爲勝，鋪張戰功入告。鴻章奏保爲中國駐韓各軍總統，賞銀兩萬兩，前敵將士多不平。七月一日，兩國同時宣戰，清廷托美國駐日公使保護中國僑民。各國除俄、法、美外，皆宣告局外中立，英國以上海關係遠東商務，請劃爲中立區，中日兩國皆表同意。

作　業

一、日本如何引誘中國討伐東學黨之亂？

二、中日朝鮮撤兵交涉期間李鴻章依賴何種策略對付日本？

三、說明豐島海戰之經過？

第四節 中日之鏖兵

甲午戰爭中國之失敗，海軍艦舊，陸軍兵單，以及清議之誤國，固均爲重要之原因；然倘鴻章能力籌戰守，採取主動，亦不致一敗塗地。茲分論其事如下：

一、中日海戰 中國海軍之創設，始於同治五年（一八六六），左宗棠在福州所設立之船政學堂。光緒六年（一八八〇），李鴻章創水師學堂於天津，海軍基礎始立。光緒十一年（一八五），清廷設立海軍衙門，海軍粗具規模。光緒十四年（一八八），北洋艦隊成立，以丁汝昌爲海軍提督，英海軍官琅威理以提督銜爲總教習，所屬船艦二十五艘，多數造自外國，居世界海軍第八位，歲費二百六七十萬，以威海衞爲宿泊地，旅順爲修理所。琅威理督操綦嚴，一時海軍頗有新興氣象。同年以太后將歸政，停購兵艦，移經費作爲修建園苑之用。兵艦多在光緒十五年（一八八九）以後購置，速度火力均非中國所能及。光緒十六年（一八九〇）琅威理去職，操練盡弛，識者早憂之。其時日本大舉擴充海軍，皇宮開舞會募捐充賓。

光緒二十年（一八九四）夏，中日朝鮮交涉起，李鴻章大閱海軍，事後奏報多贊奬之詞，從未查問各艦彈藥儲備情形。雙方宣戰後，鴻章懼北洋海軍非日本之敵，命丁汝昌「不必定與拚擊，但令游弋渤海內外，作猛虎在山之勢。」八月十三日，鴻章派招商局輪船載援軍赴大東溝，十七日午後至，華兵至夜悉數登岸。十八日辰刻回航，已刻與日艦隊遭遇於黃海，午刻接觸，北洋艦隊佈陣零亂，指揮無方，各

自爲戰，發礮多不中目標，大爲敵艦所乘。至日暮，沉四艦，傷亡甚重，致遠艦長鄧世昌、經遠艦長林永升、揚威艦長林履中皆與船同盡。鎮遠、定遠兩大艦，均中三百礮以上，編船皆火，仍力戰不已。獨濟遠艦長方柏謙不戰而逃。日艦亦重創多艘，死傷官兵數百人。於是華艦乃歸旅順，清廷戮方柏謙以懲之。九月中，餘艦修整竣工，復回威海，自是堅伏不出，乃成坐困之局。清廷以黃海戰敗，詔褫丁汝昌職，鴻章辭不應命。同年十二月底，日陸軍自山東榮成縣成山角登岸，拊威海衞之背，海軍封鎖劉公島東西二口。光緒二十一年（一八九五）正月中，岸上礮臺盡失，我艦毀者日多，火藥庫復被焚，洋員紛請丁汝昌投降。丁汝昌、右翼總兵劉步蟾、左翼總兵楊用霖先後自盡，十八日由廣丙艦管帶程光代表向日軍乞降，北洋海軍遂掃地盡矣！

二、中日陸戰　牙山戰前數日，李鴻章始命大同鎮總兵衞汝貴率所部十三營自天津往援，而遲疑未發。及雙方宣戰，始有四大軍赴援之命。提督馬玉崑發旅順、高州鎮總兵左寶貴發瀋陽，大同鎮總兵衞汝貴、副都統豐伸阿發天津，循陸路自遼東渡鴨綠江入朝鮮。全軍不足兩萬人，既不疾趨漢城分道爭利，又不擇險分屯互爲策應，但日督韓民於平壤城內外築壘而守。衞汝貴軍尤擾民，韓人大失所望。是時清廷從侍郎志銳、長齡請，擬派重臣前往節制各軍，七月二日鴻章覆總署電曰：「派赴平壤衞汝貴、馬玉崑、左寶貴各軍，皆係鴻章舊部，練習西洋新式鎗礮多年，屢飭該統將和衷商辦，凡其力所能及者，當可無誤機宜。若另調素不相習大員前往統率，有損無益，轉不足以維繫軍心。現在平壤以北電線可通，鴻隨時往復指示，尚能周詳，似暫無須另派統帥。」鴻章不肯輕付權柄於人，身居天津，鞭長莫及，而戰地情勢朝夕萬變，將士各一心，不相統屬，又焉能制勝於千里之外。及葉志超拜總統全軍之

命，知諸將不服，托病請辭，鴻章不許，令其「在營安心調理，一俟痊癒，即統全軍合力進剿。」果志

超實病，軍事間不容髮，寧有暇任其在營從容療養耶！

是時鴻章軍報多不實，六月二十六日成歡之戰華軍實大敗，潰退北走，而鴻章誤敗爲勝。八月十六

日，日軍分四路合圍平壤，左寶貴守元武門當北路來犯之敵，中礮戰歿，日軍遂入平壤。葉志超樹白旗

乞降，乘夜率眾北走，隘道中埋伏，死傷慘重，沿途不守，渡鴨綠江退入國境。清廷罷葉志超職，拏問

衞汝貴，命四川提督宋慶接統諸軍，合新舊軍七十餘營，塞紮鴨綠江口。宋慶武人，非大將才，且與諸

將領行輩相若，驟受節制，眾情多不悅。九月二十六日日軍以小隊誘攻九連城正面，大軍自鴨綠江上游

潛渡，宋慶西走，二十八日九連城陷落，同日安東復失，岫巖、海城相繼爲敵所有。別路日軍亦於九月

底自遼東金州後路花園港潛登，十月十日陷大連，二十五日陷旅順。多年經營軍儲盡失，除守將龔照璵

等少數將領逃出外，旅順軍民免被殺戮者僅三十六人，遼東戰事乃不可爲。

先是八月中，以海軍挫於黃海，陸軍敗於平壤，廷臣交劾請治鴻章貽誤軍機之罪，鴻章憂懼，乃請

另簡重臣督辦軍務。清廷命湖南巡撫吳大澂、布政使魏光燾、按察使陳湜、道員李光久等募軍北援，十

二月十九日授兩江總督劉坤一爲欽差大臣，飭命駐紮山海關，督辦東征軍務。光緒二十一年（一九〇

五）正月，吳大澂率軍六萬餘反攻海城，日守兵僅六千，凡七十日，五攻不能拔。二月初，日軍大舉來

攻，二月八日牛莊失，十一日營口陷，遼河以東盡爲敵有，遼陽、錦州勢危，戰局乃不可收拾。

作業

一、說明北洋海軍成立之經過？

二、光緒二十年（一八九四）八月，黃海海戰中國因何失敗？

三、平壤之戰華軍將領何人壯烈犧牲？何人棄城遁走？

第五節　馬關議約

光緒二十年（一八九四）九月，中國海陸軍相繼挫敗，英國顧及在華商務及僑民安全，曾有調停之表示，分命駐中日公使探詢兩國態度。日本藉口戰爭雖獲初步勝利，仍不足保證談判之滿足結果，婉加謝絕。中國清議之流，以戰事尚在國境以外，亦反對賠償兵費以求和，而關閉英國調停之門。及日軍渡鴨綠江，遼東各地紛紛淪陷，恭親王奕訢復出主持總署，知大局無法挽回，乃於十月六日就商於駐京美使田貝，請求出面調停。旋約見各國駐京公使，表示中國願以承認朝鮮獨立及賠償軍費二條件，希望各國之仲裁。同時復電駐外使臣，分別與各國政府接洽。俄、法、英、德威持冷淡態度，獨美國願應中國之請，單獨勸日息戰。十月九日駐東京美使譚恩奉其政府訓令，乃照會日本外相陸奧宗光，表示調停之意。時日本連戰皆捷，氣燄方張，聲稱倘中國誠實希望和平，應任命具有全權之代表，則日本當於會議時宣佈停戰之條件。

李鴻章恐中國正式派遣代表爲日本所輕侮，乃商得總署同意，派天津海關稅務司德人德璀琳赴日，探詢日本條款，於十月二十九日抵達神戶。日政府認爲德璀琳係外人，所携文件乃李鴻章致伊藤博文函牘，並非國書，拒不與議，總署乃急電德璀琳返華。十二月四日旨命尙書銜戶部左侍郎總理衙門大臣張

蔭桓、兵部右侍郎署理湖南巡撫邵友濂爲代表赴日議和，另聘美前任國務卿科士達爲顧問，助定和約。經日本同意，指定大本營所在地廣島爲談判地點，光緒二十一年（一八九五）正月初六日，日皇乃任命首相伊藤博文、外相陸奧宗光爲全權議和代表。是時日本各方面對條款所索甚苛，除一致主張中國割讓遼東半島、臺灣、澎湖外，其改進、改新兩黨竟要求割山東、江蘇、福建、廣東爲其領土，並作瓜分中國之準備。自由黨人則要求割讓東三省。其駐德公使青木周藏竟主張割取直隸、奉天、吉林部分土地，償金應在六萬萬兩以上。乃由陸奧宗光綜合各方面意見，擬定媾和草約十條，對外嚴守秘密，務求貫徹其實現。

清廷既任命張蔭桓、邵友濂赴日議和，德宗及其近臣對議和條件猶主不得超過承認朝鮮獨立與賠償軍費兩範圍。故在張、邵出發前，十二月十日諭曰：「凡日本所請各節，均著隨時電奏候旨遵行，其與國體有礙及中國力有未逮之事，該大臣不得輕行允許，懍之！愼之！」張、邵之覆奏中亦謂：「臣等恪守訓諭，力持大體，非特率及疆土，固當正言堅拒，卽准韓自主，償倭兵費，臣等亦萬難與商。停戰之說更不敢輕發。縱彼舉以爲言，仍當電候聖裁。」至於一般言官仍多以和議爲非計者。十二月十一日，張、邵發自北京，取道海路，十八日抵滬，匿名揭帖遍佈通衢，詆詬和議，固料知張、邵談判之難成也。

光緒二十一年（一八九五）正月四日，張蔭桓等抵長崎，七日午刻與日本全權代表伊藤博文、陸奧宗光相會於廣島縣廳。是時日本知中國議和代表非恭親王奕訢或李鴻章不可，且認爲軍事方面必需予中國以更嚴重之打擊，始能隨心所欲，故於互換救書後，竟藉口張、邵全權不足，拒絕談判。明日再度會晤，張、邵以實有全權答之，伊藤仍不滿意，聲稱廣島爲其大本營所在地，強張、邵等離去。正月十一

日，張、邵至長琦，十八日離日回國。

先是正月八日中日代表廣島會晤後，伊藤留張蔭桓隨員伍廷芳談話，暗示中國若實心求和，應以恭親王奕訢或李鴻章爲全權代表，張、邵遂以日本之意電總署。會威海衞失陷，海軍盡覆，正月十九日廷卒從日請以李鴻章爲頭等全權大臣，與日本商訂和約，調雲貴總督王文韶署理直隸總督兼北洋大臣，並由駐京美使田貝電告東京美使譚恩，轉告日本政府。日本表示除朝鮮獨立及賠款外，中國並須割地，得清廷認可，始定馬關爲議和地點。

李鴻章既奉議約之命，曾分訪駐京各國公使乞援，復電駐外大臣向各國政府說明中國不能割讓土地於日本。旋以各國反應冷淡，而日本堅持甚力，二月六日始以割地請命。九日率隨員離京，二十三日抵馬關。日本仍以伊藤、陸奧爲代表，二十四日午後二時，雙方第一次會議於春帆樓，鴻章首要求兩國先行停戰。翌日二次會議，伊藤竟要求中國交出山海關、天津、大沽口爲質，由日本暫行管理。鴻章電告總署，德宗爲之動容，總署乃電鴻章，先談議和條款。二十八日雙方第三次會議後，鴻章自春帆樓歸行館，途中遭暴徒小山豐太郎襲擊，彈中左頰，血流不止，消息傳出，中外震動，日本政府尤爲慌恐，是爲促成停戰及日本減低要求之主要原因。三月五日，陸奧主動與鴻章子經方簽訂停戰條約六款，規定自即日起二十五日內中日兩國在奉天、直隸、山東境內，一律暫停戰鬥行動。

三月七日，陸奧將媾和草約送至鴻章行館，共十一項，限四日答覆。除要求中國確認朝鮮獨立外，並要求割讓奉天南部、臺灣及澎湖列島，賠款三萬萬兩，及增開口岸，擴充航路，改訂稅則諸條款。鴻章從美顧問科士達建議，請總署將割地賠款等項密告英、俄、德、法駐京公使，對通商要求則保守秘

密，恐各國有利可霑，協而謀華。反之日本則將通商要求一項極力宣傳，以冀博得歐美列強之同情。惟廷臣不察，反誤認鴻章甘願棄地以求和。福建道監察御史安維峻上疏，力主殺鴻章以謝國人，語且侵及慈禧太后。翁同龢力主臺灣不可棄，孫毓汶則謂和爲上策，及限期屆滿，朝議仍不決。鴻章乃於三月十一日答覆日方，除對朝鮮自主一條承認外，對於割地賠款通商等苛刻條件，均加以辯駁，最後並以中日兩國永久和好爲著眼，勸日本勿過於壓迫中國。伊藤復大肆恐嚇李經方，謂日本在廣島集中七十艘船艦，兵糧齊備，一俟令下卽行直駛中國，則鴻章能否重回北京大有疑問。十五日鴻章乃擬定說帖，對日方提案，提出修正案，其要點如下：

（一）中日兩國共同承認朝鮮爲獨立自主國。

（二）中國允將奉天南部之安東、寬甸、鳳凰廳、岫巖四州，及南方之澎湖列島割讓於日本。

（三）賠款一萬萬兩。

（四）中日按照過去與歐美各國所訂條約另訂新約。

十六日雙方第四次會議，伊藤對中國修正案提出日方條件，並表示此係最大限度，中國代表只有允不允兩句話而已。其後二十一日第五次會議，鴻章對賠款割地雖仍苦苦爭求減少，伊藤始終堅不讓步。二十三日卒從日本修約草約簽字，是卽中日馬關條約，共十一款，其要點如下：

（一）中國承認朝鮮獨立。

（二）奉天南部及臺灣、澎湖所屬島嶼均割讓於日本。

（三）賠款兩萬萬兩，分八次交清。

（四）開沙市、重慶、蘇州、杭州為通商口岸。

（五）日本汽船得由宜昌溯長江至重慶，由上海溯吳淞江至蘇、杭。

（六）日人得在各通商口岸從事各項工藝製造。

約成，鴻章自馬關登輪回津，因受清議攻擊，稱病不敢入京，遣美員科士達、伍廷芳齎送約本至總署。時內外大臣不明議和真像，議論紛紜，多請停止批准，或廢約再戰。而旅京臺紳，尤奔走呼號，反對割讓臺灣於日本。會三國干涉還遼事起，清廷欲改動全約，俄、德、法則各有企圖，不肯進一步為中國之助。

作　業

一、日本因何拒絕與張蔭桓、邵友濂談判中日媾和條約？

二、馬關議和期間，李鴻章怎樣爭取國際間同情？

三、說明中日馬關條約之內容？

第六節　臺胞之抗日

康熙二十三年（一六八四），臺灣收歸滿清版圖，設一府三縣，隸屬福建省。雍正六年（一七二八），設臺灣道，統轄臺灣和澎湖，計一府四縣二廳。同治末年，日軍犯臺，清廷始感海防重要。光緒元年（一八七五），欽差大臣沈葆楨新設臺北府，開闢東部，增置廳縣，臺灣建設初具規模。光緒十一

年（一八八五），中法和議成，清廷以臺灣為東南門戶，始建為行省，首任巡撫劉銘傳分全省為三府（臺灣、臺北、臺南），一直隸州（臺東），府下共十一縣，三廳。初以臺灣府（臺中）為省會，光緒二十年（一八九四）二月，繼任巡撫邵友濂移省會於臺北。

劉銘傳治臺期間，設海防，築鐵路，興電報，營商輪，闢山林，開礦藏，獎實業，辦屯墾，整建臺北市區，數年之間，新政備舉，奠定下臺灣近代化之基礎。光緒十七年（一八九一）劉氏辭職，由邵友濂繼任，盡反銘傳所為，新政建設大部停頓。甲午戰起，清廷命福建水師提督楊歧珍、廣東南澳鎮總兵劉永福率師渡守，復以在籍太僕寺正卿林維源為會辦。十月，友濂見中國海陸軍均失利，懼兵禍將及臺灣，密請內調，旋奉旨調友濂撫湘，而以布政使唐景崧署臺撫。景崧命副將黃義德募勇廣東守北路，劉永福守南路，臺紳林朝棟率團練守中路。馬關議約期間，光緒二十一年（一八九五）二月二十九日日軍陷澎湖，臺灣孤立，購自外洋軍火盡為日軍所奪。

中日馬關條約簽訂前後，署理兩江總督張之洞曾建議清廷以臺灣作抵押向英貸款，以杜日人索臺之念，而為英國所拒絕。唐景崧則主張請國際共同干涉，亦難實現。使俄專使王之春復要求以臺澎為法國保護地，法又袖手旁觀。清廷乃於四月二十四日命李經方赴臺灣辦理交割事宜，二十六日著唐景崧來京陛見，命所有文武各員撤退離臺。

臺民以清廷拒約無力，外援又絕，四月二十二日公推唐景崧領導抗日。二十七日決定成立「民主國」，五月二日公刻國璽，文曰「民主國之寶印」，又刻「臺灣民主國總統之印」，並製藍地黃虎國旗（高八尺，闊一丈），由臺紳丘逢甲率百餘人上之於景崧。景崧受之，建號「永清」，以示永為中國國

土，電奏清廷，「遵奉正朔，遙作屏藩。」景崧令在臺官員以五月四日為斷，欲去者聽，留者錄用，薪銀倍給，逾時求去考以軍法論。全臺鎮道府縣等官納印內渡者一百五十餘人，提督楊歧珍亦率部離臺，前太僕寺正卿林維源被推為議長，亦不就而去，劉永福則電覆景崧，「興臺存亡」。於是義師大起，各備餉械共禦日軍。

先是四月十七日，日政府以樺山資紀為臺灣總督，率海陸軍赴臺，五月六日伴攻基隆西方之金包里（今金山），大隊自基隆東方鹽寮、澳底登陸，總兵曾喜照所部潰散。七日，日軍前鋒過三貂嶺。景崧聞警命義軍吳國華部往援，八日遇日軍於瑞芳，接戰小勝，景崧復命胡連勝、陳國柱、包幹臣等軍助戰，諸將爭功不和，九日瑞芳復陷。十一日基隆失守，日軍逼近獅球嶺。基隆同知方祖蔭請景崧駐八堵為死守計，景崧僅派副將黃義德率護衛營往援。黃性怯多詐，忽回城告景崧，偽稱敵懸六十萬金購總統頭，故急馳歸臺北防內亂。景崧明知不實，而不敢問。十二日獅球嶺失守，臺北秩序大亂，是夜景崧微服雜亂民中逃滬尾（淡水），十四日乘德船鴨打號走廈門，十五日日軍始來收城。

劉永福先居恒春，聞臺北失，景崧內渡，回駐臺南，佈告安民。日軍分兵內侵，一路東攻宜蘭，一路南攻新竹。五月二十九日宜蘭失，閏五月初一日新竹陷，義軍領隊姜紹祖戰歿。同月中，樺山資紀致書永福勸降，永福覆書拒之。於是日軍增援南下，七月三日攻大甲溪，遭義軍吳彭年、徐驤部伏擊，死傷甚重。九日攻八卦山，復受重創，吳彭年力戰而死，彰化遂陷。初十日日軍陷雲林，十二日薄嘉義。七月十三日收復雲林，十四日收復苗栗，日軍被殲者數百人。十六日諸軍會攻彰化，連戰皆捷，而臺南餉械已匱，無力接濟。八月中，日軍挾新式武器，大

民軍簡精華、黃榮邦、林義成、徐驤等合力反攻，

舉南犯，民軍械劣餉缺，乃大潰敗，死者二千餘人，雲林、苗栗復陷，大勢遂不可爲。

先是臺胞抗日，署理兩江總督張之洞、兩廣總督譚鍾麟皆允全力相助。及事迫，張、譚接濟終不至。富商多內渡，臺民捐者不足應急，劉永福乃印造銀票支付軍餉。初時臺南鄰近各處尚可流通，至八月竟成廢紙，軍餉遂告枯竭。永福遣幕僚吳桐林內渡向沿海各督撫求援，遍走南北洋，皆懼日人抗議，迄無應者。八月二十四日，日軍陷嘉義，二十七日陷鳳山，屠戮甚慘。二十九日攻臺南，守軍飢疲多逃亡。永福以勢不可爲，於九月二日夜自安平登英艦爹利士號渡廈門，日艦搜之不能得，乃濫殺俘虜婦孺以報之。計臺胞抗敵時近半載，全境始告淪陷。其後各地義民揭竿而起，與日軍作殊死戰者，仍不勝枚舉，處處顯示我中華民族同仇敵愾志切匡復不屈不撓之精神。

作　業

一、說明臺灣建省之經過？

二、日軍犯臺之初，臺胞推何人領導抗日？何時棄職離臺？

三、劉永福在臺抗日之經過如何？

第七章 門戶開放與瓜分危機

第一節 還遼交涉與借債之爭

甲午戰後中國國際地位一落千丈，引起列強在華之角逐，造成瓜分之危機。先是光緒十七年（一八九一）俄國開始修築西伯利亞鐵路，遠東形勢為之一變。然海參威港水淺，結冰期長，且無屏障，故俄人欲逞志於遠東，非攫取滿洲朝鮮不易實現。及中國戰敗，日本據有遼東，朝鮮已成其囊中物，俄人遂大感不安，乃決定實行干涉。會德皇威廉二世欲在中國沿海取得一軍港，用作發展商務及建立遠東軍事之根據地，且欲抵制英人在遠東勢力，對日本佔領中國大陸土地亦表示不滿。法為俄同盟，其外交政策一向依循俄國，且因據有越南，不願日本在太平洋勢力擴張；故於馬關條約簽字後，由三國協商，以武力作後盾，共同對日本採取行動。

光緒二十一年（一八九五）三月二十九日，俄德法三國駐日公使同至日本外務省，致送備忘錄，對馬關條約中割讓遼東半島一事提出異議。是時遠東俄艦分泊中國及朝鮮港口者共二十九艘，凡七萬三千餘噸，奉令限期退回本港，其東西伯利亞總督所統轄之現役兵預備兵威集中海參威，並通知當地日領事，聲明該處為接戰地帶，於是日本僑民多倉皇歸國，日政府因之大起恐慌。三月三十日，日皇在廣島召開御前會議，首相伊藤博文提出三案：（一）拒絕三國勸告，即使新增敵國亦在所不惜。（二）提交國

際會議，處理遼東半島問題。（三）接受三國勸告，將遼東半島交還中國。討論結果，對抗三國既不可能，交還遼東非所甘心，乃決定以採用第二策為相宜。時外相陸奧宗光因病未參加會議，伊藤夜走告之，陸奧大表反對，認為各國在遠東均有利害關係，提交列強仲裁，勢必變動全約，復決定對三國不妨讓步，但對中國要求延期換約則決不承認。日政府初表示英可佔領舟山羣島，俄可佔領北滿，德可佔領中國東南一省，惟為各國所拒絕。俄且派運兵船至敖得薩，準備運送軍隊至遠東。駐俄日使西德二郎知情勢嚴重，於四月四日建議日政府，表面同意放棄遼東半島，而提高賠款數目，使中國無法清償，而達成繼續佔領之目的。

四月六日，陸奧宗光電令西德二郎，向俄政府提出備忘錄，表示除金州廳外，日本願放棄對遼東半島之永久佔領權，但中國應予相當之償金。在中國未完全履行和約義務前，日本得繼續佔領遼東半島作為擔保。復以同樣之備忘錄照會德、法二國。三國認為日本之佔領旅順、大連實為和平之障礙，故堅持最初之勸告。四月十日（五月四日），日政府遂正式向三國聲明，拋棄遼東半島之永久佔領權。

三國干涉還遼消息傳至中國，朝野為之色動，李鴻章喜極，致電總署曰：「日本百姓因屢戰皆捷、現在無殊酒醉，如將中國擬讓奉天之地辭而不受，則必激成內亂。」疆吏張之洞、劉坤一等力主乘聯俄、英以制日。日本初意索贖遼代價五千萬兩，經俄、德、法三國議定減為三千萬兩。八月二十六日，清廷派李鴻章為歸還旅全權大臣，與戰後日本駐京新任公使林董，議商還遼事宜。自九月三日起開始辯論，鴻章初欲再減少賠款，遭林董拒絕，退而要求降低紋銀成色，林董仍堅持如故。九月二十二日（十一月八日）雙方乃簽定「日本交還奉天省南邊地方條約」六款，其要點如下：

（一）日本同意將遼東半島及所屬島嶼交還於中國。

（二）中國賠償庫平銀三千萬兩。

（三）自約成之日起，三個月內日本將遼東半島駐軍撤退。

先是依照馬關條約規定，中國賠款日本兩萬萬兩，分八次交清。換約後六個月內交清五千萬兩，再過六個月內再交清五千萬兩，餘款平分六等分，分六年交清，年息五釐。倘換約起三年內中國能全數清還，可免利息。是時中國全年收入不足九千萬兩，支出在一萬萬兩以上。清廷欲在規定期限內償賠款，及贖遼代價，惟有出於借債之一途。總稅務司赫德建議總理衙門，向英國滙豐銀行借款，德國亦表示有借款中國之意。終因俄國竭力活動，復得法國之助，光緒二十一年（一八九五）閏五月十四日（七月六日），中國駐俄大臣許景澄與俄方簽訂「中俄四釐借款合同」十九條，其要點如下：

（一）由俄法銀行團共借四萬萬法郎於中國，年息四釐，自本年七月一日起算，實收九四又八分之一。

（二）自光緒二十二年（一八九六）二月起，分三十六年清還，以關稅為擔保。

（三）參加貸款計法國銀行六家，共貸二億五千萬法郎。俄國四家，共貸一億五千萬法郎。

（四）自合同簽字之日起，六個月內中國不另向他國借款。

英、德聞中國借款於俄、法，先後向清廷表示抗議。及光緒二十一年（一八九五）十二月，中國不續借外債限制期滿，而第二期戰費繳納時間迫近，英、德駐京公使大肆活動，俄、法則仍欲繼續承攬，總署左右為難，應付乏術。光緒二十二年（一八九六）春，法國金融界因金礦投機發生危機，加以近東政治形勢險惡，無暇插足遠東，俄國不得法國幫助，無法獨力進行。加以李鴻章奉命使俄，俄國企圖引

誘清廷訂立中俄密約，實現借地築路之野心，懼英、法從中破壞，故竟爭轉趨消極。經總稅務司赫德從中奔走，總署卒接受英德要求，於光緒二十二年（一八九六）二月十日（三月二十三日），與英使竇納樂、德使紳珂簽訂「中國五釐利金借款合同」十八款，其要點如下：

（一）中國借英金一千六百萬鎊，滙豐銀行、德華銀行各負一半。

（二）年息五釐，實收九四，以海關收入爲擔保。

（三）自本年二月起，分三十六年還清，不得提前償還，餘款未還清前，中國海關照現今辦理之法辦理。

（四）自借款之日起，六個月內中國不得另借他款。

其目的在壟斷中國財政，阻撓俄法對中國海關之控制權。

馬關條約賠款最後一萬萬兩，清廷爲節省利息計，應於光緒二十四年（一八九八）閏三月以前交付。鑒於上兩次借款時間倉卒，頗受俄、法、英、德諸國所要挾，故於光緒二十三年（一八九七）夏，卽命李鴻章著手進行借款。鴻章恐再引起國際糾紛，計劃不與任何政府交涉，命盛宣懷在上海與外國私人公司速議速決。同年七月，宣懷與英國呼利詹悟生公司議定借款一千六百萬英鎊，以海關鹽稅釐金作抵押，年息五釐，九五扣，五十一年還清。已訂草約，但當公司代表到北京與總署簽定正式合同時，英使竇納樂、總稅務司赫德，以及滙豐銀行駐京代表，均從中破壞，煽動呼利詹悟生公司提出新要求，如承辦粵漢鐵路、滬寧鐵路，以及中英合辦紗廠，增加佣金等，交涉兩月，終告破裂。同年十月，德國強佔膠州灣。十一月，俄國強佔旅順、大連，各國開始在華劃分勢力範圍，總署以禍因起於中俄密約之

簽訂，許俄人借地以築路（詳本章第二節），光緒二十四年（一八九八）二月十日（三月二日），卒從赫

德主張，與英國滙豐、德國德華兩銀行，簽訂「中國四釐五利息金鎊借款合同」十七款，其要點如下：

（一）中國借款一千六百萬鎊，滙豐、德華銀行各負一半。

（二）年息四釐五，實收八三，分四十五年還清，不得提前償還，或變更還法。

（三）以海關及沿江鹽稅釐金爲擔保。

（四）自合同簽字之日起，十二個月內中國不得另借他款。

（五）此次借款未還清前，中國海關行政仍由英人負責。

以上三次大借款，名義雖三萬萬兩，中國實收折扣甚大。加上利息在六萬萬兩以上。其償還期限之

長，使數十年內中國關稅盡作抵押之用，釐金鹽稅亦受到限制，影響近代中國國計民生甚鉅，阻礙中國

近代化之發展。

作　業

一、俄、德、法三國因何干涉日本歸還遼東半島？

二、說明三國干涉還遼期間日本之應付策略？

三、光緒二十一年（一八九五）夏，中國所借俄法洋款規定若何？

四、甲午戰後中國之三次大借款有何不良影響？

第二節　李鴻章使俄與中俄密約

三國之干涉遼還各有其不同之目的，而中國朝野不察，多主張結強鄰以為外援。光緒二十一年（一八九五）四月，疆吏張之洞、劉坤一等建議清廷，應卽電飭駐俄德大臣許景澄，與俄國外部商訂密約，果能助我盡棄中日全約，可酌量劃分新疆之地以為酬，並許俄人在華推廣商務。是時俄國經營西伯利亞鐵路方亟，借地築路之議屢見於俄國報端，惟如何取得清廷之同意，則有賴於外交之運用。

光緒二十二年（一八九六）四月十四日（五月二十六日），俄皇尼古拉二世舉行加冕典禮，中國駐俄德大臣許景澄早於光緒二十一年八月十日致電總署，建議循案致賀，並以寶星致贈俄皇，藉敦睦誼。是時前歲中國所派弔唁俄皇亞歷山大三世專使王之春仍留法國，清廷乃於十一月十三日電命王之春為專使，就近前往致賀。駐京俄使喀西尼，以王之春「位望未隆，與各國遣使相形，難於接待。」要求另派他人擔任。其意屬李鴻章，蓋非鴻章不能辦理機密事件，擔當交涉重任也。御史胡孚辰亦奏稱：王之洞亦主「資望太輕，似宜派李鴻章前往。」十二月二十七日，奉旨改派李鴻章為正使，前湖南巡撫邵友濂為副使，前往致賀。邵友濂不欲往，藉口「各國從不派副使，恐入宮班次反居小國之下，殊傷國體。」求張之洞代之為懇辭。光緒二十二年（一八九六）正月初二日，電諭邵友濂、王之春毋庸前往。正月初十日復諭派李鴻章為欽差大臣，前往俄國致賀，並往英、法、德、美四國親遞國書，聯絡邦交。鴻章在甲午戰爭期間與翁同龢意甚不洽，然對聯俄禦日策則水乳交融，所見相同。光緒二十二年正月初四日同龢往訪鴻章，請藉機「密結外

慈]。十六日慈禧召見鴻章於頤和園，十八日鴻章請訓，二十日出京，二十二日抵天津，乘海宴輪南

下，二月一日抵上海。時英、法、德、奧諸國紛電鴻章前往，加拿大英總督復電請鴻章任擇加拿大公司
往來各國之輪船赴歐，不取船資。駐京俄使喀西尼恐鴻章受他國影響改道，阻撓中俄之交涉，二月三日
自北京致電鴻章，務請依照在京商訂路線。二月十五日登法輪愛納司脫西蒙號西洋。二月四日鴻章覆電喀西尼，絕不「另議改道，務請貴大臣放
心。」遂於二月十五日登法輪愛納司脫西蒙號西洋，恐鴻章道經西歐他國，先取得權益故也。微德曾告吳王曰：「與中國特
迎，乃從其財政大臣微德建議，恐鴻章道經西歐他國，先取得權益故也。微德曾告吳王曰：「與中國特
使談判之要點；應付以金錢，不妨以若干金錢賄買特使隨員中之重要人物。」以達成借地築路之目的。

三月十五日鴻章抵敖得薩，俄國陸軍元帥及文武官員列隊出迎，導以中俄旗幟，佐以亞歐音樂，張
燈結彩，禮儀隆重。從碼頭至行館，肅靜無譁。同日鴻章致電總署曰：「頃抵敖德薩，俄水陸提督暨地
方文武接待甚恭，沿途托庇平順，鴻體氣如常。」俄人見好鴻章之用心可知。三月十八日鴻章抵俄國行
都聖彼得堡，俄人別有一番盛大招待。

鴻章赴俄途中，二月二十四日、三月六日，俄駐北京公使喀西尼奉俄廷訓令，曾兩度赴總署，聲
稱：「滿洲鐵路幹線及支線之租借權，只能給與俄國之公司。」反對其他外國之參加。使用許多「很
有力之言辭」，勸說總署大臣同意俄國公司之租界權。認為只有如此纔能保護中國，「以免再與日本及
其他國家衝突。」總署經過十二日考慮，堅決表示：「中國永遠不再以此租借權給予任何列強與任何外
國公司」，但同意「在修築滿洲鐵路時，可短期聘請俄國工程人員，並使用俄國材料。」喀西尼經過三
小時爭辯，聲明：「此種答覆給予俄國政府一個最深刻之印象」。乃建議俄廷：「如果俄國政府不得不

承認絕對需要把鐵路築在本國領土內，就是警告中國政府，說他這次拒絕俄國之要求，直接引起對華十分嚴重之後果。」三月十八日喀西尼復至總署爭吵，二十日鴻章收總署來電曰：

「俄使來商接築東三省鐵路，本署允以中國自辦，代薦公司。喀謂：果爾，則俄別聯倭。其言甚悖，決非俄廷本意。本署駁論，喀亦無詞，但謂不用俄公司，亦不可用他國公司，跡近挾制。本署答以中國自辦，擬由黑龍江運料，喀允電外部。」

喀西尼北京借地築路交涉既告失敗，聖彼得堡交涉以起。三月二十一日微德訪鴻章於行館，首先表示對中國如何盡力，強調保全中國「領土完整」與獨立原則，特別指出中日戰後中俄之友好關係。二十二日鴻章初次進見俄皇，呈遞國書及寶星，未談及築路事。二十五日俄皇接受微德建議，藉口「回宮驗收禮物」為名，再接見鴻章，正式提出借地築路要求。聲稱：俄國「地廣人稀，斷不侵佔人尺寸地，中俄交情近加親密，東省築路實為將來調兵捷速，中國有事亦便幫助，非僅利俄。華自辦恐力不足，或令在滬俄華銀行承辦，妥立章程，由華節制，定無流弊。將來倭、英難保不再生事，俄可出力援助。」鴻章頗為所動，中俄密約之機已伏於此矣。

三月二十六日俄外務大臣羅拔諾夫邀鴻章至外部晚餐時，復提出密約原則，建議由華俄銀行承辦東省鐵路，彼此有事互相援助。鴻章則主張先訂軍事同盟條約，後議築路辦法。事後鴻章電總署，由慶親王奕劻、翁同龢、張蔭桓等議定密約三原則，於四月二日電告鴻章，四月四日到達俄京。（一）如有兵事，俄與中國彼此援助。（二）松花、混同兩江彼此行船。（三）中國合資本五百萬兩附入華俄銀行。至於接路，「我欲自辦，一則與中國商務，一則杜他人援請，非有所疑也。用俄公司，僱俄工匠，購俄

物料皆可行。」而羅拔諾夫早於四月一日已向鴻章提出密約初稿，鴻章電總署，初二日方達北京，兩電相左，遂以俄約為商討依據。總署終不願俄接鐵路，四月十一日，鴻章接總署來電，主張即將前四條訂立密約，後兩條可省去。而俄方堅持甚力。四月六日羅拔諾夫告鴻章：「鐵路無成，另約即無庸議。」鴻章日與總署電商，大臣翁同龢、張蔭桓等逐字應對，於俄約文字多有修改，以事關機密，多親自譯發。

四月十四日為俄皇加冕之期，鴻章居各國專使首班，入宮慶賀。是時各國冠蓋雲集莫斯科，俄皇為轉移各國注意力，授微德以全權，與鴻章談判密約，使人易生錯覺，誤認所談問題僅限於經濟通商方面。四月十七日總署奉旨拍發密約認可電旨，派李鴻章為全權大臣與俄國外務大臣共同畫押。約內字句均照所改訂定，至公司合同命許景澄就近與俄國財部商酌，隨時詳電總理衙門，奏聞請旨。二十二日（六月三日）雙方代表在莫斯科俄外相官邸正式畫押蓋印。茲錄中俄密約內容如下：

（一）日本國如侵佔俄國亞洲東方土地，或中國土地，及朝鮮土地，即牽礙此約，應即照約辦理。

（二）中俄兩國既經協力禦敵，非由兩國共商，一國不能獨自與敵議立和約。

（三）當開戰時，中國所有口岸均准俄國兵船駛入，如有所需，地方官應盡力幫助。

（四）今俄國為將來轉還俄兵禦敵，並接濟軍火糧食以期妥速起見，中國國家允於中國黑龍江、吉

十二日再告鴻章：「五款尚可商改，六款通篇結穴，一字不能更動，否則此約作罷論。」

如有此事，兩國約明應將所有水陸各軍屆時所能調遣者，盡行派出，互相援助；至軍火糧食，亦盡力互相接濟。

林地方，接造鐵路以達海參威。惟此項接造鐵路之事，不得藉端侵佔中國土地，亦不得有碍大清國大皇帝應有權利。其事可由中國國家交華俄銀行承辦經理。至合同條款，由中國駐俄使臣與俄銀行就近商訂。

（五）俄國於第一款禦敵時，可由第四款所開之鐵路運兵、運糧、運軍械，平常無事，俄國亦可在此鐵路運過境之兵糧。除因轉運暫停外，不得借他故停留。

（六）此約由第四款合同批准舉行之日算起照辦，以十五年爲限，屆期六個月以前，由兩國再行商辦展限。

五月十一日上諭批准，七月十五日約本抵京，八月二十日由總署大臣慶親王奕劻、翁同龢與俄使喀西尼互換生效。鴻章則於中俄密約簽訂後離俄，由中國駐俄大臣許景澄與俄戶部次官羅啟泰繼續洽商築路事。同年七月二十五日（九月二日）簽訂「中俄合辦東省鐵路公司合同」，主要規定自合同批准之日起，十二個月內開工勘路，六年告竣，路軌寬度依俄軌，合中國四尺二寸半，公司收入免納一切稅釐。俄國得免費運送水陸軍及作戰物資，運送貨物得享受三分之一商稅優待。路成開車之日起，以八十年爲期無價歸還中國，三十六年後中國有權收回。同日雙方復簽訂「華俄道勝銀行合同」，規定鐵路屬華俄道勝銀行，中國政府得入股庫平銀五百萬兩，其餘股票由兩國人民認購。

鴻章離俄後，曾遍遊德、荷、法、英、美各國，皆遇盛大款待。時各國對中俄密約揣測不已，各國記者咸以此相詢，鴻章皆否認之。鴻章此次出使，另負有改訂中國海關稅則之使命，在俄交涉未獲結果，其他歐美各國多採取拖延態度。德國反欲實現借港泊船之野心。八月初八日鴻章由加拿大登輪返

國，經日本橫濱，日政府已在岸上設行館，準備歡迎，鴻章銜馬關議約之恨，竟宿舟中，不肯登岸。二十七日鴻章抵天津，九月十一日抵北京。十八日清廷命鴻章在總理各國事務衙門行走，綜計鴻章此行，前後八月，所訂中俄密約，爲其聯俄制日之結果，造成此後中國無窮之災難。

作　業

一、說明甲午戰後中國聯俄之動機？

二、俄國怎樣引誘李鴻章借地築路？

三、中俄密約有何重要內容？

四、「中東鐵路合同」及「華俄道勝銀行章程」有何主要規定？

第三節　列強租借港灣與勢力範圍之劃分

同治九年（一八七〇）普法戰後，德國統一，因其經營海外落後於英法諸國，德皇威廉二世乃亟欲在中國海面取得一貿易與海軍根據地。會三國干涉還遼事起，光緒二十一年（一八九五）秋，德政府乘機要求在天津、漢口設立租界，作爲報酬。清廷以方借助於德人，許其請，而德人志仍未足。九月，駐京德使紳珂奉其政府命向總署要求租借海港，以干涉還遼功自居。總署告以若許德國要求，恐各國援例，將起無窮之禍，另命駐德大臣許景澄向德外部說明中國之困難。

光緒二十二年（一八九六）夏，李鴻章於簽訂中俄密約後，訪問德國，德外部大臣馬沙爾再向鴻章提出租港要求，鴻章仍拒之，乃授權其新任駐華公使海靖直接向清廷施以壓力，務必達成任務。是時德

國密派人測量中國沿海各口岸，發現膠州灣爲最有價值之良港，故同年多海靖至京，乃以租借膠州灣向總署提出要求，租期五十年。總署仍拒之；海靖乃報告德政府，使用兵力強踞之。光緒二十三年（一八九七）七月，德皇威廉二世訪問俄國，與俄皇尼古拉二世獲得諒解，德國可攫取膠州灣，俄國可在中國北方另據一港口。九月，德皇乃命其弟顯理親王爲遠東艦隊司令，督率艦隊向膠州灣進發。

會同年十月七日山東曹州府鉅野縣張家莊德傳教士二人被害（詳第九章第一節），德使海靖向總署提出抗議，巡撫李秉衡已緝捕兇犯治罪，而東來之德艦不稍止。十月二十日德軍逕在膠州強行登岸，佔領各山頭，修築礮臺營舍，以爲久居之計。總署電命駐德大臣許景澄抗議於德外務部，德外部竟答以海靖及膠州德軍統帥有交涉全權，談判乃移至北京進行。十一月二十七日，海靖向總署提出要求六項：（一）山東巡撫李秉衡革職。（二）中國在曹州（荷澤）、鉅野、張家莊各建教堂一所，由官各撥地十畝，每處各給銀六萬六千兩，另付損失物件費三千兩。（三）鉅野、荷澤、鄆城、單縣、武城、曹縣、魚臺七處，各建教士住房一所，共銀二萬四千兩，作爲撫卹之用，懲辦失察地方官吏。（四）保證今後永無此等事件發生，明發諭旨盡力保護教士。（五）今後山東如開築鐵路，及鐵路附近礦務，應由德人籌辦，並許德人修築自膠州至濟南之鐵路。（六）賠償德國辦理此案所需費用數百萬元。因膠州灣德國已踞爲己有，故未列入。清廷派翁同龢、張蔭桓與之交涉，同龢盡許海靖各項要求，僅請德國在山東以南租借一島以代替膠澳，海靖仍不許。同龢復建議開膠州灣爲萬國商埠，許德國設立租界，海靖仍堅持如故。同龢不得已乃與商膠澳租借地段，同龢允其或南或北一面，海靖執拗必包括全澳在內。雙方復商租借年限，同龢允其最初要求之五十年，海靖堅持九十九年，交涉日久不得要領。以海靖態度蠻橫，同龢不堪

其辱，同年十二月，旨命改由李鴻章辦理交涉。

光緒二十四年(一八九八)正月，海靖照會總署，必盡許其要求，否則採取軍事行動，總署不得已盡允之。二月十四日(三月六日)議定專約三項：一為膠澳租借條約，規定中國將膠州灣租借於德國，租期九十九年，德國得於租借地內駐兵修築礮臺。二為鐵路礦務等事，中國許德國在山東建造鐵路二條，一由膠州灣經濰縣至濟南，一由膠州灣過萊蕪至濟南，鐵路兩側三十里內，許德商開採煤礦辦理工程。三為山東全省辦事之法，規定中國今後在山東如有開辦各項事務，所需外國人力物力，德國應享有優先權。於是黃河下游成為德國之勢力範圍，影響所及，肇開列強效尤之端。

先是德艦既踞膠州灣，俄國欲乘機奪取旅順、大連，俄皇乃下令海陸軍採取行動。光緒二十三年(一八九七)十一月二十二日，俄艦隊駛進旅順、大連，水兵登岸搶刼擄掠。總署初以為俄守中俄同盟條約，助華以抗德；而駐京俄代辦巴布羅福，竟要求租借旅順、大連，並引中東鐵路支線以達黃海。總署復命駐俄大臣楊儒與俄政府交涉，請求俄艦離境，俄皇不許。總署復命駐德大臣許景澄為專使，自德赴俄交涉，依然不得結果。俄外相莫拉維洛夫反聲稱巴布羅福為全權代表，倘中國過三月六日不訂租借條約，俄國將採取必要手段。

其後巴布羅福一再至總署取開，俄艦復南下作示威表示，廷臣會議苦無善策。清德宗以拒俄無力，外援絕望，乃命總署大臣李鴻章、張蔭桓等，如俄限期於三月六日(三月二十七日)與巴布羅福訂立租借條約九款，其要點如下：

(一)中國將旅順、大連及附近相連海面租借於俄國。

（二）租期二十五年，期滿得繼續租借。

（三）俄國得在旅順、大連建築礮臺軍營及燈塔。

（四）俄國得建築自中東鐵路至旅、大，及自營口至鴨綠江之鐵路。

於是東北成為俄國之勢力範圍。同年八月，俄置關東省，以旅順為首府，派總督以治之。

德國強佔膠州灣前，曾與英國獲得默契，不過問英國在非洲蘇丹之軍事行動。加以英德方聯合第二次貸款於中國，與俄法相抗衡（已詳本章第一節），故德國強佔膠州灣後，英國並無實際反對行動。及俄國強佔旅、大，英國乃向俄國提出交涉，俄國態度強硬，其財政大臣微德告駐英使歐格納，俄國早晚必併吞華北，西伯利亞鐵路將通至蘭州，默認英國可佔據長江流域。英國既無訴諸無力之可能，乃轉而索求中國港灣以作抵制。

光緒二十四年（一八九八）二月十七日，英外相沙斯伯里通知中國駐英大臣羅豐祿，長江流域不得割讓於他國，並要求租借威海衞。三月四日英駐華公使竇納樂復向總署提出同樣要求，聲稱本月十二日若不接受，將有嚴重後果。總署大臣懼開肇端，屆期卒允之。五月十三日（七月一日）簽訂威海衞租借專約，其要點如下：

（一）中國將山東威海衞包括劉公島及附近海面租借於英國。

（二）租期二十五年。

（三）租借地內歸英國管轄，得駐兵建築礮臺。

當交涉進行之際，英使復藉口法國租借廣州灣，要求租借九龍半島以為補償，總署恐英人別生枝節，由

李鴻章早於四月二十一日（六月九日）與之議定「展拓香港界址專條」，其要點如下：

（一）九龍新租地界由兩國派員勘劃。

（二）租期九十九年。

（三）中國官員仍可居住九龍城內。

光緒二十五年（一八九九）二月，雙方派員議定自大鵬灣至深圳灣以南陸地及島嶼，均歸英國所管轄。

先是中法戰後，法國視中國西南諸省為其勢力範圍，及聞德、俄、英對華採取租地行動，光緒二十四年（一八九八）二月十一日，駐京法使呂班乃向總署提出要求如下：

（一）雲南、廣東、廣西不得割讓於他國。

（二）中國郵政總局主管由法國人員擔任。

（三）法國得自越南修造至雲南鐵路。

（四）租借廣州灣。

威嚇總署限期答覆，否則將採取必要行動。總署命駐法大臣慶常與法外交部交涉，法政府聲稱呂班為全權代表，拒絕在巴黎談判。總署以事機所迫，於同年閏三月二十日（五月十日）照覆法使，悉允其要求，並同意廣州灣租期為九十九年。光緒二十五年（一八九九）十月，雙方簽訂廣州灣界址專約，西南各省遂成為法國之勢力範圍。

當英國要求租借威海衞時，因馬關條約規定中國賠款未清，日軍尚留駐該地，英國遂以承認福建為日本勢力範圍為交換條件，日本乃不過問英國之要求。光緒二十四年（一八九八）閏三月初二日，駐京日使矢野文雄，向總署提出福建不得割讓他國之要求，總署以勢成騎虎，難以拒絕，乃於閏三月四日

（四月二十四日）照覆日使，福建及其沿海港灣，無論何國蓋不租借．

意大利在遠東本無利害關係，趁各國在中國劃分勢力範圍，於光緒二十五年（一八九九）春，一面遣兵艦數艘東來作爲後盾，一面由其駐京公使瑪齊諾向總署要求租借三門灣；並聲稱浙江爲其勢力範圍。清廷知意大利爲弱國，自歐洲至遠東無屬地駐泊兵艦，接濟困難，拒絕其要求，命兩江總督劉坤一、浙江巡撫劉樹堂備戰。會美國提出中國門戶開放宣言，意政府有所顧忌，不敢輕啟戰端，自動撤換公使，放棄其要求。

作　業

一、德國利用何種藉口強租膠州灣？膠澳租借條約內容若何？

二、俄國怎樣強租旅順、大連？旅、大租借條約內容若何？

三、英國何時租借威海衞？法國何時租借廣州灣？

四、說明光緒二十四、五年（一八九八、一八九九）間各國在華所劃分之勢力範圍？

第四節　中國門戶之開放

鴉片戰後英國壟斷中國對外貿易，甲午戰後日本崛起，俄、德、法復插足遠東，英國在華地位有日漸動搖之勢。光緒二十三、四年（一八九七、一八九八）間，英國商業協會代表貝羅曾來華調查，發覺倘列強間不維護中國門戶之開放，不足以保持中國之獨立，鞏固英人在華之利益。當時中國全年對外貿易總額約五千五百萬英鎊，其中三千五百萬英鎊係受英人所支配。加以中國市場前途之發展正不可限

量，因之維持中國領土完整和主權獨立實爲當前之急務。惟英國在華既有租借地，復有勢力範圍，遠不如美國之清白，故乃慫恿美國擔當號召之重任。

美國對中國素無侵略之野心，甲午戰後對華貿易日漸增加。當各國在華索取港灣時，美國因與西班牙戰爭及古巴問題，無暇過問。光緒二十四年（一八九八）美國合併夏威夷，明年美西戰爭結束，菲律賓隸屬美國，美國始與遠東發生直接關係。

是時正值美國生產過剩，而中國則爲最佳之市場，故非提出門戶開放主義，不足以制衡列強在華之均勢。美國務卿海約翰曾任駐英公使，深悉英國主張中國門戶開放之興論，與英國官方早有接洽。故光緒二十四年（一八九八）八月就任國務卿後，關於遠東外交政策，提倡中國門戶開放主義。同年冬，英國商業協會代表貝羅福自遠東歸國途中，道經美國，曾以中國門戶開放問題詢諸美總統麥金萊，海約翰知友柔克義，曾任北京美國公使館秘書，深知遠東情勢與中國危急，復獻策於海約翰，海氏乃托柔克義代爲起草，向各國提議中國門戶開放之草案。

光緒二十五年（一八九九）八月二日（九月六日），海約翰分別以照會寄往英、德、俄三國，另於十月十一日（十一月十三日）寄往東京，十五日（十一月十七日）寄往意大利，十九日（十一月二十一日）寄往法國，由美國各駐在國公使轉達所駐國政府，內容雖少有出入，而主要原則完全一致，其要點如下：

（一）各國互不干涉在華勢力範圍及既得利益。

（二）各國在華勢力範圍內，應遵照中國現行稅則，並由中國政府徵收之。

（三）各國所租借之港口，所徵他國船隻之入口稅，不能高過本國之船隻。

此一宣言發表後，清廷最初頗表惑疑，誤認係列強協議瓜分中國之舉，駐美大臣伍廷芳奉總署命叩詢海約翰之用意，經海氏解釋始滿意。

海約翰之照會首先博得英國之熱烈歡迎，英首相張伯倫發表談話稱：「現在無一種事可使吾人擔心，從此中國門戶開放守護者不單是英國一國。」同年八月二十五日（九月二十九日）正式照復美國，略曰：「英國始終不變其所擁護之政策，即各國人民在中國商業及企業須保持機會均等。」同年十一月四日（十二月六日）另由其外交大臣致書駐英美國公使，表示：「英政府對於威海衛租借地或用其他方法所取得之地域，以及英國政府現有及將來領有之一切勢力範圍，擬發一與貴政所希望同一意義之宣言；但該宣言須以其他關係國作同樣宣言為條件。」

俄國對海約翰之照會頗表懷疑，然不便單獨反對，其同年十一月六日（十二月八日）之答覆頗為曖昧。略曰：「在中國所租借地域內，俄國已將大連港開放為自由港，對於外國商品不論其國藉如何，一律徵稅。俄國政府不反對他國政府為本國人民謀求在華利益，但此種保障須在中國有利害關係其他諸國作同樣宣言為條件。」其重點只在聲明大連為自由港，及關稅問題，對於美國提議之對華原則未加否認。

法國於同年十一月十四日（十二月十六日）正式答覆曰：「共和國政府希望實現中國領土之完整，但須一切關係國以同樣行動作保障。」日本於同年十一月二十四日（十二月二十六日）正式答覆曰：「帝國政府對於合眾國之正常且公平的提議，毫無躊躇贊同。」德國於光緒二十六年（一九〇〇）正月十日（二月九日）之正式答覆曰：「帝國政府不僅主張各國在中國貿易航

海及通商絕對均等，且希望能夠充分實施。但應在中國產業發展上有利害關係之國家，均能有承認此主義之決意。」同年四月九日意大利之正式答覆曰：「王國政府贊成貴函中所述之提議。」

以上六國之答覆，除意大利因在華素無勢力範圍無條件接受外，其餘五國皆以其他關係國承認爲條件。海約翰認爲各國均無異議，乃於光緒二十六年（一九〇〇）二月二十日（三月二十日）向前次照會諸國發出通告，略曰：「當初貴國承認所附之條件——一切關係諸國承認合眾國之提議——現已成立，故本政府視貴國對此提議已有堅定之承諾。」此一政策雖暫時挽救中國被瓜分之命運，列強在華之角逐並不因此而罷歇。

在此期間，有識之士感於國勢艱危，羣起作救亡之運動。出身舊社會之知識份子，以維新變法相鼓吹，以康有爲、梁啟超等爲代表人物。而海外之留學生及華僑，則知舊政權不能行新政，非推翻專制建立共和，不足以拯救中華民族，促進世界大同，是爲國父倡導國民革命運動之由來。而無知愚民僅基於個人眼前利害，無法從國家民族大處著想，盲目排外，仇視西方文化，形成義和團之暴亂，徒爲國家召致災難與惡果。

作　業

一、英國因何主張中國門戶開放？爲何慫慂美國領導此一運動？

二、海約翰之中國門戶開放宣言內容若何？

三、各國在華劃分勢力範圍期間中國知識份子之反應如何？

第八章　戊戌變法

第一節　維新思想之演進

同光年間清廷講求船堅礮利之時，少數有識之士知立國要圖在於政治、法律、經濟、文化諸端，著文呼籲者頗不乏人。鴉片戰爭前後，粵人梁廷枏於其所著「合眾國說」序中，盛道美國之政治曰：「余觀美利堅之合眾為國，行之久而不變，然後知古者可畏，非民之未為虛語也。彼自立國以來，凡一國之賞罰禁令，咸於民定其議，而後擇人以守之。未有統領先有國法，法也者民心之公也。……其舉其退，一公之民。」對西方民主政治頗致傾慕之意。同治五年（一八六六）正月，總稅務司英人赫德乞假回國，恭親王奕訢奏准朝廷，命前任山西襄陵縣知縣，辦理總理各國事務衙門文案斌椿，率領同文館學生多人，隨赫德出洋，其用意在「令其沿途留心，將該國一切山川形勢，風土人情，隨時記載帶回中國，以資印證。」斌椿自越南經印度入地中海，遍歷法、英、比、荷、丹麥、瑞典諸國，然後經俄國、朝鮮，於同年九月返京覆命。以其所見所聞撰寫「乘槎筆記」，報告於朝廷，對於英國議會政治頗與趣，謂英人每議公事，「意見不合，聽其辯論，必俟眾論僉同，然後施行，若君若相不能強也。」又曰：「倫敦屋宇器具，製造精巧，甚於中國，至一切政事，好處頗多。」此種議論為對西方國家之初步認識，但於整個世界全局尚缺乏進一步之瞭解。

同、光之際，馮桂芬爲提倡變法維新之第一人。桂芬蘇州人，號景亭，曾從林則徐學，精通西算，道光進士，初官京師，因英法聯軍之禍，避居上海，感觸時事，復受外國傳教士影響，著「校邠盧抗議」，力主接受外來文化，其於書中「抗議製洋器議篇」說明中國之弊端曰：「人無棄才不如夷，地無遺利不如夷，君民不隔不如夷，名實必符不如夷，四者道在反求，惟皇上振刷紀綱，一轉移間耳！」。馮氏並主張徵選人材，廣開言路，改良教育，變革科舉，廢除八股文，加強地方政治織組，獎勵製造，與水利，墾荒地，植茶桑，開礦藏，改善耕作。曾國藩曾爲之書序，贊爲「名儒之論」，然在當時政府形態下，病其建議難以實行。

光緒二年（一八七六），郭嵩燾被派爲中國首任駐英大臣，於抵達倫敦後致函鴻章曰：「西洋立國二千年，政教修明，具有本末。」舉出日本留英學生二百餘人，多講求法律、經濟、謀盡力倣行，學兵者絕少。「蓋兵者末也，各種創制皆立國之本也。」「治國之要應行者多端，而莫切於急圖內治以立富強之基。」鴻章復書竟曰：「兵乃立國之要端，欲捨此別圖其大者遠者，亦斷不得一行其志。」嵩燾著有「使西紀程」，盛道西洋各國之政教，橫遭清議所攻擊，及罷職歸國，廢退家居，竟爲鄉里所不容。繼任駐英大臣曾紀澤，明瞭中外形勢，曾撰「中國先睡後醒論」，在倫敦發表，回國後任幫辦海軍事務大臣，建議無一採行，且爲同僚所排擠，中年齎志以終。

平民中最早富改良思想者爲王韜，韜本名黃畹，蘇州人，少負奇才，屢試不第，同治元年（一八六二）正月，上書太平軍忠王李秀成部將劉肇均，詳論攻取上海及對付外人策略，計甚萬全，而太平軍不能納。同年三月，清軍破太平軍於上海附近，檢得此書，黃畹遂被通緝，得傳教士助走避香港：改名王

韜，致力於西學之研究，並曾一度赴英，佐助外人翻譯中國經籍。在香港主編「循環日報」，鼓吹改革，其「上當路論時務書」曰：「治民之要，在乎因民之利而導之，順民之志而通之，卽如泰西諸國，亦非徒馳域外之觀者也。」對於英國政治備加推崇。謂：「善於治民者莫若英國，入其國中，無不優游暇豫，自樂其天，而不尙操切之政，束縛馳驟以爲能者，夫如是然後行之久遠。」認爲清廷過去所辦洋務，「止能爲民禍，而不能爲民福，能爲民害，而不能爲民利。」王韜後得李鴻章之助，奏准清廷，始得返滬，入申報館任編輯，繼續作改革之鼓吹。

甲午戰爭前後，外患日逼，士人對國是多有改良意見提出。鄭觀應著「盛世危言」，陳虬著「治平通議」，湯震著「危言」，陳熾著「庸書」，何啟、胡禮垣合著「新政眞詮」，對於中國致弱之由，維新變法之不可緩，多有詳細之論列。此外推動維新運動之另一主力，爲基督教傳教士與在華歐美商人之活動。彼等希望中國政治上有所改革，以便於擴大敎務及商業。因之通商口岸敎會設立學校，西商開設報館，延攬維新名士充任敎習及主筆，在外人庇護下致力於變法思想之傳播。自光緒元年（一八七五）至光緒二十四年（一八九八），各通商口岸以雜誌報紙刊行而言，定期刊物如「萬國公報」、「益智新錄」、「格致彙編」、「西國近世彙編」等。日報則以上海之「申報」、「字林西報」、「新聞報」、「時務報」、「益聞錄」，以及天津之「時報」、「國聞報」爲最著。至於各通商口岸敎會所設立之學校，對開導社會風氣貢獻尤大。

光緒十三年（一八八七），廣學會成立於上海，致力於西方政治、文化、科學知識之介紹。其領導人爲英國蘇格蘭長老會老會敎士韋廉臣，主要份子有美人林樂知、丁韙良、李佳白，英人慕維廉、艾約瑟、

李提摩太、德人化之安等。彼等多能用中文著書，介紹西學。廣學會發行之萬國公報（月刊），由林樂知任主筆，多載時事論文及中外重要政情法令，截止戊戌變法，廣學會所出版書籍近五百種，極有功於維新思想之推動。如李提摩太所譯著之「泰西新史攬要」、「列國變通與盛記」、「七國新學備要」，以及林樂知所譯「文學興國策」，化之安所譯「自西徂東」等書。此外廣學會並舉辦講演，懸賞徵文，以及林樂知所譯「文學興國策」，化之安所譯「自西徂東」等書。此外廣學會並舉辦講演，懸賞徵文，開設圖書室、博物館、售書處；於是一般士人觀念為之一變。

一、梁廷枏、馮桂芬各有何種著述？內容各若何？
二、中國第一任駐英公使為何人？對西方有何認識？
三、廣學會成立於何時？性質若何？

第二節　強學會與保國會

戊戌變法關鍵人物康有為，字廣廈，號長素，廣東南海縣人，先代為粵名族，生於咸豐八年（一八五八），幼從粵儒朱次琦學，及長遊香港、上海，閱讀江南製造局及傳教士所譯西方書籍，羨外國政治進步，隱以改革為己任。光緒十四年（一八八八）九月，有為赴京師，以布衣上書清廷，建議取法泰西，修明內政。書呈國子監，大臣無人代奏。有為乃歸廣東。光緒十七年（一八九一），有為在廣州長興里設學舍，取名「萬木草堂」，新會梁啟超、南海陳千秋等皆執弟子禮。梁啟超早於光緒十五年（一八八九）中舉人，喜新學，而師事康有為，互相標榜，以匡救中國互勉。光緒十八年（一八九二），有

為著「新學偽經考」，謂西漢無古文經，係劉歆為佐王莽篡漢所偽造。光緒二十年（一八九四），復成「孔子改制考」，謂六經皆孔子所作，堯舜之盛德大業皆孔子理想所構成，其目的乃在於托古以改制。有為據之以為變法之憑藉，聲名因之漸嘈。光緒十九年（一八九三），有為鄉試中式。光緒二十一年（一八九五）春，偕梁啟超同入京會試。榜發，有為中進士，授工部主事，會馬關和議成，有為再上書請變法，以圖自強，工部大臣以其言語激切，仍不肯代奏。

先是光緒十六年（一八九〇）德宗既親政，慨國勢之不振，亟思雪恥圖強。其漢文師傅翁同龢曾以馮桂芬所著「校邠廬抗議」呈進，請德宗講求變法，清帝變法之志益堅。甲午戰後，朝野深受刺激，內外大臣主張變法者頗不乏人。時廣學會駐京代表李提摩太與翁同龢、張蔭桓等時有接觸，說以變法行新政。並曾撰「新政策」一文，刊之於「萬國公報」，指出為政之端以「教民、養民、安民、新民」為急務。光緒二十一年（一八九五）八月，翰林院侍讀學士文廷式得德宗授意及翁同龢等支持，設強學會（一名強學書局）於北京，孫家鼐、黃遵憲、袁世凱，及康有為、梁啟超等均為重要份子，英教士李提摩太贊助甚力，每十日一集會，討論改革主張，創辦「中外紀聞」，分贈士大夫，以為風氣之倡。九月，康有為至南京，說署理兩江總督張之洞，捐貲設強學分會於上海，並發行強學報，會員有張謇、陳三立等名士。十二月，遭御史楊崇伊彈劾，太后命改北京強學會為官書局，關閉上海強學分會，維新人士活動並不稍止。

光緒二十二年（一八九六）七月，黃遵憲就上海強學分會基礎，創辦時務報（旬刊），聘汪康年任經理，梁啟超任主筆，一時暢銷海內，大受時人所歡迎。嚴復、夏曾佑等亦於光緒二十三年（一八九

七）夏，創辦「國聞報」（初爲月刊，後爲旬刊），譯載各國政事及名著，與時務報分掌南北輿論。湖南巡撫陳寶箴則於湘省推行新政：若南學會，初開議會之規模。若時務學堂，爲官辦新式學堂之始。若湘報、湘學報，爲傳播大衆思想之媒介。譚嗣同、梁啟超、唐才常、熊希齡、畢永年等助之不遺餘力，湖南風氣爲之一變。

光緒二十三年（一八九七）冬，膠澳事起，康有爲復至北京，再上書請變法，舉出三策：上則師法俄日變法成例，以定國是；中則大集羣臣以謀變政之道；下則聽任疆吏各自變法。工部尚書惡其直言不肯代奏，然京師一時傳鈔，內外大臣士人多見之。有爲以迭次上書不能上達，乃謀南歸。會翁同龢來挽留，復在德宗面前力贊之，謂有爲之才過其百倍，請舉國以聽之。德宗欲召見有爲，恭親王奕訢懼引起太后及守舊大臣反感，藉口康有爲官職低微，建議由總署傳見。光緒二十四年（一八九八）正月初三日，總署大臣榮祿、李鴻章、翁同龢等同見康有爲於總理衙門，有爲提出設新政局，練民兵，開鐵路諸大政，於是德宗得覽有爲先後所上書，而傾心嚮用有爲矣！

有爲除上書請求變法外，復思開社會風氣，轉移士大夫視聽。三月二十二日（四月十二日）發起保國會於粵東會館，到會者數百人，有爲演說語極沉痛而哀懇，推述中國自道光以來屢次對外交涉失敗之原因，在於我之政治學術皆不如人。並舉出四十日內外國要挾逼迫中國者二十事，謂「人人有亡國之責，人人有救國之權。」滿座爲之激動，多有下淚者。其後迭次集會，影響所及，一時各種學會紛紛成立，若楊銳等之蜀學會，林旭等之閩學會，以及保滇會、保浙會等，風氣爲之大開，守舊大臣腹謗者日衆。

恭親王奕訢原本贊同變法，牽於環境，恐操之過急引起新舊黨爭，帝后水火，態度比較穩健。四月

十日奕訢歿，德宗無所顧忌，乃於二十三日下詔定國是，決意變法。翁同龢係名宦世家，本為慈禧所信賴，以漢文師傅晦德宗。甲午戰後，同龢憂憤國事，力持變法之議，固不料守舊勢力之龐大。光緒二十四年（一八九八）四月初，舊黨攻擊保國會，御史李盛鐸、禮部尚書許應騤等劾保國會「保中國不保大清」，謗言塞途，詞連同龢。同龢知變法難急就，為自顧聲名計，態度驟變，反勸有為離京以稍平息。有為以受知於德宗，竟不肯行。同龢告德宗康有為「居心叵測」，德宗以同龢前後反覆，大表不滿。而慈禧則認為同龢為德宗近臣，向主維新，乃欲罷之以翦德宗羽翼。四月二十七日，太后硃諭免同龢職，同日以太后親信榮祿署理直隸總督，統率北洋三軍。並命令後補授侍郎以上各官，均著具摺恭詣皇太后謝恩。各省將軍都統督撫等官，亦著一體具摺奏謝。政變危機一觸即發，而德宗不察，輕率躁進，二十八日晨召見康有為於頤和園，有為力言守舊不變，必致亡國，請破格擢用小臣行新政。德宗大為感動。同日著康有為在總理各國事務衙門行走，命今後如有奏疏可直接遞送。五月十五日，賞舉人梁啟超六品銜，辦理譯書局事務。旋授楊銳、劉光第、林旭、譚嗣同等四品銜，在軍機章京上行走，參予新政。

作　業

一、康有為所著「新學偽經考」及「孔子改制考」內容若何？

二、強學會之性質若何？時務報與國聞報各由何人所主持？

三、保國會成立於何時？守舊份子有何反對表示？

四、翁同龢與戊戌變法之關係若何？

第三節　百日新政與政變

戊戌變法期間，表面為新舊思想之爭，實為清帝與太后權勢之爭，滿漢權勢之爭，重臣與小臣權勢之爭，以及南人與北人權勢之爭。自四月二十三日德宗下詔定國是，至八月六日政變發生，一百零三日中，改革詔書雖迭次下，除湖南一省外，內外臣僚多托辭延宕不肯奉行，舉其重要措施如下：

一、政治方面　（一）裁汰閑散衙門：京師若詹事府、通政司、光祿寺、鴻臚寺、太常寺、太僕寺、大理寺，外省若湖北、廣東、雲南三巡撫，及河道總督，與各省之糧道、鹽道一律裁撤。（二）澄清吏治：命各衙門另定簡明則例，除去蒙蔽錮習，不得無故請假，議奏事件不准延擱。（三）引用新人：命各省督撫訪查通達時務勤政愛民之能員，隨時保送引見。（四）廣開言路：州縣等官言事者由督撫原封呈遞，士民上書由本省道府隨時代奏。（五）培植旗民：許滿人經營工商業，切實訂立計口授田章程。

二、教育方面　（一）廢除八股取士：所有鄉試會試及生童歲科各試，一律改試策論。（二）籌辦京師大學堂：京城設立京師大學堂，將原設之官書局及新設之譯書局併入，以孫家鼐管理大學堂事務。（三）各省設立中學堂及小學堂：改省會之書院為中學堂，州縣之書院為小學堂，兼習中西之學，教本由官書局頒發。（四）設立華僑學堂：命出使各國大臣勸告各地華僑創立學堂，培育子弟。（五）設立醫學堂：京城設立醫學堂，歸大學堂兼轄。（六）擬開經濟特科：命三品以上京官，及各省督撫學政，各舉所知人才，於三月內咨送總理衙門，定期舉行考試。（七）辦理官報：改上海時務報為官報，派康有為督辦其事。並在京城籌設報館，勸勵官紳士民辦理報紙。

三、經濟方面　（一）興築鐵路：命盧漢鐵路儘快完工，並開辦粵漢、滬寧各鐵路。（二）提倡農工商政：命京師設立農工商總局，各省設立農務礦務學堂，廣譯西書，認眞講求工藝製造。（三）獎勵製造發明：各省士民凡有新著，及用新法製成新器，頒給執照，酌定年限，准其專利售賣。（四）編製預算：命戶部將每年國家收支編列預算，以節財用。

四、其他改革　（一）整頓北京市容：命所司整修京城內外河道溝渠，並將各街巷道路面坦平。（二）派大臣遊歷各國：計劃簡派留心時務大臣赴全球各大邦，考究山川、風俗、政教、律法、大小學堂、水陸營制、鎗礮器械、工商礦務等事項。（三）改良司法：命各衙門定訂簡明則例，及訴訟律條。舊例窒礙難行者，概行刪去。（四）保護教士教民：命各省地方官保護教士教民，未結之案迅速了結、今後不准再有教案發生。

先是頑固守舊諸臣既不滿意於新政，慈禧復以政權之爭銜恨於德宗，遂相結合，以抵制新黨。光緒二十四年（一八九八）七月，禮部主事王照，上疏請德宗遊歷外國以廣見識，禮部尙書懷塔布、許應騤不肯代奏，德宗方欲革新政風，使守舊大臣有所儆戒，乃於十六日諭命交部議處，將禮部六大臣尙書懷塔布、許應騤、左侍郎堃岫、署左侍郎徐會澧、右侍郎溥頲、右侍郎都察院左副都御史曾廣漢一倂革職，賞王照三品頂戴，以四品京堂候補，舊黨不滿，新黨皆大悅。懷塔布妻素得慈禧歡心，乃哭訴於太后，謂德宗將盡除滿人，慈禧大怒，乃決定發動政變以廢德宗。七月二十七日德宗應御史宋伯魯、王照之請，欲開懋勤殿，集通國英才及東西各國政治專家共議制度。二十八日帝至頤和園向太后請命，太后不許，旨不得下，雙方衝突乃表面化。

第八章　戊戌變法

一三五

新黨爲謀對策，乃欲利用兵力抵制舊黨。時袁世凱以直隸按察使銜練兵天津南之小站（舊名新農

鎮），所部凡七千人，最爲精銳，號稱新建陸軍。袁向同情變法，列名於強學會、保國會，新黨乃遣徐仁祿入其幕中勸之。袁謬表贊成，康有爲等信之不疑，乃由翰林院侍讀學士徐致靖草摺薦世凱入京以衛帝。譚嗣同復秘密面奏，德宗遂召世凱入京觀見。七月二十九日世凱奉召抵京，八月一日晨召見於頤和園，垂詢軍事甚詳，午後詔命以侍郎候補。二日世凱謝恩復召見，陳無尺寸之功，受破格之賞，德宗勉之，命返津後與榮祿各辦各事。

直隸總督榮祿聞袁世凱被召入京，調直隸提督聶士成所部武毅軍守天津，斷袁軍入京之路，另調甘肅提督董福祥所部移駐北京彰義門外四十里之長辛店，以爲防範。兩部兵力倍於袁軍，世凱遂有所顧忌。八月三日訪世凱於法華寺，謂奉有清帝密詔，命世凱率部至京師，衛德宗，除舊黨。八月五日，世凱請訓，當日乘車返天津。世凱權衡利害，料新黨斷不足成事，乃至督轅見榮祿。督轅戒備森嚴，衛兵夾道羅列，而自京城奉太后命來之御史楊崇伊已在坐；於是榮祿盡悉新黨計劃，世凱乃跪求榮祿作主。榮曰：「吾奉懿旨入京，此座即以屬君。」世凱曰：「今日之事皇上處於危地，如皇上有他，世凱以死繼之。」榮曰：「皇上決無他，其餘臣子則不能保。」

先是八月三日御史楊崇伊奏請太后訓政，舊黨積極佈置謀發動政變。六日（九月二十一日）晨，德宗循例至頤和園請安，慈禧已先由間道入西直門，抵德宗寢宮，盡括國璽章疏以去。帝倉皇而返，慈禧怒詰之曰：「我撫養汝二十餘年，乃聽小人之言謀我乎？」德宗驚懼戰慄不能發一言，良久始囁嚅曰：「我無此意」。太后唾之曰：「癡兒，今日無我，明日安有汝乎？」於是慈禧三度垂簾之局定，乃幽帝

中國近代史

一三六

於南海內之瀛臺，設橋板以通出入，而由太后所信任之宦官監守之。

太后垂簾之詔既下，同日諭命捕拏康有為及其弟廣仁。廣仁則先於初五日晨離京，至暮抵塘沽。六日晨本擬乘招商局海晏輪南下，因輪船下午四時始開航，乃改乘英太古公司重慶號離津。是晚船至煙台，仍以為無事，尚登岸遊覽，購梨及石子。同日，京城步軍統領衙門圍有為寓不獲，知已離京，乃電命飛騎至塘沽逮捕，而登岸已開航；再遣飛鷹兵艦往追，以貯煤不足而返。煙台道某已接天津密電，適以急事赴膠州，不及察看電信，途中發覺回捕，英輪已開矣。九日英輪至上海，將入吳淞，上海道蔡鈞命兵艦泊於港外，碼頭戒嚴，俟康登陸而捕之。英上海領事白蘭奉英政府命營救有為，遣館員濮蘭德往迎，登重慶號，告以北京政變消息，有為乃隨之下小輪，由英艦二艘夾護，於十四日晚抵香港，旋復至日本。

先是政變既作，新黨仍不肯離京，共商營救德宗之策，議定由英教士李提摩太往見英使，梁啟超往見日使，容閎往見美使，各國公使奉政府命不欲干涉中國內政，故三人奔走皆無結果。日使則願庇護新黨避日使館，獨梁啟超、王照往，化裝日人，得日人協助逃東京。餘則坐以待捕，譚嗣同表現尤為壯烈。八月七日楊崇伊自天津返京，太后盡悉袁世凱告密內容。八月九日諭命張蔭桓、徐致靖、楊深秀、楊銳、林旭、譚嗣同、劉光第，均著先行革職，交步軍統領衙門拿解刑部審訊，明日七人全被逮。十一日榮祿復至北京，與太后密議後，未經審訊，十三日乃將楊深秀、楊銳、林旭、譚嗣同、劉光第、康廣仁等六人戮於市。人多冤之，號稱六君子。張蔭桓得英使竇納樂營救，得免被誅，發往新疆充軍。徐致靖永遠監禁，湖南巡撫陳寶箴革職永不敘用。旋命查抄康有為、梁啟超家產，拘捕其家屬，並懸賞訪查

其下落，計新黨大臣被誅連治罪者凡二十餘人。

慈禧既復垂簾聽政，乃大反德宗所為。八月十三日以榮祿為軍機大臣，兼管北洋各軍，改授裕祿為直隸總督，守舊大臣多居要津，於是推翻所有新政，閒散衙門仍復其舊。八月二十四日，諭命恢復八股取士之制，飭各督撫查封報館，緝拿主筆。二十六日，嚴禁設立會社，及人民團體。九月十八日，恢復前所裁撤之廣東、湖北、雲南三巡撫，倒行逆施，清政遂不可為矣！

作業

一、戊戌變法政治方面有何重要改革？
二、說明戊戌變法期間教育方面之重要措施？
三、袁世凱在戊戌變法期間之表現若何？
四、戊戌政變死難之六君子為何人？康有為、梁啟超怎樣脫險？

第四節　廢立隱謀與自立軍勤王之失敗

戊戌政變後，德宗被囚於瀛臺，慈禧餘怒未消，乃欲實行廢立。八月十日遂有帝病徵求名醫之詔文。因而內外藉藉，咸謂將有梓宮之舉。駐京各國公使聯合抗議於總署，聲稱倘發生不測事件，勢將引起各國之干涉。總署以偽造之醫案藥方示之，諸公使不信，乃由英使提議，派法國使館醫生入宮診視帝疾。醫生返告各公使帝實無病，太后痛惡之，而無可奈何。乃命總署徵求各省督撫意見，八月二十八日

兩江總督劉坤一致電總署，謂「經權之說須愼，中外之口宜防。」九月二十六日復致榮祿書曰：「以太后之慈，皇上之孝，歷二十餘年始終如一，常變靡渝，固列祖列宗在天之靈，亦莫非公與親賢調護之力也。」措詞隱諱，朝議稍挫，而慈禧意仍未足。

光緒二十五年（一八九九）冬，廢立之議復起，守舊大臣崇綺、徐桐、剛毅、載漪、啟秀等，日夕聚謀，欲行非常之舉，卒因榮祿識大體，表示反對，未能實現。十二月二十四日，慈禧乃立端郡王載漪次子溥儁爲大阿哥，（係滿洲語，卽太子）爲德宗嗣，兼祧穆宗。惟立嗣爲清制所不許，非德宗之意甚明，各國公使不肯入賀，慈禧乃益加仇視外人。上海電報局總辦經元善聯合滬上紳商一千二百餘人，致電總署保護聖躬。太后嚴旨捕元善，元善得英教士李提摩太之助，逃往澳門，太后索之終不能獲。而康有爲、梁啟超在海外得英、日庇護，鼓吹保皇，慈禧報復之心益切。

先是湖南瀏陽人唐才常，出身拔貢，少負改革大志，與同邑譚嗣同、長沙畢永年友善，光緒二十三、四年（一八九七、一八九八），曾佐湘撫陳寶箴規劃新政，並任時務學堂教習。戊戌政變前，畢永年曾赴京訪譚嗣同，知新黨謀利用袁世凱兵圍頤和園計劃，知不足恃，乃赴日本，謁見　國父孫中山先生，參加興中會，願爲革命之先驅。及政變作，譚嗣同等殉難，陳寶箴罷職，湖南新政盡被推翻，才常初擬赴北京收葬譚嗣同，抵上海，聞嗣同忠骸已南下，亦東渡日本，訪康、梁以謀報復。

才常素敬重　國父之爲人，其至交畢永年既爲革命黨人，復與長江流域會黨關係頗深，乃由永年介紹得識　國父於東京旅次。對湘、粵及長江流域各省起兵計劃均有所商榷。　國父嘗告之曰：「倘康有爲能飯依革命眞理，廢棄保皇成見，不獨兩黨可以聯合，余更可以使各同志與之携手。」才常聞之大

悅，特約梁啟超共同向康有為進言，惟以有為自視甚高，不收實效。光緒二十五年（一八九九）冬，保皇黨積極準備勤王，才常在康、梁勸說下，頗欲利用保皇會款以達成其目的，故其思想逐漸動搖於革命保皇之間。是時留日學生總數不過七八十人，梁啟超在東京所辦之高等大同學堂學生林圭、秦力山、田邦璿、李炳寰等，惟梁、唐之命是從。校外留學生若傅良弼、吳祿貞、黎科、戢元丞等，因早蓄革命主張，對才常之起兵計劃亦表歡迎，遂相約返國，共謀大舉。並決定在長江流域各省起兵，以運動會黨及防軍為主，先襲取武漢為根據地。

時與中會在廣東起兵準備亦漸成熟，　國父命革命黨人盡量給予唐才常以協助。傅良弼、吳祿貞、戢元丞等謁　國父請示方略時，　國父告以已派史堅如赴長江一帶布置，可協力共同進行，勿存畛域之見。才常等既抵上海，初以日本兵庫縣民田野橘次名義，發起東文學會以為掩護，會址設英租界梅福里。才常以權術應付各方，對保皇黨人則曰勤王，對歸國留學生則曰保國保種。乃發行「同文滬報」以廣宣傳，並組織「正氣會」用作連絡會黨及各地維新人士之機關。才常手訂「正氣會」章程，其序文內有「低首腥羶，自甘奴隸。」「非我種類，其心必異。」等民族革命口吻。復有「君臣之義，如何能廢。」等忠於滿清言辭，實為自相矛盾。會哥老會諸龍頭楊鴻鈞、李雲彪、張堯卿等，經畢永年介紹加入與中會後，株守滬上，浪用無度，聞才常得保皇會支持，富而多資，遂紛紛向才常報名領款，才常聲勢因之漸張。

光緒二十六年（一九〇〇）夏，中國發生義和團之亂，保皇黨人以為有機可乘，計劃先召開國會，後設立新政府。故唐才常一面派林圭、秦力山等赴長江各省加緊運動會黨，其本人則留駐滬上，以聯絡

維新人士，倡設國會為要圖。是時留滬維新人士，不明真像，震於北方拳禍，嚮往國會民權之說者頗不乏人，才常因得而利用之。七月一日首次集會於英租界張園，到者八十餘人，對外發表宣言，其目的「端容閎為會長，嚴復副之，唐才常為總幹事。四日二次開會，到者六十餘人，定名「中國議會」，眾舉在復起光緒帝，立二十世紀最文明之政治模範，以立憲自由之政治權與之人民，藉以驅除排外篡奪之妄舉。」滬上維新名士章炳麟，以「中國議會」會章內有「務合海內仁人志士共講忠君救國之實」一語，炳麟指為不合時宜，勸才常勿為康、梁所利用，而才常志在希求保皇黨之接濟，以圖大舉，竟不能從。炳麟憤亟，乃當眾宣佈脫離國會，並自剪其髮辮以示決絕。旋離滬赴蘇州，執教東吳大學。畢永年亦以私誼，力責才常不當一面排滿，一面勤王，而才常終不悟。永年見所部會黨利才常多資，紛紛叛離，深受刺激，乃隱遁不問時事。革命黨人吳祿貞等亦感才常名義不順，憤而再赴日本復學。是時才常受康、梁指示，已改「正氣會」為「自立會」，名其勤王軍為「自立軍」，併之於「國會」，以謀大舉。

才常居上海統籌全局，林圭亦在漢口設立機關，連絡黨人，慘澹經營，成效漸著。其時自立軍將領中若秦力山等，主張乘機游說義和團，使改「扶清滅洋」旗號為「勤王排滿」，乃隻身走天津，求見拳民大師兄，為之剖陳利害，請求相助。拳民愚昧，不可理喻，竟斥力山為二毛子，命牽之出，力山逸南返，以故自立軍之主力限於會黨，活動地區亦僅限於長江流域。才常仿照會黨頒發票布辦法，四處散放「富有票」，以募集軍餉。分自立軍為七軍：以大通為前軍，秦力山統之。安慶為後軍，田邦璿統之。新堤為右軍，沈藎統之。漢口為中軍，林圭統之。另置總會親軍及先鋒軍，常德為左軍，陳猶龍統之。

唐自任諸軍督辦，分途招募散兵游勇數十營，沿長江上起自宜昌，下至於武穴，南界於荊州，北界於襄陽、隋州，皆其勢力範圍。初定於七月十五日各路同時大舉，以康、梁滙款未至而延期。會黨首領李雲彪、楊鴻鈞，聞馬福益得賞較多，首先離異，而辜鴻恩則別散「貴爲票」，李和生則別散「回天票」，各自獨樹一幟，不相統屬。「富有」、「貴爲」、「回天」等票，充斥長江上下游，風聲早洩，加以會眾紀律廢弛，多有擾民之事，使沿江清吏得以從容應付。

秦力山既負池州大通發難之責，大通附近居民多有附和者。爲準備起兵所需，大通各商店短衫短褲幾搶購一空。以清吏防範嚴密，會黨首領多有被捕者。秦力山以事急，於七月十五日如期率所部主力七八百人起兵，佔領大通，別遣支隊進向青陽、蕪湖、南陵一帶。兩江總督劉坤一、安徽巡撫王之春，遣水陸軍來援，至十九日自立軍卒以眾寡不敵，全部潰散，秦力山僅以身免，仍避地日本。

唐才常在漢口頻催海外保皇會款不至，起兵時間數度延期。才常屢次間接暗示湖廣總督張之洞以抗清廷，之洞終無表示，才常以之洞無望，乃揚言於人曰：「倘張氏奉清廷之命以排外，吾必先殺之，以自任保護外人之事。」之洞聞而恨之。會聯軍陷京師，慈禧出走無恙，且仍有控馭全國能力，之洞乃決計先發以制人。七月二十八日晨，之洞接獲才常當天起事計劃佔領漢口確信，以事不容遲，乃照會漢口租界各國領事，並由英領事簽字，派巡捕協同清軍，圍搜英租界李順德堂，及寶順里自立軍機關部，與輪船碼頭等處，先後逮捕唐才常、林圭、李炳寰、田邦璿、傅慈祥、黎科，及日人甲斐靖等二十餘人。自立軍所有起事號衣旗幟軍械火藥印件名册，及保皇黨人往來書函，盡爲清軍所得。是晚才常等遇害，僅甲斐靖因日本駐漢口領事要求，獲得釋放。一時武漢一帶商民惶擾，一夕數驚，久之始告平息。

第九章 義和團

第一節 義和團之起源與發展

咸豐初年太平軍北伐，擾及山東一帶，魯民團練自保，農暇習拳棒以自衞，初名梅花拳，後稱義和拳，亦稱大刀會，無知愚民乃憑藉以排外，對於西教尤其仇視。

天主教之正式傳入中國，始於十六世紀之末利瑪竇之來華，然自康熙四十三年（一七〇四）教皇頒布禁止中國教徒敬祖、祀孔、祭天教令之後，以不容於中國數千年之風俗禮教，大召上層社會所不滿，而為清廷所嚴禁。十九世紀之初，耶穌新教復行輸華，然以國人拘於積習，教務開展至為困難。迨鴉片戰後，道光二十四年（一八四四）中法黃浦條約中，法使喇萼尼堅請教士得在五口地方設置禮拜堂醫院，中國教禁從此弛放。咸豐八年（一八五八）之中英、中法天津條約，復准許英法教士自由至內地傳教，地方官應力為保護，教民不得稍受凌虐。咸豐十年（一八六〇）之中法北京條約，更規定法國傳教士有在各地租買田地建造房屋之特權。光緒二年（一八七六）之中英烟台條約，關於領事裁判權方面，設立會審制度，每遇教案發生，外國公使得派員觀審或會審。民教之糾紛既多，外國公使每藉口中國違約進行交涉，教士亦多恃條約為護符，干涉訴訟，袒護教民。教士教民中奉公守法份子固多，而不肖之輩往往依靠教勢，作奸犯科，欺壓善良。地方官基於懼外心理，不能持平判決，非教民受屈怨憤，遂致激生

事端，此教案發生之由來也●

甲午戰後，中國問題捲入世界漩渦，各國競相劃分勢力範圍，而民教之衝突益趨激烈。光緒二十二年（一八九六）五月，以大雨日久，黃河自山東利津北岸決口，汪洋千里，魯西一帶遍野餓莩，教會賑濟，敎民優先，非教民益仇恨外人，因之辱敎士焚教堂之事層出不窮。同年夏，山東巡撫李秉衡之上奏，對民教衝突之由來論列甚詳。認為每週教案發生，外人輒以教堂被毀勒索巨額賠款。而教堂實建於通都大邑，其偏僻村鎮皆由教士就教民之稍能識字者任為牧師神父，因其住宅為講道之所，名為教堂，實則破屋數間而已。一遇事故，教士張大其詞以告主教，主教復張大其詞以告各國公使，而公使逕向總署百端要挾，非達目的決不終止，徒長奸猾教民訛詐之風耳！

光緒二十三年（一八九七）十月七日，山東曹州府鉅野縣張家莊德傳教士二人被害，乃大刀會所為。巡撫李秉衡已緝捕兇犯分別治罪，德人竟藉口於同月二十日出兵強佔膠州灣。駐京德使海靖乘機向總署提出要求多端，（已詳第七章第三節）李秉衡因而罷職，代以張汝梅。光緒二十四年（一八九八）二月，雙方議定解決山東懸案專約，山東全省遂置於德國勢力支配之下，教會勢力日張，華民無端被殺案件接踵而起。

光緒二十五年（一八九九）二月，毓賢代張汝梅為山東巡撫，對義和拳初無縱容之意。同年八月平原教案發生，毓賢已擒斬拳首朱紅燈，清廷以外國公使壓力於十一月四日命毓賢來京陛見，改以袁世凱署理山東巡撫，毓賢乃大恨外人。會外人反對廢德宗，清廷建儲各國公使復不肯入賀，慈禧憾之，毓賢迎合上意，偏袒拳民態度始行顯著。頻離山東出示改義和拳為義和團，賞以銀兩，拳民乃高張「扶清滅

第九章　義和團

一四五

洋」旗幟，勢力發展更加迅速。

自曹州教案發生後，義和團雖排外，但無傷害外國教士行動。光緒二十五年（一八九九）十一月二

十八日，英牧師卜克斯在肥城被鄉民誤害，魯撫袁世凱從英人請，嚴懲兇犯，結果二人處死刑，一人終身監禁，一人軍十年，一人軍二年，其餘一人在審判未終之前已死獄中。附近四村保亦受鞭韃之

刑，革職永不任用。另豎立一值銀五百兩之紀念碑，給予地基五畝，並償付九千兩賠款，魯民愈不平，從拳益多。

初毓賢既罷職，貽書親貴，謂今日國勢之衰由於民志未伸，若殺拳民，無異自翦羽翼。及入都，見

端郡王載漪、莊親王載勛、大學士剛毅等，盛誇義和團忠勇可恃，載漪以外人反對立其子溥儁為大阿哥，深然其說，據以入告，慈禧乃欲藉義和團以洩積憤，遂拜毓賢為山西巡撫。旋以各國公使抗議，十

二月十二日上諭僅禁止「不逞之徒結黨聯盟，恃眾滋事。」詔文中未提及大刀會和義和團之名，且默認其為自衛團體，各國公使頗不悅。光緒二十六年（一九〇〇）春，義和團已自山東蔓延直隸所屬棗強、

清河、河間、深州、冀縣等地，所在滋生事端，各國公使迭次抗議於總署，希望中國政府能夠切實鎮壓拳亂，英、美、德、意兵艦且示威大沽口以為聲援，清廷不得已於三月十八日諭曰：「各省鄉民設團自

衛，保護身家，本古人守望相助之誼，果能安分守法，原可聽其自便，但恐其良莠不齊，或藉端與敎民為難，不知朝廷一視同仁，不分畛域，該民人等所當仰體此意，無得懷私逞忿，致啟釁端，自干咎

戾。」是詔雖應各國要求，刊之於北京日報，其態度仍甚消極，內外臣僚咸知非朝廷本意。山東巡撫袁世凱窺太后之命意所在，復感義和團之不可恃，乃盡驅拳民入直隸。迨慈禧召義和團入京以排外，遂肇

　義和團獵取中國佛敎道敎之皮毛，以迷信惑眾，以通俗小說人物爲崇拜對象。其敎以八卦分類，活

動於北京以南者號乾字拳，尙黃色，無著名領袖；活動於天津以南者號坎字拳，尙紅色，以張德成、曹

福田爲首，張本水手，曹本游勇，均屬無賴者也。復有坤字拳散佈於北京西山一帶，震字拳散佈於永定

河南岸，以其人數有限，聲勢不及乾字坎字拳遠甚。拳眾稱其大首領曰大帥，曰老師父，小首領曰大師

兄，二師兄。呼外人爲大毛子，敎民及從事洋務者爲二毛子，用外國貨者爲三毛子，或謂其中詳細區分

有十毛子之目，凡屬毛子殺無赦。義和團每傳授拳法，必集二十五人爲一團，多十餘歲靑年，團有團

首，團員聚散皆從其令。其傳習法術之道各殊，惟均極簡單易學，一日卽成。乾字拳傳習時令團眾閉口

伏地，少時白沫滿口，卽呼曰：「神降矣」！然後跳躍持械而舞。坎字拳傳習時令團眾焚香叩拜，直立

而仆，然後亦起跳躍持械而舞，均自報姓名，各人不同，要皆「封神傳」、「西遊記」、「三國演

義」、「隋唐演義」、「施公案」、「彭公案」等通俗小說中主角。故其所奉之神不一，如姜太公、諸

葛亮、唐三藏、孫悟空等民間常流傳之人物。

　義和團之咒語亦極不一致，字句多少不等，惟多鄙俚而不可解，隨心應韻而出。授徒之初老師父附

其徒耳際咒曰：「請請志心歸命禮，奉請龍王三太子，馬朝師，馬繼朝師，天光老師，地光老師，月光

老師，長棍老師，短棍老師。」要請某神仙卽隨意呼一古人，則孫悟空、豬八戒之流，於是某神乃附於某

人之體，可刀槍不入，所向無敵。甚至飛簷騰空，撒豆成兵。另舉其對敵作戰時一咒語曰：「天靈靈，

地靈靈，奉諸祖師來顯靈，一請唐僧、豬八戒，二請沙僧、孫悟空，三請二郎來顯聖，四請馬超、黃漢

升，五請濟顛我佛祖，六請江湖柳樹精，七請飛標黃三泰，八請前朝冷于冰，九請華陀來治病，十請托塔天王、金叱、木叱、哪叱三太子，率領天上十萬神兵。」復舉其閉敵礮火咒曰：「北方洞門開，請出鐵佛來，鐵佛坐在鐵蓮臺，鐵盔鐵甲鐵壁寨，閉住礮火不能來。」而洋兵槍彈所及，非傷卽斃，其效終不驗。

義和團既視仇洋貨，故器械均尚舊式刀矛，甚至持棍棒枒稭以臨敵。曹福田在天津攻紫竹林租界時，嘗手持一秫稭語人曰：「汝等盍往觀乎？但學我手持一秫稭，臨陣一揮，洋人立卽授首。」而愚民竟信之，爭持一秫稭隨往。此外拳亂期間，天津另有「紅燈照」者，入團皆十餘歲少女，身穿紅衣袴，左手持紅燈，右手持紅巾及朱色摺疊扇。據說其傳習之術較義和團爲難，或謂需四十九日，或謂需百日，術成可飛行天際，遠至日本，縱火焚其洋樓，索還割地賠款。至其崇拜之神，乃小說中樊梨花、劉金定諸人物，實乃娼妓之流借以詐騙金錢也。又有「沙鍋照」者，以變義和團爲名，人持一沙鍋，沿戶索食濟軍，聲稱沙鍋雖小，百人用之不盡，實乃乞丐之組織。又有「青燈照」者，則皆青年孀婦，其術與「紅燈照」略同，每夜於空中升放青燈以顯其技。

作　業

一、說明淸末敎案發生的原因？
二、拳亂期間山東巡撫袁世凱之態度若何？
三、義和團採取何種方法以惑衆？

第二節 義和團糜爛京津

義和團既以仇外反對西教爲宗旨，光緒二十六年（一九〇〇）三月底，京津開始發現義和團揭帖，

例舉其一帖曰：「神助拳，義和團，只因鬼子鬧中原，勸奉教，乃罷天，不敬神佛忘祖先。女無節義男

不賢，鬼子不是人所添。如不信，請細觀，鬼子眼珠都發藍。不下雨，麥苗乾，教堂恨民阻老天。神發

怒，佛發憤，派我下山把法傳。我不是邪白蓮，一篇咒語是真言，升黃表焚香請下八洞各神仙。神出

洞，仙下山，扶助大清來練拳。不用兵，只用團，要殺鬼子不費難。」是時直隸、山西境內久旱不雨，

民心動蕩不安，飢民爲生活所逼，從拳者日多。

先是涿水縣武舉某，嘗與教民訟，因不服判決，乃傾家蕩產聘義和團師父數人至涿水敎拳，勢作報

復。敎堂告急於縣令祝芾，祝芾請兵於直隸總督裕祿，裕祿遣副將楊福同率所部前往彈壓。四月十九日

福同至，則敎堂已被焚，敎徒被害者六十餘人。福同斃拳衆數十名，二十三日追擊至一村落，中埋伏，

福同中創死，所部潰散。拳衆聞旨意所在，乃圍涿水，陷涿州，焚琉璃

河、長辛店、盧溝橋、豐臺各車站，破壞鐵道電線，所有站務電信工程人員一律逃避北京、天津。

事上聞，廷議剿撫不能決。慈禧命刑部尚書趙舒翹、順天府尹何乃瑩前往勸散拳衆，且窺義和團虛

實。大學士剛毅心祖拳民，恐舒翹等與拳民爲難，自請隨往，太后從之。舒翹明知拳民術不驗，然以剛

毅勢出己上，不敢立異，乃回京含糊覆奏。剛毅則力言拳民忠勇有神術，刀槍不能入，請倚之以滅洋人。慈禧信之，密令招之入都。數日後拳民至者數萬人，城中拳壇林立，太后賞賜銀兩，慰勞有加。於是內侍宮女皆習拳，京城滿漢各營卒伍入團者居其大半。車夫小工棄業從之，近邑無賴紛趨都下，一月之間增至數十萬人。於是兵拳合而為一，任意焚掠，凡夙所不快者皆指為教民而殺之。官員住宅及殷實富戶，無不被刧一空。京西天主堂墳地悉行發掘，利瑪竇、湯若望、南懷仁諸墓，無一幸免，死難官民不下十餘萬人。拳民且聲稱，要殺「一龍二虎三百羊」，一龍指清德宗，二虎一為慶親王奕劻，一為大學士李鴻章，蓋德宗以變法觸怒太后，而奕劻、李鴻章一向主持對外交涉也。三百羊指明達事理之京官，其能留存者僅十八人，當係肇禍大臣載漪、剛毅、徐桐輩。

直隸總督裕祿，聞拳民已至京師，望風承旨，亦延拳民至天津，到者數萬人。裕祿召拳首張德成，德成故作姿態不至，屢檄之，德成怒曰：「吾非官吏，何得以總督威嚴淩我耶！」裕祿謝過，命以八人抬轎禮迎之。德成至督署，裕祿啟中門迎入，盛宴款之。德成忽若睡，呼之不應，俄而欠身起，袖中出鐵礦機管數件，謂：「元神出，新從敵中竊來者，敵礦皆廢矣。」裕祿深敬之。曹福田既入城，商民跪迎，福田坐馬上，逸然自得，指令起立，登城樓詢租界在何處？或言在東南方，即伏地向東南叩首，良久起曰：「洋樓燬矣」！值東方烟起，萬眾悚然，蓋適河東民居遭拳眾焚毀也。裕祿奏保德成、福田頭品頂戴，賞花翎，穿黃馬褂。

天津拳禍既張，教士教民皆避居租界。拳眾焚所有敎堂及洋貨店，延及附近民居。燒督署洋樓，文武官員坐視不敢救。於是破獄出囚犯，聽其橫行街市。忽禁民間著白衫，謂其近洋派也。旋禁民間著灰

衫，又禁民間著藍衫，謂其類奸細，著此數色衣在途行走，枉死者不計其數。五月中旬後，天津秩序益亂。二十日拳壇忽下令，命戶戶皆書「義和拳大得全勝」於門首，貼於門首，家家供清水一盂，饅首五個，青銅錢數枚，至夕戶戶懸燈燒香，向東南跪，叩首三十六，謂：「今夕燒洋樓矣」！復命喊「殺洋人」以助神威，不聽者以奸細論，殺無赦。一時家家開門聚立門首，喊聲動天地，全市煙氣凝結不散，對面不辨識。

直隸各地騷動既起，駐京各國公使紛電本國求救。並於四月二十一日（五月二十日），推西班牙公使郭洛干為代表向總署提出交涉。明日總署接公使團照會，其要點如下：（一）嚴禁團民練拳糾黨，傳布揭帖。（二）團民聚會之區，無論寺廟民居，將其主持一併收監。（三）將拘辦拳民不力官員概行懲處。（四）將為首焚殺之拳眾，一併正法。並附帶聲明，希望能早日得到滿意之答覆。二十六日公使團接總署覆牒，謂已飭地方當局嚴拿拳眾，實際拳民活動反變本而加厲。於是公使團乃開會決定電召大沽口外海軍陸戰隊進京防衛。五月三日，英、法、俄、美四國公使往訪總署，說明此意，得總署許可，但每國軍隊數目不得超過二十人至三十人。衛兵責任只在保護使館，不得過問別事。五月四日下午七時，各國所派衛隊乘火車平安抵京，共三百三十七人，其中英、法、俄三國各佔七十五人。五月七日，拳眾拆毀京津鐵路，交通中斷。十三日，清廷召甘軍董福祥部移紮京城。十四日，命載漪管理總理各國事務衙門，啟秀、溥興、徐桐等均在總理各國事務衙門上行走，政權悉落頑固派之手。十五日，日本公使館書記生杉山彬在永定門附近被甘軍所害，從此外人遇害者日有所聞。

京津鐵路既被破壞，駐京英使麥唐納乃致電英國遠東艦隊司令薛摩爾，請添派軍隊入京以資保護。

他國公使亦各向本國駐大沽海軍作同樣表示。五月十四日，薛摩爾率英、美、俄、日、德、意、奧八國之海軍陸戰隊共二千一百人，經天津向北京進發，以鐵路損壞，隨行隨修，進軍遲緩，沿途遭拳眾襲擊，十八日遂被困於楊村、廊坊之間。是時天津拳眾攻紫竹林租界方急，各國停泊大沽海軍將校，乃會議決定先據大沽礮臺以為制勝地步。會日本援軍大至，乃於五月二十日（六月十六日）照會大沽礮臺守將羅榮光，限於是晚將礮臺交於聯軍，榮光嚴拒之。是晚十二時，聯軍猛攻礮臺，雙方礮戰激烈。二十一日晨，日軍冒死先登，英、俄、德兵繼之，清守軍萬餘人，死傷甚眾，榮光率殘部遁天津，仰藥而死，中國海容兵艦及魚雷艇四艘俱為英海軍所奪。聯軍派隊西出，接應薛摩爾被困之眾，至六月一日全師始退回天津租界。

作 業

一、說明光緒二十六年（一九○○）夏，義和團竄入北京之經過？

二、義和團蹂爛京津期間，各國駐京公使態度若何？

三、直隸總督裕祿怎樣縱容拳民？

第三節 清廷之對外宣戰與八國聯軍陷北京

光緒二十六年（一九○○）五月中旬，拳眾橫行都下，人心洶洶不安。載漪等乃倡言圍攻使館，盡殲洋人。自二十日至二十三日，清王大臣等舉行四次御前會議，慈禧主戰，德宗主和。載漪、剛毅、載

勛等附義，許景澄、袁昶、立山等附清帝。會詆傳聯軍有要求慈禧歸政德宗之說，慈禧大怒，始決定對外宣戰。乃下詔褒奪眾為義民，發給內帑，月賜太倉粟，派莊親王載勳為總統，比義和團如官軍，用以對付外人。

五月二十三日（六月十九日），總署分別照會各使館，謂聯軍要求中國交出大沽礮臺（按：是時清廷尚不知大沽礮臺已經陷落），中外戰衅既開，各使臣例應下旗回國。各國公使以限時過於逼迫，且不知途中能否安全，特聯名照覆總署，請准於二十四日上午九時至總署與王大臣面議此事，總署置不答。二十四日晨，各國公使集議，德使克林德欲親至總署詢問究竟，坐其綠呢官轎以出，至東單牌樓，載漪所統虎神營禁軍發排槍擊之，克林德中彈死，各國公使乃決定固守東交民巷使館區以待援軍，其在附近之教士教民均遷入暫避。二十五日（六月二十一日）清廷乃下對外宣戰之詔，電召駐外公使回國，命各省疆吏誅殺外人。

中國駐各國公使聞清廷對外開釁，互相電商，認為此舉關係中國存亡，咸置亂命於不顧。兩廣總督李鴻章、兩江總督劉坤一、湖廣總督張之洞、山東巡撫袁世凱等，憤禍首大臣誤國，恐全國均蒙戰禍，咸不肯奉行詔旨。英國政府則因長江流域為其勢力範圍，懼引起列強衝突，影響其商業利益，其外相沙斯伯里乃接受其上海代理總領事華倫建議，授權華倫設法與湖廣、兩江總督取得諒解，以維持長江一帶秩序。五月三十日（六月二十六日），上海道余聯沅代表東南疆吏與華倫簽訂東南互保章程九款，大致規定上海租界歸各國共同保護，長江各省歸中國各督撫保護，兩不相擾，以保全中外人民生命財產之安全。此一互保條約，以後擴及浙江、福建、四川等省。因之南方排外團體終不發現，而無殺害外國教士

教民之舉，卒免兵禍，中國根本不致動搖，誠不幸中之幸事耳！

慈禧既決心對外開釁，五月二十四日令董福祥統所部甘軍，合武衛中軍（按：光緒二十四年十月，清廷命軍機大臣榮祿編組武衛全軍。榮祿親統中軍，駐南苑。聶士成統武毅軍駐蘆臺，為前軍。董福祥統甘軍駐薊州，為後軍。宋慶統武毅軍駐山海關，為左軍。袁世凱統新建軍駐小站，為右軍。每軍各約一萬人。）圍攻東交民巷，欲盡殺各國公使，砲聲日夜不絕，拳眾助之，巫步披髮，升屋而號者不啻數萬人。當時駐京外國使館，八館在此巷內，諸館職員及眷屬約五百人，戶部稅務司員工約百人，西教教士教民避入者二千餘人，西兵入衛者四百餘人，然竟圍攻達八星期之久，卒不能克，甘軍武衛中軍死者三千人，拳眾傷亡更多。其主要原因非盡華軍作戰之不力，實榮祿見拳術多不驗，懼殺使之後為國家招致災禍，實行拖延策略，虛攻且輒停止，以減輕己過。甚至華軍接濟使館之軍火糧食；因之外人雖有傷亡，使館終終無恙。

是時除東交民巷外，復有西什庫教堂（亦名北堂，天主教在北京有五教堂，曰北堂、東堂、西堂、南堂、柵欄堂，北堂在西什庫，故以為名。拳亂期間，他堂皆毀，惟北堂存。）守兵僅法水兵三十人，意水兵十人，避難教士教民三千餘人。然竟苦守二月未破。首禍諸臣無以洩憤，且聞聯軍將入京，但以殺戮異己為務。於是吏部左侍郎許景澄、太常寺卿袁昶、兵部尚書徐用儀、戶部尚書立山、內閣學士聯元五人先後被害。以諸人素反對縱拳開釁外人，因而招致禍首諸臣之怨恨也。

庚子拳亂期間，京、津之外，惟山西、直隸、東三省、內蒙古為禍最烈。其他各省雖偶有焚教堂逐教士教民之事，而被害教士教民不多。山西以巡撫毓賢主使排外，境內教堂、外人醫院盡焚，教士教民

中國近代史

一五四

死者數千人,尤為他省之冠。

拳禍既起,日本以地利近之故首派重兵由福島安正率領來華,俄、英、法、美、德、意、奧諸國繼之。五月二十一日(六月十七日),大沽既失,直隸總督裕祿命直隸提督聶士成、浙江提督馬玉崑(屬武衞中軍),猛攻紫竹林租界,另有義和團三萬人助攻。租界各國守兵合計五百八十人,久攻不能破。六月初薛摩爾所率聯軍二千餘人自楊村退至,聯軍實力大增,清軍形勢益不利。自大沽登陸聯軍,則以日軍為主力,沿白河西攻,六月一日破海光寺機器廠,距天津僅十餘里。十一日,以重礮遙擊天津。十三日攻至八里臺,轟士成揮眾力戰,身中數彈,腹裂腸穿死,清軍大潰。十四日聯軍遂逼天津,義和團逃匿無蹤。十八日(七月十四日)黎明,日兵架浮橋直抵城下,用炸藥轟塌城門而入,英、法、美、俄、德軍乃相繼入城,清軍猶奮力巷戰,力盡始散。

天津既陷,裕祿走北倉。七月初,聯軍至者益多,凡英、法、美、德、俄、日、意、奧八國,共六萬餘人。(德軍統帥瓦德西遲至八月初始抵華,率有遠征軍兩萬人,以德國公使被害,被推為聯軍統帥。)以兩萬人留守津、沽,四萬人進攻北京。是時中國各省勤王兵至者約四萬人,合董福祥、宋慶、馬玉崑部不下十萬人,羣集楊村,截聯軍入京之路。聯軍初以兵力單薄,頗遲疑不前,旋決定七月初十日出兵。因無人擔任總指揮,各國將領於每晚必要時開會一次,商定進軍方略。以欲攻楊村,必先破北倉,議定分軍為二:俄、法、德、意、奧兵沿白河左岸前進,攻北倉西北,日、英、美兵沿白河右岸前進,攻北倉之東。日軍別遣一支隊,沿白河繞攻北倉之南。七月十日,聯軍自天津出發,十一日陷北倉,裕祿收潰兵退楊村。十三日聯軍攻楊村,清軍少戰即卻,楊村遂陷。裕祿自戕死,宋慶、馬玉崑退

通州。

先是巡視長江水師李秉衡，聞京師危急，自江南帶兵入京勤王。秉衡早歲以教案奪魯撫之職，深憾外人者也。七月十三日秉衡奉旨出視師，統率城守張春發、陳澤霖、萬本華、夏辛酉四提督軍，並請義和團三千人以從，親拜其大師兄，各持拳眾所用引魂旛、混天大旗、雷火扇、陰陽瓶、九連環、如意鈎、火牌、飛劍，擁秉衡出，謂之八寶。十四日至馬頭村，探得楊村已失，聯軍在河西務，乃收集潰兵，將欲大戰，奈志大才疏，兵非素練，十五日聯軍來攻，甫交綏，各路齊敗，死者十之五六，潞水為之不流。十七日秉衡自盡於通州，全軍大亂。十八日聯軍長驅直入，通州遂陷。

時載漪所統之虎神營、神機營，董福祥所統之武衞後軍，榮祿所統之武衞中軍，及其他殘兵約四萬人，任北京防禦，剛毅所統之義和團亦分防京城內外。聯軍會議決定二十一日進攻北京。十九日城中已落砲彈，是夜俄軍貪功偷襲東便門，遭守軍擊退。二十日（八月十四日）下午一時，英軍由教民啟引自廣渠門地道入城。同日晚日軍以地雷炸裂東直門、朝陽門，繼之而入。守軍皆潰，北京遂陷於聯軍之手。聯軍協議，自朝陽門畫一橫線，其北部歸日軍管轄，南部以正陽門為中心，以東歸俄、法管轄，以西歸英、美管轄，德、意亦劃有防區，各設民政廳以治之。迨閏八月瓦德西抵北京，被推為聯軍統帥，聯軍之活動範圍，東佔山海關，南佔保定，西佔宣化、張家口。

聯軍在京及所至之處，慘殺、搶刼、焚燒、姦淫，毫無紀律之可言，宮中寶物珍玩，盡被盜運一空。京津鐵路由聯軍管理，兵燹之後，所在殘破，狀至悽慘。瓦德西雖名為聯軍統帥，各國軍隊咸不受約束，華民之生命財產已完全失去保障。

作業

一、舉出慈禧太后對外宣戰之重要原因？東交民巷使館界因何久攻不下？

二、東南互保條約因何簽訂？影響若何？

三、聯軍由何人任統帥？佔領北京後活動那些地區？

第四節　清廷之乞和與帝后之西奔

初拳亂大起，兩廣總督李鴻章知慈禧意在縱拳，憾之而無法挽救。光緒二十六年（一九〇〇）五月十三日，曾致盛宣懷電曰：「有密諭（按：指慈禧而言），裕（按：直隸總督裕祿）勿進剿，國事太亂，政出多門，鄙人何能爲力？」同月二十一日聯軍陷大沽礮臺，慈禧已有所戒懼，二十二日諭命兩廣總督由廣東巡撫德壽署理，電召鴻章迅速來京，主持對外交涉。鴻章坐觀風色，故意遲其行。及清廷對外宣戰，命各省誅殺外人，諸疆吏電鴻章詢所向，鴻章毅然復電曰：「此亂命也，粵不奉詔。」是爲東南互保之張本。

時革命團體與中會早於光緒二十年（一八九四）十月成立於檀香山，並於翌年九月發動廣州起義。而國父孫中山先生方居日本橫濱，計劃發動惠州之役。（詳見本書下編第一章）。香港議政局議員何啟，與革命黨人陳少白密謀，欲藉香港總督卜力之介，勸說鴻章以廣東響應革命。少白函告於國父，國父雖不信鴻章有此魄力，然認此舉若能成功，亦國家之福，故覆信不妨一試。鴻章幕僚劉學詢、曾

廣銓自願從中斡旋，乃由何啟代擬一英文稿，經與中會全體會員同意，由 國父、楊衢雲、鄭士良、陳

少白、史堅如等署名，致送於卜力，即所謂「平治章程」六則，其內容如下：：

（一）遷都於適中之地。如南京、漢口等處，擇而都之，以便辦理交涉及各省往來。

（二）於都內立一中央政府，以總其成。於各省立一自治政府，以資分理。所謂中央政府者，舉民
望所歸之人為之首，總統水陸各軍，宰理交涉事務，惟其主權仍在憲法之內。設立議會，由
各省貢士若干名以充議員，以駐京公使為暫時顧問局員。所謂自治政府者，由中央政府選派
駐京總督一人，以為一省之首。設立省議會，由各縣貢士若干名以為議員，所有該省之一切
政治征收正供，皆有全權自理，不受中央政府遙制。惟於年中所入之款，按額撥解中央，以
為清洋債、供軍餉，及宮中府中費用。省之民兵隊及警察部，俱歸自治政府節制，以本省
人為本省官，然必由省議會公舉。至於會內之代議士，本由民間選定，惟新定之始，法未大
備。暫由自治政府擇之。俟至若干年，始歸民間選舉，以目前各國之總領事為暫時顧問局
員。

（三）公權利於天下。如關稅之類如有增改，必先與別國妥議而行。又如鐵路礦產船政工商各業，
均宜分沽利權，教士旅行一體保護。

（四）增添文武官俸。內外各官廩祿從豐，自能廉潔持躬，公忠體國。其有及年致仕者，給以年
俸，視在官之久暫，定恩額之多少。若為國捐軀，則撫養其身後。

（五）平其刑政。大小訟務，仿歐美之法，立陪審人員，許律師代理，務為平允，不以殘刑致死，

不以拷打取供。

（六）變科舉爲專門之學。如文學、科學、律學等，俱分門教授，學成之後，因材器使，毋雜冊濫。

此一建議雖未公開提出排滿主張，實爲民主政治之肇端。卜力極表贊同，當卽作函由沙面英領事轉交於鴻章，信中委婉說明此意，請鴻章迅速決定大計。

國父在日接劉學詢書，知鴻章有獨立之意，遂偕楊衢雲、日人宮琦寅藏、平山周等，乘法輪煙狄斯號抵香港。鴻章並派安瀾兵輪來迎，國父及楊衢雲等過船會議。會國父得香港同志報告，知鴻章尚無決心，且欲設陷阱誘捕國父，而劉學詢實爲謀主，因不欲冒險入粵，僅派宮琦至廣州，代爲接洽一切。宮琦寓劉學詢宅，與之密談一夜。學詢述鴻章意，謂在聯軍未陷北京前，不便有所表示，囑宮琦轉達（國父，宮琦乃失意返香港。其後鴻章離粵北上，過香港時拜會卜力，卜力仍力勸其不必離粵，鴻章婉辭拒絕。陳少白曾登輪與劉學詢、曾廣銓研商辦法，學詢告少白曰：「傳相（按：指鴻章）意志堅決，無法勸阻。」於是革命黨人策動鴻章之獨立計劃乃歸失敗。

鴻章當時之用心，一面思見好於革命黨人以預留餘步，一面力請清廷速定內亂使外人無所藉口，以圖有所挽救。五月二十四日鴻章急電軍機處、總理衙門，以「眾議非自清內匪，事無轉機。」請慈禧「宸衷獨斷，先定內亂，再弭外侮。」六月二十一日鴻章領銜合兩江總督劉坤一、湖廣總督張之洞、閩浙總督許應騤、四川總督奎俊、福州將軍善聯、大理寺少卿盛宣懷、浙江巡撫劉樹棠、安徽巡撫王之春、山東巡撫袁世凱、陝西巡撫端方等同奏，請朝廷應卽推行者四事：

（一）請明降諭旨，飭各省將軍督撫仍照約保護各省洋商教士，以示雖已開戰，其不預戰事者皆爲國家所保護，益彰聖朝如天之仁。且中國官員商民在外國者尤多，保全尤廣。

（二）請明降諭旨，將德公使被戕事切實惋惜，並致國書於德主，以便別國排解，並請致英法兩國國書，以見中國意在敦睦，一視同仁。

（三）請明降諭旨，飭順天府尹、直隸總督，查明除因戰事外，此次匪亂被害之洋人教士等，所有損失人命物産，開具清單，請旨撫邮，以示朝廷不肯延及無辜之恩義。不待外人啟口，將來所省實多。

（四）請明降諭旨，飭直隸境內督撫統兵大員，如有亂匪亂兵，實係擾害良民，焚殺刼掠，飭其相機力辦，一面奏聞。從來安內乃可攘外，必先令京畿安謐，民心乃固。必先紀律嚴肅，兵氣乃揚。

是時中外人士咸屬望於鴻章，函電交催鴻章北上。五月初三日，中國駐德大臣呂海寰爲拳亂事訪德外務部，德外務副大臣李和芬認爲倘鴻章北上，則亂事自平。五月二十六日，江督劉坤一致電鴻章曰：「危局惟公可撑，祈早日啟節，以慰兩宮焦盼，天下仰望。」同日駐德大臣呂海寰電鴻章曰：「竊思北事危急，務請中堂早日北上，以維大局，而孚夷望。」鴻章復坤一電曰：「水陸梗阻，萬難速達。」復海寰電曰：「政府尚無主見，鴻卽繞道前去，無濟於事。」六月初五日鴻章再電坤一曰：「政府悖謬如此，斷難挽救，鴻去何益？」鴻章之志可知矣。

清廷迭次急詔鴻章北上，六月七日命鴻章「懍遵前旨，迅速來京，毋稍刻延。」十一日再諭軍機大

臣等：「前迭經諭令李鴻章迅速來京，尚未奏報起程，如海道難行，即由陸路兼程北上，並將起程日期先行電奏。」明日復命直隸總督著李鴻章調補，兼充北洋通商事務大臣，又明日再諭鴻章：「自行酌量，如能借坐俄國信船由海道星夜北上，尤爲股盼；否則即由陸路兼程前來，勿稍刻延，是爲至要。」十六日再諭鴻章：「無分水陸兼程來京。」及聯軍陷天津，大局日危，慈禧憂懼，二十七日諭鴻章：「現在事機日緊，各國使臣亦尙在京，迭次電諭李鴻章兼程來京，迄今並無起程確期電奏。該督受恩深重，尤非諸大臣可比，豈能坐視大局艱危而不顧耶！著接奉此旨後，無論水陸即刻起程，並將起程日期速行電奏。」嚴諭如此，鴻章終不爲所動。

鴻章未離粵前，六月五日致電駐德大臣呂海寰曰：「榮相電，德使在都被亂匪擊斃，外無知者，密籌有無消弭之策。鴻章未奉電催，不敢去與諸邸爭持，諒之。」十四日再電呂海寰曰：「二十一日起程，至滬候信。」故鴻章於二十五日抵滬後，藉口身體不適，逗留不進。二十九日其所致山東巡撫袁世凱電曰：「奉命於危難之中，深懼無可措手，萬難再當鉅任。連日盛暑馳驅，感冒腹瀉，衰年屚軀，眠食俱廢，奮飛不能，徒增惶急。」會湖廣總督張之洞來電邀鴻章聯銜致函上海英國總領事，保全慈禧，本日逕覆電加以拒絕。七月四日清廷再諭鴻章：「現在事機甚緊，著仍遵前旨迅速北來，毋再藉延。」同月十日鴻章覆電軍機處曰：「抵滬後觸暑腹瀉，本擬稍痊即行，乃連瀉不止，精神委頓。因念國事至急，理當盡瘁，惟半月以來元氣大傷，夜不成寐，兩腿軟弱，竟難寸步，醫藥雜投，曾無少效，擬懇聖慈賞假二十日，俾息殘喘。」清廷倚之愈殷，鴻章持之益力。及北倉、楊村失守，聯軍薄通州，七月十三日詔授鴻章爲全權大臣，即日電商各國外部先行停戰，鴻章仍不肯應命。鴻章之所以遲遲不行，一則畏

難，一則另謀補救辦法。而主張對內先能保護公使，對外始可進行和議。故其合袁世凱等奏曰：「聞各洋報及上海各領事言，若使臣皆殲，各國卽不以公法待中國。竊思殺使無纖毫之益，有無窮之害。」而清廷終不省悟，拳民攻使館如故。鴻章電請駐外各公使向各該國政府試洽停戰，各國威拒之，聯軍遂於七月二十一日破京師。

先是聯軍既敗清軍於楊村、蔡村，裕祿、李秉衡先後死，舉朝震動，不能出一謀。七月十六日乃有西巡之旨，因車輛不齊，遲遲未行。十九日城外砲聲大作，二十一日黎明，慈禧聞聯軍已入城，倉皇脅迫德宗出宮。頻行命閹宦推珍妃墮井中，著便衣乘驟車出德勝門北逃。時值酷暑，途行甚苦。二十三日抵懷來，知縣吳永張羅供應，始得一飽。二十六日至宣化，乃下罪己之詔。八月初六日駐大同，十七日抵太原，駐巡撫署，陳設始周備。會江蘇巡撫鹿傳霖引兵六千北上勤王，聞京師淪陷，所部復多散失，乃繞道至太原迎駕，太后大喜，遂命入軍機。傅霖說太后，西安險固，僻在西陲，外兵不易至，進退戰守，無不皆宜，太后乃決計西行。閏八月二十六日自鳳翔渡過黃河，九月四日至西安，改巡撫署為行宮，儀制略備。時西北一帶久旱不雨，赤地千里，物價騰貴，而宮中積弊如故，諸臣貪污不減於前，歡樂如平時。

作業

一、說明拳亂期間革命黨人策動兩廣總督李鴻章獨立之經過？

二、李鴻章奉命與聯軍議和，因何遲遲不肯北上？

第五節　北京談判與辛丑和約

清帝后西奔途中，於七月三十日自宣化電諭鴻章：「准其便宜行事，將應辦事宜迅速辦理，朝廷不爲遙制。接奉此旨後，先行覆奏，以慰廑系，將此由六百里加緊諭令知之。」八月初二日留京大臣宗室崑岡、尚書崇禮等奏摺到達行在，報告聯軍入京後，曾於七月二十七日與總稅務司赫德會晤，赫德建議崑岡轉奏行在：「各國素與慶親王奕劻有年，最爲信服，現在北洋大臣李鴻章到京尙需時日，恐緩不濟急，必須三日內請慶親王奕劻迅速回京，便宜行事，會商各國使臣，妥籌停戰議和之策。」明日再諭鴻章：「卽乘俄輪來京，會同慶親王奕劻商辦一切，得旨後卽速啟行毋延。」八月七日鴻章之「時局變遷急籌補救摺」到達行在，自稱：「衰憊庸材，位望權力皆不足勝此艱鉅。」請求多派王大臣，如慶親王奕劻、大學士榮祿、兩江總督劉坤一、湖廣總督張之洞等，皆需派入。並請朝廷有引咎辭過之意。

另附片請「明降諭旨，聲明拳匪罪惡，飭令直隸總督飭文武各路授兵認眞剿辦，並令各直省將軍督撫、遇有會匪滋生事端，盡力痛懲，以靖地方，而快人心。」同日清廷從鴻章請，卽派劉坤一、張之洞等參予和議，並命鴻章仍遵前旨，乘輪來京，會同慶親王奕劻力挽危局。八月十四日鴻章合劉坤一、張之洞之「款局急宜挽救不可再失事機摺」到達行在，請責令奕劻、榮祿星夜回京，並請將東北毀路開釁罪魁黑龍江將軍壽山、奉天副都統晉昌罷斥治罪。附片請下詔罪己，早日回鑾，以遂天下臣民之望。

清廷從鴻章請，八月十七日諭命黑龍江將軍壽山、奉天副都統晉昌開缺聽候查辦。同日鴻章抵行在

電奏，請懲辦縱拳禍首莊親王載勳、協辦大學士剛毅、右翼總兵載瀾、左翼總兵英年、端郡王載漪、刑

部尚書趙舒翹。諭命到京開議後，俟有頭緒即行電奏候旨核示。於是鴻章乃於八月二十一日自滬乘輪北

上，二十五日抵天津，閏八月初八日接直督關防視事。十八日抵北京，寓居賢良寺，合奕劻與各國公使

接洽和議。

庚子清廷之縱拳開釁外人，各國咸知非德宗意，故當京師淪陷前後，國內外輿論多有主張乘機歸政

德宗者。聯軍且公開提出要求，尤以德、英諸國進行最力。清廷對外宣戰前，英外相沙斯伯里告中國

駐英大臣羅豐祿曰：「英政府注意專在平匪，保全英民性命產業，絕無乘機強令中國變易政體家法之

意。」並稱：「此係照現情形而言，如情形變更，或各國辦法不同，英即難守此定見。」另由英駐廣州

領事將此意轉告鴻章，五月二十八日鴻章覆電羅豐祿曰：「沙意可感可敬，領事亦來轉告，惟北事大

壞，津租界全毀，英提督（按：指薛摩爾援救京師公使館之軍）亦無確報，必然決裂。」固料及後患之

方長也。六月十九日鴻章再收羅豐祿來電曰：「德外部通行合盟各邦，牘云：德無瓜分中國意，亦並不

乘取專利。德國之條在華擬辦之事有四：㈠保德民在華身產工程，㈡救在京被圍歐人性命，㈢助中國真

正國家定亂保法，四責中國賠償已毀身產。」其中之第三項，乃暗指歸政而言。故同日鴻章致電張之

洞，謂德人「欲助中國真正國家定亂保法，含蓄頗大。」是德政府欲使德宗重握政權之意圖至為明顯

也。鴻章過香港，英總督卜力表示極盼德宗親政，鴻章告以「太后仁慈明哲，此次誤聽人言，至拳匪猖

獗，責有攸歸。」是為英人公開提出歸政之明證。

自庚子六月下旬鴻章離粵北上，至十月底聯軍正式提出約稿，數月之間為歸政運動之高潮，時逢兩

宮西狩期中，各國力作回鑾之請，蓋回鑾如實現，則德宗在聯軍保護之下，即可恢復其自由。因此回鑾

與歸政成為不可分割之一件事，此固慈禧及守舊大臣之所不肯接受也，瓦德西「拳亂筆記」記其事曰：

「中國皇室如一日不到北京，則該皇室一日立於各種排外徒黨勢力之下，為我們在此無從加以監督者。

而且據余之意，可以令人信任幾分之中國實際政府，因此亦復一日不能成立。」八月以後，各國要求歸

政醞釀日漸成熟，兩江總督劉坤一為此曾致電盛宣懷曰：「迭有人傳說，此次激衅由於各國請歸政之

誣，亦早有所聞。議款內如能先將不干預其家事一節聲明，他事當易就緒，請密達傅相。」並以事機緊

迫，同日再電鴻章、盛宣懷，共籌補救辦法。同月十五日，盛宣懷覆劉坤一、張之洞電，公開道出各國

歸政之要求：「昨和（荷蘭）使（按：荷蘭駐京使臣為克羅伯）由京來滬，密告傅相，各使欲請歸政，

嚴辦庇匪諸人，始肯開議。相答以皆非臣下所敢言。」鴻章認為欲打消各國歸政要求，必要先嚴懲肇禍

大臣。同月十七日鴻章乃將此意致電西安行在軍機處。明月復電張之洞、劉坤一曰：「各國主意要我換

政府不自今始，今更挾持有具，非一董（福祥）所能謝過也。」

聯軍除公開向中國議和代表提出歸政要求外，以張之洞、劉坤一掌握實力，活動更為積極，惟為之

洞等所拒絕。其後歸政之所以未能實現，一則由於中國疆吏不被各國所利用，再則由於列強在華利害之

衝突。其所以要求歸政乃欲達成勒索之目的，對維新黨人並無偏愛，其中尤以俄國為最著。況鴻章雖不

值慈禧之縱拳，究以垂暮之年，對歸政採取消極之態度，致使此一運動不獲實現。故鴻章北上後，雙方

談判由回鑾歸政演變為懲辦肇禍大臣與賠款之交涉。

北京和議奕劻雖尸其首，一切大計實決定於鴻章。奕劻每謂鴻章曰：「我公係國家柱石，實爲當今不可少之人，凡事均須借重，本爵當拱聽指揮耳！」由是每當聚議時一切辯駁均由鴻章陳詞，凡事皆力爭上游，而所奏行在摺電，概出鴻章之手。

閏八月十八日鴻章既抵北京，十九、二十日拜會各國駐京公使，並照會各使定期二十七日開議。旋得各使照覆，以俄、德兩使尚在天津郤之。而推意使爲領袖，赴賢良寺答拜鴻章，大言曰：「此何時耶？既已一敗塗地至此，尚欲議和耶？惟有凛遵各國所示而已。」閏八月二十四日瓦德西至北京，踞慈禧所居之儀鑾殿，鴻章遣侍郎那桐試與接洽，瓦德西拒不接見，是以非嚴懲禍首，不足取信於外人。而慈禧祖庇禍首，不肯治罪。二十四日諭奕劻、鴻章：「嚴辦禍首，依中國例，督撫大員罪至遣戍而止，自非大逆不道，從無加刑之理。毓賢當免其一死，董福祥但聽朝廷調度，戰事非所得專，礙難加罪，一時亦未便撤其兵權，著該大學士與各使極力磋磨爲要。」九月四日聯軍已至保定，且有西趨之意，同日奕劻、鴻章復請亟辦罪魁，庶可阻止聯軍前進。十五日奕劻、鴻章再懇請之。遲至同月二十一日清廷始下詔革去端王載漪爵，載勛、載瀾、溥靜交宗人府圈禁，貝勒載濂著閉門思過，載瀾停公俸降二級，左都御史英年降二級調用，兵部尚書剛毅已病故，著免議。刑部尚書趙舒翹著革職留任。毓賢革職，發往極邊安置，永不釋回。二十五日，復命將禮部尚書啟秀、刑部左侍郎徐承煜革職。惟董福祥方擁眾護衞西安，恐激其變，故未議及，各使仍不滿。

九月二十四日，奕劻、鴻章初次與瓦德西會見。二十九日會銜電達行在曰：「各駐使均以攻交民巷事，必欲誅戮禍首，且云：歸還中國自辦尚是給中國體面，懿親本有減等之條，何以罪太重而罰太輕？

僅議革爵職，何以徐、袁、許等五大臣，止因勸和而受戮？……又云：中國不辦董福祥，顯係榮中堂庇

護。」十月初、十一國駐京公使照會奕劻、鴻章曰：「朝廷不辦毓、董，和議斷望成。」且云：「董

尚隨扈，必是榮包庇。」奕劻、鴻章致電榮祿，十月二日始將董福祥革職留任，命卽日帶領親軍數營馳

回甘肅，扼要設防，以觀後效。此後奕劻、鴻章與各使迭次折衝，清廷以情勢所迫，始於十二月二十五

日明諭加重處分禍首諸臣。然仍避重就輕，載勛令自盡，端郡王載漪降調輔國公，與載瀾均發往新疆，

永遠監禁。毓賢正法，剛毅病故，追奪原官。並開復徐用儀、許景澄、立山、袁昶、聯元等舊職。各國

公使認爲董福祥、英年、趙舒翹之處罰仍輕，瓦德西且聲稱聯軍卽將西犯，十二月三十日奕劻、鴻章急

電行在曰：「姑息數人，坐令宗社危亡，殊爲不值。……直晉秦豫完善之區，洋兵一至，蹂躪殆盡，設

法挽救，實宗社生民之幸。」清廷無奈，始將英年、趙舒翹處死，董福祥革職禁錮，懲辦禍首之爭始告

解決。

　先是同年十月底聯軍提出議和大綱十二條，懲辦禍首之外以賠償戰費爲最重要。美、英、日三國以

中國財力所限，認爲賠款最高額當在三萬萬兩以內，其他各國則主張不超過五萬萬兩。惟德國以擴張海

軍故，希望中國賠款二十萬萬馬克（約合七萬萬兩）。光緒二十七年（一九〇一）二月，各國復組織委

員會，由德、法、英、日四國公使負責調查中國財政結果，確定償金總額爲六千五百萬磅，合中國海關

銀四萬萬五千萬兩。三月十九日正式照會奕劻、鴻章，鴻章驚歎過鉅，覆文希望酌減，並增加海關關稅，

許以三十年付清，由總稅務司經理，各國公使堅不肯讓步，且認分期付清應加利益。經共同協議，於

四月七日照會奕劻、鴻章，定爲三十九年還清，要求加息周年四釐，自光緒二十七年五月十六日起息，

一九〇二年一月付款，一九四〇年付清。奕劻、鴻章電行在，旋奉旨批准，而償金額與利息額逐以確定。俄國因出兵東三省之故，索取特多，德國因公使被害，事後復派遣大軍來華，次之。七月二十五日（九月七日）奕劻、鴻章與十一國駐京公使正式簽定和約十二款，其內容如下：

（一）德國欽差大臣被害一事，前於本年四月二十三日（六月初九日）派醇親王載灃爲頭等專使大臣赴德，代表中國皇帝及政府惋惜之意，並聲明在遇害處所，樹立銘誌之碑。

（二）懲辦傷害諸國國家及人民之首禍諸臣，諸國人民被害被虐之城鎮，停止文武各等考試五年。

（三）日本書記生杉山彬被害，中國皇帝從優榮之典，已於本年五月三日（六月十八日）簡派戶部侍郎那桐爲專使大臣，赴日代表中國皇帝及國家惋惜之意。

（四）中國政府允定在諸國被污瀆及挖掘各墳塋，建立滌垢雪侮之碑，已與諸國全權大臣商定，其碑由各國使館督建，並由中國國家付給估算各費銀兩，京師一帶每處一萬兩，外處每處五千兩，此項銀兩業已付清。

（五）中國政府允定二年之內不准將軍火及製造軍火各種器料運入境內。

（六）中國政府允付諸國償款海關銀四百五十兆兩，按年息四釐，分三十九年還清。

（七）中國政府允定各使館境界，以爲專與住用之處；並獨由使館管理，中國人民概不准在界內居住，亦可自行防守。

（八）中國政府應允將大沽砲台及有礙京師至海道之各礮台，一律削平。

（九）按照光緒二十六年十一月二十六日（一九〇一年六月十六日）文內後附之條款，由中國政府

應允由諸國會同酌定廊坊、楊村、天津、軍糧城、塘沽、蘆台、唐山、灤州、昌黎、秦皇島、山海關、黃村等處，留兵駐守，以保京師至海通道。

（十）中國政府允定二年之久，在各府廳州縣布告下列上諭：㈠永禁或設或入諸國仇教之會，違者皆斬。㈡犯罪之人如何懲辦之處，均一一載明。㈢諸國人民遇害被虐各城鎮停止文武各等考試。㈣各省督撫文武大吏，暨有司各官，於屬境之內，均有保平安之責。如復滋傷害諸國人民之事，或再有違約之行，必須立時彈壓懲辦；否則該管之員即行革職永不敘用，亦不得開脫別給獎敍。

（十一）中國政府允定將通商行船各條約內，諸國視為應行商改之處，及有關通商各項事宜，均行議商，以期妥善簡易。現照第六項賠償事宜，約定中國政府應允改善白河、黃浦江兩水路，其裏辦各節如下：㈠白河改善河道，在光緒二十四年（一八九八）會同中國政府所興各工，近由諸國派員重修，一俟治理天津事務交還之後，即可由中國政府派員，與諸國所派之員會辦。諸國派員重修，一俟治理天津事務交還之後，即可由中國政府派員，與諸國所派之員會辦。所有該局各員，均代中國暨諸國保守在滬所有通商之利益。㈡現設立黃埔河道局，經管整理改善水道各工。所派該局各員，均代中國暨諸國保守在滬所有通商之利益。費，每年支用海關銀四十六萬兩，此數平分，半由中國政府付給，半由外國各干涉者出資。

（十二）將總理各國事務衙門，按照諸國酌定改為外務部，位班六部之前。

是約賠款雖鉅，侵害中國主權亦最甚，然無割讓土地之事。蓋各國以利害衝突，恐因此引起糾紛，固非有愛於中國也。而鴻章折衝之功亦不可磨滅。當是時鴻章病勢已深，體力漸不支，憤慨之餘，建議

朝廷曰：「臣等伏查近數十年內，每有一次構釁，必多一次喫虧。今和議已成，大局少定，仍望朝廷堅持定見，外修和好，內圖富強，或可漸有轉機。譬諸多病之人，善自醫調，猶恐或傷元氣，若再好勇鬥狠，必有性命之憂矣。」乃係有感而發也。

上年事變之來尤爲倉卒，創深痛鉅，薄海驚心。

作　業

一、八國聯軍期間外人要求慈禧歸政德宗因何未獲實現？

二、說明清廷懲辦禍首之經過？

三、辛丑和約之重要內容若何？

第六節　俄軍之侵佔東北與撤兵交涉

拳亂既起，奉天將軍增祺、吉林將軍長順、黑龍江將軍壽山，各在境內殺教土焚教堂，折毀東清鐵路及南滿支線，遂予俄人以侵略中國之良機。其陸軍大臣克魯泡特金嘗謂其財政大臣微德曰：「此事將予吾等以佔領滿洲之口實」。迨北京使館被圍，薛摩爾援京之師挫敗，六月十二日俄皇乃依據微德建議，命令其東海濱省軍區大舉向滿洲進兵，於是俄軍十五萬分路向我進攻。六月二十日，在海蘭泡貿易華商六千人，被俄人驅之江邊，集體屠殺，泅水得免者僅百數十人。二十六日西路俄軍自黑龍江上游五道河偷渡，二十九日陷璦琿，七月十七日副都統鳳翔率隊迎擊俄軍於內興安嶺，受重傷嘔血死。壽山遣程德全往援，德全知不敵，與俄軍議和。八月初俄軍至齊齊哈爾，壽山服毒自殺。東路俄軍亦於六

月底陷琿春，八月五日陷寧古塔。長順派員至哈爾濱與俄人議定，俄軍到處華軍手執白旗，不先開槍，並爲備辦牛羊食物，雇覓軍輛工人，於是俄軍進據吉林省城，全省各州縣均照和約聽任俄軍佔領。南路俄軍則於六月初自旅順北犯，敗副都統晉昌，連陷海城、鐵嶺、開原等地，閏八月初八日，俄軍未遇抵抗進入瀋陽，增祺、晉昌收潰兵退至新民、廣寧一帶。俄軍所至燒殺擄掠，華民生命財產完全失去保障。

俄政府爲達成分割中國之目的，其佔領軍司令官阿萊克塞夫脅增祺於九月二十八日（十一月十九日）簽訂奉天交地暫且章程，完全消滅中國在南滿之駐軍權，及營口一帶之行政權。消息傳出，中外震驚，清廷乃革增祺職，從奕劻、李鴻章請，於十一月十一日旨電駐俄大臣楊儒，直接與俄外部商議東三省接經折衝，至光緒二十七年（一九〇一）正月二十二日，俄外務大臣拉姆斯道夫於第十三次談判時，提出最後約稿十一款，內容之苛刻過於奉天交地暫且章程，限期十二天內畫押。李鴻章電楊儒，不妨酌量簽字。張之洞、劉坤一電楊儒，不得遽行接受。清廷猶豫不能決，命楊儒全權應付。於是各國紛紛勸中國拒簽俄約，日本尤其感到不安。二月六日（三月二十五日）楊儒正式對俄表示拒絕，旋病死俄京任所，清廷乃命李鴻章在北京與俄使雷薩爾繼續談判。

五月中，北京和議已漸就緒，聯軍並開始撤退，劉坤一、張之洞建議清廷，由鴻章商請各國駐京公使，迫俄撤兵。五月二十日鴻章電行在曰：「東三省俄隊設專約早畫押，易商撤減，江、鄂督爲日本所愚，力阻畫押，今忽爲商撤俄隊之說，甚非情理。自停畫後，俄使除公會外無往來，何從與商？即商必置不理，不料力阻畫押者爲此謬論也。」二十五日劉坤一電行在曰：「日本深慮唇亡齒寒，不得不與我

合力，中俄強弱不敵，亦不能不引日本爲援，全權（指鴻章）始終爲俄所愚，而謂江、鄂爲日本所愚乎？」六月十二日張之洞電行在，痛斥鴻章聯俄之非計，謂俄約「各國聞之尙爲我危，苦口勸阻，中國稍有忠君愛國之心者，亦皆痛心疾首，請勿畫押，豈得謂爲謬論？此李相一人偏執己見，必欲成之而後巳，實所不解。」雙方形成意氣之爭。其實憑心而論，列強侵華之政策相同，俄國不可爲我友，日英亦難以信賴，鴻章之聯俄固爲不智，劉坤一、張之洞之親日亦非算爲得計。

六月十四日淸廷諭奕劻、李鴻章、劉坤一、張之洞等，代爲排解，以其「彼此猜疑，負氣爭論，究於國事何裨？」「國步至此，同心戮力猶虞不濟，何忍自相水火，貽憂君父，騰笑外人？」仍命鴻章將東三省應辦之事悉心籌畫，速行具奏。鴻章不循外交團途徑，而與微德駐京代表鮑斯尼夫直接交涉。微德欲緩和日俄間緊張空氣，六月二十五日表示願意恢復東北撤兵談判，但要求中國政府先與華俄道勝銀行訂一合同，許該銀行在東北享有築路開礦經營工商業之特權。辛丑和約簽字後，雙方交涉積極進行，鴻章主張銀行合同與撤兵交涉合併討論，而微德堅持分開辦理。八月二十八日鮑斯尼夫將銀行合同交鴻章，鴻章以其條件苛刻，大爲吃驚，聲稱：「這協定把整個滿洲都交給銀行了，我無論如何沒有膽量負這個協定的責任。」此事「必然引起外國人的抗議」，「我只能交涉關於礦產租借權的事」。鴻章愼俄人之欺詐，悔聯俄之失策，憂鬱焦勞，乃以七十八歲之高齡於九月二十七日午時薨於賢良寺。

鴻章旣死，中國聯俄派失去領導人物，俄約談判改由慶親王奕劻及軍機大臣王文韶擔任。是時美、英、日對俄行動日趨積極，英、日且訂同盟條約，以俄國爲假想敵，俄政府以國際情勢突變，恐各國將起干涉，對撤兵交涉始有所讓步，不再堅持討論銀行合同。光緒二十八年（一九○二）三月一日（四月

中國近代史

一七二

八日），中俄交收東三省條約終於簽字，全文四款，其要點如下：

（一）俄國允將東三省仍歸中國版圖。

（二）中國保護中東鐵路職工，及俄國所屬公私事業。

（三）自簽字之日起，六個月內俄國撤退盛京西南至遼河各軍。再六個月撤退盛京其餘各地暨吉林駐軍，再六個月撤退黑龍江駐軍。

（四）中國賠償俄國山海關、營口、新民間鐵路重修及養路各費。

至此談判經年之撤兵交涉告一段落。是時俄國內部對滿洲問題之意見分爲兩派，一爲緩進派，如財政大臣微德，外交大臣拉姆斯道夫，陸軍大臣克魯泡特金等，以軍事上無勝利把握，不主張對日開釁。一爲急進派，以俄皇爲首，關東軍總督阿列克塞夫、樞密大臣澤勃拉索夫均爲主要份子。起初緩進派佔優勢，故同年九月，俄國迫於國際情勢，如約將盛京西南至遼河之俄軍撤退，並於九月二十一日與我簽訂交還關外鐵路七款。至光緒二十九年（一九〇三）三月，第二次撤兵期滿，急進派復佔優勢，竟不肯履行條約。一面藉日人在鴨綠江兩岸放火燒林，在安東一帶招募兵員，同時以營口有英、德、日兵艦停泊，復派兵回駐地區。並於三月二十一日向我外務部提出新要求：（一）俄軍退出地方中國不得讓於他國。（二）非得俄國允許，中國不得在滿洲開關新商埠，亦不得許各國增設領事，聘外人參預滿洲行政。（三）自旅順至瀋陽、營口之電報線仍由俄國管理。（四）華俄道勝銀行營口分行應依舊爲海關銀行。（五）俄軍撤退後，凡佔領期間俄國所得之各項利益，皆應照舊保持。（六）營口海關人員及檢疫之醫生，皆應由俄人充任。

俄方要求提出後，力求中國嚴守秘密，謂必盡允其要求始行撤兵。三月二十二日，駐北京日本公使內田康哉於參加軍機大臣榮祿葬禮時，從外務部侍郎聯芳口中得知，當夜冒雨走告慶親王奕劻，謂倘依俄人要求締約，則東三省將不復為中國所有。消息傳出，各國大憤，美國首先向俄抗議，英、日兩國繼之，俄政府表面否認有此要求，暗中則逼迫中國承認，清廷卒接受各國建議，而堅拒其要求。

中國既拒絕俄國要求，俄國大臣緩進派亦轉積極。六月二十日，俄皇任命阿萊克塞夫為遠東大總督，授以維持滿洲秩序，統率遠東陸軍，及鄰國外交事務之全權，直視東三省為其殖民地，於是引起日俄之直接交涉。一面由日本駐俄公使栗野愼一郎與俄國外相拉姆斯道夫談判，一面由俄國駐日公使羅善與日本外相小村壽太郎協商。雙方為劃分兩國在滿韓勢力範圍，日久不能要領。至十二月，因俄國堅持韓國領土在北緯三十九度以北部分為中立地帶，日本不得在韓國海岸設防，及某些地區駐兵，滿洲絕不許日本染指，交涉卒告決裂。十二月二十二日日海軍追捕俄主力艦俄羅斯號於仁川，二十三日艦偸襲俄艦隊於旅順，二十五日（一九〇五年二月十日）兩國同時宣戰。二十七日清廷宣佈中國嚴守局外中立，劃遼河以東為交戰地區。

日俄之戰，日海陸軍處處主動，光緒三十年十一月底（一九〇五年一月初），旅順俄海陸軍二萬餘人力竭投降。光緒三十一年（一九〇五）四月，日海軍再殲俄艦隊於對馬海峽。日陸軍則早於光緒三十年三月渡鴨綠江，七月佔遼陽，三十一年春，破俄軍主力於本溪、撫順間，雙方死傷均重，日軍逐於二月五日佔瀋陽，俄軍一時不能再戰，日軍亦無進攻能力，經美總統羅斯福調停，日俄雙方會議於華盛頓附近之樸資茅斯島，光緒三十一年八月七日（一九〇五年九月五日）簽訂和約，俄國除將本土庫頁島南

半部割讓於日本外，同意日本在韓國享受軍事及經濟上之卓越利益，並將南滿鐵路及旅順、大連之租借權無條件轉讓於日本。

先是日俄戰爭既起，中國輿論誤認日本代我主持正義，一時頗袓日方。及樸資茅斯條約訂立，日本野心完全暴露，國人始知日俄為一丘之貉，同樣為害於中國。日政府則於日俄和約成立後，命其外相小村壽太郎及駐華公使內田康哉為全權大臣，與中國商議善後。清廷亦任命慶親王奕劻、外務部尚書瞿鴻磯，及直隸總督袁世凱為全權大臣，與日代表會議於北京。自光緒三十一年（一九〇五）十月二十一日起，共開會二十二次，至十一月二十六日（十二月二十二日），簽訂中日會議東三省事宜正約三款，附約十二款，其重要內容如下：

（一）中國承認俄國將旅順口、大連灣，並其附近領土領水之租借權，及一切公共屋房財產轉讓於日本。

（二）中國承認俄國將由長春至旅順之鐵路，及一切支路與附屬之一切權利特權及財產轉讓於日本。

（三）中國增開奉天之鳳凰城、遼陽、新民屯、鐵嶺、通江子、法庫門，吉林之長春、永吉、哈爾濱、寧古塔、琿春、三姓、黑龍江之齊齊哈爾、海拉爾、璦琿、滿洲里為通商口岸。

（四）自安東至奉天省城所築造之軍用鐵路仍由日本政府經營。

（五）中國允設一中日木植公司，在鴨綠江右岸地方採伐木料。

由是日本承繼俄國在南滿之地位，且攫得許多額外特權。此後日俄兩國依約撤兵，中國雖取得滿洲

之行政權，而日本野心大熾，進而與俄人勾結，併吞朝鮮，劃分南北滿界限，中國外患乃益趨嚴重。

作　業

一、俄人利用何種藉口侵佔東北？盛京將軍增祺與俄人所訂奉天交地暫且章程我國有何重大損失？

二、李鴻章與俄人北京撤兵交涉因何失敗？

三、光緒二十八年（一九〇二）三月，中俄所簽訂之交收東三省條約內容若何？

四、日俄戰爭因何而起？樸資茅斯條約內容若何？

五、說明日俄戰後中日北京善後會議之經過？及所簽訂條約之內容？

第十章 清廷之假改革與僞立憲

第一節 慈禧之遮羞變法

八國聯軍期間，慈禧挾德宗出奔西安，悔恨之餘，爲收拾人心計，於光緒二十六年（一九〇一）十二月十日假德宗名義，重下變法之詔。同月二十六日再下罪己之詔，重申變法之決心；並切責內外大臣固邦交，保疆土，舉賢才，除積習。至光緒二十七年（一九〇一）三月，諭命設立督辦政務處，派慶親王奕劻、大學士李鴻章、榮祿、崑岡、王文韶、戶部尚書鹿傳霖等爲督辦政務大臣，兩江總督劉坤一、湖廣總督張之洞亦命遙爲參預。同年五月二十七日，劉坤一、張之洞會銜上奏，提出變通政治要端四項：

（一）設文武學堂。（二）變通科舉，停捐納之制。（三）停罷武科。（四）獎勸遊學。六月四日，劉、張復合招上奏，論列立國之道，大要有三：曰治，曰富：曰強。並酌擬中國之必應整頓者十二條：

（一）崇節儉，（二）破常格，（三）停捐納，（四）課官重祿，（五）去書吏，（六）去差役，（七）恤刑獄，（八）改選法，（九）籌八旗生計，（十）裁屯衞，（十一）裁綠營，（十二）簡文法。六月五日，劉、張再上採用西法切要十一端：（一）廣派遊歷，（二）練外國操，（三）廣軍實，（四）修農政，（五）勸工藝，（六）定礦律、路律、商律、交涉刑律，（七）用銀圓，（八）行印花稅，（九）推行郵政，（十）官收洋藥，（十一）多譯東西各國書。以上三疏，成爲清廷再變法之張本。

是時內外大臣，請求變法之摺日有進呈，而以駐俄大臣楊儒條擬

固封圉、求賢才、裕財用、整內治、重使務、集眾長六策。固封圉之端有六：（一）建陪都，（二）設江

防，（三）練陸軍，（四）滿蒙地區特簡重臣，（五）隴桂添練勁旅，（六）衛藏早籌辦法。求賢才之

端，建議明降諭旨，凡中國留外學生由出使大臣面試所學，分別等級，隨時奏請欽賜貢生、學人、進士

等名目，使其益知奮學。至於國內已成之才，則用選舉之法：（一）政績，（二）上書，（三）擢用廢

員。裕財用之端有七：（一）出產，（二）造貨，（三）學藝，（四）勸商，（五）保權，（六）禁

煙，（七）辦郵政，興武學，舉庶政。整內治之端有三：（一）專職司，（二）除積弊，（三）籌荒

政。重使務之端，首在修訂出使章程，次則彙刻中西文成案，以備辦理洋務公牘之稽考。集眾長之端，

在於學習西法，尤以多譯西書為首要，計分：（一）官譯，（二）私譯，（三）譯報。

張謇亦以地方士紳身份著「變法平議」一書，刊行問世。以六部為分項總目，斟酌中國歷史習慣，

參照君主立憲國家可取之法，主張在和平狀態範圍內循序以進。至其施行次第：（一）請設議政院，各

府州縣設中學堂，各省設局，編小學堂中學堂課本，譯各國歷史及各學科書，戶部及各省布政使各府州

縣行預算表。（二）各府州縣實行測繪，警察，訂稅目，增法律章程，罷釐金，停捐納，變科舉，行決

算法。（三）合各府縣分設各鄉小學堂，興農工商業，抽練營兵，減官府儀衛。以上各端，或以事理

階級定分數，或以省份財力定分數，分數既定，分年可辦，由督撫自定，而六部課之。

自光緒二十六年（一九○○）底清廷下詔再變法起，至光緒三十一年（一九○五）立憲運動止，五

年之間舉辦新政不下數十事，實際並未超出百日維新之範圍。加以慈禧缺乏維新誠意，不能破除滿漢界

限，對漢人處處挾制，一切新政徒成具文，甚至明諭舉辦某項新政，而暗中命令不必奉行者。其略有成效者，僅廢科舉，設學校，派游學數端而已。其時疆吏之切憂時弊者，首推張之洞。之洞於變法詔下後，於光緒二十七年（一九〇一）正月初九日致西安行在軍機大臣鹿傳霖電曰：「聞有小樞致他省督撫電云：『初十日諭旨，令條議變法整頓一件，切囑各省覆奏，萬勿多言西法云云。』殊堪駭異。竊思採用西法見諸上諭明文，鄙意此後一線生機，或思自強，或圖相安，非多改舊章多仿西法不可，若不言西法，仍是舊日整頓故套，空文有何益處？不惟貧弱，各國看我中國仍是一種頑固自大之人，將不以平等與國待我，日日受制，不成爲國矣。」二月五日再電鹿傳霖曰：「聞人言，內意（按：指慈禧太后）不願多言西法，尊電亦言勿襲西法皮毛，免貽口實等語，不覺廢然長歎，若果如此，變法二字尙未對題，仍是無用，中國終歸澌滅矣。」是時行在軍機處仍由頑固諸臣所把持，尤以鹿傳霖爲最甚，傳霖每語人曰：「端（按：端王載漪）、剛（按：大學士剛毅）爲國忠臣，爲洋人所逼以至如此，他日得志必當起復昭雪。」對於回變及歸政反對尤力。

先是兩宮西狩期間，慈禧懼國人之不諒於已，意頗自慚，對於德宗之待遇大爲改善，每逢廷臣奏對，多諮詢帝意，而德宗以久受挾制，仍不敢有所裁決。及辛丑和約簽訂，聯軍撤退。光緒二十七年（一九〇一）八月二十四日回鑾軍駕發自西安，十一月二十八日返抵北京。而慈禧顢頇如故。惲毓鼎所著「崇陵傳信錄」記拳亂後德宗之宮中生活曰：「歸自西安，尤養晦不問事，寄位而已。左右侍閽俱易以長信（按：慈禧近臣）心腹，上枯坐無聊，日盤辟一室中。」羅惇曧「庚子國變記」亦稱：「回鑾後，（慈禧）乃漸惡（德宗）如前，公使夫人入宮有欲見帝者，召帝至，但侍立不得發一言。帝不得問朝

政，例摺則自批之，蓋借庸閣以圖自全也。」要為信實之談也。光緒三十一年（一九○五），新政已推

行五年，五月二十九日，直隸總督袁世凱致電張之洞曰：「自庚子以來，外人咸盼我變法自強，朝廷亦

屢詔行新政，而起視京外，實效寥寥，外人因益疑我輕我。現籌辦法，宜對症投藥，亟須雷厲風行，革

弊興利，以實心行實政。」新政之效於此可見。

至於拳亂之後，清廷對漢人之防範，反日漸顯著。光緒二十七年（一九○一）三月，督辦政務處設

立之初，政務大臣六人，滿三人，漢三人，而實權操於榮祿。劉坤一、張之洞雖以疆吏遙為參預，而有

名無實。新設之外務部置管部大臣一，由奕劻任總理，下設會辦大臣一，尙書一，侍郎二，丞、參各兩

缺，位在六部之上，官制層疊，徒等虛設。練兵處亦由奕劻管理，商部以載振為尙書，學部以榮慶為尙

書，京旗練兵事宜亦由鐵良會同袁世凱辦理，滿人盡居要津。及李鴻章逝世，袁世凱繼任直督，劉坤一

於光緒二十八年（一九○二）九月病故，榮祿於光緒二十九年（一九○三）三月病故，政權落入奕劻之

手。督撫中則以袁世凱、張之洞為領袖，奕劻留戀權位同於榮祿，而能力見識則遠不及，貪污竟過之。

世凱、之洞亦牽於環境，諸多顧忌，故欲新政之能有成效，無異緣木求魚也。舊日維新黨人於日俄戰後

改以憲法國會相號召，而稍有眼光者則知清廷之不可救藥，遂紛紛加入革命陣營。

作 業

一、庚子拳亂後那些疆吏主張變法最力？駐外大臣何人建議最為剴切？

二、督辦政務處之性質若何？有那些大臣負責？

三、試就八國聯軍後清廷所舉辦之新政與戊戌新政作一比較？

第二節　清廷之預備立憲

光緒三十年（一九〇四），日俄之戰既起，日軍連戰皆捷，一時論者多謂立憲之戰勝專制，乃有立憲主張之提出。在國內以張謇鼓吹最力，遂與海外保皇黨人梁啟超等相唱和。

光緒三十一年（一九〇五）春，日俄之戰勝敗已決，俄人因戰敗之恥，立憲風潮方熾，直隸總督袁世凱乃奏請清廷簡派親貴分赴各國考察政治，以爲改革之張本。清廷爲緩和革命風潮，於六月十四日諭命載澤、戴鴻慈、徐世昌、端方等，隨帶人員，分赴東西洋各國，考求一切政治。同月二十五日，續派紹英同往考察。七月中旬，廷議決定載、徐、紹赴日、英、法、比等國，戴、端赴美、德、義、奧等國，分途前往，冀省時日。二十六日五大臣擬乘火車出京，方抵車站，革命黨人吳樾投擲炸彈擊之，載澤、紹英受微傷，而出洋考政之事遂暫擱置。

同年九月，駐俄使臣胡維德奏稱：「俄已公布憲法，我國亟宜仿行，以期上下一心，共禦外侮。」二十八日清廷復改派李盛鐸、尚其亨以代徐、紹，會同載、戴、端前往各國考察。是時國人誤認清廷有與民更始之意，而希望立憲之情益爲迫切。駐英公使汪大燮、駐美公使梁誠，奏請清廷速定宗旨。學部尚書張百熙、禮部侍郎唐景崇、署粵督岑春萱、黔撫林紹年等，亦紛紛以立憲爲請，於是立憲之議遍於全國矣。

光緒三十二年（一九〇六）夏，出洋五大臣考察憲政告畢，分道回國。張謇在滬晤端方、戴鴻慈，

竭力勸其速奏立憲，並合鄭孝胥、湯壽潛等在上海創設「預備立憲公會」，用作鼓吹立憲之工具。公推孝胥爲會長，壽潛、張謇爲副會長。是時各界對於立憲，「主急主緩，議論紛駁。」張謇則認爲「立憲之大本在政府，人民則宜各任實業教育，爲自治基礎，與其多言，不如人人實行，得尺則尺，得寸則寸。」是張氏之主張，在用和平方法達成立憲之目的也。

先是日俄戰後，滿清宗室中開明份子，亦有維新趨向，其中尤以端方主張最力。及五大臣奉命出洋考察憲政，端方頻以書扎與梁啓超往還。計自光緒三十一年（一九〇五）秋冬間，梁氏代端方等草擬考察憲政，奏請立憲，並赦免革命黨人，請定國是一類奏摺，逾二十萬言。此後載澤、端方等返京後之陳奏，多出自梁氏之手筆。

慈禧、光緒於召見載澤等時，諭以「只要辦妥，深宮初無成見。」其敷衍之情可見。於是頑固諸臣百端阻撓，或以立憲有妨君主大權爲說，或以立憲利漢不利滿爲言，慈禧意漸動。七月八日，滿清諸大臣舉行會議。先傳閱考政大臣各摺，次日復議於外務部。奕劻頗贊同考政五大臣主張，徐世昌、袁世凱、張百熙等助之，而孫家鼐反對甚力，榮慶、鐵良亦頗持異議。最後議定以開啟民智與講求吏治爲當前之急務。逐於十日面奏慈禧、光緒，至十三日乃頒預備立憲之詔。詔書不確定立憲時間，但以忠君愛國服從朝廷旨諄諄告誡國人，其無實行之誠意與敷衍塞責之心可知。惟最初不明眞像者，仍寄以無窮之希望。是時國人從事立憲預備之研究者日多，除上海所設之預備立憲公會外，各省人民集合團體研究政治議論者所在多有。

清廷既頒預備立憲之詔，並決定先自改革官制入手，七月十四日乃詔內外大臣釐定官制，以載澤等

為編制大臣。十六日編制大臣開第一次會議於頤和園，討論中央官制之釐定，後以案制太多，於是有五不議之說。（一）軍機處事不議。（二）內務府事不議。（三）八旗事不議。（四）翰林院事不議。（五）宦官事不議。旋議定各部之次序名稱如下：（一）外務部。（二）吏部。（三）民政部。（四）度支部。（五）禮部。（六）學部。（七）陸軍部。（八）法部。（九）農工商部。（一〇）郵傳部。（十一）理藩部。改軍機大臣為辦理政務大臣，各部尚書均為參預政務大臣，大學士仍辦內閣事務。是官制更改與不更改並無二致也。及奏上，九月二十日上諭允行。並新授各官如下：

軍機大臣　　　　奕劻　　世續　　瞿鴻禨　　林紹年
外務部管部大臣　奕劻　　尚書　　瞿鴻禨
吏部尚書　　　　鹿傳霖　　　　　民政部尚書　　徐世昌
度支部尚書　　　溥頲　　　　　　禮部尚書　　　溥良
學部尚書　　　　榮慶　　　　　　陸軍部尚書　　鐵良
法部尚書　　　　戴鴻慈　　　　　農工商部尚書　載振
郵傳部尚書　　　張百熙　　　　　理藩院尚書　　壽耆
都察院都御史　　陸寶忠　　　　　大理院正卿　　沈家本

除都察院、大理院外，上列十一部中，尚書凡滿七人，漢四人，蒙古一人，漢軍旗一人，侍郎滿漢雜用，而滿人多握實權。前此為分滿漢之故，每部六堂官，滿漢平列，滿三人，漢三人。今明為不分滿漢，竟變為滿七漢四，而蒙古與漢軍旗又恒黨於滿人，無怪立憲黨人之失望也。

清廷頒布改革中央官制上諭之同日，復命各省督撫議改革地方官制。是時清廷欲藉改革官制收攬督撫之權，以達成中央集權之目的，至光緒三十三年（一九〇七）五月二十七日，乃接受奕劻等奏請，頒布外官制度。改各省按察使爲提法使，省會增設巡警勸業道，裁撤分守分巡各道，酌留兵備道。另各省分設審判廳，增易佐治各員，命由東三省先行開辦。直隸、江蘇兩省因風氣漸開，亦應擇地先行試辦。俟有成效，逐漸推廣其餘各省，由各該省督撫請旨辦理，統限十五年內一律完成。對於督撫軍政財權初無變動，其後清廷一面由陸軍部漸次吸取各督撫軍權，復用清理財政監理官，將各督撫財政權收歸中央。是時張之洞、袁世凱居督撫領袖地位，權勢最盛，同年七月二十七日同時授之洞軍機大臣，袁世凱軍機大臣兼外務部尙書，名爲尊崇，實則剝奪其實權，使其離開根據地。

光緒三十二年（一九〇六）九月，清廷既頒革改官制之詔，光緒三十三年（一九〇七）七月五日，改考察政治館（按：光緒三十一年十月因五大臣出洋考察政治而設立者）爲憲政編查館。八月十三日籌設資政院，以溥倫、孫家鼐爲總裁，著民政部安擬自治章程。九月十三日，命各省籌設諮議局。一若果有立憲之誠意者。立憲黨人固多有知其欺詐者，而寄以希望者亦頗不乏人。保皇黨人梁啟超對滿清之改革官制雖表不滿，但其態度並不消極，且進一步主張組織政黨，欲以督促推進之。

光緒三十三年（一九〇七）秋，梁啟超集合同志蔣智由、徐勤、麥孟華、馬良（相伯）、徐佛蘇，及留日學界三百餘人，組織政聞社，九月十一日開成立大會於日本東京神田區錦輝館，決議不設會長，謂虛其位以待康有爲。（時因黨禁未開，忌者太多之故，請康有爲暫勿加入新組織。）推馬良爲總務

員，發行「政論雜誌」，對外發表宣言，首論中國所處之時代及內政外交之危機，次論世界立憲之潮流與政聞社發生之理由，繼則列舉政聞社所持之主義四大綱：（一）實行國會制度，建設責任政府。（二）釐訂法律，鞏固司法權之獨立。（三）確立地方自治，正中央地方之權限。（四）慎重外交，保持對等權利。一面謀取革命黨人之諒解，一面欲得清廷之信任，故其成立之初，即處於腹背受敵之地位。

光緒三十四年（一九〇八）正月，政聞社本部自日本東京遷往上海，由總務員馬良、常務員徐佛蘇等主之。二月一日上海總社開招待會，宴請滬上學界，報告該會宗旨與成立經過。此後社務日漸開展，各社員除梁啓超等少數著名人物外，其他社員陸續回國活動。是時立憲呼聲振蕩全國，光緒三十三年九月，海外部分華僑聯名請願，要求實行立憲。湘人熊範輿、雷光宇等，亦聯名請願，要求設立民選議院。國內各處屢有學生開會演說事件發生，其幕後多係政聞社所操縱。

清廷既缺乏立憲誠意，復以戊戌變法，仇恨康、梁，任其矢忠矢信，不能改變對其敵視之態度。其中尤以袁世凱最為妒嫉，對於其後政聞社之查禁具有決定之力量焉！光緒三十三年（一九〇七）十一月二十日上諭嚴禁士民干預政事。明日，復嚴諭學生「不准干預國家政治，及離經畔道，聯盟糾眾，立會演說。」而政聞社活動仍不稍衰。

光緒三十四年（一九〇八）六月初，政聞社以全體名義致憲政編查館一電，請於三年之內召集國會，大召清廷之猜忌。會政聞社社員法部主事陳景仁請革吏部侍郎于式枚職以謝天下。（按：于於同年五月十四日上奏，謂立憲足以招致禍亂，痛詆立憲各國，且有憲法當求之中國等語，並請嚴禁東南各處新學，以免煽惑生事。）清廷乃於同年六月二十七日諭命查禁政聞社，於是政聞社之活動遂歸停止。

「政論雜誌」凡出六期，亦因之而停刊。

是時各地所設預備立憲團體，除江蘇之預備立憲公會外，湖南有憲政公會，湖北有憲政籌備會，其中仍以預備立憲公會為最活躍。其宗旨以開發地方紳民之政治知識為目的，故自其思想上之系統觀之，對梁啟超所領導之改聞社表示深厚之同情。其領導之人物為張謇、朱福詵、孟昭常、鄭孝胥、湯壽潛、許鼎霖、雷奮諸人，其會員類多江、浙、閩知名之士，與政界實業界之代表。清廷因此等人士在社會上具有相當聲望，不便予以壓迫，是以會勢頗極一時之盛。後更網羅廣東、湖北、湖南諸省同志，厚植聲援，殆隱然君主立憲主義中一有勢力之團體也。

同年六月，張謇等一面致電北京憲政編查館，要求一二年內實行立憲，一面以預備立憲公會名義移書湖南憲政公會、湖北憲政籌備會、廣東自治會，及豫、皖、直、魯、晉、川、黔諸省同志，期於是年七月，各派代表齊集北京，以請願書呈請都察院代奏，要求儘速召開國會。自此之後，各省以地方團體名義，簽名屬稿，推舉代表至京請願開國會者無日無之。時各省督撫及駐外公使亦紛請速定立憲年限，以免遺笑外人。值八月一日憲政編查館、資政院王大臣會奏，進呈憲法大綱、議院法，暨議院未開以前逐年應行籌備事宜，清廷迫於輿情，乃於同日除將憲法大綱、議院法公布外，並定九年為預備國會之期。立憲派之希望，在二三年內召開國會，清廷則寄於遙遠之未來，名為籌備，實則但圖苟延歲月，此固不能滿足立憲派之願望也。同年十月，光緒、慈禧先後死，溥儀即位，改元宣統，由其生父載灃攝政監國。十二月奪軍機大臣兼外務部尚書袁世凱職，世凱憾之，歸隱河南彰德，俟機以圖報復。

一、清季之立憲運動因何而引起？清廷何時頒佈預備立憲之詔？

二、清廷怎樣假藉立憲之名行中央集權之實？

三、何謂預備立憲公會？何謂政聞社？其性質有何不同？

四、清廷何時定九年爲預備國會之期？立憲派之反應若何？

第三節　各省諮議局領導請願召開國會

宣統元年（一九〇九）正月二十七日，清廷命各省諮議局於本年九月如期成立。自同年閏二月起，各省分別定期選舉議員，江蘇、福建爲先，奉天次之，獨新疆以情形特殊，奏請緩辦。至八月底，全國各省相繼報告選舉竣事。同年九月一日，除新疆外，全國二十一省諮議局同時開幕。先一日清廷諭命各省諮議局開局後「於地方利弊情形均當切實指陳，妥善計劃。」而各省督撫「尤應欽遵定章，實行監督，務使議決事件，不得踰越權限，違背法理。」清廷頗有妨嫌諮議局之意，而各省督撫直視諮議局爲其隸屬機關。然立憲派人士從此有一統一之領導機構，更便於立憲運動之發展也。

先是江蘇諮議局開幕後，即由大會通過聯合各省諮議局舉行大會，請願朝廷縮短九年預備之期，速開國會組織責任內閣之議案。並即派孟森、孟昭常、楊廷棟、方還等分赴各省聯絡。約定各省諮議局於閉會後，酌派代表數人，於十一月中旬齊集上海開會，共同討論切實辦法。直隸諮議局以接近京師，對

清政之素亂知之較詳，贊成最力，卽由該局派人前往連絡晉、陝等省。

十月初五日，各省代表已陸續抵滬，集議於跑馬廳預備立憲公會事務所，到會代表凡直隸、奉天、吉林、黑龍江、山西、山東、河南、湖北、湖南、江西、安徽、浙江、福建、廣東、廣西、江蘇等十六省。共計代表五十一人。自初六日至十三日舉行預備會議，每日午後定時到會，推定福建諮議局副議長劉崇佑爲主席，江蘇諮議局議員孟昭常、福建諮議局書記長林長民爲書記。除初七、初八兩日休會外，凡開預備會六次，決議事項多端。十五日各省諮議局聯合會大會如期開幕，通過預備會議之決議案。十七日復行會議，推定孫洪伊等三十餘人爲進京請願代表，以求立憲之早日實現。十二月初，各省代表前後抵京者三十二人，前政聞社社員徐佛蘇亦奉梁啓超命北上，聯絡各議員，共策進行。二十二日京師旗籍人民代表文耀等復上書顧懇速開國會，而清廷仍執迷不悟。各代表乃於是日晚決議組織國會請願同志會，草定簡章，電請各省趕設分會，舉定幹事，繼續進行，以便明年三四月間各省所舉代表到京後，再上第二次請願書。

宣統二年（一九一〇）三月下旬，各省政團、商會，及海外僑民團體所舉之代表先後抵京。乃由諮議局聯合會合併所有各種請願國會團體，共同組織一大團體，定名國會請願代表團，推舉孫洪伊等十人爲職員，經費由各省諮議局解交。並創辦一言論機關，定名國民公報，以請願速開國會，提倡政黨，督促行政，並維繫各省諮議局關係爲宗旨。

後，都察院不肯代奏，求見都御史亦不見。乃一面遍謁當道，竭力陳請（旗籍領銜，至都察院呈遞請願書。都察院不得已，始行入奏。二十日朝旨亦舉代表加入請願），一面於十四日通告各省諮議局請爲支援。都察院不得已，始行入奏。二十日朝旨嘉獎，但不允所請。

五月十日，各代表分別以呈摺十封遞交都察院，請爲代奏。十九日命會議政務處王大臣於二十一日預備召見，是日諸王大臣入見後，議定必須俟九年後籌備完全，方可議開國會。乃降旨慰諭諸代表，令其不得再行瀆請。各代表乃商討對策。決議第三次大請願定於明年二月舉行，簽名須普及於農工商各界，人數每省至少須百萬以上。

宣統二年（一九一〇）八月二十六日，國會請願代表團以資政院已於二十日召集，將於九月一日開院，乃舉行特別會議，商討三次請願國會辦法。九月五日，各代表二十餘人先乘車至攝政王府，以戴澧避而不見，而府中人又拒不收書，乃推吉林代表李林芳等六人，立候府前，必待監國回府，親自謁見，不肯離去。警察廳派人勸告無效，民政部尚書肅親王善耆復親來婉商，各代表始將所携之書交其轉上。時資政院中民選議員係各省諮議局所選出，亦即各省諮議局之主要代表，如直隸之孫洪伊、湖北之湯化龍、湖南之譚延闓、福建之林長民、江蘇之雷奮、四川之蒲殿俊等，其言論在資政院中佔有舉足輕重之地位。

六日午後，孫洪伊等再赴資政院呈遞請願書，請於明年召開國會，設立責任內閣。並遍謁慶親王奕劻等，請求援助。力陳國會不可不開之理由，及人民渴望速開國會之情狀，甚至痛哭流涕，以爲力爭。是時，天津直隸人民代表一千數百人，集議速開國會，推舉李向辰、溫世霖等十二人爲代表，向直督陳夔

九月二十日，資政院討論請速開國會案，國會請願代表團代表，由議員介紹在座旁聽，並由議員羅傑等登臺演說，諸議員踴躍發言，最後全體表決贊成。乃推定趙炳麟等六人爲起草委員，專摺具奏。各省諮議局及人民團體亦紛紛作個別之請願行動，以爲國會請願代表團之後援。九月四日上午九

龍要求請為代表奏。聾龍拒不肯見，諸代表乃留督轅不去。而在外鵠候人民，則三五成羣，互相鼓吹譏諷清廷，以為支持。陳氏不得已，始允即晚辦稿，明日出奏。九月十四日，河南國會請願同志會假游梁祠開會，各界紳民到者三千餘人，當場簽名即赴撫院要求代奏速開國會。並公推代表楊源懋等十人入見巡撫寶棻，實允代奏，始行退出。九月底，陝西諮議局致電資政院，非國會召開，斷不公認借用外債。同月二十八日，福建九府二州及旅外閩僑請願國會代表三四千人，集中福州府學明倫堂，至督署呈遞請願書，請求代奏。同日四川各界三萬餘人亦作請願國會之要求，湖北各界之請願活動亦極熱烈。

清廷不得已，於十月三日下詔准將立憲籌備期限縮短，於宣統五年（一九一三）實行開設議院，在國會未開前先將官制釐定，並預行組織內閣。同日諭令民政部及各省督撫驅逐解散請開國會之代表，並為粉飾起見，由警察廳強迫各舖戶懸旗張燈，強迫各公立學校初七、初八兩日停課，各報館印發紅報（各報館多不從）以資慶祝；至此全國人民始知清廷確無立憲之誠意。

清廷縮短三年立憲上諭頒布後，國會請願各代表，即夕集於國民公報館，密商善後之策。決議：「同人各返本省，向諮議局報告清廷政治絕望，吾輩公決祕謀革命，並即以各諮議局中之同志為革命之幹部人員，若日後週有可以發難之問題，各省同志應竭力響應援助起義獨立。」復決定國會請願代表團暫時消滅，各省諮議局聯合會繼續存在，非國會成立不得解散。資政院亦以清廷十月三日之上諭不切實際，而內外情勢之險惡恐不能待至三年以後，於十月七日繼續討論，十月九日復行上奏。略謂：「臣等以內審國情，外考成法，竊以為建設國會為立憲政體應有之義務，既不可中止，何必斤斤於三五年遲早之間，人心難得而易失，時會一往而不還，及今圖之猶可激發輿情，又安大局，朝廷亦何憚而不

為？」於是各省諮議局及人民團體無不以速開國會為請。

全國人心之背向如此，而清廷仍執迷如故，盡量壓制人民之立憲活動。十月二十一日，直隸各學堂學生推舉代表齊集自治研究總所，會議進行請願方法。直隸總督陳夔龍立時派兵馳往解散。十一月二十三日諭命民政部、步軍統領衙門，將東三省要求速開國會代表迅速押送回原籍，各安生業，不准在京逗留，此後倘有續行來京藉端滋擾者，定惟民政部、步軍統領衙門是問。各省如再有聚眾滋鬧情事，由該督撫等查拿嚴辦，毋稍縱容。東三省請願各代表臨離京時，向軍機大臣徐世昌及肅親王善耆辭行，咸被拒不得見，於是悻悻而返。清廷仍恐其回省後有所舉動，電令東三省總督錫良嚴加防範。復恐各省代表互相通函，有所協商，由民政部與郵傳部會同審查往來信件，並嚴令各地報館今後不得刊登評論有關政治報導。十二月初八日，以天津人溫世霖等三千八百五十九人，發電各省，創議聯合全國學界罷學要求召開國會，旨命發往新疆交地方官嚴加管束。一時傳聞監國攝政王擬組織國事偵探團，以監視國人行動。於是舉國輿論譁然，咸不直清廷之所為。

宣統三年（一九一一）二月二十二日，北京各省諮議局聯合會，由孫洪伊等領銜致電各省各團體，邀請各省諮議局議長即時入都，擬定國事辦法。四月上旬，各省諮議局議長及代表陸續到京者數十人，乃假順治門外松筠菴開會討論國事。四月十日，清廷頒布內閣官制十九條，任命慶親王奕劻為內閣總理大臣，那桐、徐世昌為內閣協理大臣。在十三閣員中，漢四人，滿八人，其中皇族又佔五人，蒙古旗籍一人，故號稱「皇族內閣」。各省諮議局代表乃繼續請求都察院代奏。以「皇族組織內閣反君主立憲之公例，失臣民立憲之希望」，懇請「實行內閣官制章程，另簡大員組織，以固國本而奠皇基。」五月十四

日都察院遞入，留中不報。六月十日都察院復二次代奏各省諮議局聯合會再請另行組織內閣稟。奉旨：

「齟陟百司係君上大權，載在先朝欽定憲法大綱，並註明議員不得干預。值茲預備立憲之時，凡我君民上下，何得稍出乎大綱範圍之外。乃該議員等一再陳請，議論漸近囂張，若不極為申明，日久恐滋流弊。朝廷用人審時度勢，一秉大公，爾臣民等均當懍遵欽定憲法大綱，不得率行干請，以符君主立憲之本旨。」其曲解憲法，雖愚夫亦知其欺詐。各省諮議局聯合會仍欲作第三次公呈，都察院以遞請願書屢受申飭，托人勸說該會，打消原意，如再陳請，決計永不代奏。各代表乃知滿清之無望，捨參加革命行動外，別無途徑之可循。

第四節 保路運動與抗清怒潮

光緒二十三年（一八九七）十二月，因湘、鄂、粵三省紳商之請，湖廣總督張之洞、督辦鐵路大臣盛宣懷，奏准三省自築鐵路，並奏調工程師詹天佑等實地測勘，致電駐美大臣伍廷芳接洽借款事宜。光緒二十四年（一八九八）三月，宣懷與美國合興公司訂約，借款四百萬英鎊，許該公司承造粵漢鐵路，

（光緒二十六年續訂合同，改爲四千萬美金。）以鐵路產權作抵押，五十年還清。後以比利時利用俄法兩國資金，收買美股三分之二，以致情形複雜，工程因之停頓。光緒三十年（一九〇四）張之洞接受湘紳王先謙建議，奏請廢去合同，由三省自行分段修築，歷久交涉，翌年始由駐美公使梁誠與美方商定以美金六百七十五萬收回主權。另向英國香港政府借英金一百二十萬鎊，訂立贖路合同。得清廷許可，由鄂、湘、粵三省各自籌款動工。四川總督錫良則早於光緒二十九年（一九〇三）亦以自築川漢鐵路爲請，亦得清廷之許可。惟以湖北土薄商貧，經川鄂兩省協議，鄂境宜昌以西由四川代爲修築。西起四川成都，東達湖北廣水，與京漢鐵路銜接。

廣東因對外貿易發達，復得華僑滙款接濟，股本籌措較易，截止宣統三年（一九一一）五月底共集商股一千四百餘萬兩。四川則規定年收田租十石以上，需認購股本百分之三，亦籌得一千六百六十萬兩。湖南則僅五百餘萬兩，湖北最少，才百餘萬兩。惟僅川境川漢鐵路即需款約九千餘萬兩，湘境粵漢鐵路需款約四千萬兩，鄂境粵漢鐵路需款約一千六百萬兩，鄂境川漢鐵路需款約六千萬兩，粵境粵漢鐵路需款約三千萬兩，距離實用經費均相差甚遠。加以紳商意見不洽，營私舞弊，迭起風潮，路工因之稽遲，是以確有改歸國有之必要。

宣統三年（一九一一）四月七日，給事中石長信奏請「幹路國有，枝路民營。」諭命郵傳部安議，郵傳部大臣盛宣懷從之。十一日清廷乃發佈鐵路國有上諭，其辦法：粵漢鐵路每股先發還六成，其餘四成發給國家無利股票，路成獲利之日，准在本路餘利項下分十年攤還。川路因籌股較多，清廷不願償付現款，規定悉數更換國家保利股票，五年後分作十五年還本。其宜昌段已用之四百數十萬，如法辦理。

至經辦人施典章虧倒之三百萬兩，則不聞不問。

四月二十二日，盛宣懷與英、法、德、美四國銀行團代表（英國滙豐銀行、法國東方滙理銀行、德國德華銀行、美國資本團）簽訂借款合同，借英金六百萬鎊，年息五釐，分四十年還淸，以四省之釐金鹽稅作抵押。二十四日淸廷命停止川湘兩省租股，於是激起川、鄂、湘、粵四省之保路運動。其領導中心爲四省之諮議局，而各省之諮議局固皆以憲黨人之大本營，或以請願速開國會之目的不達，而素怨於淸廷者也。至是益感憤激，一面派代表赴京請願，一面彼此連絡以爲一致之行動。以四川發回商股最少，故活動最爲激烈。是時適當廣州三月二十九日起義之後，人心所向，對革命事業多表同情。而由居正、孫武等所領導之文學社、共進會，方以武漢爲據點，鞏固實力，以謀大舉之發動（詳本書下編第一章第三節）。滿淸之滅亡已在指顧之間，而載澧等卻依然踏走其自殺之路。

同年五月下旬，湖南諮議局因前推舉副議長陳炳煥等到京請願，要求廢止四國借款合同久無結果，復派議員左學謙、周廣詢等前往。左等抵京未久，而四川諮議局議長蒲殿俊等因反對鐵路國有請願被押解回籍，留京各省諮議局代表送行時，殿俊憤激之餘告眾人曰：「國內政治已無可爲，政府已彰明較著不要人民了。吾人欲救中國，捨革命無他法。我川人已有相當準備，望聯絡各省共策進行。」於是各議員遂多暗中參加革命組織，以謀革命之進展。

五月二十一日，四川保路同志會成立，各府州縣均成立分會。七月一日成都開始罷市停課，各地繼之。九日川民拒納租稅，十三日成都出現自保商權書，公開與滿淸爲敵。並派代表分赴湘、鄂、粵各省接洽，以爲共同起義之準備。

先是宣統三年（一九一一）二月，清廷調四川總督趙爾巽爲東三省總督，以川滇邊務大臣趙爾豐署理四川總督，未到任前，由布政使王人文護理。人文同情川民，要求暫緩收回鐵路，嚴旨申飭，命趙爾豐迅速赴任。趙於閏六月九日抵成都，初亦同情川民，七月五日曾與成都將軍玉崑聯銜奏請川路仍歸商辦。督辦粵漢、川漢鐵路大臣端方、湖廣總督瑞澂等頻劾趙儒弱無能，與度支大臣載澤、郵傳大臣盛宣懷相呼應，彼此密電通消息。計劃運用策略，以端方代趙爾豐出任四川總督。於是清廷乃有七月十日命端方率領湖北新軍一協入川查辦之命。

趙爾豐懼端方將代其位，加以成都風潮日久，始改用高壓手段。七月十五日誘捕鐵路公司股東會長顏楷，諮議局長蒲殿俊等九人，市民數千包圍督署，要求釋放，趙氏命親軍開槍射擊，死者三十餘人，傷者極衆，成都秩序因之混亂。影響所及，全省各地隨之騷動，尤以川北最爲劇烈，進而發展爲推翻滿清政府之革命戰爭。

川民爭路期間，中國同盟會之活動爲促成事件擴大之重要因素。同盟會領袖宋敎仁、居正等屢次在上海報端刊文評譏滿清政府之鐵路國有政策，鼓勵四川及其他各省人民從事革命工作。同年閏六月，同盟會中部總會成立於上海，負責策動長江流域革命活動。於是會員吳永珊、張懋隆等奉命赴川省，成立同盟分會，一面吸收新會員，一面隱蔽身份參加各地保路同志會工作，並爭取下層社會哥老會之支持，以便得到廣大民衆之幫助。

端方率湖北部分新軍離鄂後，武昌防務空虛，八月十九日（十月十日），革命軍乃乘機而起，風聲所播，四海響應。於是各地革命黨人與立憲派合爲一流，共同參加推翻滿清之大業。

作　業

一、說明川漢、粵漢鐵路問題發生之由來？

二、宣統三年（一九一一）四月，清廷下詔幹道收回國有之辦法有何不妥？

三、中國同盟會對保路抗清運動有何重大貢獻？

下編・民國部份

第一章　國父倡導國民革命

第一節　國民革命運動之勃興

內憂與外患造成近代中國之災難，清政之不綱不足以挽救中華民族之厄運。　國父承先啓後，創立三民主義，倡導國民革命，爭取國家民族之自由與平等，促進世界人類之大同。

同治五年十月初六日（一八六六年十一月十二日），中華民國締造者　國父孫中山先生誕生於廣東香山縣翠亨村。生活環境之孕育，養成　國父冒險犯難堅忍不拔之性格；及長就讀於檀香山，益有慕西學之心，懷救國之想。光緒十一年（一八八五），中法戰後，　國父憤淸廷和戰乏策，喪師失地，始決定傾覆滿淸，建立民國之大志。乃以學堂爲鼓吹之地，借醫術爲入世之媒，是爲國民革命運動之發端。

光緒十二年（一八八六），　國父就讀於廣州博濟醫院附設醫科學校，課餘之暇，高談國事，人多忽之；惟鄭士良表示欽敬，遂成莫逆之交，乃共同密議革命計劃。光緒十三年（一八八七）秋，　國父改入香港新創之西醫書院，朝夕以革命相鼓吹，其後與陳少白、楊鶴齡、尤烈相依甚密，港、澳親友咸

以「四大寇」譏之。光緒十八年（一八九二）夏，　國父以首名畢業於西醫書院，初設中西藥局於澳門，旋遷廣州，改稱東西藥局，施藥贈診，用作革命活動之掩護。光緒二十年（一八九四）五月，　國父憂念國事，偕陸皓東至天津，上書滿清北洋大臣李鴻章，陳救國之大計，提出「人盡其才，地盡其利，物盡其用，貨暢其流」四綱，鴻章不能納。及中日戰起，　國父以為時機可乘，乃再赴檀島，十月開始組織興中會，其兄孫眉（字德彰）及鄧蔭南等二十餘人助之。二十七日（十一月二十四日）興中會正式成立，眾推　國父為會長，對外發表宣言，表面著重救亡圖存，實以革命排滿為宗旨。十二月，　國父偕鄧蔭南等返香港，光緒二十一年正月二十七日（一八九五年二月二十一日），設立興中會總機關，託名「乾亨行」，將香港舊有楊衢雲所領導之輔仁文社併入，以「驅逐韃虜，恢復中華，創立合眾政府」為祕密誓詞。旋決定在廣州起義，　國父駐穗專任軍事，楊衢雲留港主持後方接應，以陸皓東所設計之青天白日旗為革命軍軍旗。籌備次第就緒，乃定於九月九日（十月二十六日）為發動之期，因是日為掃墓節，黨人便於進入城中也。

九月八日，除香港一路外，黨人咸集中廣州機關部待命。時黨人朱淇之兄湘，以其弟列名黨籍，恐事敗遭累，告密於清吏，廣州因之戒嚴。而楊衢雲復因分配武器失當，軍械人員未能如期到達。初十日，陸皓東等在廣州被捕。十一日晨，丘四、朱貴全率黨人三百餘人乘輪甫抵碼頭，先登者四十餘人悉被逮，餘眾一鬨而散。十二日　國父自廣州脫險至香港，二十一日陸皓東等殉難，此為　國父所領導之第一次起義。

廣州之役失敗後，　國父偕鄭士良、陳少白東渡日本。十月一日至橫濱；旋成立興中會分會，參加

者有馮鏡如等十餘人。十二月，國父斷髮改裝赴檀香山，留陳少白於橫濱，聯絡留日華僑及日本志士；命鄭士良回國，收拾餘眾，以圖再舉。國父居檀島數月，因圖有所發展，乃有美國本土之行，所到之處，宣傳革命主張。光緒二十二年（一八九六）八月乘輪赴英，九月五日（十月十一日）遭滿清駐英公使龔照瑗拘禁於使館中，十一日得英僕之助，通函於國父西醫書院業師康德黎，經英外部提出嚴重交涉，十七日始獲釋放，中國之革命事業乃引起西方人士之重視。此後至翌年夏，國父居住倫敦，考察歐洲政治情形與社會現狀，深覺僅靠政治革命不足以解決社會問題，乃決定採取民生主義，以與民族、民權問題同時解決，而完成三民主義之理論。

光緒二十三年（一八九七）六月，國父離英取道加拿大東歸，七月中抵達日本橫濱。時日本民黨當政，同情中國革命，其主要領袖犬養毅乃遣宮崎寅藏、平山周來迎，邀至東京相會。投宿日比谷公園附近之對鶴旅店，店主出旅客簿請書名，平山因來時經過中山侯爵邸，信書「中山」二字，國父續書一「樵」字，意指「山樵」以掩人耳目，國父中山之名自此始。從此國父結識日本朝野人士漸眾，時日本華僑萬餘人，贊成革命排滿者僅百數十人而已。

光緒二十六年（一九○○）秋，國父乘八國聯軍陷北京，計劃由鄭士良率部在惠州發動起義，史堅如在廣州組織暗殺機關，以資策應，而選取臺北為發號施令之所在。閏八月十五日（九月二十八日）鄭士良率革命軍起國父抵達臺北，日總督兒玉源太郎許以惠州革命軍起當以全力相助。閏八月十五日，鄭士良率革命軍起於惠州三洲田，屢敗清軍，聲勢大振，沿海向東北進攻，迭克新安、大鵬、白沙等地，人數增至兩萬以上。計劃佔領廈門，接受臺灣武器之援助。適日本內閣於此時改組，新總理伊藤博文禁止武器出口，並

限制日本軍官投效中國革命，國父內渡及接濟武器之計劃不克實現。乃遣山田良政與同志數人，取道香港至白沙革命軍營傳達命令，告以外援無望，由鄭士良自決進止。革命軍不得已折回三洲田大營，遭清軍要擊，餉彈兩缺，遂爲所敗。士良解散部眾，走避香港，山田良政迷路爲清軍所害。此爲國父所領導之第二次起義。

同年九月六日（十月二十八日），史堅如炸清署理兩廣總督德壽不中，翌日被捕，十八日就義於廣州。十一月二十日（一九〇一年一月十日），粤吏收買兇手刺殺楊衢雲於香港。翌年七月，鄭士良復逝世，革命領袖犧牲漸多。惟惠州之役實爲中國革命事業之轉捩點，在此之前同情革命者少，加以保皇黨淆惑人心，是非難明。經此次八國聯軍之禍，滿清之顢頇無能已爲舉世所公認，於是參加革命者眾，即舊日保皇黨人亦紛紛改變宗旨，前後相較差若天淵。

惠州之役失敗後，國父旅居日本達三年之久，隱爲留學界革命之導師。光緒二十八年（一九〇二）三月，留日學生章炳麟在東京發起「中夏亡國二百四十二年紀念會」，遭日警禁阻，憤而歸國，合滬上名流蔡元培、吳敬恒、黃宗仰（烏目山僧）等，創立「中國教育會」於英租界，表面用研究編訂課本改良教育作號召，暗中以革命排滿爲宗旨。同年十月，組織「愛國學社」，收容上海南洋公學及南京陸師學堂因革命嫌疑勒令退學之學生一百餘人，並經常在英租界「蘇報」撰文，評擊時政，措詞激烈，無所顧忌。

光緒二十九年（一九〇三）五月，留日歸國學生鄒容著「革命軍」一書，炳麟爲之序，並作介紹文字刊登於「蘇報」，大遭清吏之嫉視。乃與上海英領事交涉，查封「蘇報」，解散「愛國學社」。蔡元

培先一月赴青島，吳敬恒、黃宗仰等走避，章炳麟、鄒容被捕，經會審公廨審訊，認為有汙辱清帝之嫌，判炳麟監禁三年，鄒容二年。光緒三十一年（一九〇五）二月，鄒容卒於獄，而其所著「革命軍」，以通俗淺顯之故，風行海內外，佔清季革命報刊之首位，對開導革命風氣貢獻甚大。

先是湖南善化人黃興（原名軫，號克強），懷抱排滿之大志，光緒二十七年（一九〇一）以官費留學日本，朝夕從事革命之宣傳。光緒二十九年（一九〇三）四月，東京留學界組織「拒俄義勇隊」，黃興為主要份子。同年夏改組「軍國民教育會」，以起義暗殺為手段，並推舉同志返國實行。

同年閏五月底，黃興自日本返抵武昌，在兩湖書院演說排滿，並散發革命書刊於軍學兩界。七月至長沙，任教黨人胡元倓所辦之明德學堂，祕密策劃革命工作。九月十六日（十一月四日）成立華興會於黨人彭淵恂寓，參加重要份子有宋教仁、劉揆一、陳天華、張繼、周震鱗、吳祿貞、蘇玄瑛（曼殊）、譚人鳳等二十餘人，推舉黃興為會長，其後陸續加入者五百餘人。於是分配職務，派同志至各處運動。時湖南會黨領袖馬福益居湘潭茶園鋪，部眾萬餘人，與黃興等議定共覆滿清，重建中華。

別立「同仇會」，由劉揆一負責，用作聯絡會黨之機關。

光緒三十年（一九〇四）五月，科學補習所成立於武昌，由呂大森任所長，胡瑛任總幹事，宋教仁任文書，實華興會之分支機關，約定同年十月十日慈禧太后七十生辰，長沙清吏在萬壽宮行禮時，預埋炸彈轟斃之，然後發動，武漢方面運動新軍立即響應。黃興旋創設東文講習所於長沙小吳門正街，用作聯絡機關，每日在該處與黨人討論進行方法。

同年九月十五日（十月二十三日），湖南滿清巡防營捕會黨首要於湘鄉，押送長沙，湘撫陸元鼎乃

下令嚴緝華興會份子。清兵圍黃興宅，與子一歐年幼得出，至東文講習所奔告黃興，興自後閉門走避匿藏，十八日夜化裝混出長沙，取道漢口、上海赴日本。宋教仁、張繼、陳天華等脫險後，亦相繼東渡。

自蘇報案發生後，上海革命黨人活動由公開轉入祕密。光緒二十九年（一九〇三）七月，蔡元培自青島歸，糾合同志組織「對俄同志會」，並創辦「俄事警聞」日刊。光緒三十年春，以日俄戰起，改「對俄同志會」爲「爭存會」，擴充「俄事警聞」日刊爲「警鐘日報」，抨擊清廷外交之失敗。十月上旬，上海黨人成立光復會於愛國女學堂，推舉蔡元培爲會長，其入會誓詞：「光復漢族，還我河山，以身許國，功成身退。」元培利用愛國女學堂校長身分作掩護，會中事務即決於該校。十二月，紹興人徐錫麟至上海，被邀入會，隱然以匡復爲己任。後歸紹興，創辦大通學堂，成爲浙江革命之大本營。而留日浙籍學生王嘉褘、蔣尊簋等，亦在東京成立光復會分部，以與國內之光復會相呼應。

作　業

一、國父何時決定傾覆滿清建立民國之大志？　國父上李鴻章書有那些重要綱領？

二、興中會成立於何時？說明乙未廣州之役失敗之原因？

三、國父三民主義思想何時完成？

四、說明庚子惠州之役失敗原因？

五、上海蘇報案因何而引起？鄒容所著「革命軍」有何重大影響？

六、興華會成立於何時？光復會由何人所創立？

第二節 中國同盟會

光緒二十九年（一九〇三）秋，國父為擴大宣傳革命，再作歐美之遊，八月十五日（十月五日）抵達檀香山。時保皇黨在該地氣燄方盛，所辦「新中國報」詆毀革命不遺餘力，國父乃親撰論著，刊登於報端，與保皇黨大開筆戰，並在各地發表演說；保皇黨聲勢因之大挫。十一月，國父為增強革命組織，特加入檀香山洪門會之致公堂。光緒三十年正月十二日（一九〇四年二月二十七日），離檀香山赴美，二月十五日（三月三十一日）抵達舊金山。遭保皇黨人陷害，被美國海關扣禁於港外安琪兒島木屋中多日，得當地致公堂大佬黃三德之助，始獲入境。國父感致公堂組織渙散，會員已忘其排滿之本質，乃偕黃三德出遊美國各埠，平均地權為宗旨。」已奠定三民主義之基礎，亦即此後同盟會宣言之四大綱領。國父居美八月，週歷數十城市，所到之處，慘澹經營。在紐約撰寫「中國問題之真解決」，刊印萬份，分贈各國人士，告以中國革命新進步，世界亦得共享和平，希望美國朝野給予中國革命之同情與援助。

同年十一月，國父離美赴歐，初居倫敦，光緒三十一年（一九〇五）自春至夏，往返於英、比、法、德之間，從事各地留學界革命團體之組織。第一次集會於比京布魯塞爾，加盟者十餘人。第二次集會於柏林，加盟者二十餘人。第三次集會於巴黎，加盟者三十餘人。五月九日因日本留學界之函催，國父勉其在南洋預為佈置，以利革命之進行。六月十七日抵達橫濱，時中國留日學生萬餘人，風氣大開，參加革命惟恐不速。

六月二十八日（七月三十日），國父召集中國同盟會籌備大會於東京赤坂區檜町三番黑龍會內田良平宅，到中國本部十七省留學生代表六十餘人（甘肅無留學生），日本同志亦多列席。國父主席，詳言全國各種革命組織應結合為一個團體之必要，經再四討論，確定名稱為「中國同盟會」，並由黃興提議，公推　國父為總理。七月二十日（八月二十日）下午二時，復假東京赤坂區靈南日人阪本金彌寓舉行中國同盟會成立大會，通過會章及各省分會負責人。旋以中華民國軍政府名義對外發表宣言，首先說明今日之國民革命不同於前代革命。蓋前代革命祇以「驅除光復自任」，為「英雄革命」；而國民革命乃為全人類謀幸福，使人人皆有自由、平等、博愛之精神，皆負革命之責任。繼說明「今日革命之大經暨將來治國之大本」，共計四綱：（一）軍法之治，（二）約法之治，（三）憲法之治。同盟會成立之日，日本留學界加盟者三百餘人，不一年加盟者萬餘人，革命事業進步之速，有出人意料之外者。

同年十月三十日（十一月二十六日），同盟會在東京發刊民報，作為宣傳之口舌。國父親撰發刊詞，正式揭出民族、民權、民生三大主義。主要撰稿者有胡衍鴻（漢民）、汪兆銘（精衞）、朱大符（執信）、宋教仁（漁父）、章炳麟（太炎）等。時保皇黨在日本辦有「新民叢報」，鼓吹君主立憲，民報予以猛烈抨擊，從此一蹶不振。國父自稱自民報發行之後，「革命思潮瀰漫全國，自有雜誌以來，可為成功最著者。」其影響人心之大可以概見。

同盟會時代之義師，或由　國父親自主持，或黨人受　國父感召個別發難。初以會黨為中堅，後以新軍為主力。茲列舉　國父親自主持之各次起義如下：

一、黃岡之役　光緒三十三年四月十一日（一九〇七年五月二十二日），革命軍佔領廣東潮州饒平縣屬黃岡鎮，由余丑率領，以會黨爲主力，衆七八百人。以武器不敵，黨人缺乏訓練，舉事僅一星期，黃岡復爲清軍所陷。此爲　國父所領導之第三次起義。

二、七女湖之役　光緒三十三年四月二十二日（一九〇七年六月二日），黨人鄧子瑜、陳純號召會黨百數十人發動於廣東惠州所屬七女湖，攻惠州不下，知黃岡事敗，他處無響應者，自動解散。此爲　國父所領導之第四次起義。

三、防城之役　光緒三十三年七月二十四日（一九〇七年九月一日），黨人王和順奉　國父命革命軍起義於欽州所屬王光山，大破清軍，二十七日克防城，以彈藥接濟不至，所約清軍未能如期響應，攻欽州、廉州皆被阻，和順率幹部退越南，餘衆進入十萬大山，此爲　國父所領導之第五次起義。

四、鎮南關之役　光緒三十三年十月二十六日（一九〇七年十二月一日），黨人黃明堂率幹部八十人潛襲鎮南關，佔領鎮南、鎮中、鎮北三砲臺，清軍降者以百數，附近遊勇紛紛來歸，乃樹青天白日旗，報捷於河內。翌日　國父率黃興、胡漢民等從山嶺間崎嶇小徑登鎮南砲臺，親發巨礮轟轟清軍。因彈藥缺乏，大砲機件不全，清援軍復大集，二十九日　國父從黃明堂、黃興請，穿敵火線先下山，十一月四日黃明堂等亦率衆退入越南燕子大山。撤退時軍中有少年恐革命軍旗遺落清軍之手，冒險重登礮臺，盤旋至竿上取之。此爲　國父所領導之第六次起義。

五、欽廉之役　光緒三十四年二月二十五日（一九〇八年三月二十七日），黃興率幹部二百餘人，組織「中華國民軍南路軍」，自越南向欽州、廉州所屬進攻，歷時四十日，所向無敵，卒以彈盡援絕，

於四月初自動退回越南，此為 國父所領導之第七次起義。

六、河口之役　光緒三十四年三月二十九日（一九〇八年四月二十九日）， 黃明堂起義於雲南河口，翌日佔領之。四月四日克新街，分兵進攻蠻耗、蒙自等地，清軍降者數千人。 國父委黃興為雲南國民軍總司令，節制河口起義各軍。因黃興之運械計劃失敗，而降兵疲玩不振，四月二十七日（五月二十六日）清軍復陷河口，革命軍被迫退入越南，此為 國父所領導之第八次起義。

七、廣州新軍之役　宣統二年正月三日（一九一〇年二月二十二日）， 倪映典率廣州第三標新軍起義，執青天白日滿地紅旗，進攻省城，受紿於清軍管帶童常標，映典中伏，被擒遇害，餘眾以指揮無人，終亦潰散。此為 國父所領導之第九次起義。

八、黃花岡之役　廣州新軍之役失敗後，黨人多走避南洋各地，宣統二年（一九一〇）夏 國父自美國東返，十月十二日（十一月十三日）在庇能（檳榔嶼）召集幹部會議，黃興、胡漢民、趙聲，及當地華僑同志參加者甚眾，決定分頭籌款，再次舉義於廣州。遴選同志五百人為選鋒，作為革命軍之中堅。同年十二月，黨人紛紛集中香港，組織統籌部，由黃興任部長，趙聲副之。乃在廣州城廂內外設立機關數十處，以容納黨人。嗣以五百選鋒不足，增為八百人。

宣統三年三月十日（一九一一年四月八日），黨人開發難會議於統籌部，決定十路進攻計劃，以三月二十五日為發難之期。旋因黨人溫生才刺殺清廣州將軍孚琦事件發生，廣州戒嚴，加以款械未能如期運達，初改為二十八日，再改為二十九日（四月二十七日）。起義同志初變為四路，屆時僅黃興所率之

一路發動。是日下午五時二十五分，黃興率林覺民、方聲洞等一百七十餘人，自小東營機關部出發，進攻清兩廣總督衙門，奮勇直前，所遇清軍皆披靡，直入署內。清兩廣總督張鳴歧聞變走避，乃置火種而出，分兵三路擬至各城門接應新軍，沿途遭清水師提督李準所統大隊截擊，革命軍死傷漸多。加以聯絡欠周，與所約新軍發生誤會，勢更不支。黃興與右手斷二指，易服脫險。黨人潘達微爲之奔走，葬於廣州城北四十三人，咸意氣凜烈，慷慨就義。事後由廣州各善堂收拾遺屍，被捕者共十五里之紅花岡，計得忠骸七十二具，並以紅花二字不雅，改名黃花岡。據日後調查此役死難者尚有十四烈士，合計共八十六人。此役雖失敗，以革命黨人犧牲之壯烈，革命精神乃磅礴於全國。是爲 國父所領導之第十次起義。

此外同盟會成立前後黨人個別發難之義師，其著者有光緒二十八年（一九○二）十二月，洪全福等所領導廣州之役。光緒三十二年（一九○六）十月，龔春臺等所領導萍鄉、劉陽之役。光緒三十三年（一九○七）五月，徐錫麟所領導安慶之役，以及同年六月秋瑾所領導紹興之役。光緒三十四年（一九○八）十月，熊成基所領導安慶之役等。

作　業

一、中國同盟會成立於何時何地？其宣言之重要精神是什麼？
二、說明鎮南關起義之經過？
三、廣州新軍之役因何失敗？

第一章　國父倡導國民革命

第三節　辛亥革命

武漢居長江上游，為全國之樞紐，係歷代兵家必爭之地，人心之趨向關係全國之視聽，其得失足以動搖全局。當地之革命團體，以光緒三十年（一九〇四）五月所成立之科學補習所為最早，因華興會長沙之役失敗，而遭查禁。其後所演變之革命團體有日知會、湖北軍隊同盟會、羣治學社、振武學社。至宣統三年（一九一一）元旦，改組為文學社，推蔣翊武為社長，社員已八百餘人。

先是同盟會成立後，部分長江流域同志居正、孫武、焦達峯等，以會黨知識幼稚，非另設小團體分途招納不易生效，乃別組織「共進會」，專司聯絡會黨任務。以同盟會誓約內「平均地權」四字含義高深，改作「平均人權」。其入會資格不若同盟會之嚴格，徽章旗幟用十八錐角交錯形，取十八行省鐵血聯合之意。旋派會員回國活動，武漢方面由孫武負責，湖南方面有焦達峯負責，分設連絡處於長江各要埠。

宣統二年（一九一〇）夏，旅日同盟會員宋教仁、陳其美、譚人鳳等，討論今後起義辦法，建議總部改在長江流域發動。及三月二十九日廣州之役失敗，香港統籌部乃派譚人鳳於五月初至武昌，與當地黨人共策進行，於是有文學社、共進會合併之舉。人鳳旋至上海，會宋教仁、陳其美等自日返國，乃於宣統三年閏六月初六日（一九一一年七月三十一日）假北四川路湖北小學，召開中國同盟會中部總會成立大會，參加者二十餘人，部務採合議制，以武昌為活動重心，分派同志運動各省新軍，期於兩年之後

大舉發動。於是長江流域之革命組織有所秉承，彼此之間協調呼應，助成武昌起義後各省之響應。

宣統三年（一九一一）夏，川、鄂、湘、粵四省反對鐵路國有風潮發生，黨人乘之，四川尤為劇烈，全國人心為之震動。清督辦粵漢川漢鐵路大臣端方率湖北步兵第十六協入川查辦，武昌空虛，黨人謀乘機以舉義。派居正赴滬購買槍械，定八月十五日為發難之期。以消息洩漏，清湖廣總督瑞澂、第八鎮統制張彪收繳新軍武器，嚴密戒備，黨人乃延期舉事。

八月十八日上午十時，孫武在漢口俄租界寶善里十四號機關部，裝置炸彈失慎受傷，遭俄巡捕搜查，捕黨人甚多，盡得黨人旗幟、徽章、文告、印信、名冊，武漢戒嚴，革命機關多處被破壞。黨人蔣翊武於下午五時二十五分以臨時總指揮名義在武昌小朝街機關部發佈作戰命令，派人分送各營，然因交通隔絕，預定十二時同時發動之約，未能實現。是晚九時，小朝街機關部復被破獲，蔣翊武逃避，黨人楊洪勝（宏勝）、劉堯澂（復基）、彭楚潘先後被逮，翌日晨八時同時就義。

八月十九日（十月十日），武漢革命黨機關破獲益多，人心惶惶，新軍中黨人乃決計先發以制人。晚八時許，工程第八營由黨人熊秉坤領導，首先發難，佔領楚望臺軍械庫，步隊十五協同志隨之響應。以革命黨諸領袖均不在武昌，倉卒間黨人推第二十一混成協協統黎元洪為都督，組織軍政府，二十日夜光復漢陽，開中和門迎礮隊入城，協力攻督署。瑞澂、張彪逃登楚豫艦，二十日中午，武昌遂以光復。以革命黨諸領袖均不在武昌，倉卒間黨人推第二十一混成協協統黎元洪為都督，組織軍政府，二十日夜光復漢陽，二十一日晨光復漢口。

漢口領事團聞革命軍大起，開會商討對策，法領事羅氏為　國父舊交，素來同情中國革命，以武漢革命軍聲言係奉　國父之命而發難，乃於席上表示：「孫逸仙派之革命黨，係以改良政治為目的，決非

無意識之暴舉，不能與義和團一例看待，而加干涉也。」俄領事敖康夫亦與羅氏採取一致行動，其他各領事遂贊成不加干涉。及漢陽、漢口光復，各國領事見革命軍紀律嚴明，咸表好感。二十一日，軍政府派員照會各國領事館，聲明保護外人在華生命財產之安全。二十五日，漢口領事團乃決議承認革命軍為交戰團體。

革命軍光復武昌消息傳至北京，八月二十一日清廷革瑞澂、張彪職，命陸軍大臣蔭昌統近畿陸軍兩鎮南下，另飾薩鎮冰統海軍，程允和統長江水師，尅期赴援。二十三日起用袁世凱為湖廣總督，節制各路援軍，袁氏則銜被罷免舊恨，堅辭不就。軍政府聞清兵南下，由黎元洪自兼革命軍總司令，分兵渡江，二十五日與清軍戰於漢口以北之劉家廟，清軍大敗，死傷以千計。此後清軍雖迭次增援，而革命軍士氣旺盛，雙方乃成對峙之局。

當是時袁世凱利用北洋軍人乘機操縱政局，以下列條件要脅清廷：（一）明年召開國會，（二）組織責任內閣，（三）寬容此次起事之黨人，（四）解除黨禁，（五）須委以指揮水陸各軍及關於軍隊編制之全權，（六）須予以十分充足之軍費。清廷不得已從之，於九月六日（十月二十七日）任命為欽差大臣，十一日（十一月一日）任命為內閣總理大臣，由其統籌全局。袁氏以馮國璋統第一軍，段祺瑞統第二軍，相繼南下，清軍頹勢為之稍振。

九月七日，黃興兼程自香港取道上海抵武昌，出任民軍戰時總司令，八日渡江至漢口督師。九、十等日與清軍激戰於大智門外，雙方死傷均重。十一日袁氏南下，十二日清軍入漢口，火焚市區，革命軍主力退守漢陽。二十七日革命軍一度反攻，以天雨缺乏重礮掩護，復退回原陣地。清軍乃合精銳，分道

猛攻，十月七日（十一月二十七日）漢陽復陷。

辛亥革命之成功，不在武漢之一戰，而在各地之響應。總計兩月以內宣佈獨立者達十八、九省，清廷根本為之動搖，民國基礎因以建立。舉其著者如下：：

一、長沙光復（九月一日），推舉焦達峯為都督（達峯遇害，由譚延闓繼任）。

二、西安光復（九月一日），推舉張鳳翽為都督。

三、九江光復（九月二日），推舉馬毓寶為都督。

四、騰越光復（九月六日），推舉張文光為都督。

五、太原光復（九月八日），推舉閻錫山為都督。

六、昆明光復（九月十日），推舉蔡鍔為都督。

七、南昌光復（九月十日），推舉吳介璋為都督。

八、貴陽光復（九月十四日），推舉楊藎誠為都督。

九、上海光復（九月十四日），推舉陳其美為都督。

十、杭州光復（九月十四日），推舉湯壽潛為都督。

十一、蘇州光復（九月十五日），推舉程德全為都督。

十二、桂林光復（九月十五日），推舉沈秉堃為都督。

十三、鎮江光復（九月十七日），推舉林述慶為都督。

十四、安慶光復（九月十八日），推舉朱家寶為都督（後由孫毓筠繼任）。

十五、揚州光復（九月十九日），推舉徐寶山爲都督。

十六、廣州光復（九月十九日），推舉胡漢民爲都督。

十七、福州光復（九月二十日），推舉孫道仁爲都督。

十八、重慶光復（十月二日），推舉張培爵爲都督。

十九、成都光復（十月七日），推舉蒲殿俊爲都督。

二十、南京光復（十月十二日），迎程德全移督於此。

其中杭州之光復係蔣中正先生獻身革命之開端。蔣先生奉陳其美命率敢死隊自滬來杭，身先士卒，佔領撫署，俘清巡撫增韞，厥功至偉。長沙之光復，使武昌無後顧之憂，軍政府得以專力對抗北來清軍，又因湘省之增援，革命軍始能在武漢與清軍作戰月餘之久，爭取時間以待各省之響應。西安之光復，使滿清有西顧之憂，截斷清軍不能南下增援，加重武漢革命軍之壓力。九江之光復，使武漢革命軍無側面威脅，促成長江海軍之反正，隔阻清軍不能南渡。太原之光復，直接威脅北京，使清廷有後顧之憂。

九月十四日（十一月四日）上海光復後，停泊高昌廟、楊樹浦之建安、楚有等艦艇，均懸白旗響應革命。十七日鎮江光復，停泊江心楚觀、楚同等十二艦艇，亦同時宣布反正。時中國海軍以海籌、海容、海琛三艦爲最鉅，由薩鎮冰統率，爲清海軍進攻武漢之主力。黎元洪曾致書勸降，鎮冰終不悟。後經黨人張懌伯等運動，三艦乃於九月二十一日自漢口下駛，二十三日至九江，表示響應革命。鎮冰潛逃，衆推海籌艦長黃鍾瑛任臨時司令。

九月八日，駐灤州第二十鎮統制張紹曾聯合駐瀋陽第二混成協統藍天蔚電促清廷立憲。旋扣留解運前線軍火，要求即日停戰；並與駐石家莊第六鎮統制吳祿貞本革命黨人，屢電清廷嚴懲馮國璋在漢口焚殺之罪，且與山西都督閻錫山協議聯兵北上。清廷陽任為山西巡撫，以示羈縻，陰收買其部下第十二協統周符麟於九月十七日刺殺祿貞於石家莊正太車站。祿貞之死，使北方革命運動失去領導，雖無補於清室之存亡，而與袁世凱竊奪政權之關係甚大。

袁世凱既奉命督師南下，欲乘機奪取政權，一面命所部猛攻漢口，一面命劉承恩、蔡廷幹與武昌軍政府接洽議和。劉承恩迭致書黎元洪，元洪不覆。九月二十日，劉、蔡乃渡江至武昌，與軍政府直接洽商。革命黨諸領袖拒其請，且勸其致意袁氏，響應革命，劉、蔡乃失意而返。

九月二十三日（十一月十三日），袁氏自前線入京，二十六日組織新內閣，謀和進行更為積極。而部分革命黨人震於袁氏聲勢，過於輕視革命軍實力，對袁氏採取安撫態度。當時列強中英國在華利益最多，貿易額幾佔中國對外貿易之半數；加以長江流域為其經濟勢力範圍，不願戰爭之延長。其駐京公使朱爾典乃以調停人自居，致電漢口英領事葛福，出面幹旋。經雙方同意，自十月十二日（十二月二日）起停戰三日。十五日期滿，復展期三日。又期滿，再延期十五日此後各地即無大戰事。於是清廷以唐紹儀為全權代表，革命軍以伍廷芳為全權代表，以上海英租界市政廳為會談地點。是時建立共和已為舉世所公認，而長江下游立憲派人士張謇等，顧慮戰事延長有損國家元氣，力事彌縫其間，雙方以幕後接觸為主，公開之談判不過形式而已。

自十月二十八日至十一月十二日（十二月十八日至十二月三十一日），雙方舉行正式會議五次，決

定召開國民會議討論君主立憲或民主共和。其辦法如下：（一）國民會議代表每省一處，內外蒙古爲一處，前後藏爲一處。（二）每處可派代表三人，每人均有投票權。（三）革命軍控制地區，由中華民國臨時政府發電召集，清軍控制地區，由清廷發電召集。（四）會議地點在上海。（五）會議時間爲十一月二十日。以革命軍控制地區之廣，清廷退位已成定局。

袁世凱對召開國民會議之決定，最初並無反對表示。及十一月十三日（民國元年元旦）國父就職中華民國臨時大總統，袁氏以目的不遂，大爲不滿，認爲唐紹儀自十一月十一日以來行動越權，不同意已決定之召開國民會議辦法，唐氏因之辭職。十四日，袁氏一面授意北洋將領姜桂題、馮國璋等二十餘人，通電主張君主立憲，國民會議應在北京召開；一面致電伍廷芳，嗣後和平條件應與袁氏直接電商，雙方之公開談判因之停頓。

作　業

一、何謂文學社？何謂共進會？

二、中部同盟會成立於何時？有何重大影響？

三、辛亥革命期間，英國爲何出面調停？

四、說明伍廷芳與唐紹儀所議定之和議辦法？南北和議因何失敗？

第二章 中華民國之建立

第一節 民初之政局

各省光復之初，彼此各自爲政。辛亥年十月，各省代表團集會漢口英租界，通過臨時政府組織大綱，惟對組織臨時政府因意見紛歧，遲未實行。

武昌起義之日，國父方在美國募款，得悉之後，兼程赴英、法，爭取對革命政府之同情。十一月六日返抵上海，於是光復各省始有領導中心。十一月十日（十二月二十九日），各省代表團依照臨時政府組織大綱規定，在南京選舉臨時大總統，到會十七省代表，每省一票，國父得十六票，當選爲中華民國首任臨時大總統。十三日（一九一二年一月一日）午後十時，在南京舉行就職典禮，宣誓「以忠於國，爲衆服務。」對外通電，以「公僕」自居。定國號爲中華民國，改用陽曆，以是日爲中華民國元年一月一日（以下改用陽曆）。一月三日，代表團選舉黎元洪爲副總統，並同意 國父所提中央行政各部總長，而民國政府之規模粗具。

國父當選總統之日，爲實現全國統一，特致電袁世凱，勉其促成清帝退位，願以總統相讓，袁氏乃授意慶親王奕劻，於一月十二日清宗室王公大臣會議中，首將退位意見提出。其時京津同盟會員，不知和議眞相，誤認袁氏仍忠於清廷，一月十六日黨人張先培、黃之萌、楊禹昌等，乘袁氏上朝歸，投彈轟

袁氏於東安市場，不中被捕成仁，袁氏乃藉故不再入宮，清隆裕太后反信袁氏不疑，促成袁氏野心之實現。

一月十九日，清廷御前會議，袁氏代表趙秉鈞、梁士詒等，提議清帝退位，南京民國政府取消，另在天津設立臨時政府，以便袁氏獨攬大權。清宗社黨領袖軍諮使良弼等，乃組織「君主立憲維持會」以相抵制。一月二十六日，良弼上朝歸，革命黨人彭家珍擲彈炸之，良弼隔日斃命，家珍亦重傷犧牲。同日袁氏授意清軍將領四十二人（後增至五十人），由段祺瑞領銜，通電主張共和。於是清親貴人人自危，紛紛走避青島、大連、天津，不敢再有反對共和之表示。二月十二日，清帝頒佈退位詔書，依其優待辦法：清帝退位後，中華民國仍待以外國君主之禮，准其暫住皇宮，並保護其財產，每年由民國政府撥給歲用四百萬元，所有禁衞軍概歸中華民國陸軍部編制。

國父讓位於袁氏交涉期間，恐將來袁氏違紀亂政，建議參議院制定臨時約法，改總統制爲內閣制。及清帝既退位，國父於二月十三日提出辭職書於參議院，推薦袁世凱以自代，並附有辦法三條：（一）臨時政府設於南京，不能更改。（二）新總統至南京就任後，現任總統及各總長始行卸任。（三）臨時約法必須遵守。因南京爲革命根據地，而北京封建色彩濃厚，加以辛丑條約規定，各國得駐兵公使館，北京附近中國不能設防；況民國初建，非一新耳目不能振奮人心也。經參議院同意，派蔡元培等爲代表，迎袁氏南下就職。

二月二十五日，蔡元培等抵北京，袁氏表面歡迎，晤談甚洽，並無不能南行語。暗中乃授意駐北京第三鎮曹錕部於二十九日夜發動兵變，搶掠店鋪民居，翌日波及天津、保定一帶。各國增兵東交民巷，

中國近代史

二一六

北方形勢頓趨緊張。蔡元培等爲其所愚，竟致電南京參議院，主張遷就大局，變通辦法。於是各省軍人以黎元洪爲首，紛紛主張改都北京。三月六日，參議院決議允袁氏在北京就職，袁氏遂於三月八日在北京舉行臨時大總統就職典禮。

袁氏就職後，依照臨時約法規定，任命唐紹儀爲國務總理（即內閣總理）。三月二十五日唐氏抵南京，二十九日至參議院發表政見，提出各部總長，徵求同意，其人選係由袁氏所擬定，屬於同盟會僅司法（總長王寵惠）、教育（蔡元培）、農林（宋教仁）、工商（陳其美，未到任，由次長王正廷代理）四部，重要閣員悉屬袁黨。四月一日國父至參議院通告解職，次日參議院復決議臨時政府移設北京。

唐紹儀本袁世凱私人，然頭腦清新，南北議和時與黨人頗爲融洽。及受命組閣，至南京參議院發表政見，經黨人之勸說，乃正式加入同盟會。政府北遷後，頗欲建設一理想政府，與袁氏日漸不容。唐氏思任命王芝祥爲直隸都督，以監視袁氏行動，袁氏乃嗾使直隸五路軍界通電反對。時南京留守黃興以軍餉困難，迭次請辭，袁氏竟不經總理副署，委王芝祥至南京遣散革命軍。唐氏大憤，於六月十五日辭職離京，同盟會籍各總長同辭，唐內閣遂告瓦解。袁氏初以陸徵祥組閣，因不負衆望，所提閣員曾遭參議院否決，復被彈劾，乃稱病不理政務。

時清末立憲派張謇所領導之「預備立憲公會」，與黎元洪所領導之「民社」，已合併爲共和黨，以擁護袁世凱爲己任，在參議院中與同盟會取得抗衡之地位，宋教仁思以政治手腕制勝於參議院，乃聯合參議院中其他小黨，包括統一共和黨、國民共進會、國民公黨、共和實進會，改組爲國民黨。民國元年八月二十五日舉行成立大會，國父前一日由滬蒞京，親自主持，對外宣言欲促成兩大黨對立觀念，以

實現民國之建設。推舉　國父為理事長，黃興、宋教仁、王寵惠等為理事。

此次組黨，黨人之觀念，但圖黨勢之擴張，不求主義之貫澈。甚至同盟會時代之政綱如平均地權、節制資本，和人民應享之政權，皆略而不談，昔日革命之宗旨無形變質。　國父極不滿意此種結合，但為促成團結起見，勉予承認。故委宋教仁代理理事長職務，於九月中離京南下。

先是民國元年八月，北京臨時政府公佈由參議院通過之「中華民國國會組織法」，仿照美國議會，行參眾兩院制。自同年十二月各地開始選舉，民國二年二月上旬，各地議員選舉告竣，國民黨利用地方上之雄厚勢力，獲得絕對之勝利，對於國會前途，遂抱以無窮之希望。

宋教仁為國民黨之中堅，平時主張政黨內閣最力。民國元年冬，宋氏回湖南佈置選舉，稍後至武漢，前往上海，沿途演說，對袁政府頗多指責，大為袁氏所嫉視。民國二年三月二十日晚，宋氏與若干議員自滬同行北上，在車站為袁氏所遣刺客暗算，彈中腰部，至二十二日晨逝世。上海警局會同租界巡捕，獲主兇應夔丞（桂馨），及兇手武士英（吳福銘），搜得兇器文件甚多。發現主謀者為國務院祕書洪述祖，國務總理趙秉鈞及袁世凱皆牽連在內。；於是舉國輿論譁然，洪述祖走避青島，趙秉鈞稱病不出。袁氏一面於五月一日命陸軍總長段祺瑞代理內閣總理，一面顛倒是非，謂宋之被刺係陳其美、黃興所主使，揚言北京已破獲一暗殺團體「血光團」，實黃興為領袖，專以刺殺政府要人為宗旨；而北京地方檢查廳竟票傳黃興到案應訊。

民國二年二月，　國父東渡日本考察政情，及聞宋教仁被刺，乃於三月廿五日返滬，與黃興、陳其美、戴季陶等討論對策。認為袁世凱叛國跡象已漸顯著，主張趁其準備未周，人心激憤之時，起兵討

伐，戴季陶等從之。黃興則認為南方武力不足恃，主張遵循法律途徑解決，遷延既久，坐失良機。

民國二年四月二十六日，袁氏命外交總長陸徵祥、財政總長周學熙，與五國銀行團（英國滙豐銀行、法國東方滙理銀行、德國德華銀行、日本橫濱正金銀行、俄國道勝銀行），簽訂二千五百萬鎊借款合同，擬用作軍費，對付國民黨人。依法當交國會同意，袁懼不被通過，僅咨請國會備查，於是遂發生違法問題。參、眾兩院先後通過議案，不承認借款合同，江西都督李烈鈞、安徽都督柏文蔚、廣東都督胡漢民、湖南都督譚延闓等，紛紛通電反對，諸人皆隸國民黨籍，袁氏乃大恨之。一面授意共和黨與梁啓超所領導之民主黨、章炳麟所領導之統一黨，於五月二十九日合併為進步黨，在國會中與國民黨對抗，一面積極作軍事上之布署。命海軍次長湯薌銘率海軍游弋長江，李純、段芝貴率部向江西，馮國璋、張勳率部向南京。乃於六月九日下令免江西都督李烈鈞職，十四日復免廣東都督胡漢民職，三十日再免安徽都督柏文蔚職，國民黨人乃不得不起兵以討袁，號稱二次革命。舉其起兵次第如下：（一）七月十二日，李烈鈞起兵江西。（二）七月十五日，黃興起兵南京。（三）七月十六日，陳其美起兵上海。（四）七月十七日，柏文蔚起兵安徽。（五）七月十八日，陳炯明宣佈廣東獨立。（六）七月十九日，熊克武起兵重慶。（七）七月二十五日，譚延闓宣佈湖南獨立。（八）八月四日，孫道仁宣佈福建獨立。

二次革命起兵討袁達七、八省之多，合計兵力不下十餘萬人，然兩月之內相繼失敗，究其原因：一則時人對袁世凱尚無深刻之認識，但基於苟安心理，不擇善惡。再則黨人未能聽從 國父主張，起兵於宋教仁被刺之初。及袁氏借款成功，布置就緒，利用金錢收買黨人，復以重兵南下，而討袁軍組織渙

散，各自爲謀，力量分散，遂無所成。

二次革命失敗後，袁氏脅國會先選總統後定憲法，十月六日袁氏遂當選爲正式總統。十月十日正式就職後，益有恃無恐，初向國會要求增修約法，繼復公開反對憲法草案，於是進步黨議員多有覺悟被其利用者。乃合部分國民黨議員，於十月二十一日成立民憲黨，以擁護憲法草案爲宗旨。十月三十日憲法草案三讀通過，十一月三日提出於國會，袁氏以憲法公佈在卽，爲先發制人計，乃於十一月四日藉口二次革命，下令解散國民黨，撤消國民黨國會議員資格。初被追繳議員證書徽章者三百五十餘人，兩院猶足法定人數。後又追繳八十餘人，雖二次革命前早已脫黨者亦難倖免，國會乃陷入停頓狀態。袁氏初組織一「政治會議」，於民國三年元月十日通過解散國會決議案。繼組織「約法會議」，五月一日公佈「新約法」，廢除國務院，設政事堂於總統府。旋成立參政院，通過新總統選舉法，袁氏已不啻爲終身獨裁元首，而野心仍不滿足，仍圖實現其帝制之陰謀。

作　業

一、國父辭臨時大總統職時提出那些條件？用意安在？
二、國民黨成立於何時？由那些政黨合併而成？有何弊端？
三、說明宋敎仁被刺之原因？
四、二次革命因何失敗？

第二節 民初之外交

武昌起義後，湖北軍政府照會漢口領事團，以保護租界自任，負責外人生命財產之安全。聲明前此各國與清廷所訂之條約繼續有效，此後則概不承認，漢口領事團乃嚴守中立，承認革命軍為交戰團體，各地外人相率效尤；惟對南京政府請求承認電文，不作正式之答覆。南北統一告成後，民國臨時政府在法律上雖不為各國所承認，事實上各國駐京公使仍與北京政府進行交涉，各國亦承認民國政府之駐外代表。迨北京正式國會開幕，五月二日美國乃正式承認中華民國政府，墨西哥、古巴、祕魯繼之。十月十日袁世凱正式就任總統後，奧大利、葡萄牙、荷蘭於當日承認，西班牙、德國、意大利、法國、瑞典、丹麥、比利時於次日承認，瑞士、英、日三國竟藉口承認民國問題，向袁世凱提出條件。俄要求外蒙「自治」，英要求西藏「自治」，日要求滿蒙五鐵路之建築權，於是民國政府與俄、英、日三國之交涉以起。

日俄戰後，俄國為補償在朝鮮和南滿喪失之利權，乃轉變目標侵略外蒙。一九○七年（光緒三十三年）兩國第一次簽訂密約，劃分南北滿界限，各不侵犯對方權利。俄承認日韓之政治關係，日承認俄在外蒙之特殊利益。一九一○年（宣統二年），雙方復簽訂第二次密約，互不阻礙對方在其勢力範圍內，鞏固及發展特殊利益，俄人乃專心致力於外蒙之經營。其方法：尊重蒙古人佛教，崇敬喇嘛，代為修建寺院，以收買蒙人之歡心。清廷鑒於外患之嚴重，提高庫倫辦事大臣權勢，鼓勵移民，加派駐軍，舉辦各種新政，所有經費悉由當地供給，蒙民不堪其擾，相率逃避，哲布尊丹巴要求清廷將庫倫辦事大臣三

多調職，清廷不允，俄人乘機挑撥，外蒙民心日離。

武昌起義後，外蒙王公受俄人唆使，於十月初十日（十一月三十日）宣佈「獨立」，奉哲布尊丹巴為可汗，以正式文書通知三多，限三日內離境。時俄蒙軍集中庫倫達五千餘人，三多因兵力懸殊，被迫繳械，取道俄境返回北京。同時俄蒙軍分攻烏里雅蘇臺、科布多，烏里雅蘇臺將軍奎芳被逐，科布多參贊大臣傅潤困守孤城，至民國元年八月卒被攻陷。

外蒙「獨立」後，俄政府一面向民國政府提出無理要求多端，一面脅外蒙簽訂「庫倫條約」及「商務專條」、「開礦合同」，享盡在外蒙之特權。民國元年十一月七日，我政府發表聲明，外蒙為中國領土，無權與他國簽約。駐京俄使庫朋斯基則向我提出要求四款：（一）俄蒙協約有效，（二）蒙古行政借款由俄國供給，（三）俄人在蒙古行動自由，（四）俄蒙間建築鐵路中國不得干涉。被我政府所拒絕。經一年餘之交涉，會議四十餘次，中間歷梁如浩、陸徵祥二任外長，及參議院之否決草案，俄使之推翻前議等困難。至民國二年十一月五日，由新任外長孫寶琦與俄使簽訂相當於條約之聲明五項，其重要內容如下：（一）俄國承認中國在外蒙之宗主權。（二）中國承認外蒙之自治權。（三）外蒙自行辦理內政，並整理本境工商事宜。（四）中國同意俄蒙商務專條。（五）中俄在外蒙古利益另行商訂。

一九一四年（民國三年）九月八日，中國代表畢桂芳、陳籙與俄蒙代表會議於恰克圖，歷時九月，直至一九一五年（民國四年）六月七日始獲協議，其重要內容如下：（一）外蒙承認中國之宗主權，中俄兩國承認外蒙之自治權，俄國承認外蒙為中國領土之一部分。（二）自治外蒙無權與各國締結關於政治、土地、國際條約之權。（三）庫倫活佛受中國大總統冊封，外蒙公事文件用中華民國年曆。（四）中國駐庫

倫大員衞隊不得過二百名，其他各處之佐理人員，每處衞隊不得過

一百五十名，其他各處之領事，每處衞隊不得過五十名。（五）中俄協約與俄蒙商務專條繼續有效。六月

九日，哲布尊丹巴宣佈撤消「獨立」，中俄交涉乃告一段落。是約中國所爭回者除衞隊比俄國多數十名

外，其餘不過冊封尊號用民國年曆等虛名而已。且唐努烏梁海已被俄國所佔據，約中並無隻字提及，俄

國隨時可要脅外蒙簽訂工商業之經濟條約，爲民國成立後第一次外交之失敗。

英人自取得印度後，卽有覬覦西藏野心，清末印總督屢次派兵侵藏，並煽動達賴寇擾川邊；達賴則

以印度爲庇護之所。武昌起義後，駐藏清軍先後譁變，英人乃送達賴自印度歸，宣告西藏「獨立」，遣

兵侵陷巴塘、裏塘等地。民國政府成立後，四月二十一日臨時大總統袁世凱發表談話，聲明西藏爲中華

民國領土，並任命四川都督尹昌衡爲征藏軍總司令，雲南都督蔡鍔亦派滇軍相助。同年七月，川滇軍連

敗西藏叛軍於川邊，叛軍被迫退回藏境。英政府恐我大擧入藏，乃於八月十七日由其駐京公使朱爾典

向我外交部提出要求五端：（一）英政府反對中國干涉西藏內政。（二）中國官吏不得在西藏行使行政

權。中國不得視西藏與內地各省地位平等。（三）中國軍隊不得留駐藏境。（四）依照上述各節中英訂

立協定，然後英國始承認中華民國。（五）中藏經過印度之交通應視爲斷絕。並宣稱苟中國不與英國直

接交涉，英國將單獨與西藏訂約。

是時民國政府尚未被各國所承認，外蒙問題仍待解決，袁世凱乃於九月中旬，命令征藏軍停止前

進。並於十二月二十三日答覆英使，表示中國無意改西藏爲行省，且將履行中國與英國前訂之條約。西

藏達賴喇嘛益無所顧忌，竟於民國元年十二月遣代表赴庫倫，於翌年元月十一日，與外蒙訂立「互助」

條約。民國二年五月，英政府建議中國另訂西藏新約，袁世凱爲邀得英國早日承認民國政府，乃從其

請，派西藏宣撫使陳貽範、副使王海平赴印度，於十月十三日與英國代表麥克馬洪，及西藏代表會議於

印度之西姆拉。英代表首創內藏外藏之名稱，製造藏印界線，將川邊青海之地劃歸西藏所有，遭我拒

絕，西藏代表乃提出英人擬之自主案六條，復被我代表所駁斥。歷時四月，至民國三年三月十一日，

英代表乃提出解決草案十一條，限我代表一星期內簽字，否則認爲談判決裂，其要點如下：（一）英國

承認中國在西藏有宗主權，中國承認「外西藏」有自治權，不改西藏爲行省。（二）中國不在「外西

藏」駐軍，不派遣文武官員。（三）中國駐薩拉大員其衞隊不得過三百人。（四）西藏邊界及「外西

藏」、「內西藏」之分界如英國之願劃定（按：所附地圖，內藏包括巴塘、裏塘、打箭爐等地）。（五）

英人在西藏享受最惠國待遇。另附聲明文件六條：大意中國恢復達賴喇嘛封號，承認西藏政府所派「外

西藏」官員，英商務局衞隊不得逾中國駐薩衞隊百分之七十五。四月二十七日三方代表在約稿界圖畫

行，翌日北京政府一面致電陳貽範否認，一面照會駐京英使說明不能簽約理由。故七月三日三方之最後

一次會議，中國代表並未出席，約稿僅由英、藏二代表簽押，西藏問題遂成懸案。

辛亥革命期間，日本頗思乘機干涉，因美英諸國之反對而歸失敗，乃藉承認民國問題以索取在南滿

東蒙之特殊權益。民國二年五月二十九日，日本脅迫袁世凱簽訂「中日朝鮮南滿往來運貨減稅試行辦

法」六款，東北商業逐被日人所壟斷。二次革命後，袁氏恐日本援助國民黨，特派孫寶琦、李盛鐸二人

赴日本疏通，日本乃借機提出東北五鐵路之建築權以相要挾。袁氏爲取得其對民國政府之承認，同意其

要求，十月五日由日本駐北京公使山座圓次郎，與中國外交部祕密換文，名之爲「鐵路借款修築預約辦

法大綱」，全文三款，其重要內容如下：一、中華民國政府允許借用日本國家資本家之款，自行修造下列各鐵路：（一）由四平街起經鄭家屯至洮南府。（二）由開原起至海龍城。（三）由長春之吉長鐵路車站起貫越南滿鐵路至洮南府。二、中國政府允將來如修造由洮南府城至承德府城，及由海龍起至吉林省城之兩鐵路時，如需外債，儘先向日本資本家商議。其中四洮、長洮、洮熱三路若成，可使日本之勢力侵入熱、察，開海、吉海鐵路，則可阻止中國在東三省西部敷設鐵道。至五路所經之區，即日本勢力到達之地，於是日本經營南滿東蒙之政策得到進一步之成功。

及歐戰發生，日本藉口英日同盟，於一九一四年（民國三年）八月二十三日對德宣戰，十一月七日攻陷青島，並佔領膠濟鐵路沿線。民國四年一月七日，北京政府要求日軍撤退回國，或暫照德國租借辦法留駐青島，日本以歐美各國無暇顧及遠東，復窺袁世凱稱帝野心，於一月十八日由其駐華公使日置益面向袁氏提出二十一條要求。全文共分五號，第一號規定中國政府允許日本承受德國在山東之權利，第二號為日本在南滿東蒙之權利，第三號為日本在漢冶萍公司享受之權利，第四號為限制中國不得以沿海港灣租借於他國，第五號為控制中國政治經濟軍事之方法。日置益並面告袁氏，革命黨與日本在野人士關係甚深，倘不接受其要求，則無法阻止革命黨之討袁活動；並威嚇袁氏嚴守祕密。

二十一條之要求，爲日本企圖滅亡中國野心之大暴露，苟中國接受其要求，不啻成爲日本之保護國。然袁氏爲預備稱帝之故，將有待於日本之支持，始終採取安協態度，命外交部長陸徵祥與日使日置益進行交涉。自二月二日開第一次會議起，至四月二十六日日置益提出最後修正案止，正式會議二十五次，會外折衝亦不下二十餘次。因雙方距離相差甚遠，日政府乃於五月四、五兩日閣議，決定向北京政

府致送最後通牒。五月七日下午三時，日置益將最後通牒送交外交部，限五月九日下午六時前對四月二十六日之修正案作滿意之答覆，否則將採取必要手段。

袁世凱於接到日方通牒之翌日，召開緊急會議，決議因國力未充，承認日本之要求，乃由外交次長曹汝霖、參事顧維鈞，草擬答覆日使文。九日上午經袁氏批准，除第五號前五項容日後協商外，（關於福建問題同意日方之修正案，以公文交換之。）其餘各款全部接受。日書記高尾亨先用電話向總統府催逼，後至外交部閱看覆文，認為滿意，晚十一時始由外交總長陸徵祥、次長曹汝霖，親送至日本公使館，交與日置益。

時歐戰方酣，英國不甚過問，僅美國總統威爾遜於五月十一日向中日兩國發表聲明：「中日兩國無論有何同意或企圖，如有妨害美國國家及人民在中國條約上之利益，或損害中國政治上領土上之完整，或損害關於開放門戶，工商業均等之國際政策者，美國政府一律不能承認。」此種消極態度，殊不能使日本有所顧忌。五月二十五日，袁氏命外交總長陸徵祥與日使日置益正式締結二十一條結果之中日條約，其中包括條約二件，換文十三件，完全依照四月二十六日日方之修正案。二十一條之承認，為我國之奇恥大辱，從此各國在華均勢遭受破壞，中國淪為日本半保護國之地位。

作　業

一、民國四年六月，中俄蒙恰克圖條約有那些要點？

二、西姆拉會議英方所提解決西藏草案內容若何？我國因何拒絕接受？

三、民國元年十月，日本所提東北五鐵路築權，內容若何？

四、袁世凱爲何承認二十一條？有何不良影響？

第三節　中華革命黨與討袁之役

二次革命失敗後，革命黨領袖多走避海外，留在國內賢者死難，不肖者變節。　國父旅居東京，不忍二十餘年艱難締造之民國喪亡於袁世凱之手，欲糾合同志重新組黨，採祕密性質，以討袁爲宗旨，以實現民權民生主義爲目標。民國三年六月二十三日，在東京開中華革命黨選舉大會，衆推　國父爲總理。七月八日開成立大會，參加重要份子有胡漢民、陳其美、居正、朱執信等三百餘人。鑒於過去國民黨時代之散漫無紀律，特別規定黨人須立約宣誓，服從黨魁之命令；至黨之名稱加「革命」二字者，乃使一般同志知目的之所在，能爲主義而犧牲。於是革命精神爲之一振；惟少數黨人不諒　國父之苦心，不肯宣誓加入，黃興因之赴美，李烈鈞、陳烱明等則赴南洋。

八月二十三日，中華革命黨總部發佈約束黨員規則，限制個人不得加入其他團體，不得有背黨之行爲。由　國父擔任中華革命軍大元帥，監督指揮全國之軍事，各省軍事負責人稱司令長官，均由　國父所任命，乃分派居正、陳其美、蔣中正先生等回國活動，討袁義師因之大起。

民國四年春，袁氏帝制醞釀已趨表面化。八月三日，袁氏顧問美人古德諾(Frank J. Goodnow)，在北京政府報亞細亞日報發表「共和與君主論」一文，於比較君憲共和利弊後，認爲中國以採用君主立憲制爲相宜。十四日，所謂「六君子」楊度、孫毓筠、劉師培、李燮和、胡瑛、嚴復，在袁氏操縱下，

發起組織「籌安會」，印製文件，分寄各處，公開作君憲之鼓吹。而梁士詒別組織「請願聯合會」，於九月一日參政院開會時，担造民意，呈遞請願書，要求變更國體。參政院於九月二十八日通過「國民代表大會組織法」，由國民代表投票表決國體。十月二十五日各地開始「選舉」，二十八日開始「國民投票」，至十一月二十日全部投票完竣。其中種種黑幕，不勝枚舉。據各省報告，全國共選出「國民代表」一千九百九十三人，全部贊成君主立憲，並填推戴書，推戴袁世凱為「中華帝國大皇帝」，委託參政院為總代表，代為要求。十二月十二日，袁竟依據參政院之總推戴書，下令承認帝制，封親信一百二十八人為五等爵，改明年為洪憲元年，並準備元旦實行登極。據估計僅大典籌備費高達六千萬之多，其主要來源為借款及鴉片煙稅。

民國三年夏，蔣先生奉 國父命主持滬寧討袁軍事，自兼第一路司令，負攻取滬西之責。發難有期，以同志陳喬蔭、王錦三遭袁黨誘捕，機關被破獲，袁遂下令嚴緝 蔣先生，並收買黨人王金發加以暗圖，蔣先生覺察走避，應陳其美電邀赴日本。後奉 國父命赴哈爾濱視察東北形勢，居月餘，會歐戰起，乃上書 國父，述歐戰之趨勢及討袁計劃，主張集中一點，注全力精銳以赴之，旋返東京覆命。

翌年十月，蔣先生奉 國父命回上海，擬定「淞滬起義軍事計劃書」，供作陳其美之參考。主張以佔領製造局為目標，先取海軍為根據，並攻取龍華礮台，策動江陰礮台反正，其美納之，乃據之以為發動之方略。

民國三年一月，陳其美奉 國父命，偕戴季陶等赴大連，聯絡東北將領，籌劃討袁軍事。同年九月，本溪湖起義失敗，欲赴香港組織機關，因奉 國父留滬之電，乃滯上海，設總機關於法租界漁陽里

五號，分由 蔣中正先生、吳忠信、邵元冲等擔任軍事、財政、聯絡等職務。民國四年十一月十日，派同志王明山等刺殺袁氏死黨上海鎮守使鄭汝成，十二月五日下午四時，一面命黨人楊虎等襲取肇和艦，向岸上發砲，一面由陸學文等督隊進攻警察、電燈、電話等局。終以兵力懸殊，連絡欠週，製造局守軍同志不能及時響應，應瑞、通濟兩艦復附敵，至六日晨，各路皆失利。當肇和艦向岸上發砲時，陳其美蔣先生馳往指揮，以袁軍四集，交通阻絕，復退回機關部，及法捕房偵探前來搜捕，自露台越屋走避。是役死難及失蹤同志近百人，使久醉之人心為之一醒，陳其美及蔣先生遂為袁氏所不容。民國五年五月十八日，其為袁氏所收買之刺客，刺殺於法租界漁陽里機關部，年僅四十歲，革命黨乃喪失一巨擘。蔣先生聞其美死，載屍歸其私寓，經紀喪事，復為文以哭之。

先是民國二年九月，袁世凱調雲南都督蔡鍔至京，先後任為經界局督辦，參政院參政，統率辦事處辦事員等職，欲收買以為己用，改以蔡氏舊部時任貴州都督的唐繼堯繼任雲南都督。蔡清末雖同情革命，但因與梁啟超有師生之誼，故與進步黨關係殊深。籌安會發生後，唐繼堯受黨人呂志伊運動，暗與蔡鍔通消息，迭次集合雲南軍界會議，準備起兵以討袁。蔡則與梁啟超密謀，梁撰「異哉所謂國體問題者」，以駁籌安會，蔡則託疾離京，取道臺灣、河內，於四年十二月十九日抵昆明。黨人李烈鈞等奉國父命已先至，乃於二十三日致電袁氏反對帝制，二十五日通電全國宣佈雲南獨立，推唐繼堯為都督，組織護國軍，以蔡鍔統第一軍出四川，李烈鈞統第二軍出廣西，唐繼堯統第三軍守後方，命先遣縱隊長徐進會同戴戡等出貴州。

袁世凱聞護國軍起義，下令免唐、蔡等職，遣師長曹錕、張敬堯、李長泰等佈防四川，馬繼增、范

中國近代史

國璋等佈防湘西，龍觀光等入貴州，以相防堵。蔡鍔入川之軍迭敗袁軍，以餉彈兩缺，山道艱難，民國五年春與袁軍對峙瀘州附近。元月二十七日，貴州護軍使劉顯世宣佈獨立，三月十五日，廣西將軍陸榮廷宣佈獨立，護國軍聲勢大振。是時北洋將領段祺瑞、馮國璋等皆不同情帝制，段氏辭陸軍總長退居北京城外之西山，馮則以江蘇將軍地位，欲從中漁利，操縱政局。故護國軍發難後，袁氏原定民國五年元旦登極之計劃不克實現。及黔、桂二省獨立，乃於三月二十二日正式宣佈撤消帝制，惟仍保持其總統職位。

護國軍起義後，國父分命各地黨人乘時併起，運動各省軍人舉兵討袁。四月六日，廣東將軍龍濟光，以境內革命軍蠭起，勢窮力竭，不得已宣佈獨立。十二日浙江獨立，推舉呂公望爲都督。五月九日，陝北鎮守使陳樹藩宣布獨立，於五月十六日進入西安。四川將軍陳宦，湖南將軍湯薌銘，因境內屬縣多被革命黨人所佔領，生命財產受到威脅，先後於五月二十二日、二十九日被迫宣佈獨立，二人爲袁氏親信，袁氏之勢益孤。

同年二月十四日，蔣中正先生率黨人楊虎等襲取江陰要塞，以爲進取長江之根據，並宣佈獨立。五日後因內部叛變，同行者皆宵遁。蔣先生獨留壘中，至深夜，二兵士來告曰：「壘已空，盍速行。」蔣先生乃命二人爲嚮導，離砲台出險返滬。

是時其他江蘇、山東、安徽、福建等省，均有革命黨人之活動。居正所率領之中華革命軍東北軍，於五月初光復山東高密、濰縣等地，佔領膠濟全線，並計劃進攻濟南。六月初 國父任命 蔣先生爲中華革命軍東北軍參謀長，前往指揮作戰，事無鉅細，竭力整頓，而權不集中，難著成效。及袁氏暴斃，居正去北京，由許崇智代其職，呈請解散，蔣先生乃赴北京觀察政局，同年秋復回上海。

二三〇

四月十七日，江蘇將軍馮國璋致電袁氏，勸其恢復國會，退位自全。二十二日，袁氏改命段祺瑞組織內閣，思利用段以制馮。段亦贊成袁氏退位辦法，袁氏乃成眾叛親離之勢。

獨立各省於五月八日成立軍務院於廣東之肇慶，公推唐繼堯為撫軍長，岑春煊為撫軍副長，蔡鍔、李烈鈞、梁啓超等為撫軍，作為獨立各省之統籌機關。非袁氏退位，決不中止軍事行動。袁氏羞憤，病逾不起，乃於六月六日晨三時斃命。七日副總統黎元洪繼任總統，二十九日任命段祺瑞為國務總理，七月十四日通緝帝制罪魁楊度、梁士詒諸人。同日軍務院宣佈撤消，八月一日國會重開於北京，黎元洪補行宣誓，並選舉馮國璋為副總統，全國又恢復統一之局面。

作　業

一、中華革命黨成立於何時？宗旨若何？

二、肇和起義發生於何時？由何人所領導？

三、說明護國軍起義後，各省獨立之次第？

四、討論袁世凱洪憲帝制失敗之原因？

第三章 段法與護法

第一節 護法政府之成立與演變

民國五年六月，段祺瑞出任國務總理後，以徐樹錚為祕書長，段氏剛愎，徐氏跋扈，與總統黎元洪之間日趨水火。民國六年四月五日，美國對德宣戰，勸告中國採取一致行動，段氏欲借參戰為名，尋求日本援助，以實現武力統一中國之野心，力持參戰之議，而遠見之士，以為中國若參戰，必予日本侵略之機，引起中國之內亂。國父為此曾致電參眾兩院，並口授大意，由朱執信執筆，撰「中國存亡問題」一文，刊之於報端，說明中國宜堅守中立之故，而段氏終不省悟，乃利用督軍團以相要挾。四月二十五日，段氏召集各省督軍到京開會，決議一致支持段氏主張。五月十日，製造人民團體，包圍眾議院議場，毆辱議員，強迫通過參戰案，國會因之撤議，反對段氏任職；段氏則利用督軍團要求總統解散國會。五月二十三日，黎元洪順從國會要求，將段氏罷免，以外交總長伍廷芳代理國務總理，旋經國會通過，由李經羲繼任。段氏乃憤然離京赴津，督軍團之各省督軍、省長紛紛宣告與中央脫離關係。

方段祺瑞借督軍團與國會爭持時，獨安徽督軍張勳不與其事，表面以調人自居，暗中進行其復辟之陰謀，北洋領袖段祺瑞、馮國璋、徐世昌等均參予其計畫。黎元洪誤信其地位超然，命其來京從事斡旋。張勳率部五千餘人於六月八日抵天津，致電黎氏竟要求解散國會，黎氏被左右包圍，遂於六月十三

日發布解散國會之命令。黎氏此舉爲民國以來破壞法統之第二人，而段氏之脅迫解散國會，爲北洋軍人割據禍國之先聲。六月十四日張勳抵北京，遂清遺老康有爲等續至，共商復辟之進行。陸軍總長王士珍、步軍統領江朝宗、警察總監吳炳湘、駐軍第十二師長陳光遠等均表贊同，乃於七月一日晨同入清宮，假借黎元洪、馮國璋名義，要求清廢帝溥儀復辟。下僞詔纂改年號，恢復滿清官制。

復辟之亂旣起，黎元洪走避日本公使館，致電南京副總統馮國璋（馮以副總統兼江蘇督軍），代行總統職權。是時全國人心激憤，討伐張勳之聲如排山倒海之勢。北洋軍人段祺瑞等，初持觀望態度，後料其事之不成，均不肯爲張勳之助。七月四日段祺瑞在天津附近馬廠誓師，組織討逆軍，自任總司令，分兵三路向北京進攻。七月十二日討逆軍進入北京，張勳逃入荷蘭公使館，殘部悉降。而王士珍、江朝宗、陳光遠等任民國官職如故。張勳心有未甘，通電全國，責馮國璋、段祺瑞、徐世昌等之翻雲覆雨，爲其所賣，以故事後北京政府雖有通緝復辟要犯之明令，而諸人仍逍遙法外。

八月一日馮國璋抵北京，重任段祺瑞爲國務總理，十四日不經立法手續，宣佈對德奧宣戰。九月二十九日，電令各省選派參議員到京，組織參議院，以代行國會職權。同日並下令籌備新國會之選舉。十一月十日參議院在北京開幕，馮國璋補行就職宣誓。民國七年二月十七日公佈「修正國會組織法」，七月十二日遂下新國會之召集令。因廣東、廣西、雲南、貴州、四川、湖南、湖北、陝西等省不執行北京政府亂命，實際辦理選舉者僅十四省，八月十二日新國會集會北京。九月選舉徐世昌爲總統，十月十日徐氏就職。

當段祺瑞蹂躪國會之時，　國父迭電段氏及黎元洪，遵守約法，勿以國家前途爲犧牲。並電西南各

省，共同維護國會。及張勳復辟消息傳出，國運飄搖，乃應兩廣巡閱使陸榮廷、廣東督軍陳炳焜、雲南督軍唐繼堯、廣東省長朱慶瀾等之請，於七月八日率海軍離滬赴粵，十七日抵達廣州。值復辟亂平，國父再電段祺瑞，將功贖罪，恢復國會，段氏仍不悔悟。乃電兩院議員，南下集會，以存正氣，而振國紀。

八月中，國會議員紛紛南下，二十五日在廣州舉行非常會議，九月一日選舉 國父爲大元帥，翌日選舉陸榮廷、唐繼堯爲元帥。十日 國父在廣州就職，任命各部總長，對外發表宣言，號召國人共同護法討逆。

陸榮廷、唐繼堯等本無護法誠意，其所以歡迎 國父南下，目的在鞏固其勢力範圍，恐遭北洋勢力之侵入，故對軍政府多所掣肘，既不肯就元帥之職，復對北京政府採取妥協態度。前任廣東督軍陳炳焜，後任莫榮新，受陸榮廷指使，驕恣專橫，不肯接濟軍政府經費，殺大元帥府警衞，劫掠陸軍部，囚陸軍部長張開儒，槍斃代理次長崔文藻，海軍復採依違態度，護法政府之處境極爲艱難。軍政府既受制於桂系，乃圖向外發展，經胡漢民商得廣東省長朱慶瀾同意，以全省警衞軍二十營撥歸陳炯明統率，擬取道福建北伐。朱竟因此被罷職，陳乃率部赴粵東，雖僅四五千人，爲革命軍武力之所賴。民國七年二月，海軍總長程璧光爲桂系所刺殺， 國父益無所恃，乃電召 蔣中正先生赴粵以爲助。三月十一日 蔣先生奉派赴汕頭，出任陳炯明之援閩粵軍總司令部作戰科主任。

北方因直、皖系軍閥之水火，無法全力對南方用兵，南方因陸榮廷輩無法護法誠意，亦無力實行北伐。民國七年五月四日，陸榮廷輩運動國會非常會議通過改組

軍政府案，改大元帥制為總裁制，其後復選舉 國父、唐紹儀、伍廷芳、唐繼堯、林葆懌、陸榮廷、岑春煊七人為總裁，其後並推舉岑春煊為主席總裁，對外通電願與北京政府罷兵言和。 國父憤護法精神之喪失，乃離粵赴滬，自後以迄民國九年十一月 國父重返廣州，先後完成「孫文學說」、「建國方略」、「建國大綱」等著述。

國父離粵期間，岑春煊違法失職，蹂躪國會，開放煙賭，並與北京政府在上海從事和議。復置國會對其彈劾案於不顧，停發國會常費，派軍警圍搜兩院祕書處。留滬總裁唐紹儀一向接近 國父，留粵總裁伍廷芳，及兩院議長林森、吳景濂，並多數國會議員，紛紛離粵赴滬。岑氏竟收買少數議員，推舉主席，代理議長職務，補選熊克武、劉顯世、溫宗堯為政務總裁，以代理 國父、伍廷芳、唐紹儀地位，欲遷就北京政府談判條件，護法精神蕩然無存。

國父以桂系「假護法之名，行害民之實」，民國九年六月三日乃合唐紹儀、伍廷芳等發佈討伐宣言。並命 蔣中正先生、朱執信等赴閩南漳州，促陳炯明等回師廣州。陳氏初遲疑觀望，不肯服從。及聞粵督莫榮新遣海陸軍前來夾攻，而朱執信及所部第二軍長許崇智等復為之剖陳利害，始於八月十二日誓師漳州，分三路回師廣東。十月五日 蔣先生抵汕頭總部策定作戰計劃，旬日之間連克河源、惠州諸地，西江、北江及廣州附近黨人紛紛響應，岑春煊以大勢已去，通電解職。二十六日莫榮新部撤出廣州，翌日，遂由革命軍所接防。

陳炯明既抵廣州，欲乘機割據廣東，乃發表聲明，誘稱廣東財政支絀，不能負擔國會經費，主張護法政府暫設上海。後以輿論難違，無法阻止 國父返粵，乃大嫉之。十一月二十九日 國父回粵，國會

議員再度集會廣州。民國十年四月二日，非常國會鑒於內外形勢，決議廢除軍政府，七日通過「中華民國政府組織大綱」，選舉 國父為中華民國大總統。五月五日 國父就職，設總統府於觀音山，並任命各部總長，發表對內對外宣言，決定赴日北伐，繼續護法。

國父洞悉陳炯明野心，返粵之後，仍欲促其省悟，以獻身革命大業。故任命陳氏為陸軍部長、內政部長、廣東省長、粵軍總司令，集軍政大權於一身，而陳氏終不滿足，專橫自恣，同於桂系。 國父知非早日北伐不足有所開展，乃於民國十年六月進兵廣西。九月底全省底定，十二月 國父抵桂林組織大本營，計劃明春由湘入桂，大舉北伐；而陳炯明謀叛日亟。民國十一年春， 國父因糧餉告絕，接濟不至，乃改道韶關，以江西為進攻目標。

陳炯明乘廣東後方空虛，盡調其部隊五十餘營集中廣州附近，截留捐稅，騷擾市面，密授所部師長葉舉、洪兆麟等叛變計劃。六月一日 國父返廣州坐鎮，發表談話，仍欲陳氏悔過自新，而陳氏謀叛益急。十五日深夜，竟合主力猛攻觀音山總統府， 國父穿叛軍防哨脫險登楚豫艦，葉舉等乃於十六日晨佔領廣州各機關，大肆搶掠，通電要求 國父下野。

國父以廣州陸地已被叛軍佔領，乃率艦隊集中黃埔。一面急電 蔣先生火急赴粵，共赴危局；一面飛調北伐軍回師平亂，遂即率海軍駛入省河，向叛軍發礮轟擊。二十三日 國父遷駐於永豐艦，繼續與叛軍對峙。

蔣先生時因母喪家居，聞陳炯明之變，立即冒險南下，六月二十九日抵廣東，隨侍 國父於永豐艦上，陳炯明聞之大懼。 國父有所憑藉，乃語人曰：「蔣君一人來此，不啻增我兩萬援軍。」自是 蔣先

生日夕從　國父指揮海軍沿省河進攻叛軍，直至八月九日聞北伐軍回師失利消息，始侍　國父離粵赴滬，八月十四日抵達上海。

初北伐軍回師失利，分兩軍退卻，許崇智、李福林、黃大偉等部退閩邊，朱培德部退桂境。許與福建軍人關係甚深，得延平駐軍旅長王永泉之助，革命軍於十月十二日佔領福州，　國父委林森爲福建省長，王永泉爲閩軍總司令，編入閩各軍爲東路討賊軍，任許崇智爲總司令，兼第二軍長，蔣先生爲參謀長，黃大偉、李福林爲第一、第三軍長，命卽回師廣州靖亂，革命軍聲勢爲之一振。陳炯明則以洪兆麟爲「援閩總司令」，集中主力，戒備潮、汕一帶。

　國父另派鄒魯運動廣西駐軍進兵廣州，鄧澤如負責籌劃軍餉。桂軍劉震寰、滇軍楊希閔部，乃於民國十一年十二月乘虛東下，十二年一月十六日進入廣州。陳炯明倉卒退走惠州，潮州、汕頭等地因之不戰而下。　國父以粵事已定，於二月二十一日自滬抵廣州。時值北方直奉戰後，直系以恢復舊國會爲手段，作爲曹錕賄選之準備。加以陳炯明之亂，留粵國會議員所餘無多，非另造法統，不足以挽救國運，乃於三月二日組織陸海軍大元帥大本營，自任大元帥，以　蔣先生爲參謀長，劃定各軍防地。四月中，桂軍沈鴻英部在廣州附近叛亂，　國父親自督師，敗其主力，沈氏竄回廣西，革命政府基礎始告鞏固。

作　業

一、何謂督軍團？段祺瑞主張對德宣戰之目的安在？

二、民國六年七月，　國父因何號召護法？

第三章　毀法與護法

二三七

三、說明陳烱明叛變之陰謀？

四、國父廣州蒙難時，蔣中正先生有何卓越表現？

第二節 外患之煎逼與民族自覺

一九一八年（民國七年）一月，歐戰協約國勝利在望，美總統威爾遜（Woodrow Wilson）提出和平十四原則，提倡民族自決，反對使用祕密外交，獲得協約國之一致贊同。日本因恐將來中國在和議席上揭發其侵略之陰謀，竟嗾使北京公使團，於十月三十日向北京政府提出參戰不力之覺書，認爲北京政府藉參戰之名，利用關稅餘款供黨派私爭之用，所訓練之參戰軍係備內戰之需，以中傷中國將來在和會席上之地位。

日本復與英、法等國訂立密約，使其在和會中支持日本之立場。復引誘北京政府於一九一八年（民國七年）九月二十八日由駐日公使章宗祥與日政府簽訂濟（南）順（德）、高（密）徐（州）二千萬元鐵道借款合同，關於山東問題換文，對於二十一條之規定，有「欣然同意」之語句，以爲將來和會中承受德國在山東利權之藉口。

一九一八年（民國七年）十一月十一日，德國與協約各國簽訂休戰條約，一九一九年（民國八年）一月十八日巴黎和會在凡爾賽宮正式開幕，北京政府特任命陸徵祥、顧維鈞、王正廷、施肇基、魏宸組五人爲代表，並以陸徵祥爲首席代表，出席和會。顧、王、施、魏皆由駐外公使任所赴巴黎，惟陸徵祥自本國啓程前往。

大會開幕後，中國代表要求收回德國在山東利權，並提出廢棄列強在華勢力範圍，撤退外國軍隊巡

警，裁撤外國郵局及有線無線電報機關，撤消領事裁判權，歸還租借地，關稅自主等要求。

因日本堅持繼承德國在華權益，英法等國與日本密約在先，美國復無法主持正義，竟於四月二十九、三

十日之「十人會議」中，明白規定於對德和約之中。關於取消外人在中國特殊利益問題，大會於五月十

四日正式通知中國代表，謂非權限所及，無法公開討論。

先是民國六、七年間，北京文化界感於國家內憂外患之嚴重，學術思想之落後，愛國精神之不振，

紛紛創辦刊物，從事救亡圖存之鼓吹。其著者若「新青年」、「新潮」等，領導人物為北京大學校長蔡

元培，與教授胡適，學生傅斯年等。及歐戰結束，國人因受威爾遜所倡和平十四原則所影響，渴望「公

理戰勝強權」之奇蹟出現。及聞巴黎和會中國際現實政治之妥協主義代替威爾遜之和平理想，擅將日本

繼承德國在山東利權明白規定於對德和約之中，驟失所望，情緒激憤，乃走上干涉政治之途徑。

民國八年五月四日下午，北京學界以「外爭主權，內除國賊」為口號，初集會於天安門，旋往東交

民巷外國公使館投遞請願書，要求各國主持正義，最後至東城趙家樓，焚外交次長曹汝霖住宅，毆辱駐

日公使章宗祥，事後警察逮捕落隊學生三十二人。北京總統徐世昌初用高壓手段，繼續拘留街頭演說學

生，而學生益憤激，宣傳抗日更力。全國各界紛紛響應，上海、天津等大城市商人群起罷市支援。相持

至六月，北京政府以眾怒難犯，不得已將曹汝霖、章宗祥，並一年來經手向日本借款之幣制局總裁陸宗

輿免職，釋放被捕學生，此一運動始告一段落。

「五四運動」之重大意義，係學生犧牲精神，社會制裁精神，以及民族自決精神之表現。為國人思

想啓一新變化，爲國民外交造一新趨勢，促成以後國民革命軍北伐之成功。

五月六日，巴黎和會大會宣讀對德和約，中國代表陸徵祥即席宣言，不承認山東問題之解決辦法，五月二十六日復正式通知大會主席，對於和約維持保留。因被拒絕，加以「五四運動」之影響，中國代表乃於六月二十八日凡爾賽和約簽字時缺席，並聲明保留對德和約之最後決定權。七月十日北京政府宣佈不簽字對德和約之經過，九月十五日聲明對德戰爭狀態終止。

巴黎和會後，中日關係未能改善，日本海權擴張，與美國在遠東勢力衝突日烈。加以英日同盟之故，美國基於傳統政策，不欲傷害與英國之關係，社會輿論乃主張發起一國際會議，以解決太平洋爭端。英國贊同，法國、意大利隨聲附和，美總統哈定乃於一九二一年（民國十年）八月十一日正式邀請英、法、日、意四國，於十一月十一日在華盛頓舉行縮軍會議，並連帶討論太平洋與遠東諸問題。因中國爲遠東問題之樞紐，荷蘭、比利時、葡萄牙三國在太平洋及遠東一帶均有利益，故於邀請四國之同日，邀請中國參加，十月四日邀請荷、比、葡三國參加。日本最初反對甚爲激烈，因外交形勢陷於孤立，國內經濟狀況無法與美國作軍備競爭，終於同意出席會議，消息傳出，國內輿論均抱無窮之希望。

北京政府接受美國邀請，於同年十月六日任命駐美公使施肇基、駐英公使顧維鈞、大理院院長王寵惠、護法政府外交部次長伍朝樞爲代表，出席會議。（後因伍氏堅辭，實際代表僅三人。）代表團人數多達一百三十二人，包括法律、交通、財政專家，及政府官員。此外上海民眾團體公推蔣夢麟、余日章爲代表赴美，以宣達中國國民之公意。

一九二一年十一月十二日，華盛頓會議在美國總統哈定主持下開幕，美國務卿許士以發起國身份主

持會議，態度頗為公正。十一月十六日太平洋會議及遠東問題總委員會舉行第一次會議，我代表施肇基提出關於中國問題原則十款，經各國代表同意，由美國代表於十一月二十一日全體委員會第三次會議時，修正為四原則，在第四次大會中通過，列為九國公約之第一條，於一九二二年（民國十一年）二月六日經大會通過發表：（一）尊重中國之主權獨立，暨領土與行政之完整。（二）給予中國完全無礙之機會，以發展並維持一有力鞏固之政府。（三）施用各國均勢，以期切實設立並維持各國在中國全境之商務實業機會均等之原則。（四）不因中國狀況乘機謀營特別權利，而減少友邦人民權利，並不得獎許有害友邦安全之行動。大會進行期間，中國代表復先後提出要求多端，部分獲得解決，部分仍成懸案，舉其著者如下：

一、關稅自主　中國要求自一九二二年（民國十一年）正月一日起，將入口關稅增加至百分之一二・五，大會同意增加至百分之五，附加稅一律為百分之二・五，奢侈品增加至百分之五。

二、領事裁判權　大會僅通過組織一委員會，考察中國領事裁判權之現行辦法，以及中國法律司法制度及司法行政手續。

三、取消在華外國郵局　大會通過除租借地或約章特別規定者外，同意撤銷，實行之期不得逾一九二三年（民國十二年）一月一日。

四、撤銷外國在華駐軍及警察　大會通過原則承認，將來中國請求時，由各國派遣代表，會同中國代表三人，共同秉公詳細調查。

五、撤銷外人在華之電線電臺　大會通過外國根據條約或事實上存在之電臺，仍得繼續經營，未得

中國允許之電臺，俟中國交通部能辦理時，給予充足之償付收回。

六、退遠租借地　法國承認交還廣州灣，日本承認交還膠州灣，英國承認交還威海衛。

七、取消二十一條　未提出大會討論，日本僅聲明撤回「容日後再議」之第五號各款。

關於解決山東懸案問題，中國主張大會解決，日本主張直接交涉，經美代表許士、英代表白爾福調停，卒依日本要求在會外作友誼之談判。自一九二一年（民國十年）十二月一日起，至一九二二年（民國十一年）一月三十一日止，與日代表加藤等共舉行會議三十六次，二月四日中日代表簽定「解決山東懸案條約」二十八條，其要點如下：（一）日本將膠州灣德國舊租借地交還於中國。（二）撤退山東所有日軍。（三）償還日本購置增修膠州灣公產費用。（四）日本交還膠濟主幹線鐵路，中國以現值實價償還日本。（五）膠濟鐵路沿線各礦山屬德國所有者，日人得以投資，但不得超過中國股本。

三月三日北京政府特派王正廷督辦魯案善後事宜，十二月一日與駐京日使小幡酉吉議定「山東懸案細目協定」，中國出款一千六百萬日金購回膠州灣公產，（其中二百萬於公產鹽產移交後一月內支付現金，其餘一千四百萬中國得以國庫券交付，以十五年為限，年息六釐。）十二月五日復簽定「山東懸案鐵路細目協定」，規定中國償還日本政府鐵路財產日金四千萬元，以鐵路進款為擔保，用國庫券照價交付，年息六釐。同年十二月十日中國正式接收青島，民國十二年一月一日中國接收膠濟鐵路及其支線。此一交涉，日本雖歸還青島及膠濟鐵路，仍享受德人在山東之其他特權，復索得五千餘萬日金之贖款，其代價可謂大矣。

先是外蒙之獨立與自治既係俄人一手所造成，其自治政府成立之翌年，外蒙王公憚俄人之勒索，已

中國近代史

二四二

有取消自治之運動。及俄國大革命爆發，俄幣慘跌，外蒙人民咸以爲苦。民國八年秋，俄共侵至赤塔附近，白俄將領謝米諾夫企圖竄擾外蒙，外蒙王公乃請求都護使陳毅，轉請北京政府，撤銷自治。十一月二十二日，北京政府乃下取消外蒙自治之命令，於是中國北疆仍恢復清末之原狀。

外蒙撤銷自治後，日本乘機一面誘外蒙王公派員至哈爾濱與其接洽，由日本時務局借款六百萬元作爲購械之用，以外蒙圖勒克圖山脈一帶森林礦產作抵押；一面勾結白俄將領謝米諾夫部屬恩琴，於民國九年十月進攻庫倫，遭我守軍褚其祥旅所擊退。十年二月一日，白俄合蒙匪五千餘人再度來攻，守軍不敷分配，加以餉彈缺乏，活佛被劫，庫倫遂於三日晨陷落。守軍部分退守恰克圖，多數遭慘殺，陳毅僅以身免。三月二十一日，恩琴宣佈成立「外蒙獨立政府」，仍奉活佛爲領袖，而以恩琴爲最高軍事顧問。旋派兵奪取科布多、烏里雅蘇臺等地，南侵至張家口以北。五月三十日北京政府任命張作霖爲蒙疆經略使，張氏方圖向關內發展，而無出兵之計劃。

外蒙被白俄攻陷後，民國十年三月十三日部分外蒙青年在俄共操縱下，在恰克圖附近成立「蒙古臨時人民革命政府」，請求蘇俄以兵力剿除庫倫恩琴餘黨，於是蘇俄紅軍於七月六日長驅進入庫倫。十一月五日宣佈成立「蒙古人民政府」。同日與蘇俄訂立「修好條約」，使蘇俄在外蒙享盡所有特權，於是外蒙再陷於俄共控制之下。民國十三年五月二十日，蒙古活佛死。七月一日俄人將「蒙古人民政府」改組爲「蒙古人民共和國」。十一月八日成立國民會議，二十六日依照蘇聯憲法，通過「蒙古人民共和國憲法」，至此蘇俄卵翼外蒙僞政權之野心乃大告實現。

蘇俄復利用中國政局不安，及國人憤恨國際道義淪喪心理，從事赤化中國之另一陰謀。一九一九年

（民國八年）七月二十五日，蘇聯代理外交委員長加拉罕（Leo Karakhan），發表第一次對華宣言，申明願放棄帝俄時代在中國享受之一切特權，將中東鐵路及租借地，以一切礦產森林及他種產業，以及拳亂之役中國所負欠之賠款，一概無條件歸還中國，毫不索償。其用意欲藉中國力量，消滅舊俄在遠東之一切勢力，一時國人頗為所惑。同年十一月，北京政府宣佈廢除民國四年（一九一五）中俄蒙協約。

民國九年三月，改組中東鐵路，限令舊俄政府試行接洽。蘇俄為表示「友善」，復以遠東共和國名義，派遣優林於八月二十六日抵北京，藉口接洽通商，進行交涉。九月二十三日，北京政府發佈停止舊俄公使待遇之命令，派員接收俄國在華所有租界，電告蘇俄政府與舊俄斷絕一切關係。

張斯麐赴莫斯科，以考察為名與俄共政府接洽。蘇俄為表示「友善」，復以遠東共和國名義，派遣優林於八月二十六日抵北京，藉口接洽通商，進行交涉。九月二十三日，北京政府發佈停止舊俄公使待遇之命令，派員接收俄國在華所有租界，電告蘇俄政府與舊俄斷絕一切關係。

一九二〇年（民國九年）九月二十七日，加拉罕復對中國發表第二次宣言，重申一九一九年（民國八年）宣言原則，一時雙方關係頗有融洽之勢。然自一九二一年（民國十年）七月以來，蘇俄遠東共和國紅軍，由赤塔進兵強佔庫倫，操縱成立蒙古傀儡政權，慘殺赤塔中國僑民，而優林復在華策動共匪之組黨工作，大為北京當局所不滿，是故優林在華兩年，毫無成績之可言。

一九二二年（民國十一年）八月，蘇俄另派越飛（Adolf A. Joffe）率代表團到達北京，表示俄國願依一九一九年、一九二〇年兩次宣言精神，以討論兩國間之一切問題，但當北京外交部向其表示中國態度後，越飛竟以節略答覆北京政府，不肯放棄中東鐵路之特權，拒絕訂期會議，旋藉病南下，取道上海赴日本。

一九二三年（民國十二年）八月，蘇俄再派其外交委員會副委員長加拉罕東來，抵北京後，利用一

九一九年、一九二〇年兩次對華宣言簽署人身分，及中國朝野對其好感之心理，於九月三日再發表第三次對華宣言，重申前兩次宣言之原則，北京政府初任命王正廷爲中俄交涉督辦，與加拉罕進行交涉，旋由外交總長顧維鈞直接與之祕密協商。中間困難重重，至一九二四年（民國十三年）五月三十一日雙方始簽訂「中俄解決懸案大綱協定」十五條，主要規定：（一）蘇俄承認外蒙爲中華民國之一部份，至於駐軍之撤退辦法，於將來會議中另定之。（二）蘇俄放棄有礙中國主權及利益之條約。（三）蘇俄同意以中國資本贖回中東鐵路及該路所屬之一切財產。同日又簽定「暫行管理中東鐵路協定」十一條，主要規定：（一）鐵路設理事會，置理事十人，中俄各半，華人任理事長，俄人副之。（二）鐵路設監事會，置監察五人，華二人，俄三人，由華人任會長。（三）鐵路設局長一人，由俄人擔任，副局長二人，華俄各一人，職員華俄平均分配。同年六月十三日蘇俄向北京政府建議建立邦交，七月兩協定由兩國政府批准，加拉罕遂被任爲駐華大使，正式與我國建立外交關係。

是時東北當局敵視北京政府，對於「暫行管理中東鐵路協定」採取反對態度。加拉罕乃派代表赴東北，與張作霖之「自治政府」作局部交涉。一九二四年九月二十日，復成立「奉俄協定」七款，後於民國十四年三月經北京臨時執政政府追認，其不同於前約者，除規定一八九六年（光緒二十二年）中俄共同經營東省鐵八十年後產業無償歸中國政府所有之明文減爲六十年，並聲明該路除營業工務直轄於該路局外，其他司法、民政、軍務、警務、市政、稅務、地畝，概由中國政府辦理處置。是約雖較北京條約尙有進步，然爲俄國割裂中國陰謀之表現，亦爲九一八事變後俄國出賣中東鐵路給日本之張本。

作　業

一、說明「五四運動」發生之背景？

二、華盛頓會議中關於中國之各種提案分別作何種決定？

三、華盛頓會議期間關於山東問題如何解決？

四、蘇俄紅軍怎樣進入外蒙？怎樣操縱成立傀儡政權？

五、蘇俄三次對華宣言各發表於何時？其背景若何？

六、中俄「解決懸案大綱」重要內容是什麼？

第三節　中國國民黨之改組與建軍

先是中華革命黨之成立，頗能矯正國民黨時代之渙散頹習，組織紀律均較嚴密。惟海外各地黨部因立案關係，仍多沿用國民黨名稱，而參予討袁黨人，倉卒之間，多有舊隸國民黨，而未加入中華革命黨者。故袁氏既倒，民國六年三月，中華革命黨總部致各地支部之通告，準備恢復國民黨之舊名稱。民國八年十月十日，國父正式通告海外各支部，確定黨之名稱為中國國民黨，加「中國」二字者，所以別於民國元年之國民黨也。民國十一年陳烔明叛變，國父抵滬後，默察當前內外形勢，檢討過去失敗之癥結，益堅定改組國民黨之決心。乃召集在滬同志，起草黨綱及總章，於民國十二年一月一日正式發布改組宣言，說明中國國民黨係「以三民主義為立國之本原，五權憲法為制度之綱領。」迨陳烔

明騙出廣州，　國父返粵之後，重新組織各級黨部，嚴密黨員登記，統一宣傳機構，指導海內外大會代表之選舉，革命陣容煥然一新。

民國十三年一月二十日，在　國父主持下，中國國民黨舉行第一次全國代表大會於廣州之廣東高等師範學校，出席海內外代表一百六十五人，　國父致詞勉勵各級同志要犧牲自由，貢獻能力，改造本黨，改造國家。大會至三十日閉幕，除通過宣言及總章外，復通過「建國大綱」，設立國民政府，及制定黨歌等決議案。大會宣言爲三民主義思想之結晶，亦爲改組後新精神之表現。

先是民國十一年陳烱明之叛變，　國父深受刺激，以陳部係革命黨全力培植而成，因無思想之訓練，遂被野心政客所利用。故陳烱明被驅出廣州後，十二年三月，特任命　蔣中正先生爲大本營參謀長，欲將革命事業從頭做起。八月五日，復命蔣先生率代表團赴俄，考察其政治軍事及黨務。蔣先生於九月二日抵莫斯科，十一月二十九日啟程返國。所撰「遊俄報告書」，認爲蘇維埃政治制度乃專制及恐怖組織，與中國國民黨三民主義之政治制度根本不能相容。民國十三年一月，中國國民黨第一次全國代表大會期間，　國父以大元帥名義，於二十四日委任　蔣先生爲陸軍軍官學校籌備委員會委員長。二十八日乃指定黃埔舊有陸軍學校與海軍學校爲校址。二月三日復任命　蔣先生爲中國國民黨本部軍事委員會委員，以專責成。二月六日，　蔣先生設陸軍軍官學校籌備處於廣州南隄，至五月初，凡開籌備會議三十餘次，分配各省區招生名額，因北方在軍閥勢力控制之下，不能公開招生，乃密託回籍之第一次全國代表大會代表暗中介紹。各地青年聞風來歸，應試者達二千人，考試結果共錄取四百九十九人。

五年三日　國父特任命　蔣先生爲校長，五月五日第一期新生入校訓練，編爲四大隊。六月十六日

舉行正式開學典禮，（　國父所以選定此時，前者為　國父廣州蒙難日期，咸具有深長之意義。）是日上午八時　國父親蒞主持，儀式莊嚴隆重，親將軍校校印捧交蔣校長，委託以建軍之重任，並以「革命軍的基礎在高深的學問」為題，對全體學生致訓詞，核定校訓為「親愛精誠」，國民革命軍之基礎實肇基於此。同年十月教導團第一團成立，以何應欽為團長。十二月教導團第二團成立，以王柏齡為團長。十月十九日軍校第一期學生畢業，分發各部隊實地見習，革命軍精神為之一變。

中國國民黨改組前後，北方政局動盪不安。民國九年七月，直皖戰爭發生，直系戰勝皖系，段祺瑞下野，曹錕、吳佩孚權勢大增，與奉系張作霖日漸水火。民國十一年四月，雙方因擴張勢力範圍衝突，引起直奉戰爭，張作霖戰敗，退出關外，宣佈與北京政府脫離關係。曹錕等以恢復舊國會為手段，逼徐世昌離職，同年六月迎黎元洪作過渡，積極籌備賄選總統。民國十二年六月，黎氏被驅離京，十月五日國會假眾議院舉行「大選」，到會參眾兩院議員五百九十三人，曹錕竟以四百八十票當選為總統。票價每張高達五千元。曹氏遂於十月十日在北京就職，遺臭千古，而為舉世所共棄。

曹錕賄選消息傳出，十月九日　國父以軍政府大元帥名義，下令討伐曹錕，通緝賄選議員。及曹錕就職，　國父復致電北京外交團，請各國否認曹錕之地位。惟以革命軍方全力防禦廣州，防範陳炯明之偷襲，對於討直軍事未能積極進行。民國十三年夏，廣州形勢稍為鞏固，六月二十日　國父命譚延闓速赴前敵督師，九月四日在廣州召開軍事會議，決定遷大本營於韶關，由胡漢民留守廣州，代行大元帥職權。十二日乃率警衞隊、飛機隊，湘軍譚延闓部、滇軍朱培德部、豫軍樊鍾秀部等，約四萬五千人，誓

師廣州，北至韶關。十八日發表北伐宣言，說明國民革命之目的，在於造成獨立自由之國家，以擁護國家及民族之利益。 國父將所有革命軍一律改稱建國軍，分三路進攻江西。十一月，連克贛州、吉安等地，贛督蔡成勳出奔，革命軍聲勢大振。

浙江督軍盧永祥本屬皖系，響應 國父號召，亦通電不承認曹錕總統地位。民國十三年九月，曹錕命蘇督齊變元進攻浙江，並密令閩浙邊防督辦孫傳芳襲擊盧永祥後路，盧氏失敗，東渡日本。奉軍張作霖聞 國父誓師討直，江浙戰爭已起，乃於同年九月合其主力分三路大舉入關。曹錕亦授權吳佩孚分三路迎擊，均有海空軍助戰。九月中雙方開始接觸，大戰於長城沿線山海關、喜峰口、古北口等。奉軍因裝備較佳，且空軍佔優勢，乃於十月十七日佔領山海關，整隊入長城，直軍士氣渙散，吳佩孚收潰兵退守秦皇島。會吳部馮玉祥倒戈回京，改組所部為國民軍，囚曹錕，連合奉軍夾擊吳佩孚，吳氏勢蹙，乃乘艦南下入長江。因不被直系舊軍人齊變元、蕭耀南等所容，避居河南信陽之雞公山，北京遂為國民軍所控制。馮玉祥初同意黃郛組織攝政內閣，驅清廢帝溥儀遷出皇宮，以避免復辟之再現；旋與張作霖協議，復得各省軍人響應，擁護段祺瑞出組臨時政府。十一月二十一日段氏在天津宣佈大政方針，期於一個月內召集各省區代表舉行善後會議，由善後會議產生國民會議，解決國內根本問題。翌日段氏遂入京，二十四日就職，公佈臨時執政政府條款，依其規定，由臨時執政總攬軍民兩政，統率海陸軍，並對外為中華民國之代表，乃總統制內閣制以外之另一種政府形態。當是時奉軍分佈山海關、天津至濟南間，國民軍馮玉祥部駐防北京天津間，胡景翼、孫岳部駐防平漢鐵路沿線。段氏居兩大之間，左右為難，更無政績之可言。

馮玉祥回師北京之初，曾電　國父北上主持大計，段祺瑞、張作霖亦有同樣之請求，並派代表至廣州有所商談。　國父為求全國統一起見，不顧北方局勢動蕩，決定冒險北上。惟對此次北京事變，並不抱樂觀態度，認為中國之前途仍有賴於國民革命軍之奮鬥。十一月三日　國父以北上在即，特至黃埔軍校作臨別之訓話，明告全體官生北方政權仍操在軍閥官僚之手，中央革命希望渺茫，但為促成全國之團結，不能不作個人之犧牲。

十一月四日，　國父命胡漢民留守廣州，代行大元帥職權。十日乃以中國國民黨總理名義，發佈解決時局宣言。主張召集國民會議以謀中國之統一與建設，在國民會議召集之前，應先召集一預備會議，決定國民會議之基礎條件，及召集日期，選舉方法等事項。預備會議應由下列之代表組成之：（一）現代實業團體，（二）商會，（三）教育會，（四）大學，（五）各省學生聯合會，（六）工會，（七）農會，（八）共同反對曹、吳各軍。（九）政黨。十二日　國父在廣州各界之歡送會席上，發表演講，預測兩年以內革命力量必可布滿全國，北伐軍可佔領武漢，北方各省必將望風響應。

作　業

一、中國國民黨之名稱何時確定？何時正式發佈改組宣言？
二、中國國民黨第一次全國代表大會有何重要決定？
三、段祺瑞之臨時執政政府性質若何？
四、二次直奉戰後，　國父所發佈之解決時局宣言有何主張？

第四節　容共與聯俄

先是俄國共產政權建立後，表面探取糖衣手段與北京政府接洽建交，暗中培植中共以實現其滲透顛覆之陰謀。一九二〇年（民國九年）春，第三國際在列寧策動下，成立「民族與殖民地委員會」，操縱各國共黨之活動。乃派東方局書記胡定斯基（G. N. Voitinsky）隨優林來華，由旅俄華僑楊明齋介紹，指導陳獨秀、李大釗等於同年五月在上海組織「馬克斯主義研究會」，八月成立「中國社會主義青年團」，與北京之李大釗、廣州之譚平山，遙通聲氣，是爲中共組黨之先聲。

未幾中共份子復在上海設立「外國語學社」，作爲吸收青年之機關，出版「共產黨月刊」、「上海勞動界」等刊物，另在各地設立馬克斯主義研究分會，北京方面由李大釗、張國燾主持，出版有「勞動者」刊物，辦有「平民教育講演團」，及「勞動學校」。廣州方面由譚平山主持，出版有「勞動之聲」等刊物。其他各地之負責人，湖南爲毛澤東，四川爲惲代英，浙江爲沈玄廬等。

民國九年冬，陳獨秀經胡定斯基介紹赴俄，申請加入共產國際，由共產國際決定派遣其「民族與殖民地委員會」祕書荷蘭人馬林（M. Maring）爲代表，來華協助籌備工作。遂於十年七月一日在胡定斯基指導下，假上海法租界，召開「中國共產黨」第一次全國代表大會，出席各省代表十三人，會議期間因消息洩漏，移地嘉興舉行。推定陳獨秀、周佛海爲正副委員長，張國燾任組織，李達任宣傳。同時留法學生李立三、李富春、周恩來等，將其所組織之「中國少年共產團」，改稱「中國共產黨旅法支

部〕，而留德之高語罕、朱德，留俄之瞿秋白，留日之張太雷等，彼此均互通聲氣。乃設總部於上海，分部於各省市，積極展開活動。民國十一年七月，中共在上海召開第二次全國代表大會，發表宣言，正式聲明「中國共產黨」係國際共產黨之支部，並決定參加中國現有之革命政黨，以便寄生和發展，是為共產份子個別加入國民黨之前奏。

自俄共執政之後，以解放世界被壓迫民族為掩飾，國父頗注意其動向。民國十年冬，國父北伐師次桂林，共產國際代表馬林特來晉謁，曾提出國民黨與第三國際聯盟之試探。國父拒其請，嚴正告之曰：「革命之主義，各國不同，甲能行者，乙或扞格而不通，故共產之在俄國行之，而在中國則斷乎不能。」於是馬林向中共提議，於十一年八月在杭州舉行之「全體中央委員會」中，通過中共份子以個別方式加入國民黨，以發展其實力，報經第三國際核准，並派代表與國民黨接洽合作。國父為使其接受三民主義之薰陶，貢獻才智在統一組織之下，以爭取中華民族之獨立與自由，同意其參加，是為「容共」，但規定其個人加入國民黨後，應遵守國民黨之主義與政綱；否則將受嚴厲之紀律制裁。同年十一月二十四日國父為允許中共份子加入國民黨事，曾專函正在福建主持軍事之　蔣中正先生，告以蘇俄促勸中共憑藉國民黨之策略與陰謀。可知　國父當時所處立場之慎重而嚴謹。

先是民國十一年八月，蘇俄專使越飛來華後，一面與北京政府交涉，一面遣人持函至上海，謁見　國父要求合作。及越飛抵北京交涉失敗南下，　國父為保全中國權益，及自身立場，與其數度商談之後，於十二年一月二十六日共同簽署一項宣言，主要內容如下：（一）共產主義及蘇維埃制度均不能施行於中

國。（二）蘇俄政府願意放棄帝俄時代在華之一切特權，包括中東鐵路在內。（三）外蒙古爲中國之一部份，俟外蒙白俄威脅解除，俄國軍隊卽自外蒙撤退。可爲　國父對俄嚴正態度之說明。

民國十二年六月，中共在廣州舉行第三次全國代表大會，追認「中央委員會」杭州會議黨員個別加入國民黨之決議案，並通過利用國民黨之政治掩護，竭力發展工農群衆運動。同年十月六日蘇俄所遣政治顧問鮑羅廷（Michael M. Borodin）到達廣州，利用其職權，指導中共份子，從事分裂國民黨之活動。故中國國民黨第一次全國代表大會代表中，不乏中共份子，中央黨部高級職員亦有由中共份子擔任者，廣州市各機關時常發現中共份子滲透之跡象；於是國民黨內堅貞份子，屢有檢舉中共份子之違紀行動。

作　業

一、第三國際如何操縱中共建立組織？

二、國父允許中共份子加入國民黨之立場若何？

三、說明孫越宣言之內容？

第四章　北伐與統一

第一節　蔣中正先生繼承革命大業

　　民國十二年春，國父重返廣州組織大本營後，內外形勢仍極險惡。內有滇、桂軍之專橫，外有陳炯明之侵逼，而廣州商團團長陳廉伯，受英國香港政府操縱，藉口扣留其私運之槍械，實行罷市，企圖顛覆革命政府。民國十三年九月　國父督師韶關，廣州由　蔣校長留守，十月十日商團向參加國慶紀念會之學生及工農各界示威尋釁，群眾死傷者數十人。旋即佈防城內各要衝，張貼佈告，截斷與韶關間交通，並勾引陳炯明以為外援，蔣校長乃佈置各軍，自十五日晨四時開始對商團發動進攻。商團數千人集中西關，據樓塞市，以圖固守，遭革命軍圍攻，首尾不能相顧，死傷頗多。午後一時向城北潰退，革命軍遂佔領商團公所。翌日午後五時，商團繳械投降，於是西關各商店即日開市，革命政府始剷除心腹之大患。

　　民國十三年十一月十三日，國父離粵北上，十七日抵上海，因陸上交通受阻，乃改乘日輪取道日本赴天津。沿途之談話演說，無一不以大亞洲主義相鼓吹，希望中日兩國互助合作以安定遠東之大局。及　國父抵京，臨時執政政府堅持舉行善後會議，其代表乃集軍閥、官僚、政客之大成，與　國父之理想不啻天壤，精神大受刺激，加以旅途勞頓，肝癌遂以發作，延至十四年三月十二日，遂捨棄其一手創

造之中華民國與世長辭。

國父北上後，陳烱明以為有機可乘，密與北方軍閥及英人勾結，自稱「救粵軍總司令」，以林虎、洪兆麟、葉舉等為指揮，分兵三路，號稱十萬之眾，企圖進攻廣州。十四年一月，革命政府乃決定分三路東征。由黃埔軍校教導團及許崇智所部粵軍任右翼，攻淡水，由蔣校長任前敵總指揮。桂軍劉震寰部任中路攻惠州，滇軍楊希閔部任左翼攻河源，並於二月一日下動員令。

時滇桂軍早與陳烱明祕密聯絡，陰謀內應叛軍。故奉命之後勒索軍餉，按兵不進，僅蔣校長所率右翼軍進展迅速，先後克復東莞、石龍等地。九日晨，蔣校長集中所部發表訓詞，說明此次出師之目的為救國救民，為實現大元帥之期望，關係國家存亡，主義成敗。於是軍心悲憤，士氣高昂，遂於十五日克淡水，進克平山、海豐等地。三月十二至十三日，與叛軍主力決戰於棉湖一帶，革命軍教導團何應欽部僅千餘之眾，抗拒萬餘頑敵，造成決定性之勝利。乘勝收復粵東五華、興寧、潮州、梅縣等地，叛軍紛紛反正。

此次東征，右翼全軍總數約萬人，其中校軍不滿三千，竟能勢如破竹，擊敗數倍之敵，其特殊原因：（一）組織嚴密，既有嚴肅之軍律，復有神聖之黨紀，全軍官兵意志一致，精誠團結，所到之處得到人民之愛戴與援助。（二）官兵因接受三民主義之薰陶，與蔣校長精神之感召，人人能忠黨愛國，堅定必勝之信心。（三）黨代表制對軍隊有安定激勵之功效。（四）軍隊編制完善，官兵足額，戰鬥力強盛。（五）實行連坐法，臨陣之際全軍肅然，不敢擅自退卻。（六）幹部素質優良，不爭地盤，不奪財物。（七）裝備精良，餉彈充足，士氣充沛，戰力強盛。此亦為以後能完成統一大業之因素。

當革命軍克復興寧時，於叛軍林虎司令部內搜獲滇軍楊希閔與陳烱明往來之密電，此外並發覺劉震寰約雲南唐繼堯進攻廣東。楊、劉且與北方段祺瑞及香港政府有勾結，集中所部五六萬人於廣州附近，企圖叛變。五月中，竟公然佔領廣州各機關，向胡漢民代理大元帥提出無理要求。

革命政府以局勢險惡，四月二十九日任命　蔣校長為黨軍司令官，五月五日下令將楊、劉免職，並任命　蔣校長為總指揮，檄令由潮、梅回師平亂。　蔣校長乃分兵三路，於三十一日自東江回師。同時檄調北江湘軍譚延闓部，及河南李福林部，採取一致之行動。自六月十一日起開始對廣州郊外叛軍發動總攻擊，至十四日革命軍得海軍協助，卒將叛軍擊潰。楊、劉潛逃，殘部分別被包圍繳械，廣州反革命勢力乃完全消滅。

民國十四年七月一日國民政府成立，採委員合議制，推定胡漢民、譚延闓、于右任、林森、汪兆銘等十六人為委員，由汪任主席。七月三日，廣東省政府依照國民政府所頒佈之省政府組織法改組成立，另設廣州市政廳，各級政府之組織乃告完備。七月三日，軍事委員會成立，　蔣校長及汪兆銘、胡漢民、伍朝樞、廖仲愷、朱培德、譚延闓、許崇智等八人為委員。七月六日，軍事委員會發佈告革命軍將士書，說明國民革命軍之目的，在完成先大元帥遺志，求中國之自由平等。其最大使命在於抵抗帝國主義，而軍閥為帝國主義之工具，革命軍直接與軍閥作戰，間接與帝國主義作戰。八月二十六日軍事委員會接受　蔣校長建議，規定軍隊名稱爲國民革命軍，黨軍改爲第一軍，　蔣校長兼任軍長，建國湘軍、滇軍、粵軍、福軍，改爲第二、三、四、五各軍，分以譚延闓、朱培德、李濟琛、李福林任軍長。同年底二次東征後，程潛所部湘軍改爲第六軍，軍政始歸統一。

民國十四年夏，粵東革命軍回師平亂後，留守兵力單薄，陳烱明乃勾引舊部，於九月初據潮、梅復叛。節節西犯，海豐、陸豐、河源、博羅、紫金等地，先後淪陷。合北路之熊克武、南路之鄧本殷，企圖圍犯廣州。於是　蔣校長受命爲東征軍總指揮，實行二次東征。

蔣總指揮分東征軍爲三縱隊，分由何應欽、李濟琛、程潛任隊長，以惠州爲進攻目標。十月六日蔣總指揮親至前線督師，十日革命薄城郊，十三日下總攻擊令。叛軍楊坤如利用天險據城頑抗，革命軍奮勇衝鋒，血肉橫飛，團長劉堯宸率部冒死先登，壯烈犧牲，十四日惠州卒以克復。同日復乘勝下惠陽，俘虜叛軍四千餘人。革命軍長驅突進，至十一月底，再克五華、興寧等地，窮追至閩邊永定，圍其殘部，悉數繳械，而東江乃全部底定。

同年九月初，陳烱明殘部復叛時，盤據粵省北路連縣、陽山等處之熊克武，與之暗中勾結，並親至廣州策劃一切。事爲　蔣校長偵悉，於其所住旅館搜出密件多種，遂於二十日將熊扣押至虎門安置，國民政府乃命駐防韶關第二軍湘軍譚延闓部相機進剿叛軍。十月三日，革命軍圍叛軍於陽山附近之牛頭岡，叛軍潰散，北路遂平。

十月初，　蔣總指揮率革命軍二次東征時，盤據粵南之鄧本殷，乘機進犯肇慶，廣州大受威脅。國民政府任命第三軍長朱培德爲南路總指揮，分兵會攻，十一月二十日克高州，二十九日克廉州，十二月七日克欽州，叛軍渡海逃海南島。民國十五年一月中，革命軍第四軍李濟琛部在海口登陸，進攻瓊州，鄧本殷逃海外，殘部悉被繳械收編。

先是陳烱明叛變後，廣西成爲混亂狀態，陸榮廷乘機潛入，復欲利用爲根據地。惟舊部分裂，無力

控制全局。新桂系軍人李宗仁、黃紹竑、白崇禧等乃異軍突起，表示服從　國父領導，獻身國民革命。

於民國十三年六月佔南寧，八月佔桂林，陸氏被迫下野，廣西反陸各將領推李宗仁爲廣西善後督辦，黃紹竑爲會辦兼省長。十四年元月，李、黃得革命政府援助，再敗盤據梧州一帶之沈鴻英，沈部竄逃湘粵邊境，廣西全境復爲革命軍所有。民國十四年二月，唐繼堯由滇侵桂，攻陷南寧，革命政府調兵增援，於七月初克復南寧，唐部敗退雲南，廣西統一基礎乃告鞏固。民國十五年六月一日廣西省政府成立，以黃紹竑爲主席，編廣西軍隊爲國民革命軍第七軍，以李宗仁爲軍長。

作　業

一、蔣校長如何平定商團叛亂？

二、民國十三年多　國父北上時，所提倡之大亞洲主義內容如何？

三、革命軍東征勝利有那些重要因素？

四、滇、桂軍怎樣陰謀叛變？蔣校長如何回師靖亂？

第二節　迭起的反共風潮

中共之加入國民黨既以顛覆滲透爲目的，故加入之後，乃不擇手段破壞分化國民黨之團結。利用「嚮導週刊」、「前鋒」、「中國青年」等雜誌作工具，用唯物論和階級鬥爭思想曲解三民主義，製造國民黨左派右派中派等名稱。汪兆銘、廖仲愷等被中共指爲國民黨左派，汪氏無異於蘇俄顧問鮑羅廷之

工具。廖氏任中央黨部工人部長，並由其推介譚平山任組織部長。譚本國民黨員，中共黨之初，廖同意譚氏加入，希望瞭解其內幕。誤認譚氏擔任斯職，必能忠於國民黨。不料譚氏就職後，以中共份子楊匏安爲該部祕書，楊竟利用其身分，從事顛覆滲透之陰謀。廖則以兼職過多，部務交祕書馮菊坡代行，馮亦中共份子，於是各地工會和總工會多被中共份子所操縱。農民部長林祖涵本中共份子，以其黨羽彭湃爲祕書，把持部務，所設之農民講習所，及各地農民協會，和農團軍，亦爲中共所控制。

國民黨黨人鄧澤如、謝持、張繼等，憂慮中共篡奪國民黨之領導權，於同年六月臚列證據，上書中央委員會，認爲中共加入國民黨後，「其言論行動皆不忠於本黨，違反黨義，破壞黨德，確於本黨之生存發展有重大妨害」，要求「從速嚴重處分，俾本黨根本不致動搖。」中央執行委員會仍希望中共份子能翻然覺悟，履行諾言，共同從事革命大業，僅決議重申紀律，以爲約束。

國父北上後，共黨益加猖獗，企圖先分化軍校學生，進而奪取軍隊之領導權。民國十四年一月二十五日，中共分子發起組織「青年軍人聯合會」，吸收軍校及部隊中跨黨份子，誘惑軍校學生向其投靠。於是軍校學生及部隊中忠於三民主義之官生陳誠等，憤中共勢力之膨脹，亦發起組織孫文主義學會與之對抗。

同年五月一日，在中共分子策動下，廣州舉行「第二次全國勞動大會」，決定「勞動鬥爭綱領」，並加入莫斯科之赤色職工國際。同日「廣東全省農民協會第一次代表大會」亦在中共份子操縱下在廣州開幕，決定「農民鬥爭綱領」，計劃利用農民實行暴動。五月十八日，復成立所謂「中華全國總工會」，於是中共份子以排外爲藉口，製造慘案，煽惑各城市工商界罷市遊行，以促成社會秩序之混亂。

中共指胡漢民、戴季陶爲國民黨右派，挑撥胡漢民與汪兆銘間之猜疑與衝突，遂爲野心政客所乘，與香港政府勾結，欲實現其顛覆國民政府之陰謀。民國十四年八月二十日，廖仲愷被刺於中央黨部門前，林直勉、張國楨等捕獲，胡毅生、魏邦平等在逃，而中共竟藉口廖案與胡漢民有牽連，包圍汪兆銘，而汪亦竟受其煽惑，欲對胡氏採取不利之行動。胡氏得蔣校長保護居黃埔軍校多日，旋被迫於九月二十日以赴俄考察名義出國，中共乃本其以往挑撥胡、汪之慣技，轉施之於蔣校長與汪兆銘之間。

民國十四年十一月中，國民黨部分領袖林森、張繼、葉楚傖、鄒魯等，集會於北京西山碧雲寺國父靈前，決議清共，開除汪兆銘黨籍，並將蘇俄顧問鮑羅廷解僱，大遭中共之妒恨。時鮑羅廷突然返會，復提出北伐主張，而爲中共份子所不滿，乃集中全力對蔣校長加以汚衊與中傷。

共黨初用各種手段，企圖蔣校長對其優容，而蔣校長送次表明嚴正態度，只知爲實現三民主義而奮鬥。民國十五年元月國民黨第二次全國代表大會期間，因蔣校長反對將「西山會議」案提出於大會中極力宣傳北伐必敗之謬論，中共份子軍校政況部主任高語罕每次對學生講演，有形無形之中，詆毀黃埔軍校師生不革命。

蔣校長既憂國民黨處境之阽危，復憤於部分黨人之不識大體，進退不能決。民國十五年二月八日，蔣校長辭國民黨軍總監之職，九日再辭軍事委員會委員及廣州衛戍司令，汪兆銘既不批准，亦不挽留。二十七日、三月八日，蔣校長送次訪汪，告以季山嘉之專橫，痛陳：「革命實權非可落於外人之手，即與第三國際聯絡，亦應定一限度，要當不失自主地位。」汪仍執迷不悟，竟洩其語於季山嘉，楊向蔣校長表示辭退，而積極佈置陰謀叛變。三月十四日，汪兆銘暗示蔣校長離粵，蔣校長之處境

益加困難。蓋蔣校長如不離粵，則不測事件即將發生，倘逕自他去，因辭職未准，必陷棄職潛逃罪名。

季山嘉與代理海軍局長李之龍密謀，欲乘 蔣校長乘中山艦自廣州回黃埔時加以劫持，駛往俄國，以消除其破壞革命之障礙。三月十九日晚，中山艦自黃埔開回廣州，升火不熄，戒備森嚴。蔣校長鑒於黨與革命存亡絕續所關，乃於二十日晨宣佈廣州戒嚴，逮捕李之龍及各軍黨代表中共分子，收繳中共分子所操縱之省港罷工委員會槍械，並派兵收回中山艦。事後鮑羅廷自俄回粵，季山嘉離粵回俄，汪兆銘則藉口養病，祕密赴歐。

四月十六日，中央黨部與國民政府聯席會議，推 蔣校長爲軍事委員會主席。五月十五日國民黨二屆二中全會在 蔣校長主持下開幕，由 蔣校長提出國共協定事項，經大會表決予以接受，其主要內容如下：（一）共產黨人加入國民黨應將全部名冊交國民黨中央執行委員會主席保管。（二）共產黨人在國民黨各級黨部任執行委員時，其數額不得超過各該黨部執行委員總數三分之一。（三）共產黨員加入國民黨不得擔任中央機關之部長。（四）中國國民黨員不得加入其他黨籍。

五月二十一日大會發佈對時局宣言，決定接受海內外請願，實行北伐。此爲國民革命成敗之關鍵，亦爲國民黨與中共勢力消長之分水嶺。六月四日，中央執行委員會臨時全體會議通過迅速出師北伐案。五日任命 蔣先生爲國民革命軍總司令，統率各軍出師北伐。七月五日中國國民黨中央執行委員會任命 蔣先生爲中央黨部軍人部長，有任免所轄革命軍將領及黨代表之權。六日選舉 蔣先生爲中央執行委員會常務委員會主席，因出師北伐，由張人傑暫行代理。

作　業

一、中共利用何種方法在國民黨內從事滲透顛覆活動？

二、中山艦事件何以是國民革命成敗之關鍵？

三、中國國民黨二屆二中全會，對國「共」協定事項有何決定？

第三節　出師北伐與底定東南

國民革命軍出師北伐前，北京段祺瑞因不容於張作霖、馮玉祥，臨時執政政府瓦解，整個華中與華北陷入軍閥割據之局面，各軍閥擁兵自重，殘民以逞，舉其著者如下：（一）吳佩孚於民國十四年十月東山再起，以武漢爲根據地，與奉軍合作敗國民軍，控制豫、鄂、湘等省，勢力遠達陝、川、貴，並與兩廣殘餘舊軍人相結納，兵力二十餘萬。（二）孫傳芳在民國十四年十月驅逐奉系在東南勢力，控制蘇、浙、皖、贛、閩五省，兵力二十餘萬。（三）張作霖當二次直奉戰後，收編直系舊部，勢力伸入東南各省。蘇、皖雖被孫傳芳所驅逐，仍據有奉、吉、黑、直、魯、熱、察等省區，兵力三十五萬，爲軍閥中之最強者。至於響應北伐之北方軍人以馮玉祥、閻錫山爲最著。馮氏所部國民軍，於民國十五年四月遭直奉軍夾攻，被迫撤出北京，向西北退卻，控制綏遠、寧夏、甘肅，實力約十萬人。閻錫山則佔有山西一省，實力約十二萬人。而湖南湘軍唐生智，因受吳佩孚壓迫，於十五年五月向國民政府歸誠，軍事委員會任命唐氏爲第八軍長，兼前敵總指揮，命第四、第七兩軍兼程馳救，會同第八軍先期發動攻

擊。

民國十五年七月一日，為國民政府成立一週年紀念日，蔣總司令頒發北伐動員令。七月四日中國國民黨中央執行委員會發佈出師北伐宣言，七月九日，蔣總司令在廣州東校場舉行誓師及就職典禮，由國民政府代表主席譚延闓給印，中央黨部代表監察委員吳敬恆授旗，於是革命軍乃依次出動，合計兵力約十五萬人。當是時直、奉聯軍正與國民軍在南口一帶苦戰，革命軍第四、七、八軍乘之，先期發動攻擊，乃於七月十一日克長沙。八月十二日　蔣總司令抵長沙督師，北伐各軍主力集中前線。乃分兵三路：中央軍為第四、七、八各軍，以武漢及武勝關為作戰目標。右翼軍為第二、三、五各軍，及獨立第一師，以南昇及九江為作戰目標，另以第一軍之一部由福建向浙江轉進，再會合右翼軍，以上海、南京為作戰目標。左翼軍為第九、十兩軍，以荊州、沙市為作戰目標。（按：是時貴州將領袁祖銘、王天培已加入革命軍，改編所部為九、十兩軍）第一、六兩軍為總預備隊，隨中央軍推進。

八月十八日，北伐各軍開始總攻擊。中央軍連克岳陽、通城、羊樓司等地。八月底與吳佩孚主力苦戰於粵漢路要隘汀泗橋、賀勝橋間，吳氏親自督戰，利用優勢兵力，精良器械，力拒頑抗，革命軍前仆後繼，經五次搏鬭，卒以旺盛之士氣，優良之戰術，獲得勝利，俘獲敵軍兩千餘人。九月六日克漢陽，七日克漢口，十月十日克武昌，生擒守將劉玉春，俘獲敵軍萬人。吳佩孚敗退河南，湖北境內大致肅清。

當中央革命軍向湘鄂進攻時，右翼總指揮朱培德奉命監視江西之敵。八月三十日　蔣總司令與朱培德商定攻贛計劃，乃分路攻入江西。九月十九日，因南昌工人學生內應，革命軍乘虛佔領。旋以孫傳芳親之時，分兵六路進攻湘、鄂，另命閩省督辦周蔭人，自福建襲攻粵東。孫傳芳乃乘革命軍苦戰汀泗橋

統重兵反攻，雙方乃展開爭奪戰。十月一日　蔣總司令進駐高安，不忍平民遭劫，變更戰略，而致力於肅清南昌外圍工作。十月二十日克臨川，十一月五日克九江，孫傳芳乘艦逃吳淞，敵軍十餘萬除戰死外多被繳械，十一月七日南昌遂告光復，江西戰事告一段落。

先是革命軍出動時，何應欽率第一軍一部坐鎮潮、梅，及周蔭人來犯，乃以劣勢兵力分三路發動進攻。十月十日克永定，十三日敗敵於松口，俘獲四千餘人。十五日　蔣總司令任何氏爲國民革命軍東路總指揮，增加援軍歸其指揮，革命軍乃於十一月八日克漳州，十二月十八日進駐福州。民國十六年一月，何應欽以白崇禧爲東路前敵總指揮，集中所部於衢州附近，分兵三路進攻杭州。孫傳芳所部分裂，軍心渙散，孫部將孟昭月北竄，二月十八日革命軍遂入杭州，孫軍被俘者八千餘人。同月底，浙東之孫軍全部肅清。

孫傳芳於江西戰事失敗後，微服至天津，乞援於張作霖，合山東督軍張宗昌等，推張作霖爲安國軍總司令，孫及張宗昌副之。十五年十二月一日張氏就職，於是直魯軍源源南下，集中京滬一帶者八萬餘人，其中有白俄兵鐵甲車隊六七千人。其目的僅在收漁人之利，並無戰鬪之勇氣。

革命軍光復杭州後，孫傳芳上海守將李寶章派代表向革命軍接洽投降，駐滬海軍則早於十五年十二月遣人至贛輸誠，至是正式易幟。陸戰隊且登陸佈防，上海工人復作大規模之罷工，要求孫部撤退。孫則集中主力於吳興、宜興、松江一帶，欲作最後之掙扎。何應欽採取截斷滬寧鐵路戰略，使其首尾不能兼顧。十九日克常州，二十一日克松江、蘇州，遂圍上海。閘北區直魯軍畢庶澄部悉被繳械，二十二日上海完全光復，淞滬地區悉定。

中國近代史

二六四

民國十六年一月，蔣總司令擬定肅清長江下游作戰計劃，親自指揮主力進攻南京，江左軍自黃梅、英山攻安慶，由李宗仁任指揮。江右軍自景德鎮、祁門攻蕪湖，由程潛任指揮。三月四日敵將陳調元反正，安慶不戰而定。六日江右軍克蕪湖，十七日克當塗，遂逼南京而軍。二十三日下午六時入城，殘敵褚玉璞部渡江北潰，大江以南盡為革命軍所有。

當是時鮑羅廷引誘部份黨政領袖在武漢成立左傾政權，召開國民黨二屆三中全會，通過決議准共黨份子參加國民政府及省政府，並由共黨份子譚平山、蘇兆徵分任農政、勞工部長，兩湖已陷入赤色恐怖之下。三月二十八日，國民黨中央監察委員吳敬恆、蔡元培等集會上海，鑒於共黨危機之嚴重，決議實行「護黨救國運動」。四月二日再度集會，由吳敬恆提議，經出席委員一致決議，容請中央執行委員會採取非常緊急處置，將各地共黨首要危險份子，就近知照治安機關，分別看管制止活動。在滬之中央政治會議依照決議，乃實行清黨。五月五日中央常務委員會及各部長聯席會議，通過清黨原則，並組織清黨委員會，執行清黨工作。除兩湖共黨仍假藉國民黨名義作最後之掙扎外，各地秩序逐漸恢復。

當是時，汪兆銘突於四月一日自法歸國抵滬，黨人勸其堅定反共立場，而汪氏竟於四月五日合陳獨秀發表國共兩黨「領袖」聯合宣言，並於翌日赴漢，就任武漢政權「主席」，甘為中共所利用。四月十七日竟下令撤去蔣總司令職務，唐生智更在漢口組織東征軍，自任總司令，聲言進攻南京。

四月十五日，中央政治會議舉行於南京，決議實現國父遺訓，在南京組織中央黨部及國民政府，推胡漢民為國民政府主席。十八日國民政府正式在南京辦公，二十一日軍事委員會自廣州遷移南京，寧漢遂成對立之局面。

寧漢分裂期間，北伐軍事繼續進行。長江下游革命軍於六月二日收復徐州，孫傳芳殘部退走山東。

武漢方面革命軍於六月四日收復開封，奉軍渡河北遁，吳佩孚入川依靠實力軍人楊森。馮玉祥則早於民

國十五年九月在綏遠五原宣誓就任國民革命聯軍總司令職，合主力十餘萬人，於十一月由隴入陝。敗吳

佩孚所部，沿隴海路東出，十六年六月與武漢方面北伐軍會師鄭州。閻錫山亦於同年六月就任「北方革

命軍總司令」，分兵兩路，自正太路、平綏路對奉軍發動攻擊。

自武漢政權成立後，華中各省軍民憤共黨之跋扈，把持各級政府，紛紛起而反抗。民國十六年五月

初，豫南各縣紅槍會集體抗暴，殺戮共幹起義。川省軍人楊森於服從政府後，受命爲第二十軍長，合駐

宜昌獨立第十四師長夏斗寅，分沿江左右岸，向武漢進攻。武漢駐軍何鍵、劉佐龍、李品仙等部，亦有

反共之表示。五月二十一日長沙駐軍第三十五軍第三十三團團長許克祥，偵悉共黨暴動消息，約同友軍

將共黨之省總工會、省農會，以及其盤據之機關學校等，悉數解散，擊斃俘獲共黨份子千餘人，號稱

「馬日事變」，而江西省主席朱培德，將共黨在南昌所辦之報刊查封，主要共黨份子遭送出境，並限制

其所操縱之「江西總工會」、「農民協會」等組織停止活動。

六月二十至二十一日，蔣總司令、胡漢民、吳敬恆等與馮玉祥會於徐州，協議統一指揮，完成北

伐大業。二十二日馮氏乃致電汪兆銘，指責共黨在武漢之恐怖政策，勸其通力合作，共同反共。武漢政

權之勢益孤，遂有朝不保夕之勢。會第三國際代表羅易奉命通知武漢政權儘速執行下列各事：（一）改

組武漢政府，增加中共領導力量。（二）改組國民黨中央黨部，選拔中共積極份子參加國民黨之中央。

（三）武裝兩萬中共黨員。（四）選出五萬工農積極分子，參加國民黨軍隊工作，徹底改造國民黨軍

隊，排除其反對將領，代以中共黨員，或澈底改造國民黨左派及反革命份子。革命法庭主席以國民黨左派領袖任之，而置於中共指導之下。（五）成立革命法庭，嚴厲審判右派及地主豪富財產。武漢左派黨人乃憬然醒悟被共黨所利用，於七月十五日經「中央執行委員會」決議，實行分共。二十七日鮑羅廷、鄧演達及軍事顧問團團長嘉倫，被遣送返俄；惟武漢政權表面仍聲明維持容共與農工政策，並保護共產黨員之身體安全，繼續推進「農工運動」。

武漢政權唐生智之東征軍，下轄兩方面軍：唐氏自兼第一方面軍總指揮，分循長江兩岸前進。共黨首要譚平山、李立三等以「農政考察團」名義，隨軍至九江活動，一時南京形勢突告緊張。時山東境內革命軍已克復臨城、日照、莒縣等地，方合力進攻臨沂，以上游告急，蔣總司令乃於六月二十七日下令撤圍回救南京。孫傳芳、褚玉璞乘機反攻，七月二十四日徐州復陷。

二十八日蔣總司令親至南宿州督師反攻，仍無法挽回頹勢。八月初，雙方對峙於淮河兩岸。

長江下游北伐軍既遭中挫，黨政領袖李宗仁、白崇禧、李濟琛等竟懷異圖，思與武漢黨人進安行協。

蔣總司令令憂憤黨國前途，為促成內部團結，乃決計引退。八月十二日辭去國民革命軍總司令職，即晚離京赴滬，轉返奉化故里，十三日發表下野宣言。南京黨政頓失重心，人心惶惶不安。八月二十五日夜，江北孫傳芳、褚玉璞殘部五萬餘人乘大霧由望江亭、划子口、大河口向烏龍山、棲霞山，及龍潭一帶強渡，佔領各要地，東自高資，西至堯化門，均有敵踪。一時南京危急，蘇常震動，經第一、七等軍合力迎擊，白崇禧率部自下游來援，復得海軍協助，截斷江面，血戰六晝夜，至三十日渡江之敵除殲滅外，盡數被俘，繳獲槍械三萬餘枝、礮類甚多，而革命軍亦犧牲八千餘人，戰況之慘烈為北伐以來所

僅見。

八月二十二日南京、武漢雙方領袖會議於九江，決定設立「中央特別委員會」接管寧漢雙方政權，並與滬方西山會議派派接洽合作辦法。九月十六日「中央特別委員會」成立，由謝持、許崇智、鄒魯、居正、傅汝霖等人為委員，於是多月來寧漢分裂之局面復歸統一。汪兆銘因未列名委員，乃合唐生智於九月二十一日在武漢成立政治分會，反對南京特別委員會之號令，繼續沿江東犯，企圖奪取政權。十月二十日政府明令討伐，分由李宗仁、程潛、朱培德任指揮，得海空軍協助，迭敗唐軍。二十五日汪兆銘前往廣州，十一月十一日唐生智通電下野，偷渡日本。十四日政府軍進駐武漢，十七年一月二十七日進駐長沙。四月上旬，唐軍殘部李品仙、何鍵、劉興等投降，長江上游亂事悉平。

中共則在第三國際操縱下，自民國十六年八月至十二月，從事各地之武裝暴動。其著有八月一日賀龍等所領導之南昌暴動，九月中旬毛澤東等所領導湘鄂間之秋收暴動，十月底彭湃等所領導之粵東海陸豐暴動，十二月十一日葉挺等所領導之廣州暴動等。國民政府鑑於蘇俄為策動中共叛亂之禍源，乃於十二月十四日宣佈對俄絕交，下令撤消各地俄國領事館，並禁止俄國商業機關營業。

作 業

一、說明國民革命軍北伐前全國軍閥割據之形勢？
二、京滬如何清共？國民政府何時遷移南京辦公？
三、說明第三國際赤化武漢政權之陰謀？

四、民國十六年八月　蔣總司令下野有何嚴重影響？

五、說明龍潭戰役之重要性？

第四節　統一大業之完成

民國十六年八月，蔣總司令下野後，北伐大業功虧一簣，而中央特別委員會不足以維繫軍民之人心。十二月十日中國國民黨二屆四中全會第四次預備會議通過　蔣總司令繼續執行職權，汪兆銘則以不容於黨人，於十七日聲明引退出國。民國十七年二月二日，中國國民黨第二屆中央執行委員會第四次全體會議在南京開幕，四日通過　蔣總司令所提黨務政治之徹底更始案，七日大會閉幕，推定　蔣先生、丁惟汾、譚延闓等爲中央執行委員會常務委員，蔣先生、于右任等七十三人爲國民政府委員，譚延闓爲主席。八日二屆四中全會對外發表宣言，勸告全體同志，「痛自澂悟，精誠團結」，以完成三民主義之革命。

民國十七年二月十九日，國民政府特任馮玉祥爲國民革命軍第二集團軍總司令，閻錫山爲第三集團軍總司令，並由　蔣總司令兼第一集團軍總司令，（五月十六日復任命李宗仁爲第四集團軍總司令，白崇禧爲該軍前敵總指揮。）三月三十一日　蔣總司令渡江北上，四月一日至徐州，七日下動員令，並發佈誓師詞。於是命第一集團軍沿津浦路北進，第二集團軍沿京漢路北進，第三集團軍出京綏、正太路，會師北京。革命軍總數六十餘萬，號稱百萬，復有海空軍之助，大有先聲奪人之勢。

中國近代史

張作霖聞革命軍大出，決定對京漢、津浦、平綏等路採取攻勢防禦，對正太路魯西一帶，採取攻勢，分由張宗昌、孫傳芳、褚玉璞、張學良、張作相任指揮，兵力亦約六十萬，惟以素質參差，士氣低落，已成強弩之末。

第一集團軍於四月十日全線發動攻擊，二十一日克濟寧，二十七日克泰安，大破張宗昌、孫傳芳聯軍主力，乘勝於五月一日會師濟南。五月三日日軍無故向我尋釁，佔領膠濟全線及黃河鐵橋，企圖阻撓我軍北伐，蔣總司令為避免影響大局，於六日晨移節黨家莊，命各軍繞道前進。六月一日克河間，五日克馬廠，奉軍殘部走天津。第二集團軍東路由馮玉祥自兼總指揮，自魯西協同第一集團軍作戰，西路由鹿鍾麟任總指揮，沿平漢線向北前進。四月中與奉軍苦戰於安陽附近，五月三日克大名，三十日克雄縣，奉軍向固安方面退卻。第三集團軍於五月初出井陘關，九日克石家莊，十四日克定縣，奉軍集中二十餘萬扼守方順橋，大戰旬日，五月底奉軍不支，全線撤退，遂與第一、二集團軍完成對京、津包圍形勢。

五月三十日蔣總司令抵石家莊，與閻錫山會商平津善後事宜，命一、二、三集團軍向指定目標開始追擊。張作霖以大勢已去，於六月二日潛離北京回東北，四日晨五時車過瀋陽附近皇姑屯，為日人預埋之地雷轟斃，奉軍乃全線向東北退卻。八日第三集團軍商震部接收北京，十二日傳作義部接收天津。二十日中央政治會議決議改直隸省為河北省，北京為北平，並定北平、天津為特別市。

同年五月一日，閻錫山命李培基為左路第二追擊司令，向綏遠省進擊，敗奉軍湯玉麟部，六日驅朔縣之敵，十九日克歸綏，二十五日克張家口，六月二十四日入多倫，綏察戰事遂告結束。

二七〇

六月二十三日張學良隨潰兵逃回瀋陽，憤其父之慘死，復激於國仇，不顧日人阻撓，遣代表向政府接洽投誠。時蔣總司令以白崇禧爲右路軍總指揮，方振武爲左路軍總指揮，沿北寧路掃蕩前進。孫傳芳、褚玉璞、張宗昌等逃亡，殘部北竄，爲張學良所收編。十二月二十九日張氏通電實行三民主義，服從國民政府，三十日國民政府任命張氏爲東北邊防軍司令長官。

新疆督辦楊增新，自民國成立以來，採取維持現狀保境安民政策，見北伐即將統一，乃於六月十六日表示服從國民政府。六月二十日新疆省政府改組成立，由楊氏任主席。於是統一大業遂告完成。

作　業

一、民國十七年二月，蔣總司令復職後，國民革命軍如何改組？其進兵路線如何？

二、張作霖怎樣被日人炸斃？

三、東北和新疆何時易幟歸復中央？

第五節　北伐前後之外交

國民政府成立前後，民族主義風靡全國，各地排外風潮迭起，列強懼在華特權之喪失，暴行迭作，國人生命財產已完全失去保障。其著者有民國十四年五月三十日之上海慘案（五卅慘案），六月十一日之漢口慘案，六月二十三日之廣州沙基慘案，七月二日之重慶慘案，七月三十一日之南京慘案等。其中除沙基慘案因國民政府態度強硬，實行對英經濟絕交，使英人蒙受重大打擊外，其他事件，由於北洋軍

閼懼外心理，多成不了了之之懸案，促成愛國運動之高漲，加速北伐之成功。

民國十六年一月三日，漢口各界慶祝北伐勝利，集會於與租界接近之江漢關，英水兵登岸刺傷羣眾，引起公憤，擁入租界，英領事乃請革命軍入租界維持秩序。同月六日，九江各界開會支援漢案，適英租界水兵槍傷碼頭工人，羣情激動，偕軍隊衝入租界，英領事逃避，即由中國軍警維持治安。

漢、潯案發生後，英駐北京公使藍普森遣其參贊歐瑪利來漢交涉，要求退還漢口、九江英租界，為武漢當局外長陳友仁所拒絕，雙方乃以現有之新狀況為根據，進行協商。前後會議十餘次，二月十九日漢口英租界收回條約簽字，由國民政府依據現有「特別區市政辦法」組織一特別市政機關，按照章程，管理租界區域。二十日雙方復簽定收回九江英租界協定，由國民政府賠償九江騷亂中英國僑民所之損失。

民國十六年二月二十三日，國民革命軍克復鎮江後，市民擬於二十四日舉行慶祝大遊行，英領事恐有不利於英租界之行動，乃致函我交涉署，要求中國軍警入租界維持治安，於是我政府乃將租界收回至十八年十月三十一日，由外交部長王正廷與英使藍普森獲致協議，由中國撥款六萬八千元，作為鎮江英人所受之損失。

民國十五年十月二十七日，為中比通商條約十年期滿之日，北京政府依約於期滿前六個月照會比公使，宣佈該條約失效，希望另訂平等新約。比政府則欲延長舊約期限，控我於海牙國際法院，北京政府乃提出於國際聯盟，要求作合理之解決。及革命軍收回漢口、九江英租界，比政府乃自動撤回其訴訟，表示願在平等基礎上與我另訂新約，並宣佈自動將天津比租界交還我國。民國十八年一月，雙方組織委

員會，協商接收辦法，自六月十七日至八月三十一日獲得協議，由我政府償還比政府在租界內公共建築費九萬三千八百元。

先是民國十六年三月二十三日，革命軍光復南京後，在程潛所屬六軍政治部主任林祖涵指揮下，中共份子侵入外國領事館及教堂，殺害館員及教士，引起下關美、英、法兵艦向城內開礮，造成流血慘案。事後美、英、法、日、意等國，向我提出強硬通牒，要求懲兇、賠償及道歉。及國民政府建都南京，民國十七年二月美公使馬克謨、英公使藍普森相繼來滬，與外交部長黃郛進行交涉，三月三十日中美寧案首先解決，雙方互換照會，大意中國方面對中共煽動此次事件表示歉意，允充分賠償美人生命財產之損失，美對砲轟南京表示遺憾。同年八月九日中英寧案換文，九月二十四日中意寧案換文，十月一日中法寧案因日本要求苛刻，遲至十八年四月十日雙方始開始談判，五月二日換文，內容均與中美寧案略同。

民國十六年夏，渡江北伐革命軍已克復徐州，進入山東境內，日本田中義一內閣爲阻撓革命軍北進，於五月二十一日閣議，決定以保僑爲名，出兵山東。自五月至七月，前後出兵山東達五千餘人，控制膠濟沿線，公然侵犯我國領土主權，於是引起北京政府與日本之交涉。同時國民政府亦向日本提出強硬抗議，全國各人民團體一致作堅決之反對表示。會 蔣總司令下野，國民革命軍南撤，日軍乃自八月二十一日至九月八日，分五梯次撤退回國。

同年六月二十七日至七月七日，田中義一爲商討侵華策略，以貫澈其對華強硬政策，召開東方會議於東京，參加人員包括外務、陸軍、海軍各省官員，及在華公使、領事、駐屯軍將領，決定維護在華特

殊利益。同年八月，日本外務次官森恪復召集在華領事將領，舉行大連會議，對華決議案理由書認爲：「欲征服支那必先征服滿蒙，如欲征服世界，必先征服支那。倘支那完全可被我國征服，其他如中小亞細亞及印度南洋等異服之地，必畏我敬我，而降服於我。」是卽相傳之田中奏摺，亦爲日本製造濟南慘案侵略東北之肇端。

民國十七年四月，國民革命軍迫近濟南，日本駐濟南武官酒井隆，領事藤田，電請日政府派兵護僑。四月十八日以森恪堅持，日本內閣決定二次出兵山東。二十日動員，命福田彥助率第六師團五千餘人來華，於二十七日在青島登陸。另命天津駐屯軍四百餘人南下，佈防膠濟沿線。會張宗昌遣代表至青島與日本接洽，以青島、膠濟路之權利爲代價，要求日軍驅逐革命軍，並擾亂革命軍後方秩序，日軍遂沿膠濟路西進。五月一日國民革命軍光復濟南，翌日福田率日軍大至，設防於商埠，意圖挑釁。

五月三日上午九時三十七分，日本突攻我兵營，是晚大隊復侵入我交涉公署，殘殺交涉員蔡公時等十餘人，囚禁外交部長黃郛。四日，日本飛機復向我濟南總司令部投擲炸彈。七日，日本所派關東軍大至。八日開始圍攻濟南，無辜民眾死傷枕藉，繁華街市幾成一片焦土。蔣總司令爲避免影響全局，早於六日晨移駐黨家莊，命各軍繼續北伐，濟南僅留步兵一團，抵抗日軍。至十一日撤出城外，遭日軍伏擊，傷亡甚重，濟南遂陷日軍之手。

濟南慘案發生後，國民政府迭向日本抗議，國際輿論一致不滿日本之暴行；況北伐成功，國民政府聲望大增，民國十八年一月，日使芳澤謙吉始與我外交部長王正廷開始談判，三月二十八日雙方簽定解決濟南事件臨時協定：（一）於互換簽字之日起，兩個月內日本撤退山東全部駐軍。（二）撤軍後之接

收辦法，雙方各派委員就地辦理。（三）濟南不幸事件既往不咎。（四）組織共同調查委員會，實地調查雙方損失。是役我軍民死傷數千人，財物損失難以數計，日僑死者不過十三人。五月二十日山東日軍全部撤退，而調查雙方損失問題，日本竟採取拖延政策，不作合理之解決。

民國十八年六月，外交部與英國公使交涉收回威海衞租地，（按：威海衞在民國十三年已達原定二十五年之租期）十九年四月十八日正式簽訂「中英交收威海衞專約」，除劉公島續租十年外，由我政府於十月一日派員收回。同年五月，外交部續與駐廈門英領事洽商收回廈門英租界，九月十七日正式簽訂協定，並於同月底完成接收手續。

民國十八年五月八日，外交部正式照會上海臨時法院有關美、英、法、荷、挪威、巴西六國，提議收回上海臨時法院，屢次接觸，至十二月九日在南京開始談判，會議二十八次，於十九年二月十七日簽訂協定十條，以四月一日為實行之期。規定中國得在上海租界內設置地方法院及高等法院分院各一所，廢除外國領事觀審制度，外國律師應遵守中國之法律。

北伐成功後，在華享有領事裁判權之國家，尚有美、英、法、荷、挪威、巴西、祕魯、瑞士八國。民國十八年十二月二十八日，國民政府宣佈自十九年元旦起，凡僑居中國之外人，一律遵守中國之法令，因各國拒絕接受，實際未能如期執行。二十年五月四日，國民政府公佈「管轄在華外人實施條例」十二條，並定於二十一年一月一日起實行。同年夏，我國駐美、英公使伍朝樞、王正廷與兩國談判已有頭緒，因九一八事變發生，政府全力應付日本侵略，收回領事裁判權之努力乃暫中止。

民國十七年七月七日外交部發佈關稅自主之宣言，於是舊約已滿國家比、意、丹、葡、西、希、捷

等國，先後與我訂立通商新約。舊約未滿國家亦同意重訂平等新約。七月二十五日中美關稅新約首先在北平簽字，美國承認中國國家關稅完全自主，締約國人民在彼此領土內享受同等之待遇，德、挪、荷、瑞、英、法等國繼之。同年十二月七日國民政府第十次國務會議，通過「中華民國海關暫行稅則」，並定於十八年二月一日施行，以一年為有效期限。各國一致接受，日本舊約已滿，而獨持異議，提出各種苛刻條件，作為關稅自主之交換。遲至民國十九年五月六日，由外交部長王正廷與日本駐華公使重光葵簽定「中日關稅協定」，其附件規定中國將特定之商品（包括棉貨、魚介及海產、麥粉），於三年內仍維持民國十八年之稅率。同年十二月二十九日國民政府公佈海關新稅則，自二十年一月一日起實行，於是我國關稅自主運動乃告完成。

作　業

一、漢口、九江、鎮江之英租界如何收回？

二、民國十六年日本東方會議有何重要決定？

三、北伐期間日本怎樣從事阻撓？五三慘案如何解決？

四、說明上海臨時法院收回之經過？

五、我國關稅何時始完全自主？

第五章　安內與攘外

第一節　訓政與建設

民國十七年八月四日，中國國民黨第二屆中央執行委員會第五次全體會議在南京舉行，時值北伐成功之初，意義至為重大。大會至十五日閉幕，通過依據建國大綱設立行政、立法、司法、考試、監察五院，並各部會，以及國防之計劃各案。十月三日中央常務委員會復遵照二屆五中全會決議，通過訓政綱領，並由國民政府公佈實行。其要點規定：中華民國於訓政時期，由中國國民黨全國代表大會代表國民大會領導國民行使政權。大會閉會時，以政權付託中國國民黨中央執行委員會執行之。訓政綱領制定之日，國民黨中央政治會議復通過國民政府組織法，凡七章四十八條，同月八日由國民政府公佈實行。同日國民黨中央常務委員會選任　蔣中正先生、譚延闓、胡漢民等十七人為國民政府委員，並推舉　蔣先生為國民政府主席，兼陸海空軍總司令。十日　蔣主席在中央黨部大禮堂舉行宣誓就任典禮，於是我國進入訓政之治。

民國十九年十一月，中國國民黨三屆四中全會開會期間，為實現十三年　國父北上宣言及遺囑，經蔣主席提議，決定於民國二十年五月五日召開國民會議。二十年元月一日國民政府公佈國民會議代表選舉法，代表名額為五百二十人，分配情形如下：（一）各省四百五十名，（二）各市二十名，（三）

內外蒙古十二名，（四）西藏十名，（五）華僑二十六名。選舉用職業代表制，各地方代表名額由下列團體中選出：（一）農會。（二）工會。（三）商會及實業團體。（四）教育會、國立大學、教育部立案之私立大學，及自由職業團體。（五）中國國民黨。同月二十三日，國民會議選舉事務所成立，以戴傳賢爲主任。四月二十四日，國民政府公佈「國民會議組織法」，凡六章二十八條，五月五日上午九時國民會議假南京中央大學舉行開幕典禮，出席代表四四七人，先爲預備會，八日舉行正式會議，至十七日閉幕，共開大會八次，討論議案四十餘件。大會發表宣言，全力實現國父遺教，撲滅共匪，廢除一切不平等條約。

國民會議籌備期間，民國二十年三月二日，國民黨中央常務委員會推定吳敬恒、王寵惠、于右任等十一人爲中華民國訓政約法起草委員，自三月三十日開第一次起草會議起，至四月二十二日第六次會議，通過草案全文，經五月一日中央委員會臨時全體會議三讀通過，送請國民政府提出國民會議。五月二十一日國民會議三讀修正通過，全文凡八十九條，分爲八章：（一）總綱，（二）人民之權利與義務，（三）訓政綱領，（四）國民生計，（五）國民教育，（六）中央與地方權限，（七）政府之組織（分中央制度、地方制度兩節），（八）附則。六月一日，國民政府正式公佈，是爲憲法頒佈前之國家根本大法。

民國二十四年秋，日本屢次在華北製造事端，國難已至嚴重關頭，十一月十二日中國國民黨第五次全國代表大會在南京舉行，蔣委員長於十九日在第四次大會中所作之報告，權衡國力，針對當前情勢，沈痛而言曰：「和平未到完全絕望時期，決不放棄和平；犧牲未到最後關頭，亦決不輕言犧牲。」

「個人之犧牲事小，國家之犧牲事大；個人之生命有限，民族之生命無窮。」是　蔣委員長已料定抗戰之不可免，欲以最大忍耐，爭取時間，從事國防之準備也。大會至三十日閉幕，重要成就如下：（一）通過中國國民黨黨員守則十二條，（二）通過憲法草案修正要點，（三）通過國難時期集中力量充實國防建設案。

先是民國二十一年十二月，國民黨四屆三中全會曾決定民國二十四年三月召開國民大會，制定憲法，並授權立法院從速起草憲法草案，提供國民之研究。於是立法院組織憲法起草委員會，自二十三年九月十四日開始討論，至同年十月六日三讀通過，定名「中華民國憲法草案」。民國二十四年十月，立法院重加修訂，十一月四屆六中全會加以審查後，乃提出於第五次全國代表大會。至是經十一月二十二日代表大會第五次大會決議「憲法草案修正要點」，並授權第五屆中央執行委員會決定宣佈「憲法草案」及召集國民大會日期。

十二月四日，國民黨五屆一中全會第二次大會，決定明年五月五日頒佈憲法草案，十一月十二日召集國民大會，國民大會代表之選舉應於十月十日以前辦理完竣。民國二十五年四月三十日立法院通過「國民大會組織法」，五月二日通過「國民大會代表選舉法」，五月五日如期公佈「中華民國憲法草案」（通稱五五憲草），共八章，一百四十八條：（一）總綱，（二）人民之權利與義務，（三）國民大會，（四）中央政府，（五）地方制度，（六）國民經濟，（七）教育，（八）憲法之施行及修改。民國二十六年二月二十日，中國國民黨五屆三中全會決定本年十一月十二日召集國民大會，制定憲法，並決定憲法施行日期。迨各地方團體代表選

出，因全面抗戰發生，國民大會之召集因之延期舉行。

民國二十三年，蔣委員長在江西督師剿共期間，鑒於近代中國之積弱在於道德之墮落，與人心之萎靡不振，欲復興民族非有一劃時代之新生活運動，不足以轉移社會風氣。乃於二月十九日在南昌各界擴大紀念週上，宣佈發起新生活運動，以爲救國建國之南針。於是手訂新生活運動綱要，以禮、義、廉、恥爲基本精神，以軍事化、生產化、藝術化爲中心目標，勗勉國人「昨死今生」，竭力做到「整齊、清潔、迅速、確實」四標準，恢復舊道德，實踐新生活。七月一日新生活運動促進總會在南昌成立，迅卽普及全國，國民生活爲之丕變，成爲復興中華民族之靈魂。

蔣委員長於發起新生活運動同時，復推動禁毒計劃，以六年爲期澈底戒絕煙毒。民國二十五年六月三日，國民政府公佈「禁煙治罪暫行條例」，凡販賣毒品者一律處以死刑，並國定是日爲禁煙節。

政府爲使國人對民族觀念有深刻明確之認識，於民國二十一年五月十六日公佈中央古物保管委員會組織條例，在行政院下設立中央古物保管委員會，計劃全國古物、古蹟之保管、研究及發掘事宜。自二十三年起，規定八月二十七日紀念孔子誕辰，（按：孔誕已於民國四十一年由政府改定爲九月二十八日）自二十四年起，國定四月五日爲民族掃墓節，以祭祀黃帝陵寢。

民國十七年五月第一次全國教育會議舉行於南京，決定中華民國之教育宗旨：以實現三民主義爲鵠的，保障教育經費獨立，實施義務教育，注意海外僑民教育，提倡科學教育，養成全國人民勞動習慣，和對於藝術之興趣。民國十八年三月中國國民黨第三次全國代表大會，復規定：「中華民國之教育，根據三民主義，以充實人民生活，扶植社會生存，發展國民生計，延續民族生命爲目的。務期民族獨立，

中國近代史

二八〇

民權普遍，民生發展，以促進世界大同。」同年四月二十六日國民政府將此教育宗旨公佈，並通令全國遵行，於是中國教育逐漸步入正軌，全部學術教育經費每年高達二億二千萬元。

學術研究機構，以國立中央研究院，國立北平研究院為最著。中等教育：發展鄉村師範，及職業學校。小學教育：規定義務教育四年期限，整頓師資，並改進其教學。社會教育：特別重視國語之提倡，與大眾傳播之提倡。

政府為培植青年之軍事知識，自民國十八年起，規定高中以上學生利用暑假接受三星期嚴格軍事訓練，由軍事委員會訓練總監部主其事，截至抗戰爆發，受訓之大專以上學生六萬四千餘人，高中以上學生二十二萬四千餘人。

政府為培植初中學生智能之發展與合羣互助精神，於民國二十三年十一月一日成立童子軍總會，由蔣委員長任會長，各省分會先後成立，各校學生紛紛加入童子軍組織。民國二十六年時，全國童子軍凡十一萬五千餘人，共六百八十八團。

民國二十一年三月，政府於軍事委員會下設立國防計劃委員會，網羅專門人才，從事國防之調查與研究，就其緩急由參謀本部統籌辦理。除建立軍制，改良兵器外，至抗戰爆發，先後完成國防交通系統，江防海防要塞，及華北華南之軍事防禦工程。

自民國二十二年夏起，蔣委員長在江西廬山連續舉辦軍官訓練團，分批徵調各軍將領受訓，俾其對於主義之認識及近代軍事知識有所增進。二十四年七月，蔣委員長復創辦峨嵋訓練團，徵調川省軍官接受軍事訓練，均收極大之效果，為全面抗戰軍令統一之主要原因。同時政府於全國各地屬行保甲制

度，逐步推行徵兵制度，截至二十六年二月，已接受軍事訓練壯丁五十四萬人，正接受訓練者一百零二萬人。

民國十八年一月，國民政府成立建設委員會，網羅國內外專家參與籌劃，以配合國防為目標。

交通方面 以公路建設最有成效，截至抗戰發生計完成路線十一萬一千餘公里，其中西北公路對建設西北貢獻尤鉅。其次為鐵路，計完成粵漢路韶關株州段，隴海路靈寶至寶雞段，以及浙贛路、同蒲路、江南路、淮南路、蘇嘉路等。

財經方面 民國二十二年三月，政府實行廢兩改元。二十四年十一月推行法幣政策。一時各種財政改革同時並舉，如修訂海關稅則，改組鹽務行政，實施菸酒及印花稅，裁汰釐金，取締走私，整理內外公債，確定國家預算，統一國庫收支，辦理土地陳報，對於國計民生均有莫大之俾益。

農工礦方面 自民國十八年起，政府先後設立導淮、廣東治河、黃河水利、揚子江水利、華北水利等委員會，辦理各地修隄灌溉疏濬工程。導淮入海工作自二十三年秋開始，發動二十萬民工，至二十六年五月完成，全部經費在二萬萬元以上，開闢良田數萬頃，使整個蘇北免卻水患。

民國二十二年政府設立中國農民銀行，以低利貸款於各省合作社，作為改良農業，推廣農村教育，及衛生實施之用。民國二十四、五年間，在全國經濟委員會主持下，若西北畜牧之改良，安徽茶葉之復興，江蘇、河南、陝西棉產之改進，湖北、山東、浙江、江蘇、安徽育蠶之指導，以及農村衛生之實施，均有顯著之成效。

民國二十三年四月，政府公佈工業獎勵法，獎勵本國工業從事國際市場之競爭。國營工業則以發展化學及電氣事業為優先。國營煤礦首先與辦者為浙江長興煤礦，年產額六百五十餘噸。次為安徽淮南煤礦，日產額高達二百噸。民國二十四年四月，政府在軍事委員會下設資源委員會，主管國有一切工業礦業之發展。二十五、六年間，政府已在甘肅玉門開鑿油井，並組織勘查隊調查各地之資源。

第二節　內亂之迭作

全國統一後，國民革命軍總額共八十四個軍，約二百二十萬人。當時全年國家歲入約四萬五千七百

萬元，除去必不可少之償還債務及行政費外，軍費高達百分之七十八，影響國家建設甚鉅；加以軍隊素

質不齊，實有實行精兵主義之必要。

是時野心軍人，壟斷各省財政，擅自任免官員，擴充私人武力，其中尤以李宗仁、馮玉祥、閻錫山

威脅最大。中央政令所及者僅蘇、浙、皖、贛四省。民國十八年元旦，國軍編遣會議在南京開幕，通過

編遣程序大綱，限制全國陸軍不超過六十五師，兵額八十萬人，軍費以國家總收入百分之四十為限（海

空軍另定）。各省得就裁遣官兵，改編為地方警察保安隊，人數以三千至六千為限，其目的在矯正過去

軍閥擁兵自重割據地盤之惡習。於是李宗仁首先公開反抗政府，因湖南省主席魯滌平服從中央命令，二

月二十一日李氏以武漢政治分會主席名義免魯氏職，改派何鍵繼任，遣葉琪、夏威統兵由鄂入湘，魯氏

被迫走江西。政府勸告無效，乃於三月十三日裁撤各地政治分會，二十七日明令討伐。蔣主席自任總

司令，以何應欽為參謀長，朱培德為前敵總指揮，劉峙率第一軍自太湖、潛山前進，朱紹良率第二軍自

霍山前進，第三軍集中九江、南昌一帶待命。二十八日各路同時進攻，得海軍協助，進展迅速。四月三

日何鍵通電反正，四日桂系殘部被收編，湘、鄂自主局面結束。五月，李宗仁自

廣西引兵犯粵，復為政府軍所敗，勢窮力蹙，倉皇出逃，殘部由俞作柏率領向政府歸降。

時白崇禧以第四集團軍前敵總指揮名義駐軍河北唐山，於四月十日在開平召集營長以上將領會議，

陰謀取道山東直犯南京。十一日 蔣主席發表「告原隸第四集團軍將士書」，勸其勿為一派一系所利

用，諸將領為大義所動，乃於二十三日由李品仙領銜通電服從中央，白氏逃亡，冀東局面不戰而定。

馮玉祥利用北伐機會實力大增，桂系之叛變實暗中互相勾結。當時馮氏除截留黃河流域各省稅款

外，每月仍由政府撥滙五十萬元以維持其龐大軍隊之開支。馮氏曾要求青島港口應由其管轄，政府為政令之統一未能盡允其要求，馮氏乃於五月中集中主力於河南，破壞平漢、隴海鐵路，自稱「護黨救國西北軍總司令」，公開向政府挑釁。旋因所部將領韓復榘、石友三反正，被迫西撤。十月初復暗結閻錫山，合主力二十餘萬分九路大舉東犯。蔣主席屢電馮氏置國家利益於個人利益之上，馮氏仍執迷不悟，乃於十四日發表告全國將士書，實行武力討伐。自任總司令，十一月一日親至許昌督師，命方鼎英、唐生智防豫西，劉峙堵鄂北。迭敗叛軍，二十日克洛陽，叛軍乃全線向西北退卻。

民國十八年九月，張發奎在宜昌通電反抗政府，引兵南竄桂邊，廣西前後任主席俞作柏、呂煥炎響應張氏，合兵進犯廣州。同年十一月底，政府以何應欽為廣州行營主任，分兵迎擊叛軍，十二月六日全線出擊，叛軍崩潰，退回廣西。

同年十一月，政府調安徽省主席石友三率部南援廣州，渡江之際，竟於十二月二日在浦口發動叛變。唐生智受石氏引誘，亦於三日在鄭州通電響應，引兵南下，謀襲武漢。十九年一月叛軍唐部被國軍劉峙部包圍於豫南駐馬店一帶，唐氏化裝北逃，殘部由劉興率領歸誠。石友三聞唐氏失敗，亦表示改過自新。

民國十九年春，汪兆銘自歐洲返國，促成不法軍人之團結，其領導人物則為閻錫山。二月二十三日，閻氏聯合馮玉祥、李宗仁、白崇禧等四十五將領，通電反抗政府。政府忠告無效，乃於四月五日通緝拿辦閻錫山等，實行武力討伐。

北路隴海、平漢線叛軍，以馮玉祥部為主力，由鹿鍾麟任前敵總指揮；津浦線叛軍以閻錫山部為主

力，傅作義任前敵總指揮。政府軍由蔣主席自兼討逆軍總司令，朱培德為參謀長，分由韓復榘、劉峙、何成濬防禦津浦、隴海、平漢線，四月十一日各線開始總攻擊，至八月雙方大戰於豫東、皖北、蘇北、魯南一帶，叛軍兵力約六十萬人，國軍動員近百萬人。八月十五日國軍克濟南，十月三日克開封，六日克鄭州，黃河以南已無敵踪。

方國軍與叛軍中原苦戰時，李宗仁、張發奎率所部數萬人，自廣西襲攻湖南，六月五日陷長沙。政府以何應欽為武漢行營主任，主持南路戰事，分自湘北、粵北對叛軍發動攻擊，六月十七日克長沙，七月初殘敵陸續退回廣西。

討逆戰爭進行期間，七月十三日汪兆銘、閻錫山在北平發起「中國國民黨中央黨部擴大會議」（簡稱「擴大會議」），九月一日公佈「國民政府組織大綱」，推定閻錫山、馮玉祥、汪兆銘、李宗仁、唐紹儀、謝持、張學良七人為國府委員（按：張學良於九月四日通電拒絕接受），閻錫山為「國民政府主席」。九日，閻、汪等就職，公開自絕於國人。

當是時，張學良藉口避暑，居北戴河以觀變，日本則施以壓力欲張氏與叛軍合作，促成中國內亂之擴大。張氏卒於九月十八日通電擁護政府，並出兵平、津。十九日，閻錫山退回山西。二十日，汪兆銘潛離北平。九月底，東北軍接收平、津，叛軍紛紛輸誠，十一月討逆軍事告一結束。

民國二十年三月，政府積極籌備國民會議時，國民黨中央常務委員會臨時會議通過，准其辭職，並選舉林森繼任。部分國民黨失意領袖汪兆銘、唐紹儀、鄒魯等，乃用作藉口，集會廣州，成立「中國國民黨中央執監委員非常會議」（簡稱「非

常會議」）及「國民政府」，利用廣東實力軍人陳濟棠等，一面遣軍犯湘，一面派鄒魯北上與閻錫山、馮玉祥勾結，意圖顛覆政府。七月二十日，石友三受廣東方面五十萬元之收買，在河北順德叛變，遭國軍張學良、商震部夾擊，失敗下野，殘部由韓復榘所收編。

粵變既起，蔣主席鑒於內憂外患之嚴重，於七月二十三日書告全國同胞，攘外必先安內，團結乃能禦侮。及九一八事變發生，黨國元老蔡元培、張繼等，為求共抒國難，南下與廣東方面協商，十月二十七日雙方代表會議上海，決定分別在南京、廣州召開中國國民黨第四次全國代表大會，討論改組政府。

同年十一月十二日，中國國民黨第四次全國代表大會在南京中央大學大禮堂開幕，至二十三日結束，綜其決議案約有下列數端：（一）團結國家所有力量，積極抵抗日本之侵略。（二）召集「國難會議」應付當前之巨變。（三）用最嚴厲方法禁絕鴉片。大會宣言號召國人統一建設，雪恥圖強，而黨內糾紛告一解決。

中國國民黨第四次全國代表大會在南京開幕時，廣州亦有「代表會議」之舉行，經南京大會同意，容納粵方選出之中央執監委員。蔣主席憂念國家前途，促成雙方團結，委曲求全，乃於十二月十五日向中國國民黨中央常務委員會辭去國民政府主席、行政院院長，及海陸空軍總司令各職。經中常會決定推林森代理國民政府主席，陳銘樞代理行政院長，蔣先生乃於十二月二十二日偕夫人飛離南京，再度隱退於奉化故里。

蔣主席離京之日，中國國民黨四屆一中全會在南京開幕，二十六日修改國民政府組織法，二十八

日，推舉 蔣先生、汪兆銘、胡漢民爲中國國民黨中央政治會議常務委員，並選任林森爲國民政府主席，孫科爲行政院院長。

蔣主席下野之日，正日軍在東北擴大佔領區之時，上海且有日本浪人製造事端，日海軍復增兵來華，準備發動大規模之侵略。全國上下激於義憤，紛紛請願對日作戰。及聞 蔣主席下野，衆情彷徨，舉國騷動。民國二十一年一月二日，中央政治會議緊急會議，決定由國民政府主席林森、行政院長孫科敦請 蔣先生重返南京，主持大計。中央各委員、各省軍政首長及民衆團體，亦紛紛作同樣籲請， 蔣先生以國憂黨責，義不容辭，乃毅然於同月底入京，力任艱難。一月二十八日，日軍發動淞滬事變，同日中央政治會議決定接受孫科辭職，以汪兆銘繼任行政院長。三月六日復決議推 蔣先生爲軍事委員會委員長，主持全局，與暴敵相週旋。

民國二十一年夏，中日淞滬停戰協定簽字後，十九路軍奉命移駐福建整補，協同進剿共軍，氣盈志驕，屢遭挫敗，遂爲野心政客所利用，倡言「聯兵北上抗日」，蓄謀推翻政府。二十二年冬，陳銘樞因廣東省主席被免職，心懷怨望，乃合李濟琛、陳友仁，及福建省政府主席蔣光鼐、福建綏靖公署主任蔡廷鍇（蔣、蔡爲十九路軍前後任總指揮），組織「生產黨」，於十一月二十日在福州發表通電，宣佈成立「中華共和國人民政府」，更改年號，取消黨旗國旗，毀滅 國父遺教。十一月二十四日，陳銘樞自任「行政委員會主席」，改十九路軍爲「人民革命軍」，由蔡廷鍇任總司令。一面與黃琪翔之「第三黨」相結納（黃任「參謀總長」），一面表示與蘇俄及中共聯盟，公開背叛黨國，以遂其割據之野心。

閩變發生後， 蔣委員長痛心野心政客置國家民族前途於不顧，於十一月二十二日發表告十九路軍

全體將士書，勸即自拔來歸。旋派飛機至福州空投文告，促其從速反正。以陳銘樞等執迷不悟，十二月

十五日國民政府乃下令免除陳銘樞、蔣光鼐、蔡廷鍇等本兼各職，授權　蔣委員長討伐叛逆。

十二月二十八日　蔣委員長親赴福建浦城督師，分兵三路進攻叛軍：一路自建甌攻南平，一路進向

邵武、順昌，扜叛軍之背，一路集結於德勝關，隔斷叛軍與共匪間交通，相機向泰寧進攻。另派海軍南

下進攻廈門、福州，並利用空軍掩護作戰。二十一年一月初，國軍全線發動進攻，五日克延平，七日海

軍收復廈門，十三日海軍收復福州，李濟琛、陳銘樞等先後逃亡，二十日叛軍將領毛維壽、沈光漢等通

電擁護中央，三十日軍事委員會改十九路軍殘部為第七路軍，以毛維壽為總指揮，而福建秩序恢復。

先是民國二十一年一月廣州「軍政府」雖經宣佈取消，兩粵黨政權仍操諸「西南執行部」及「西南

政治委員會」兩特殊機構。粵、桂軍權分別由陳濟棠、李宗仁等繼續掌握，益以少數政客從中播弄，遂

致與政府隔閡日深，中央雖一再開誠曉喻，終未能使之翻然改圖。

民國二十五年六月二日，陳濟棠、李宗仁等，藉口抗日為名，聲稱率部北上，旋即遣軍於六月五日

侵陷湖南永州，九日下動員令，同日叛軍逼近衡州。二十二日兩廣僭設獨立之「軍事委員會」，陳濟棠

任「委員長」兼「抗日救國軍聯軍總司令」，李宗仁副之。是時兩廣軍隊經陳、李多年擴充，總數在三

十萬以上，復得日本之暗助，並有飛機數十架，實為政府之一大威脅。

兩廣事變發生後，　蔣委員長顧念國家大局，迭電陳濟棠、李宗仁及兩粵將領，置國家前途於個人

利益之上，而陳、李竟執迷不悟。七月四日廣東空軍飛行員四十餘人，受　蔣委員長精神感召，駕機離

粵飛南昌。六日發表通電，効忠黨國。同日粵、桂中央委員多人北上，出席五屆二中全會。七日，粵軍

第二軍副軍長兼廣東東區綏靖委員李漢魂通電擁護政府。八日，粵軍第一軍軍長余漢謀自大庾防次飛京，面陳粵事。於是粵軍將領鄧龍光、巫劍雄等紛紛反正，粵海軍艦長廊文光、鄧瑞功等亦率艦離粵服從中央，陳氏遂勢孤無助。十七日被迫離粵赴香港，粵省事變乃告結束。

粵事解決後，廣西將領李宗仁、白崇禧、黃紹竑等，受　蔣委員長感召，於七月二十一日通電服從政府，而陰以優厚條件相要脅。九月六日政府改任李宗仁為廣西綏靖主任，白崇禧為軍事委員會常務委員，黃紹竑為浙江省政府主席。十日，李、白、黃接受政府新命，廣西事件為之平息。

一、所謂「北平擴大會議」舉行於何時？由那些人參加此一叛亂組織？

二、蔣主席何時第二次下野？何時復任軍事委員會委員長？

三、閩變因何發生？如何平定？

四、說明兩廣事變之背景？

第三節　俄日之交侵

民國十六年十二月國民政府對俄絕交後，蘇俄赤化中國之陰謀並未稍止，一面支持中共擴大叛亂，一面利用中東鐵路作為赤化中國之憑藉。操縱中共及韓共在東三省分別成立「省執行委員會」，組織「撫順煤礦工會」，並於鐵道沿線各城市積極展開活動。

民國十八年五月二十七日，東三省北部特警管理局發現哈爾濱俄國領事館有祕密會議，搜查結果，捕獲華俄共產黨徒數十人，其中包括中東路高級職員及俄國遠東貿易機構負責人多人，並發現赤化書籍數萬冊，及圖謀擾亂中國之祕密文件甚多。張學良鑒於事態之嚴重，乃採取斷然之處置，由中東鐵路理事長呂榮寰於七月十一日下令，將鐵路局俄籍局長及赤色高級職員數十人遣送回俄，並將鐵路沿線蘇俄經營之「遠東貿易局」、「遠東煤油局」、「商船局」、「商業聯合會」等機構予以封閉，兩國乃引起嚴重之交涉。

蘇俄一面向我提出恫嚇，一面設司令部於赤塔，於沿邊集中軍隊八萬餘人，作為發動侵略之準備。政府以東三省國防全權授張學良負責，七月十九日發表宣言，說明俄人赤化中國之種種證據，並控之於海牙國際法院，希望利用國際仲裁，阻止俄國之侵略。同日俄軍利用飛機、戰車掩護開始向綏芬河、滿洲里等地進攻，並嗾使中東鐵路俄籍職工總罷工，使用爆炸、拔釘、拆軌等手段，以破壞東北秩序及運輸。十月十二日，同江之戰，俄以海空軍協同大舉猛犯，我軍以寡擊眾，艦長莫耀明力戰殉國，陸戰隊長李泗亭以彈盡援絕，自殺成仁。十一月十八日，扎蘭諾爾之戰，俄軍利用大批空軍助戰，使用重砲五十餘門，集中轟擊我陣地，我守軍第十七旅全軍覆沒，旅長韓光第壯烈犧牲。二十日滿洲里經三晝夜之苦戰，復被攻陷，駐軍梁忠甲旅傷亡殆盡。

東北抗俄戰事既迭遭失利，我政府乃請求簽字非戰公約各國制止俄人之侵略。英、美、法三國曾致牒中俄兩國調停，惟被俄國所拒絕。後由德國轉圜，經政府同意，張學良乃派蔡運升至俄境接洽，十二月三日與俄代表西門諾夫斯基會議於雙城子，簽訂草約五款。二十二日復在伯力簽訂議定書十條，規定

雙方撤兵釋俘，中東鐵路完全恢復七月十日以前之原狀，雙方利益問題應在一九三○年（民國十九年）一月二十五日在莫斯科會議協商。

民國十九年一月五日，政府改任莫德惠爲中東鐵路督辦，五月莫氏抵莫斯科，與俄方代表加拉罕開始會議。莫氏提議由中國購回中東鐵路，以俄方諸多阻礙，交涉毫無結果。迄九一八事變發生，中俄會議遂無形停頓。

東北淪陷後，蘇俄暗中積極支持共匪之叛亂，表面示惠中國，依照國際慣例，收容我退入俄境之義勇軍及難胞，拒絕引渡抗日將領蘇炳文等，並分別遣送我軍民自新疆、海參威歸國。一時國人爲其所惑，中俄關係驟有好轉趨勢。經中國在日內瓦出席軍縮會議代表顏惠慶與蘇俄外長李維諾夫之祕密談判，民國二十一年十二月十二日雙方互換復交文件，正式恢復外交關係。

先是日軍侵佔東北時，俄人將中東鐵路所有機貨車全數駛入俄境。一九三三年（民國二十二年）五月二日，竟獨向日本提議出售中東鐵路，不顧我迭次抗議，曲解法理，狡賴強辯，至二十四年三月二十三日，竟在東京與日本僞滿簽訂「關於中東路讓渡基本協定」，由僞滿以一億四千萬日元，外加俄籍職員退職金三千萬元，將中東鐵路出售於僞滿，無異對僞滿事實之承認，亦爲自動放棄中東鐵路之鐵證。

自東北易幟歸服中央後，日人旣嫉中國之統一，復羨東三省之資源，發動侵略日趨積極。民國二十年三月，吉林長春縣居民郝永德，在萬寶山附近租得荒甸四百餘晌，擅引無籍韓人一百八十餘人耕種，侵佔民田，挖掘深約三丈水溝二十餘里，在伊通河截流築壩，引水灌漑，附近居民目覩將來水無宣洩，

一遇氾濫兩岸數千响良田盡成澤國，乃向縣署請願阻止。及中國警察前往彈壓，日駐長春領事竟派警到場逞兇，韓人有恃無恐，頑抗益力。五、六月間，日政府一面命大批韓人繼續前來，一面派便衣警察七、八十人携機槍在萬寶山附近強佔民房，託言保護，意圖肇釁。

七月一日，當地農民三、四百人各持鍬鋤填塞韓人所開水道，日警遽向民眾開槍射擊。事後駐長春日領事欲乘機擴大事端，嗾使朝鮮日報駐長春記者金利三發佈不實之新聞，鼓動韓國境內屠殺華僑，於是仁川、漢城、平壤、釜山等地紛紛發生排華運動，被殺華僑近千人，財產損失難以數計。漢城華僑避難中國領事館者達七千人，商店被毀者二百餘家，平壤強拘於日警署者五千一百餘人，商店被毀者五百餘家，韓境被迫返國華僑二千五百餘人。我各地民眾激於義憤，亦先後成立反日援僑會，實行檢查日貨，中日邦交益趨惡化。

民國二十年六月，日本軍部密派大尉中村震太郎，自稱黎明學會總幹事，至東北與安屯墾區，藉遊歷之名，行軍事調查之實。二十六日在蘇鄂公府被守軍勸阻，初以外賓看待，後發現褲內藏有日俄文軍用地圖及日記本等件，知為偵探，乃加以扣留，向屯墾公署請示辦法。因中村乘黑夜脫逃，遂被守兵所擊斃。

八月十七日駐瀋陽日總領事向東北當局提出抗議，遼寧省主席臧式毅、東北邊防軍參謀長榮臻，當即派人調查，並將當地駐軍團長監押嚴辦。而日本軍部竟以此為藉口，增兵南滿，其關東軍司令官本莊繁迭次召開秘密會議，舉行軍事演習，製造輿論，激蕩日人情緒，以為發動侵略之準備。

九月十八日夜十一時十五分，日本關東軍自動將南滿鐵路柳條溝鐵橋炸毀，誣指為我軍所為，開始

攻進瀋陽北大營。時張學良方滯留北平，嚴令駐軍王以哲旅不作抵抗，日軍遂於十九日晨六時佔領瀋陽，旋我兵工廠存儲步槍八萬枝，機槍四千挺，飛機二百餘架。瘋狂擴大佔領區，五日之內南滿要地相繼陷落，並於二十一日佔領吉林省城，二十三日進至新民。

九月十九、二十、二十二等日，我政府先後向日本提出嚴重抗議，指責日軍應負事變責任，要求日軍從速撤退。日政府僅於二十四日發表聲明，歪曲事實，表示必不使事件之擴大。實則增兵不已，並繼續擴大佔領區。十一月日軍以偽軍張海鵬部前導，進攻黑龍江，代主席馬占山奮勇抵抗，敗之於嫩江鐵橋，終以武器不敵，眾寡懸殊，十九日齊齊哈爾（龍江）失守，二十一年二月五日哈爾濱復陷。別路日軍於二十年十二月中自旅順北犯，二十一年一月二日陷錦州，關外要地盡失，未及撤出國軍及義胞，乃從事游擊戰爭。

九月十九日，我出席國際聯盟代表施肇基，要求國聯理事會主持正義，制止日本侵略。日代表芳澤謙吉則藉口「地方事件」，希望兩國直接交涉。其時國際間一致不滿日本之行為，九月三十日國聯行政院通過限日本撤兵期限不得超過十月十三日，日內閣有所顧忌，頗有妥協之表示，其外相幣原喜重郎迭次覆我駐日公使將作賓照會，有日軍將撤至南滿鐵路附屬地表示，因不能約束其少壯軍人，至十月十三日日軍不僅擴大東北佔領區，且派軍艦砲擊長江口岸，空軍轟炸遼西一帶。日本浪人復在中國各地尋釁，搗毀商店，擊傷民眾。

十月十三日，國聯行政院復開特別會議，至二十四日以十三票對日本一票限令日本於十一月十六日再次會議前完成撤兵。屆時國聯行政院改在巴黎開會。至十二月二十日，決定組織一調查團，調查「九

一八〕事件之眞象。由五委員國組成，中日兩國各派贊助員一人參加。美國雖非國聯會員國，國聯討論日本侵佔東北問題時，爲表示同情中國，特派其日內瓦總領事吉伯特列席。民國二十一年一月七日，美國務卿史汀生（Henry L. Stimson）發表宣言，聲明凡違反對華門戶開放政策及條約義務所造成之情勢，所訂立之條約合同等，美國概不承認。

九一八事變後，全國民情激昂，各地自動抵制日貨，作抗日之遊行，向政府請願，要求收復東北。而一般青年基於愛國之心，自動組織抗日團體，或捐獻財物，或前往東北實際參加抗敵工作。民國二十一年一月二十日，上海日本浪人數十人，藉口前晚日本僧人被毆，焚毀三友實業社工廠，搗毀商店多家，毆傷華民，殺死華警。事後上海市長吳鐵城向日本總領事村井倉松提出抗議，要求嚴懲罪犯，賠償損失，日政府則一面增調海軍來滬，一面由村井於二十六日向我提出反抗議：（二）正式道歉，（二）賠償損失，（三）懲辦兇手，（四）制止反日活動，並限四十八小時內答覆，否則採取自由行動。上海市政府於二十八日下午一時四十五分如限答覆日使，村井已表示滿意，而日海軍司令官鹽澤幸一以發動事宜已準備就緒，乃命日軍於是晚十一時半向我閘北、虯江路、青雲路、天通菴等地進犯，我駐軍十九路軍以守土有責，遂奮起抵抗。

二十九日，中央政治會議決定抵抗日本侵略，乃由外交部發表捍衞國土之聲明。三十日　蔣先生通電全國將士，枕戈待命，誓與暴敵相週旋。同日國民政府以南京接近戰地，宣佈遷至河南洛陽辦公。二月八日，以最精銳之第八十七、八十八兩師編成第五軍，馳滬增援，仍以第十九路軍名義加入戰鬥。日本則先後改以野村、植田謙吉爲總司令，增調海陸軍來滬，對我實行猛攻。直至三月初，我軍以

血肉之軀與強敵之堅甲利兵相週旋，視其軍艦、飛機、大砲、戰車如無物，只見一義，不見生死。日軍屢戰屢敗，卒不能突破我陣地。二月十三日蘊藻濱之大戰，敵軍潰不成隊。二十六日廟行鎮之役，敵軍被殲者三千餘人。

敵軍既迭遭挫敗，再改以白川義則爲總司令，率第一、第二、第十四師團來滬增援，於三月一日驅其軍艦三十餘艘，飛機數十架，步兵數萬人，襲擊我劉河、楊林口後方，拊我南翔，眞如側背，我軍爲避免無謂犧牲，遂於二日放棄第一道防線，退守嘉定、南翔一帶，敵軍以戰線延長，一時亦無繼續進攻能力。

淞滬戰事既起，美、英、法三國駐京公使曾從事調停。會三月中國聯調查團來華，我國乃接受勸告，於同月十九日在上海英領事館與日方舉行會議，五月五日簽訂停戰協定五款，主要內容如下：（一）中國軍隊暫住現在防地。（二）日本軍隊撤至公共租界及虹口方面，一如事變前之原狀。（三）爲證明雙方之撤退起見，設立共同委員會，加入友邦代表爲委員，協助雙方移交事宜。總計淞滬之戰歷時一月零四日，我軍以四師之眾，抗拒敵人十萬之師，屢挫兇燄，敵軍被迫四易主帥，死傷逾萬人，充分表現我團結禦侮艱苦卓絕之民族精神。

東北淪陷後，抗日義勇軍蓬起抗日。馬占山之外，若遼寧之唐聚五，吉林之丁超、李杜，黑龍江之蘇炳文等，或襲擊敵軍，或破壞交通，予日人以慘重之打擊。終以武器懸殊，接濟困難，遭敵軍圍攻，損折日多。至二十一年十二月，蘇炳文所部二千八百餘人，義胞一千二百餘人，被迫退入俄境。日人無後顧之憂，遂開始進攻熱河。

民國二十二年元月三日，日軍陷山海關。二月中指示偽「滿洲國」發表進攻熱河聲明，各地奉軍不戰而退。省主席湯玉麟於三月一日扣留軍用汽車偷運鴉片輸送天津，三日夜竟率所部滿載私物潛逃，敵軍遂於四日進入承德，熱河各地隨之陷落。七日，張學良引咎辭職。八日，政府通緝湯玉麟，命軍政部長何應欽駐節北平，馳調國軍北上增援。

熱河淪陷後，敵軍全力南犯，與國軍黃杰、宋哲元等部激戰於喜峯口、古北口、冷口等長城要隘，國軍踴躍殺敵，兩月之間斃日軍七千以上，敵人為之氣沮，乃變更作戰計劃，自山海關進攻灤東。五月十四日陷灤州，平津直接受到威脅，長城各口因之相繼撤守。四月二十九日，西路敵軍陷多倫，侵入察哈爾北部，華北情況驟然緊急。

政府為顧全大局，五月中設立行政院駐平政務整理委員會，轄河北、山東、山西、察哈爾、綏遠五省，及北平、青島兩特別市，以黃郛為委員長，負責與日本週旋。五月三十一日黃氏遣代表熊斌與日方代表岡村寧次簽訂塘沽協定，於是冀東各縣遂成不設防之區。六月二日國民政府發表宣言，謂此協定只及軍事，不涉及政治。蓋此時政府已覺悟國聯之不可恃，非爭取時間不足以充實國力，而華北遂暫獲兩年之拖延局面。

先是九一八事變後，日本以國際聯盟有名無實，對其侵略行動不能作有效之制裁，乃更肆無忌憚，實施分割中國之陰謀。於民國二十年冬由土肥原賢二勾通漢奸，自天津英租界挾清廢帝溥儀東去，並嗾使漢奸鄭孝胥、臧式毅等，於二十一年一月十六日在瀋陽舉行「滿洲善後會議」，籌備組織偽「滿洲國」。三月九日偽組織舉行「建國」典禮，以溥儀為「執政」，定年號為「大同」，設偽都於長春，重

要機關或由日人任顧問，或由日人充要職。至二十三年三月一日，發佈日人代擬之「滿洲國組織法」，改年號為「康德」，並舉行偽即位大典。

偽滿洲國成立後，二十一年九月十三日日本以武藤信義為「大使」，十五日與其偽總理鄭孝胥簽訂「日滿議定書」，許日軍駐紮東北，確認日人在東北之權利與利益。於是攫取東北鹽稅、郵權，及關稅，東北同胞遂淪入日人鐵蹄蹂躪之下。偽「滿洲國」籌備期間，我政府以此種傀儡組織係叛亂機關，由外交部向駐京日使重光葵提出嚴重抗議。及偽組織正式成立，二十一年三月十一日國民政府特鄭重宣言，不承認日本卵翼下之叛亂組織。

一九三二年（民國二十一年）一月十四日，國聯調查團組成，由英國代表李頓（Lord Lytton）任團長，二月底抵東京，三月中抵上海，旋至南京、漢口、宜昌、重慶，並遠至東北各地。九月四日在北平簽字報告書，十月二日在日內瓦、東京、南京同時發表。其中第六章關於偽「滿洲國」部份，認為東北係中國不可分割之一部分，「滿洲國」乃日本武力造成之結果。一九三三年（民國二十二年）二月二十四日，國聯特別大會集會，參加者四十四國，以四十二票對日本一票（暹羅棄權），通過國聯調查報告書，日本代表松岡洋右老羞成怒，竟退出會場。三月二十七日，日政府復正式通告退出國聯，國聯終不能有進一步之制裁行動。

民國二十四年春，日本增兵華北，在平、津、察、綏各省市屢次製造事端，利用朝鮮人及浪人包庇走私，破壞我國財政，擾亂地方秩序。蔣委員長鑒於日本朝野之短視，侵華野心之無止境，思打開僵局，特口述大意，由陳布雷執筆，撰「敵乎？友乎？」一文，用徐道鄰名義發表於「外交評論」雜誌，

痛斥日本軍閥之野心，勸其顧全東亞之安危，並暗示中國決不屈服，促其對華恢復友好態度，共負時代之使命。日本各報刊競相轉載，學者名流不乏醒悟之士，但終不能抑制其少壯軍人之侵華氣燄。

民國二十四年六月十日，日本北平駐屯軍司令官梅津美治郎，向我軍事委員會北平分會代委員長何應欽提出無理要求多端：（一）撤換河北省主席于學忠，（二）取消河北省內國民黨黨部，（三）撤退駐防河北境內之中央軍。強迫何氏簽字，為何氏所拒絕。於是土肥原奔走於北方軍人政客間，謀策動所謂華北五省（冀、察、魯、晉、綏）自治運動，冀察形勢更爲險惡。十月二十二日，日本浪人領導香河暴民攻入縣署，組織「維持會」。十一月二十四日，原任河北冀東灤楡區行政督察專員殷汝耕，受日人操縱，於通縣通電背叛中央，除冀東灤楡、薊密兩專區二十二縣外，復合察省之延慶、赤城、龍門三縣，成立所謂「冀東防共自治委員會」。各縣由日人任顧問，負責實際領導之權，所有資源任由日人所榨取。同月二十五日，天津日本浪人復僱集漢奸流氓五、六百人，謬稱「自治請願團」，向我保安司令部及市政府滋擾示威。

同月二十六日，政府以殷汝耕喪心病狂，自絕國人，撤職拿辦，所有灤楡、薊密兩行政區督察專員署卽取消。並爲應付華北特殊情勢，裁撤北平軍事委員會分會，特任宋哲元爲冀察綏靖主任，何應欽爲行政院駐平辦事長官。二十九日，我外交部照會駐華日使，聲明殷汝耕之叛國行爲均歸無效。十二月十一日，政府復下令成立冀察政務委員會，處理冀察平津事務，由宋哲元任委員長，日本華北五省「自治運動」乃消滅於無形。

熱河淪陷後，民國二十二年四月，日人策動內蒙部分王公在赤峯舉行「王族大會」，九月十八日由

德王、雲王領銜發出「自治」之通電。政府爲應付變局，於二十三年四月在綏遠百靈廟成立蒙古地方自治委員會，任命德王、雲王等二十四人爲委員，以何應欽、趙戴文爲正副指導長官，一時內蒙形勢趨於緩和。二十四年十月，德王等復受日人威脅利誘，逃走綏北淴江。二十五年二月，政府改組蒙政會，移會址於歸綏，日人則操縱德王於五月二日在察省嘉卜寺（新明）成立「內蒙軍政府」，組織僞軍，由日本軍官任指揮，並得其空軍掩護，大舉竄擾綏東，企圖奪取歸綏，截斷平綏路交通。遭國軍傅作義部阻擊，十一月二十四日克復百靈廟，僞軍死傷甚衆。十二月九日再敗之於大廟，日本建立內蒙僞政權之企圖乃爲之粉碎。

民國二十三年六月八日，駐京日副領事藏本英明出外迷失，日方誣爲我方所害，意圖擴大事端；旋經我憲警尋獲，眞相乃白。二十五年八月二十四日，日僑在成都與衆互毆，兩人斃命，日人乘機大肆作仇華之宣傳，於是一面增兵華北，一面派海軍至沿江沿海示威，登陸漢口、上海、靑島等地，高唱使用武力制止中國排日運動。九月，日使川越茂與我外長張群會議南京，日方要求：華北五省自治，中日交通「合作」，聘用日本顧問。我方提出反要求：取消塘沽協定，及冀東僞組織，日軍及日機不得在華北橫行。雙方各不肯接受，兩國關係乃益加惡化。

作　業

一、民國十八年我東北當局爲何強制接收中東鐵路？俄軍侵犯東北沿邊時我國有那些將領爲國捐軀？

二、何謂萬寶山事件？何謂中村事件？

三、九一八事變後國際聯盟如何調處？

四、說明一二八事變爆發之原因？我軍抗敵之精神若何？

五、蔣委員長所著「敵乎？友乎？」一文之動機安在？

第四節 中共之圍剿與流竄

民國十六年底中共各地暴動失敗後，相繼會合於贛南之井岡山，該處形勢險要，向爲土匪巢穴，於是中共開始在附近各縣活動。民國十八、九年間，乘各地軍人叛變，政府未能作大規模之清剿，侵陷贛南各縣，以瑞金爲根據地，並曾一度攻佔長沙。除其所謂「中央蘇區」外，其他各省邊區活動之共軍計有：（一）「豫鄂皖蘇區」：以大別山爲根據地，先後由張國燾、鄺繼勛所領導。（二）「湘鄂西蘇區」：以洪湖區爲主要根據地，由賀龍、段德昌所領導。（三）「贛東北蘇區」：活動於贛東弋陽、橫峯一帶，由方志敏所領導，後擴大爲「閩浙皖贛蘇區」。（四）「閩西北蘇區」：由鄧子恢等所領導，活動於閩西長汀、上杭一帶。（五）「右江蘇區」：由鄧小平所領導，活動於廣西百色附近。（六）「陝北蘇區」：由劉子丹所領導。而以上海租界爲大本營，由向忠發任總書記，在第三國際操縱下，改以農村包圍城市之策略，擴大叛亂。

民國十九年冬，各地軍人叛亂敉平，政府開始對共軍實行圍剿。二十年六月，中共上海總機關被破獲，向忠發被捕殺，由陳紹禹（王明）繼其任。同年六月，蔣總司令親蒞南昌主持剿共軍事，連敗共軍，九月九日克瑞金，共軍殘部被困於閩西山區。因九一八事變發生，國軍北調增援，餘孽未能悉數殲

滅。同年十一月中共在瑞金召開「第一次全國蘇維埃大會」，選舉毛澤東爲「蘇維埃執行委員會主席」及「人民委員會委員長」，朱德爲「紅軍總司令」。二十一年多，遷其黨中央於瑞金，改由秦邦憲任總書記。

共軍乘一二八事變國軍全力對外時，四處竄擾，擴大佔領區。豫、鄂、皖邊區共軍以金家寨爲根據地，威脅蚌埠、信陽等地。賀龍、段德昌所率鄂西、鄂中共軍，則企圖包圍武漢。政府權衡緩急，決定先肅清華中共軍。五月二十一日，蔣委員長受命兼任豫鄂皖剿匪總司令，二十八日抵漢口，設立剿匪總司令部，採用政治治本、軍事治標策略，兼施並進。十一月克復金家寨，豫南、皖北共軍撲滅。中共中央撤鄺繼勛職，改派徐向前繼其任，徐率餘部經陝南竄入川北山區。二十二年春，鄂中鄂西共軍肅清，段德昌負傷撤職，賀龍回竄湘北鶴峯一帶。

民國二十二年五月一日，政府分任蔡廷鍇、何鍵、陳濟棠、劉峙爲東西南北各路總司令，使用兵力百萬，各種飛機百餘架，對贛南共軍實行大規模之圍剿，用堅壁清野方法，採取「三分軍事七分政治」策略，修築碉堡，開拓交通，步步爲營，節節前進。十月中旬起各路同時發動猛攻，迭克要地。中間因閩變略有停頓，至二十三年九月展開全面攻勢，十一月十日克復瑞金，共軍損傷二十餘萬，殘餘七、八萬人潰圍，經湘南西竄，十三日政府以何鍵爲追剿司令，繼續追剿共軍。

民國二十四年一月，共軍經桂北侵入黔省，一度侵陷遵義、桐梓等地，遭國軍薛岳部阻截，徘徊於滇黔山區。五月初，復自滇境竄入西康，連陷會理、西昌，二十五日偷渡大渡河，再陷瀘定、天全等地，與川北徐向前部相呼應。以川省軍人之不相統屬，成都大受威脅。

蔣委員長親蒞西南各省，指示

剿共方略。七月，朱、毛所部與徐向前所部在松潘附近合流，遭國軍楊森、劉湘部夾擊，竄入隴東地區，沿途死傷逃亡甚眾。旋共軍分裂，徐向前、朱德回竄川西，毛澤東、彭德懷於同年十月經寧夏東南流竄陝北保安縣之吳起鎮，與當地土共劉子丹、徐海東等股合流。十月二日，國民政府任命　蔣委員長為西北剿匪總司令，張學良為副司令，設總司令部於西安，清剿殘共。

同年十一月，川西共軍朱德、徐向前等部復陷天全、榮經等地，擬與竄擾黔省之賀龍、蕭克所部會攻成都。經國軍合力圍剿，二十五年二月中，西南殘共次第肅清，僅少數共匪逃亡陝北。二十五年二月中，共軍因陝北糧荒，分兩股渡河向晉西流竄，一股以林彪、彭德懷部為主力，北竄交城、文水等地；一股以劉子丹部為主力，南竄靈石、霍縣一帶。三月十一日，國軍追殲劉部共軍於離石。四月底，林、彭所部共軍經國軍痛剿，復竄回陝北。

共軍西竄期間，為挽救其滅亡之厄運，遵照共產國際指示，以聯合抗日為掩飾，於民國二十四年八月一日，在川邊毛兒蓋發出宣言，提出「抗日民族統一戰線」之要求。及共軍流竄陝北，而華北形勢危急，中共乃利用國人仇日心理，在華北操縱成立各種抗日民眾團體，若「華北各界救國聯合會」、「北方人民救國大同盟」、「平津學生救國聯合會」、「平津文化界救國會」等，作歪曲之宣傳。以「停止內戰，一致抗日」為口號，蠱惑國人之視聽。

二十五年十一月，日本嗾使內蒙偽軍犯綏，華北局勢嚴重，　蔣委員長特飛太原指示晉綏防務，旋返洛陽有所佈置，而西北剿匪副司令張學良，陝西綏靖主任楊虎城等，竟陰謀劫持　蔣委員長，以遂其叛國之陰謀。十二月三日張氏至洛陽，告以所部不穩，請　蔣委員長親蒞西安加以安撫。十二月四日

蔣委員長偕張學良自洛陽飛西安，下機時遭東北軍官數百人包圍，態度不馴，要求停止剿共，一致抗日。

蔣委員長駐節臨潼華清池，排日召見陝、甘將領，告以安內始可攘外，剿共已至最後成功階段，務須堅持到底；而張、楊等謀叛益亟。

十二月十二日晨，叛軍竟犯華清池，包圍行轅，擊殺侍從多人，刼持蔣委員長赴西安，軟禁於綏靖公署。同時將留在西安之政府將領陳誠、蔣鼎文等人拘留，黨史會主任委員邵元冲、憲兵團長蔣孝先等遇害，總司令部參謀長錢大鈞等受傷。張、楊乃致電國民黨中央執行委員會及國民政府，提出改組政府，停止「內戰」主張。同時晉謁蔣委員長，陳述「兵諫」之目的，堅欲蔣委員長承認其所提條件。蔣委員長嚴拒其要求，於是共匪份子乘機大肆活動。十四日西安宣佈組織「軍事委員會」，成立「聯合抗日救國軍」，其中包括共軍，張學良之東北軍，及楊虎城之西北軍，並改組陝西省政府，容納中共份子參加。十六日張氏調集軍隊在渭南、華縣一帶積極佈防，並謀佔領潼關。

十二月十二日下午三時五十分，西安事變消息傳至南京，當夜國民黨中央常務委員會及中央政治委員會舉行緊急會議，決議由孔祥熙代理行政院長，何應欽負調動指揮軍事之責，張學良褫奪本兼各職，交軍事委員會嚴辦，所部軍隊歸軍事委員會直接指揮。十三日，政府空軍開始轟炸隴海鐵路渭南、華縣沿線。十六日政府正式明令討伐張學良，特派何應欽為討逆軍總司令，顧祝同為東西兩路集團軍總司令，督師西進，合圍西安。十七日任命劉峙、

當是時國難已至嚴重關頭，蔣委員長為全國精神之所寄，定危救傾之所賴，張、楊之愚昧行為無異置國家民族前途於不顧，遂成為輿論交謫之對象；甚至素持異見之桂系及馮玉祥等亦不例外。北方將

領宋哲元、韓復榘、閻錫山等均有擁護中央表示，國內各地各界紛紛舉行營救委員長暨討逆大會，情緒至為激烈，張、楊乃感勢孤無援。

張氏生性偏激，昧於國家大計，不察 蔣委員長謀國苦心，既懷國恨家仇，復受中共煽惑，鑄此無識不忠之大錯。及事變後覽 蔣委員長日記及各種文件，備受其偉大人格精神所感召，漸感醒悟。故十四日晨來見時，對 蔣委員長流涕，表示愧悔。同日 蔣委員長顧問端納（William Donald）飛抵西安（按：端納為澳洲人，曾任張學良顧問），曉張氏以大義，張氏乃移 蔣委員長至一較安全住所。二十二日，蔣夫人復至，慰 蔣委員長一切以國為重，戒張氏勿以民族前途為犧牲，張氏益覺自慚。加以共產國際鑒於中國軍民之憤慨，知非 蔣委員長領導不能抗日，非利用抗日中共不能發展，指示中共和平解決西安事件，情勢乃有轉機。

時國軍已逼近西安，空軍日飛西安上空散發傳單，東北軍與西北軍復發生摩擦，二十五日張氏乃決心送 蔣委員長回京。瀕行 蔣委員長召張、楊懇切而訓之，告其國家形勢及救亡苦心。是日下午四時，由張學良陪同 蔣委員長飛離西安，二十六日抵南京，表示願受國法之制裁。消息傳出，舉國歡欣若狂，各地自動熱烈慶祝。

西安事變為全國同胞擁護 蔣委員長之表現，亦為舉國上下團結禦侮之象徵。惟剿匪工作功虧一簣，而潛伏此後共匪擴大叛亂之禍源。

作　業

一、北伐成功後中共勢力因何膨脹？

二、贛南共軍何時肅清？國軍採取何種戰略？

三、共軍流竄陝北後，採取何種統戰陰謀？

四、說明西安事變發生之背景？

五、西安事變後全國各界之反應若何？

第六章　抗戰與建國

第一節　全民抗戰之爆發與開展

民國二十六年春，日本軍部積極作侵華之動員準備。六月，按照預定計劃，集中其河邊旅團於北平近郊。七月七日午夜在宛平縣盧溝橋一帶演習，藉口失踪士兵一名，欲入城搜查。我駐軍吉星文團以時值深夜，恐引起地方不安，婉加拒絕；旋經冀察當局與日本駐屯軍司令交涉，商定雙方各派員五人實地調查。翌日晨五時，已抵宛平縣署，日方仍堅持入城搜查之意，我方未允，日軍竟突向縣城發動攻擊，我軍以守土有責，奮起抵抗，日軍不支敗退，由是戰端乃啟。

日軍利用緩兵之計，引誘我冀察政務委員會委員長宋哲元，表示係地方事件，願作和平之解決；而暗中緊急動員，分三路向平津採取包圍形勢。十二日後，敵軍四處向我挑釁。十六日敵軍至平津一帶兵力已達十萬以上，乃設最高司令部於豐臺，以香月清司為司令官，二十八日發動總攻擊，我軍處處被動，犧牲慘重。同日，南苑失陷，國軍將領佟麟閣、趙登禹力戰殉職。七月二十九日北平失守，三十日天津撤守。

盧溝橋事變發生後，蔣委員長知犧牲已至最後關頭，乃下令總動員，集結國軍於保定、滄縣一帶，於七月十六日在盧山對學術界領袖明白宣示全民抗戰之決心。八月十二日政府設立國防最高會議，

推

蔣委員長為陸海空軍大元帥，統率全局，領導對日抗戰。十四日國民政府發表自衛抗戰聲明書，痛斥日本對中國之侵略，宣佈實現天賦自衛之權。蔣委員長鑑於敵軍裝備優良，我軍不利於陣地作戰，乃擬定一長期作戰方略，利用廣大之空間土地，求得時間上持久之勝利，不重一城一地之得失，而以積小勝成全大局，同時發展敵後武力，使敵軍活動僅限於點線，首尾不能兼顧。於是全民奮起，為國家民族之存亡與暴敵相週旋。

同年八月九日，日陸戰隊海軍中尉大山勇夫，帶水兵一名，乘軍馳至上海虹橋飛機場附近滋事，我保安隊阻其前進，雙方發生衝突，保安隊死一人，大山等亦被擊斃，由是引起交涉。日本藉此集中軍艦三十餘艘，陸戰隊萬餘人，於十三日向我進攻，淞滬戰事遂告發生。八月十四日我空軍出動轟炸黃浦江日旗艦「出雲號」，及其軍事據點，敵機最精銳之鹿屋及木更津海軍航空隊亦分批侵襲我杭州、廣德機場，被我空軍第四大隊高志航部痛殲，造成九比零之光榮紀錄。十五、十六等日，敵機再襲我杭州、南京、嘉興等地，被我擊落多架，敵鹿屋、木更津兩機隊幾盡殲焉。其後我空軍迭創上海敵軍司令部及敵艦；復因敵機襲我後方，我機奮勇迎擊，予敵空軍以慘痛之打擊。

淞滬之戰我軍初由馮玉祥任指揮，繼以陳誠率大軍增援，參戰部隊達五十餘師，敵軍增援亦在三十萬以上，藉海空軍掩護，對我發動猛攻。我軍奮勇迎擊，寸土必爭，敵軍因正面進攻挫敗，乃於十一月初以重兵自杭州灣北岸登陸，我軍後路受到威脅，乃於十一日全線撤退，重作佈置。計淞滬之戰前後三月，敵軍死傷逾十萬人，我軍浴血苦戰，大義正氣，可歌可泣！尤以八百孤軍之困守四行倉庫，震驚國際，凜烈萬古。

敵軍陷平、津後，分沿平綏、平漢、同蒲、津浦各鐵路線向我發動進攻。我軍迭創頑敵，轉移至兩側腹地。二十六年十月十六日，平綏線敵軍陷包頭。十一月五日，平漢線敵軍陷安陽，與我軍隔漳河對峙。同月九日，同蒲線敵軍陷太原，同月底復陷晉南平遙、汾陽等地。十二月底，津浦線敵軍強渡黃河，山東省政府主席韓復榘保全實力，率部退走魯西，青島國軍勢孤無援，於二十七年一月八日撤退至沂水一帶。政府逮捕韓氏，於二十四日繩之以法，軍紀為之一振。三月底至四月初，國軍湯恩伯、孫連仲等部，大敗敵軍於魯南臺兒莊，敵軍被殲者三萬餘人，造成抗戰初期之光榮勝利。

先是上海既撤守，敵軍以海空軍戰車掩護，分沿京滬鐵路及太湖南側地區進犯，國軍節節抵抗，十一月二十日國民政府西遷重慶辦公，以唐生智為南京留守。十二月十三日，敵軍主力猛撲南京，我軍奮勇抵抗，敵軍傷亡達六千人，守軍除少數官兵突圍外，餘皆壯烈犧牲。敵軍於陷城後，縱兵大掠，我軍民死難者在三十萬以上。十二月二十四日浙江敵軍復陷杭州，國軍退守錢塘江兩岸。

日軍發動戰爭之初，聲言可於兩週內使中國屈膝，及遭我嚴重打擊，知其速戰速決之大言無法實現，乃一面操縱漢奸在各地成立偽組織，一面托德國駐華大使陶德曼（Oscar P. Tautmamm）向我提出和平試探，遭我嚴辭拒絕，日首相近衞文麿竟於二十七年一月十六日竟然發表聲明，今後不以國民政府為交涉對象。十八日國民政府重申抗日自衞立場，保障領土與主權之完整。

民國二十七年一月十七日，政府改組最高統率部，軍事委員會直隸國民政府，蔣委員長負統率全國陸海空軍，並指揮全體軍民對敵作戰之責，以何應欽為參謀總長。軍事委員會乃重頒戰鬥序列，分割

戰區，派定司令長官，便於全面抗戰之實施。

同年四月，敵人抽調各場兵力，集中津浦南北段，對徐州發動猛攻。五月十九日陷徐州，沿隴海路西犯，六月六日陷開封，敵騎擾及新鄭。七日，敵機炸毀趙口附近黃河堤，水經中牟沿賈魯河南汜，雙方形成隔河對峙形勢。

徐州會戰後，敵轉移兵力企圖圍攻武漢，一路沿長江西犯，七月二十三日陷九江；一路沿淮河西上，十月十二日陷信陽，自武勝關南下。我軍節節阻擊，五個月內斃敵在二十萬以上，於完成後方佈置後，乃於十月二十五日自動將武漢放棄。十一月十二日，敵軍復陷岳陽，侵入湖南北部。同時敵人為牽制我方兵力，切斷我國際交通，於十月十二日在南海之大亞灣登陸，十月二十一日陷廣州，我軍余漢謀部在惠陽、博羅一帶與敵展開游擊戰鬥。

民國二十八年二月，敵以海空軍掩護大舉登陸海南島，我因隔海無法增援，保安隊乃轉移至五指山區，從事游擊戰爭。六月底，粵東敵軍以海軍掩護在汕頭登岸，我軍不利海濱作戰，主力退至內陸，汕頭、潮安相繼淪陷。十一月，粵西敵軍在欽州灣登陸，連陷防城、欽縣等地，西窺廣西邕寧、龍州。十二月，我軍開始反攻，迭克要隘，崑崙關之役，斃敵在一師團以上，敵軍因守邕甯，遂無西犯能力。同時粵中敵軍亦循粵漢路北犯，同月底陷英德，竄至翁源附近。二十九年一月，我軍開始反攻，斃敵甚多，敵軍仍退回廣州附近。

民國二十八年春，華中敵軍分兩路內犯：三月，自贛北南竄之敵，合五師團兵力，強渡修水，同月二十七日陷南昌。四月，向鄂北進犯之敵，連陷隨縣、棗陽、南陽等地。我軍於五月中一面對來犯之敵

施行反攻，一面由漢水兩岸截擊敵軍歸路，敵軍侵地盡失，死傷一萬三千餘人，仍恢復四月前陣地。

民國二十九年五月，敵軍復集中六師團兵力，向我隨縣、棗陽一帶進攻，被我包圍於漢水以東地區，殲滅極眾。十六日，我第三十三集團軍總司令張自忠在宜城南瓜店督戰，敵以飛機十餘架掩護，向我反撲，張氏左右傷亡殆盡，負傷不退，壯烈殉國。我六十八軍為策應鄂北戰場，於同月十八日克信陽，斃敵四萬五千以上，俘獲甚眾。六月一日襄陽一度陷敵，三日復為我軍所收復。敵既北犯受挫，乃沿長江西竄，我以傷亡過重，且已達成消耗戰略，乃於同月十二日主動放棄宜昌。

三十年三月，宜昌之敵向我發動局部攻勢，遭我阻擊，傷亡四五千人，乃絕西犯之念。同時江西之敵亦合兩師團兵力，分三路向贛西進犯，北路之敵被我擊敗於奉新；南路之敵，被我消滅於錦江南岸；中路之敵與我激戰於上高附近，因敵機數十架助戰，戰況異常慘烈。三月二十五日我軍克復棠浦，敵軍傷亡達一萬五千餘人，不支回竄，仍恢復原來陣地。

民國二十八年九月中旬，敵由贛北、鄂南、湘北集中兵力十二萬人，分道大舉進犯長沙。我第九戰區司令長官薛岳集中精銳部隊二十萬人嚴陣以待，十月二日於誘敵深入後，猛烈圍攻，敵軍死傷四萬餘人，殘餘狼狽潰逃。三十年九月上旬，敵再集結十餘萬兵力二次來犯，且利用傘兵空降長沙近郊，中我埋伏，死傷慘重，於三十日突圍北竄，十月初新牆河以南已無敵踪。民國三十年十二月底，敵人集中兵力七萬餘人，分八路渡新牆河南犯，我軍埋伏於長沙周圍，誘敵至城郊，開始痛擊，自三十一年一月一日至四日，敵軍死傷五萬六千餘人，乃自東北方向突圍而去，至十五日新牆河以南殘敵全部肅清。

先是民國二十六年十月二十六日敵軍陷金門，二十七年五月十一日復利用海空掩護陷廈門，我軍西

撤漳州一帶。二十九年後敵軍因各戰場失利，乃自三十年夏起分攻我沿海各埠。四月十九日陷鎮海，二十日陷寧波，二十二日陷福州，企圖利用封鎖我海上交通手段，強迫我國屈服。並經常大規模空襲我戰時首都重慶，謀癱瘓我神經中樞。而我則愈戰愈強，敵則愈戰愈弱，我之經濟穩固，敵則資源匱乏。我國內政治統一，社會安定，敵則政局時起波動，人民厭戰情緒日益增長。截至三十年十二月，敵軍在華傷亡高達一百六十餘萬人，軍事已至窮途末路，爲掠奪戰略物資，轉移國內視聽，不惜冒險發動太平洋戰爭，以挽救其失敗之命運。

作　業

一、何謂盧溝橋事變？何謂八一三事件？
二、全面抗戰發生後我最高統率部決定何種作戰方略？
三、臺兒莊大捷發生於何時？
四、我抗日名將張自忠如何殉國？
五、三次長沙大捷之經過若何？

第二節　抗戰期中之建國大業

全面抗戰發生後，蔣委員長號召國人不僅抗戰驅除敵寇，更要在抗戰期中完成建國大業，實現三民主義之新中國。民國二十七年三月二十九日，中國國民黨舉行臨時全國代表大會於武昌，至四月一日

閉幕，重要決議如下：（一）制定抗戰建國綱領，為全國一致信守之準則。（二）設置中國國民黨總裁、副總裁，明確規定為全黨之領袖。（三）成立國民參政會，為戰時之最高民意機關。（四）設立三民主義青年團，促成全國青年意志之統一與力量之集中。大會並修正黨章，推舉　蔣委員長為中國國民黨總裁。其後各案次第實行，於是我全國軍民抗戰之意志益堅，對　蔣委員長之信仰益固。

民國二十八年三月十二日，政府為達成抗戰建國之神聖使命，特公佈「國民精神總動員綱領」，及其實施辦法，通令全國一致遵行。共同之目標：（一）國家至上，民族至上。（二）軍事第一，勝利第一。（三）意志集中，力量集中。精神之改造：（一）改正醉生夢死之生活，（二）養成奮發蓬勃之朝氣，（三）改革苟且偷生之習慣，（四）打破自私自利之企圖，（五）糾正紛歧錯雜之思想。同年五月一日，政府頒行國民公約，全國各地開始舉行國民月會，此為持久抗戰達成勝利之一大因素。

抗戰期間之各種建設，無不以配合戰時需要，以奠定勝利後全國各項建設之基礎，舉其要者如下：

農業方面　民國二十九年農林部下設置墾務局，在西南、西北設立墾區管理局十三處，安置榮民及流亡難民從事屯墾工作。截至抗戰勝利，共移徙屯墾軍民七萬餘人，開墾荒地四十四萬餘畝。另在蘭州設立西北羊毛改良處，武功設立西北役畜改良繁殖場。此外對後方之蠶絲、棉花、桐油及造林等項，均有重大之改進與發展。民國三十年我出口豬鬃一萬六千九百餘關擔，價值六千八百餘萬元。三十二年出口生絲一千二百餘關擔，桐油之出口為數尤鉅。

工業方面　抗戰發生後，政府協助沿海沿江工廠內遷，西南西北重要城市一變而為工業中心。迄抗戰勝利，後方工廠約有六千餘家，資本總額約八十五億元。至於國防工業，則由政府所經營。民國三十

二年國營鍊鋼廠規模宏大者八所，煤礦十七所，銅礦四所，電力廠一五九所，機器廠五所，電器製造廠十餘所，化學工業廠十餘所。國營玉門油礦自二十九年已開始大量產油，抗戰期間主要出口礦產有鎢、銻、錫、汞等，政府均設有管制之機構。

財政方面　抗戰發生後，因東南沿海富庶之區相繼淪陷，政府收入頓形減少。對於財政不得不採取各種補救辦法：（一）整理舊稅，（二）推行新稅，（三）實施專賣制度，（四）發行公債，（五）田賦收歸中央與改征實物。

政府為保持外滙官價，曾先後由中國、交通銀行與美、英銀行成立外滙平準基金，以備調節滙價之用。惟因戰費浩繁，物資缺乏，終不免刺激物價之高漲。民國三十一年十月，蔣委員長手訂「加強管制物價方案」，通令全國實行。由於各地客觀環境之不同，成效未能大著。

交通方面　戰時我國所完成之主要鐵道以湘桂、黔桂路為主。而公路實居於運輸之主要地位。其中國際路線有二：一為西北公路，自蘭州經廸化至俄境。一為滇緬公路，自昆明至緬甸畹町。另有中印公路（雷多公路），與滇緬公路相接。空中航線，太平洋戰爭爆發後，政府命中國航空公司辦理中印航線，專任物資內外之運輸。三十四年時，該項運輸機共達五十架，輸入物資月約二千四百噸，因所經均萬尺以上高山，號稱「飛越駝峯」，對支持後期抗戰貢獻甚鉅。

文教方面　抗戰期間之教育，其課程與教學均依照「抗戰建國綱領」之規定，循序發展。初等教育：仍能在艱難困苦中繼續推進。民國三十四年小學總數為二十六萬九千九百三十七校，在校學生二千一百八十三萬一千八百餘人。中等教育：為適應戰時情況，曾設置國立中學四十八校，專收容戰區學

生，嚴格注意中學、職業、師範之比例發展。民國三十四年全國中等學校四千五百餘校，在校學生一百

三十九萬四千人。高等教育：政府一面協助淪陷區學校內遷，實施戰區學生公費制度，一面配合需要，

充實各校設備，並設立新校。他若學校組織之釐訂，課程之整頓，師資及學位之審查，學術研究之提

倡，著作發明之獎勵等，皆於八年中完成法規；而師範學院之創立，對中等學校師資之培養尤有重大之

貢獻。民國三十四年，全國專科以上學校共一百四十一所，在校學生八萬三千四百餘人。在外滙極端困

難情形下，政府仍繼續派遣學生出國深造，且與各盟邦交換教授學生，加強國際文化之交流與合作。

至於社會教育，其目標以喚起民族意識，激發抗戰情緒，灌輸抗戰知識為宗旨；惟掃除文盲仍列為

首要之圖。規定各地民眾教育館應以辦理補習學校為主要工作，分為普通及職業兩種，各分初、中、高

三級，民國三十一年全國共計二千八百四十所，截至抗戰勝利，掃除文盲高達六千九百八十八萬七千餘

人。他若藝術、戲劇、音樂、美術等教育之推行，對激勵士氣民心收效至宏。

戰時我國學術機構如中央研究院、故宮博物院等，雖在流離顛沛之中，研究工作未嘗中斷，尤其對

於區域性科學之研究，多能窮自然之奧秘，發前人所未發，對長期抗戰貢獻殊多。各學術文化團體較戰

前尤為發達，新聞及出版事業相繼遷至內地，重慶、成都、昆明、桂林等地，成為文化中心。民國三十

年後方雜誌出版共一千九百七十九種，三十二年一年內後方出版新書凡四千四百零八種，其中不乏名

著，較之戰前並不遜色。

自民國二十八年起，政府開始徵調大學醫學院畢業生從事軍醫工作。三十年因趕造公路，加強兵工

製造，又徵調工學院畢業生參加工作。同年秋，因美空軍來華日多，再徵調外文系畢業生擔任譯員，法

律系畢業生擔任軍中法官，各生無不踴躍參加，報效國家。

民國三十二年冬，抗戰進入艱苦階段，因四川三台東北大學，及中等以上學生三百餘人之自動請纓，掀起青年從軍熱潮。十二月中旬，成都一地登記者八千餘人，四川各地登記者一萬四千餘人。三十三年一月十日，蔣主席對從軍學生訓話，希望以無名英雄自居，絕對服從法令，注重政治訓練，視軍營為學校。於是全國展開「一寸山河一寸血，十萬青年十萬軍」之偉大從軍運動。一年期間全國各大學學生自動報名應徵者逾十二萬人，除一部分發駐印軍及其他各部隊外，編成九個師，原計劃同年八月訓練完成，九月開始參加反攻，因日本投降未能及時發揮威力。

一、中國國民黨臨時全國代表大會舉行於何時？有何重要決議？

二、抗戰末期我國有那些重要國際交通線？

三、抗戰期間我國農產、礦產以那些為出口大宗？

四、何謂「十萬青年從軍運動」？

第三節　中共之破壞抗戰及其統戰攻勢

西安事變後，政府對共軍已停止進剿工作。盧溝橋事變之次日，中共首要毛澤東、朱德、周恩來等，聯名電呈　蔣委員長，願在領導之下，為國效命。　蔣委員長為團結禦侮計，示之以誠，於七月十

四日親向中共招撫，勸其結束分裂與叛亂，一致抵抗日寇之侵略。八月二十二日，軍事委員會發佈收編投誠共軍命令，任朱德爲國民革命軍第八路軍總指揮，彭德懷副之，林彪、賀龍、劉伯承爲師長，總兵額約二萬人，飭命開赴晉北作戰。另以林祖涵、張國燾分任「陝甘寧邊區政府」正副主席。同年十月十二日，軍事委員會收編江南各地共軍，成立新四軍，人數約一萬餘，以葉挺、項英爲正副軍長，規定在皖南地區作戰。二十七年一月，軍事委員會依戰鬥序列，改第八路軍爲第十八集團軍，歸第二戰區司令長官閻錫山指揮，新四軍歸第三戰區司令長官顧祝同指揮。

政府既收編共軍，中共中央於二十六年九月二十二日發表共赴國難宣言，願爲徹底實現三民主義而奮鬥。

蔣委員長爲使共匪有效忠國家機會，以大公無私之立場，接納其要求。故同年七月，國民參政會成立，「中共」首要毛澤東、吳玉章、林祖涵、秦邦憲、董必武、陳紹禹、鄧穎超七人被遴選爲國民參政員。

蔣委員長並任命「中共」駐武漢代表周恩來爲軍事委員會政治部副部長，以表示政府共赴國難之苦心。

中共本係藉抗日之名以發展實力，故其向政府輸誠之初，二十六年八月二十五日所公佈之「救國十大綱領」，在改革政治機構中，已提出建立「民主共和國」、「召開國民大會」、「選舉國防政府」、「國防政府必須吸收各黨各派及人民團體革命份子」等口號，其企圖竊取政權之企圖已暴露無遺。

最高統率部以共軍缺乏訓練，軍紀散漫，戰鬥力薄弱，爲愛惜其實力，不使其擔任重要戰場之正面作戰，而使其在小戰鬥之歷程中逐漸養成勁強之戰力。而共軍竟藉此機會避免作戰，佔領地盤，擴充實力。當「第八路軍」從陝北出發時，毛澤東向其部隊訓話，指出抗戰是中共發展之絕好良機，其策略：

七分發展實力，二分應付政府，一分抗日。並分作三個階段來實施：第一階段與國民政府委協，以求生

存發展；第二階段與國民黨取得力量平衡，而與之相持；第三階段深入華中各地，建立華中根據地，向

各地國軍反攻。於是中共積極推行三大目標：（一）擴充軍隊，（二）發展黨務，（三）奪取地方政權。

四大運動：（一）百萬擴軍運動，（二）百萬擴黨運動，（三）千萬囤糧運動，（四）萬萬積金運動。

及十五大工作原則，假藉「服從三民主義」、「抗日」、「民主」、「進步」、「團結」、「國共合

作」、「革命」、「反對內戰」、「反對分裂」、「統一戰線」等口號，製造謠言，眩惑人心，以各個

擊破手段，破壞政府威信，消滅國軍力量。一時中共之宣傳活動由秘密變爲公開，富於煽惑性之「新華

日報」、「羣衆雜誌」、「解放週刊」，以及「生活書店」之出版品風行各地，少數文藝工作者被其利

用。中共並於各地設立辦事處，欺騙青年和流亡學生，掩護其進入共區延安之「抗日軍政大學」、「馬

列學院」、「魯迅藝術學院」、「陝北公學」等共黨訓練機構，以製造幹部。因之原已瓦解之共黨組

織，重在各地死灰復燃，而受中共操縱之外圍團體，若「民族解放先鋒隊」、「救國會」等，紛紛在各

地成立，中共勢力漸成燎原之勢。

共軍藉抗日之名進入山西後，所經之地金銀糧食被搜括一空，一年之內僅晉省總值在銀圓一億以

上。並濫發僞鈔，破壞法幣信用，實施大量武裝走私貿易，使政府對日軍佔領區經濟封鎖政策因之失

效。中共甚至推銷毒品，強迫「陝甘甯特區」農民種植鴉片，統收統購，所獲得之利潤，即就地作爲其

部隊之軍費，及用作對自由地區宣傳戰、組織戰，與顛覆滲透之財源。

民國二十七年後，賀龍入據晉西北，稱「晉陝綏邊區」，聶榮臻入據晉東北，稱「晉冀察邊區」，

劉伯承入據晉東南，稱「晉冀蘇皖邊區」，蕭克率所部出長城，組織「冀熱遼邊區」，徐向前則南侵山東，組織「蘇魯豫邊區」；而「新四軍」復有「淮南蘇皖邊區」。民國二十八年後，曾生之「兩廣縱隊」盤據粵西，馮白駒之「瓊崖縱隊」盤據海南島。甚至政府各機構中，共諜份子乘機大量滲透，祕密從事其發展工作。國軍部隊政治委員亦混有共諜份子，企圖改變國軍部隊信仰，散播仇恨種子；至是中共攘奪之心，已昭然若揭。

總計在八年對日抗戰期間，國軍與日軍大小作戰共四萬零七十次，而共軍實際參加者僅二十六年九月平型關之役，與二十七年春季晉南之游擊行動。平型關之役，國軍負責正面作戰者共五個師（高哲、李仙洲、武庭麟、劉茂恩、劉奉濱），共軍僅林彪所部一一五師，擔任對日軍輜重之襲擊。至於晉南之游擊戰，國軍參戰者計曾萬鐘、武士敏、趙壽山、王靖國、陳鐵、劉茂恩、陳長捷、劉戡、高桂滋、李鈺、趙承綬、何柱國等軍，以及朱懷冰、楊覺天、孔繁瀛、裴昌會、彭杰如、金憲章各獨立師。共軍參加者僅賀龍、劉伯承兩師，賀部協同趙承綬軍負責阻截晉北交通，劉部協同曾萬鐘軍牽制東陽關、長治地區，均非重點任務，而中共竟渲染其事，顛倒史實，篡奪國軍抗戰成果。此外，中共並將日本投降後蘇聯於進佔東北時轉交共軍之日軍武器裝備，大量攝成影片，偽造為其於抗日戰爭中所鹵獲者，以實現其遮天蔽日之手法。

抗戰初期，共軍以挑撥離間抗日武力，擅自撤退陣地，影響全盤戰局，為其中心工作。民國二十六年十二月及二十七年元月，中共中央派出幹部一萬餘名，分向河北、豫北、山東我敵後佔領區滲入，另由新四軍派出二千餘名幹部，向蘇北、皖北我敵後佔領區滲入。一方面在城鎮、鄉村進行共黨秘密組

織，從事顛覆活動；一方面向我敵後正規軍、地方團隊、游擊部隊，進行挑撥離間兵運工作。

二十七年三月，共軍誘迫我冀中敵後游擊隊呂正操部四萬餘人，為其第三縱隊。同時乘日軍進犯晉南，我第二戰區主力全力迎擊時，共軍劉伯承部故意放棄東陽關，縱敵深入，使我臨汾附近國軍陷入敵軍包圍圈，被迫向同蒲路西側山區轉進。同年四月，中共新四軍滲透蘇北幹部，挑撥我長江下游總指揮李明揚，與江蘇省政府主席兼第八十九軍軍長韓德勤間之不睦，使我蘇北敵後國軍自相火倂，然後聯甲攻乙，聯乙攻丙，施展其各個擊破之慣技。

二十七年五月後，共軍第二縱隊向我冀察戰區所屬博野、小店、北邑、冀縣、北馬莊、武靖、安次等地區抗日民軍張蔭梧部進攻，張部被消滅者達九萬人。繼續擊潰喬明禮、丁樹本、張錫元、尚中業、楊玉崑、趙天清等部，使河北抗日民軍悉被共軍所消滅。二十八年九月，徐向前部在山東到處圍攻地方團隊，長清、魚台、鉅野、萊蕪、蒙陰等縣民眾自衞組織被解決者不可勝數，以致河北及山東省政府無法行使職權。而被俘之民軍將領及地方政府工作人員，多遭活埋或殘殺。同年冬，國軍在北戰場發動攻勢，原期一舉殲滅晉南三角地帶內之敵軍，而共軍竟於此時勾引晉省新軍薄一波、韓鈞、戌勝伍等部十餘團叛變，由賀龍加以收編，使我北戰場之主要攻勢計劃，完全遭受破壞。

由於中共擴張之結果，二十八年底其「第十八集團軍」與「新四軍」各發展近十萬人，乃大舉向國軍發動襲擊。二十九年一月，徐向前、賀龍、呂正操、楊勇等部，分向冀中、冀南國軍發動猛攻。三月中旬，冀察戰區總司令兼河北省政府主席鹿鍾麟，及國軍孫良誠、朱懷冰、高樹勛等部，被攻不已，不忍同室相殘，乃退出冀察地區，孫、高等向魯西轉進，鹿、朱等向晉東南轉進。同時晉省西北國軍趙承

綏部，河東王靖國部，均受共軍之襲擊，損失慘重，華北局勢因之益形混亂。同年八月，「第十八集團軍」侵陷魯南山東省政府所在地魯村，渡江北上之「新四軍」亦於同時連陷蘇北黃橋、姜堰。十月初，兩部聯合對江蘇省政府主席兼魯蘇戰區副總司令韓德勤部發動猛攻，韓氏所部殉職者數千人。十二月，江南之新四軍先後侵據金壇、丹徒、句容、郎溪、溧陽等地，自後至三十年十月，不到一年期間，各戰區被共軍擾亂襲擊而發生之衝突事件高達三百九十五次之多。

共軍「第十八集團軍」及「新四軍」既迭次破壞抗戰，襲擊國軍，政府為顧全大局，始終採取妥協態度。甚至於二十九年七月同意其下列要求：（一）擴大陝甘寧邊區（包括十八縣）。（二）重劃其作戰區域。（三）准「第十八集團軍」編為三個軍六個師，三個補充團，另再增加兩個補充團。（四）新四軍准編為兩個師。惟希望該兩部共軍於奉令後一個月內全部開至規定地區，而共軍仍抗命如故，各地軍事衝突竟愈演愈烈。

民國三十年一月五日，皖南「新四軍」企圖掌握京滬杭三角地帶，乘國軍第四十師南調換防之際，集中兵力圍攻於三溪。第三戰區司令長官顧祝同不得已下令制裁，自六日至十四日，將該部全部解散。軍事委員會乃於一月十七日下令取消「新四軍」番號，將該軍軍長葉挺革職扣押，交付軍法審判，並通緝在逃之副軍長項英。而中共竟以「中國共產黨革命軍事委員會」名義擅委陳毅、張雲逸為新四軍正副軍長，並宣佈將該軍擴充為七個師，擴大宣傳新四軍「戰績」，誣指何總長為「親日派」首領，新四軍事件為親日派投降之陰謀。敵人乘之，大造謠言，挑撥中傷，企圖動搖我抗戰之信心。同月二十七日，

蔣委員長為新四軍事件發表沈痛聲明，以表明政府處置之苦心。其目的仍冀共匪之悔悟，而中共份子從此拒絕出席國民參政會。同年二月中共之參政員聯名致電國民參政會秘書處轉告政府，提出善後辦法十二項，其要點如下：：(一)取消一月十七日命令（即撤消新四軍番號）。(二)懲辦皖南事變「禍首」何應欽、顧祝同、上官雲相。(三)恢復葉挺自由，繼續充當軍長。(四)逮捕各「親日派」領袖，交付國法審判。三月二日復向國民參政會提出「臨時解決辦法」十二項，較前之要求更為苛刻，其要點如下：：(一)承認「陝甘寧邊區」之合法地位。(二)承認敵後之「抗日民主政權」。(三)華中、華北、西北各地均仍維持現狀。(四)於「第十八集團軍」外，另成立一個集團軍，共轄六個軍。

(五)成立各黨派聯合委員會，每黨限出席一人。

蔣委員長為此於同月六日在國民參政會說明政府對新四軍事件之態度，希望「中共」能本著「兄弟鬩牆，外禦其侮」精神，精誠團結，共赴國難。然共軍不惟執迷如故，且更變本加厲，繼續在各地啟釁，設立偽政府，發行偽幣、公債，脅迫民眾「參軍」，割據坐大，凶燄益熾。

作　業

一、共軍參加抗戰時，毛澤東有何陰謀之指示？

二、抗戰初期中共在全國各地採取何種統戰攻勢？

三、中共如何利用抗戰擴大佔領區？

四、中共怎樣竊竊抗戰成果？

五、何謂「新四軍」事件？

六、中共利用「新四軍」事件提出那些苛刻要求？

第七章 太平洋戰爭與中國

第一節 中美之併肩作戰

抗戰初期，敵人為實現其滅亡中國之野心，每於佔領一城市後，即利用地痞流氓成立「維持會」，作為奴役人民搜刮資財之工具。並先後在北平成立為「中華民國臨時政府」，以王克敏為傀儡；在南京成立為「中華民國維新政府」，以梁鴻志為傀儡。其組成份子類多軍閥餘孽，及失意政客。二十七年十二月，復煽動汪兆銘逃離重慶，初飛昆明，繼赴河內，二十八年五月乘日船至上海，六月率其黨徒周佛海、梅思平、高宗武等飛東京，公然泥首降敵。民國二十九年三月二十九日，在南京成立偽組織，並與日本簽訂賣國條約，擅將我國主權出賣於日本。當時我全國上下對汪氏之無恥行為不深惡痛絕，美、英等國均嚴正聲明不承認南京之傀儡組織。

自全面抗戰發生後，美國基於中美傳統友誼，屢次對我有友好之表示。一九四〇年（民國二十九年）五月一日，美國對日本開始禁運，凡飛機、石油、及鋼鐵等戰略物資，採取許可證出口制。一九四一年（民國三十年）七月二十五日，美國凍結日本在美資金，英國亦凍結日本在英一切財產，並宣佈廢除英日商務及航海條約。八月一日，美國禁止石油輸日。同日，美國空軍志願隊（飛虎隊）成立，由中國航空委員會美籍顧問陳納德（Clair L. Chennault）任總指揮，參加實際對日作戰。初時僅一百架

p40型飛機，隊員不足三百人，以後日漸擴充，成爲空中之制勝力量。同月十日，美總統羅斯福與英首相邱吉爾會於紐芬蘭布拉森夏灣，十四日發表「大西洋憲章」，反對擴展領土與武力侵略，給予日本以重大之打擊。同月二十六日，美國宣佈派遣軍事代表團來華，以馬格魯德（John Magruder）少將爲團長，美日關係益趨惡化。

民國三十年夏，日本侵華戰爭精疲力竭，已陷於不能自拔之困境，爲阻止美國對華之援助，乃以解決「中日問題」爲藉口，直接與美國進行交涉。一面由其政府與美國駐日大使格魯接洽，一面命其駐美大使野村與美國國務院秘密商談。六月二十二日，蘇德戰爭爆發後，日本以美國不得以戰略物資援助蘇俄爲藉口，向美國提出新要求，會議日久不得要領。七月，日軍入據越南，南侵掠奪戰略物資跡象已漸顯著，國際局勢頓形緊張。

八月二十九日，日外相豐田貞次郎向格魯提出三點要求：（一）美日兩國領袖早日會晤，開始談判。（二）在會談期間，美國不得以汽油運往蘇俄。（三）美國須停止凍結日本在美之資金。未爲美國所接受。九月二十二日，豐田復向格魯提出日本對華談判之「基本條件」九款：（一）中日親善，（二）主權與領土完整之尊重，（三）中日之協力國防，（四）撤退日本軍隊，（五）經濟合作，（六）重慶國民政府與南京僞組織合併，（七）無土地之割讓，（八）無賠款，（九）承認僞「滿洲國」。仍被美國所拒絕。十一月五日，日本表面增派前駐德大使來栖三郎赴美協助野村進行交涉，暗中積極從事發動太平洋戰爭之準備。

十一月二十二日，日本參謀本部下達偸襲美國珍珠港命令。十二月一日日本按照預定計劃，出動

戰鬥艦三艘，航空母艦六艘，巡洋艦八艘，驅逐艦二十艘，各式飛機三百餘架，潛行出發。八日晨一時，開始對美國檀香山珍珠港發動偷襲。美國因戒備疏忽，損失慘重。同日日機狂炸香港、菲律賓、新加坡等地。其陸軍則分別南進，在泰國、馬來亞、菲律賓、新加坡、香港、關島、威克島各處發動攻勢。於是英國、加拿大、澳洲、荷蘭、美國、比利時、南非、紐西蘭等國，紛紛對日宣戰，美國並宣佈對德意兩國進入戰爭狀態。同日，蔣委員長接見美、英、蘇三國駐華大使，表示中國決不惜任何犧牲，竭盡全力與各友邦對侵略者共同作戰。十二月九日，我政府正式佈告對日宣戰，並聲明對德意立於戰爭狀態。

民國三十年十二月二十三日，中、美、英三國軍事代表在重慶舉行會議，蔣委員長親臨主持，會中決定中國以聯合行動增援緬甸，對抗日軍之進攻，美、英以戰略物資供應中國，以維持中國之抗戰能力。蔣委員長曾表示派遣國軍援助香港，以飛虎隊兩排陸軍八萬人赴緬助戰，並允借給英國美援物資。英方同意接受飛虎隊空中支援，而婉拒中國陸軍之援助。同月十二日，日軍陷九龍，十六日陷澳門，十八日包圍香港，英國原允堅守一月待我援軍，同月二十五日守軍竟告投降。兩月以內日軍席捲東南亞各地，活動範圍遠至西南太平洋之珊瑚島，印度、澳洲、紐西蘭皆感受威脅。

一九四二年（民國三十一年）一月一日，中、美、英、蘇等二十六國，在華盛頓發表反侵略共同宣言，聲明接受「大西洋憲章」，決心對軸心國作戰，而中國被明認為四強之一，國際地位驟形提高。一月二日，蔣委員長接受同盟國要求，出任中國戰區（包括越南、泰國等地）盟軍最高統帥，指揮本戰區各國盟軍共同對敵作戰。二月二日，美政府宣佈對華五億美元貸款，翌日英政府亦有對我五千萬英鎊

貸款之宣佈，於是反侵略戰爭乃滙爲一流。

蔣委員長接受中國戰區統帥後，電請美總統羅斯福，指定一親信高級將領爲中國戰區參謀長，並應英國要求，派遣第五、第六、第六十六等軍進入緬甸協防。一九四二年（民國三十一年）一月二十九日美軍部發表史廸威（Joseph. W. Stilwell）來華，除擔任中國戰區參謀長外，其職務仍有多種：（一）印緬戰區副統帥（統帥爲英國駐印度最高統帥魏菲爾），（二）美國在印緬陸空軍司令官，（三）中印間運輸司令官，（四）監督並管理對華租借物資之處理，（五）美國駐華軍事代表。史氏在一九三五年至一九三九年（民國二十四年至二十八年）曾任美國駐華大使館武官，能華語，亦識華文，惟性情粗暴，對中國民族文化，時代精神，人物估計，皆缺乏眞正認識。對於中共禍國之經過，更茫然無知。三月五日史氏抵重慶就職，翌日晉謁 蔣委員長。十日奉派爲入緬遠征軍總指揮官，十一日離渝飛緬，指揮華軍對敵作戰。

緬甸英總督史密斯，最初疑忌我國，拒絕華軍入緬協守。一九四二年（民國三十一年）二月八日，日軍佔領新加坡，仰光緊急，始要求我軍南下增援。我軍兼程馳救，以交通工具缺乏，行動深受阻礙。三月一日 蔣委員長爲激勵國軍士氣，以與盟軍共同作戰，曾兩度飛緬甸視察，接見英軍統帥魏菲爾，緬甸總督史密斯，指示作戰機宜。惟以英軍驕矜無鬭志，而日軍勢大，仰光竟於三月七日陷落。英軍潰不成隊，倉皇北逃。及史廸威接替統率權，我軍乃佈防於同古一帶，嚴陣以待。三月中，日軍大舉北犯，二十五日迫近同古，除利用飛機戰車猛攻外，復使用大量毒氣。我軍堅守四晝夜，於達成殲敵任務後，二十九日向北轉進。四月十六日，英緬軍七千人被日軍包圍於仁安羌附近，我孫立人裝甲師奉命赴

援，雖於四月十九日將英軍全部救出，而全線被日軍所衝動。史迪威於戰事緊張之際，既未向　蔣委員長報告戰況，復置數萬國軍於不顧，擅自離隊入印。國軍不得已乃分兩路退卻：一枝自畹町經騰衝撤至怒江東岸（後稱遠征軍）。一枝經密支那退至印度東境（後稱駐印軍）。日軍主力遂於五月五日陷八莫，八日淪密支那，十一日陷滇西騰衝。二十三日與我軍激戰於緬北山區中，我第二百師師長戴安瀾於二十六日負傷殉國，國軍遭受饑凍，犧牲逾千，其勇敢忠貞，艱苦卓絕，誠足以表現中華民族之固有精神。

緬甸失守後，美國參謀本部之作戰計劃，在全力對德國作戰，在遠東則採取守勢。其最大限度僅鼓勵中國繼續抵抗日本，支持中國空軍之戰鬥力，以等待歐戰之結束。一九四三年（民國三十二年）八月，羅斯福、邱吉爾魁北克會議後，中國戰場價值更爲低落，其原因有二：一爲美國海軍在太平洋逐島作戰勝利，一爲美國空軍 B-29 遠程轟炸機之使用。因此直到抗戰勝利，中美兩國軍隊之協同作戰，僅限於緬甸戰區，中國戰區端賴於自身之奮鬥。直至一九四四年（民國三十三年）十月，中國所收到之美援，僅佔美國對外全部租借物資二百一十億之百分之五。即此微小之數，實際在運華途中多被截留，改供盟軍在他處緊急之需。

史迪威入印後，計劃重新訓練中國軍隊收復緬甸，以雪戰敗之恥。然其忽視本身職責，重一隅而忽略全局，與我全面抗戰之戰略觀念不同。加以受中共挑撥離間，遂公開反抗　蔣委員長之命令。民國三十一年六月二十四日，史氏因要求撤換杜聿明軍長不獲我政府同意，乃不經預告，於二日後將在中國戰區作戰之美國第十隊轟炸機，全部調埃及助英作戰。其後史氏日加桀敖不馴，曾拒絕將租借法案下撥給中美商業組織之中國航空公司兩架運輸機轉交中國空軍，不肯向華盛頓代轉中國前線五百架飛機之作戰

計劃，反對美軍一千桶飛機汽油之借用。史氏並屢次在稠人廣坐中譭謗中國政府，與陳納德、魏菲爾之間亦積不相容。史氏甚至要求擔任中國三軍統帥，美援武器直接援助中央，大為我國朝野所不滿。

民國三十三年九月，華南日軍西犯，桂林告急，中國遠征軍在怒江前線方與日軍展開爭奪戰，蔣主席欲中國駐印軍隔嶺夾擊，史氏拒之，竟親飛桂林，自燬美軍機場，致電美參謀會議主席馬歇爾，以製造中美兩國政府間之裂痕。

蔣主席不得已於十月九日致電美總統羅斯福，要求撤換史氏，十三日羅斯福覆電同意，改派魏德邁（Albert C. Wedemeyer）少將繼續其任。同月三十日，魏氏乃自印度飛抵重慶履職。

民國三十二年十月底，我駐印軍會同美國叢林部隊自胡康河谷開始反攻緬北，同時我滇西遠征軍渡薩爾溫江予以夾擊。三十三年夏我軍與敵軍苦戰於孟拱河谷。八月三日收復密支那。及史迪威被召回國，印緬戰場由美方曾任史迪威副司令索爾登中將任指揮，滇西戰場由魏德邁任指揮。印緬戰場中美聯軍於十月中旬分兩路自加邁、密支那向南推進，十二月十五日克八莫，三十四年一月十五日，殲敵於南坎。滇西遠征軍則於民國三十三年五月強渡怒江，破敵主力，九月十四日克騰衝，十一月三日克龍陵。三十四年一月十九日克畹町，越過國境線，分途猛攻。三十四年一月二十七日兩軍會師芒友，中印公路暢通無阻。

作　業

一、說明飛虎航空隊之性質及對我抗戰之貢獻？

二、民國三十年多，美日交涉期間，日本提出那些苛刻要求？

三、日本何時偷襲珍珠港？我國何時正式對日宣戰？

四、中國戰區統率部成立於何時？包括那些地區？

五、列舉史迪威在華期間之跋扈事跡？

第二節　蔣主席就職與開羅會議

民國三十二年八月一日，國民政府主席林森逝世。林氏勤勞於國民政府已十二年，與　蔣委員長驂靳相輔，始終無間。同日中國國民黨中央常務委員會臨時會議選任　蔣委員長代理國民政府主席。九月六日中國國民黨五屆十一中全會在重慶舉行，十一日通過修正國民政府組織法，規定國民政府主席兼陸海空軍大元帥。十三日，大會一致選舉　蔣委員長爲國民政府主席，兼行政院院長，並通過其他各院院長人選。十月十日　蔣主席正式宣誓就職，發表告全國同胞書，以全國國民公僕自居，以尊重全國民意，樹立中華民國民主政治楷模自勉。

先是太平洋戰爭爆發後，美英爲表示對我抵抗侵略之崇敬，並加強同盟國間之團結，於一九四二年（民國三十一年）十月九日我國慶前夕，聲明願放棄在華治外法權及其他有關權益，並擬於最短期內提出草約，與我政府正式談判。於是百年桎梏，一旦解除，而　國父畢生奮鬥之目標，　蔣委員長多年努力之願望，終獲實現，舉國上下，無比興奮。

一九四二年（民國三十一年）十月二十四日，美國務院向我駐美大使館提出中美新約草案。十月三

十日英國駐華大使薛穆（Horace J. Seymour）亦向我外交部遞送中英新約草案，我外交部乃分別向美、英政府提出修正稿，經兩月之磋商，至三十二年一月十一日，中美、中英平等新約分別在華盛頓、重慶簽字。總計兩約所撤廢之各種特權：（一）領事裁判權，（二）使館界及駐兵區域，（三）租界，（四）特別法庭，（五）外籍引水人等特權，（六）軍艦行駛之特權，（七）英籍海關總稅務司之特權，（八）沿海貿易與內河航行權，（九）影響中國主權之其他問題。同年五月二十日，中美及中英新約分別在華盛頓、重慶互換批准本，並自卽日起生效。惟九龍租借地問題，英人藉口與香港在地理上有密切之關係，不肯提前歸還。

自美、英兩國與我訂立平等新約後，巴西、比利時、盧森堡、挪威、古巴、加拿大、瑞士、荷蘭等國，相繼聲明放棄在華特權，並分別與我國簽訂平等互惠新約，其一切條款均以國際法普通原則爲根據。

太平洋戰爭爆發後，蔣委員長爲促成同盟國間之團結，共同抵抗侵略，曾於民國三十一年二月訪問印度，勸告印人積極參加反侵略陣營，共同爲爭取人類自由而努力。並建議英國政府從速賦予印度人民以政治上之實權，使發揮精神與物質無限之潛力，以參加此次反侵略之聖戰。同年底至翌年夏，蔣夫人復訪問美國、加拿大，所到之處闡明我堅強不屈之精神，激勵彼此間之互助與合作。

一九四三年（民國三十二年）三月，蔣夫人訪美期間，美總統羅斯福曾表示爲討論戰後遠東問題，希望與　蔣委員長會晤。同年七月　蔣委員長覆電同意。羅斯福初定會議地點在阿拉斯加，後應我要求，改爲埃及開羅，並徵得英首相邱吉爾之允諾。同年十一月十八日，　蔣主席偕夫人及隨員王寵惠、

商震、林蔚等，自重慶起飛出發，取道印度，二十一日抵開羅。自二十三日至二十六日，與羅斯福、邱吉爾會議四日，討論範圍包括聯合作戰計劃，日本未來之國體問題，領土問題，對華賠償問題，旅順、大連問題，新疆問題，俄國對日本參戰問題，外蒙古唐努烏梁海問題，朝鮮獨立問題，中美聯合參謀會議問題，日本投降後對三島駐軍監視問題等。十一月二十七日 蔣主席自開羅偕夫人及隨員回國，十二月一日返抵重慶。三日在重慶、華盛頓、倫敦同時公佈由三國領袖簽署之宣言，其要點如下：「三國聲明，將盡一切力量以打擊其殘暴之敵人，必達到日本無條件投降而後已。剝奪一九一四年（民國三年）以後日本所佔得之太平洋島嶼。所有日本竊奪中國之土地，如滿洲、臺灣、澎湖，均應歸還中國。並應使朝鮮在相當期間內享得自由與獨立。」此次會議，中外輿情莫不譽為中國外交史上空前之勝利，韓國因之獲得獨立，自甲午戰爭以來喪失日本之國土，由美英明白承認得以全部收回。

一九四三年（民國三十二年）十月三十日，中、美、英、蘇四國代表於莫斯科會議閉幕後，曾發表「一般安全宣言」（通稱四強宣言），四國同意對共同敵人之投降及解除武裝共同行動，承認儘速建立一般性國際組織，以維持國際和平與安全。並聲明戰爭結束後四國不得在他國境內使用武力，將促成一限制軍備之協定。

一九九四年（民國三十三年）八月及十月，美、英、蘇及中、美、英代表，分別會議於華盛頓附近之頓巴敦橡樹園中，十月二十一日四國同時公佈戰後組織聯合國建議案，作為未來維持世界和平之機構。依此建議，一九四五年（民國三十四年）四月二十五日反侵略國家在舊金山舉行聯合國籌備大會，參加有四十六國代表，我代表為宋子文、王寵惠、顧維鈞等十人，至六月二十六日閉幕，通過聯合國憲

章，我代表顧維鈞首先簽字，會後推舉執行委員國，爲正式機構成立前之過渡組織，籌備召開正式成立大會。一九四六年（民國三十五年）一月十日聯合國首屆大會在倫敦開幕，十三日安全理事會成立，我國被任爲常任理事國之一。

作　業

一、國民政府林主席何時逝世？　蔣主席何時就職？

二、中美、中英平等新約訂立於何時？兩約共撤廢那些特權？

三、蔣委員長訪問印度有何重大意義？

四、開羅宣言重要內容是什麼？

五、說明聯合國籌組之經過？

第三節　中共之擴張與蘇俄之脅盟

民國三十年元月新四軍事件後，各地共軍襲擊國軍更加嚴重。同年八月，晉南共軍陳賡、薄一波、孫定國等部，偷襲我第二戰區趙少銓、呂瑞英兩軍，刼掠團長李熙泉、高翹，強佔馬壁、浮山，兩軍損失奇重，戰力幾盡喪失。同年九月下旬，晉南沁河以東國軍武士敏軍，於迎擊來犯日軍時，共軍自沁河以西乘虛騷擾其後方，武部腹背受敵，損失慘重，武士敏自戕殉國。三十二年二月，蘇北「新四軍」乘江蘇省主席韓德勤率部與日軍激戰之際，襲攻其根據地漣水。同時山東方面國軍于學忠部，亦遭到共軍

猛烈之圍攻。同年底湘西鄂西之戰，三十三年夏平漢鐵路南段之戰，共軍將我軍事部署與作戰計劃，透過日本特務機關交於敵方，使敵軍得突破國軍封鎖線，影響我全盤戰局。陝北共軍則企圖乘機侵入甘肅，蘇俄亦在新疆迭次策動事變，以動搖我大後方之秩序。

三十四年六月二十五日，陝北共軍煽動淳化保安隊叛變，佔據縣城，同時浙東、浙西、綏北、魯南、魯西共軍，亦到處襲擊國軍，使我對日全面反攻計劃受到牽制。是時中共誇稱其正規軍有六十五萬，民兵二百餘萬，逐轉變戰略，由游擊到正規戰，由鄉村到城市，企圖大舉蠢動奪取政權。

一九四三年（民國三十二年）五月二十二日，共產國際宣佈解散，中共改以「民主黨派」和「土地改革者」自居，拉攏其他黨派，聯合國際共產黨同路人，製造美國輿論，以打擊我政府之信譽。是時，美共份子太平洋關係研究所主任拉鐵摩爾（Owen Lattimore），經羅斯福推薦，充蔣委員長軍事顧問，與中共首要周恩來等往返密切。而美國駐渝使館及史廸威左右，佈滿中共同路人，其著者若戴維斯（John P. Davis）、謝偉志（John S. Service）等，掌握美國大使館情報網，作種種反對國民政府之報告，間接爲中共作有利之宣傳。而重慶美國戰時新聞局長費正清（John K. Fairbank）之媚共行爲，在美國高級知識份子中尤產生不良之惡果。

中共除利用國際共產黨徒爲其宣傳外，復利用「談判」慣技，以詐取美政府之同情。三十二年三月二十八日，中共代表周恩來、林彪在重慶謁見參謀總長何應欽時，要求共軍改編爲四軍十二師，陝北邊區改爲行政區。三十三年五月中共代表林祖涵與政府代表張治中、王世杰會於西安，復要求共軍改編爲五軍十六師，釋放「愛國政治犯」，承認華北「民選抗日政府」。同年六月二十一日，美國副總統華萊

士（Henry A. Wallace）來華，代表美國總統促成國共之合作。九月，美總統特使赫爾利（Patrick J. Hurley）抵重慶，亦以調停國共糾紛為己任。（十一月赫氏繼高思（Clarence E. Gauss）出任駐華大使）赫氏曾飛延安直接與毛澤東接洽，向 蔣主席建議，允許中共參加「聯合政府」。

民國三十四年一月十一日，毛澤東直接致電赫爾利，要求召開「國事會議」，其代表應包括「中共」代表，及「民主同盟」代表在內。同月底政府代表行政院代院長宋子文、宣傳部長王世杰等，與中共代表周恩來繼續在重慶商談，赫爾利被邀列席參加。政府採取忍讓態度，同意在行政院下設立一決策機構，「中共」及其他黨派得派員參加，共軍改編及裝備由軍事委員會委派中國軍官二人（其中一人為「共軍」司令官），美國軍官一人，擬定辦法，呈軍事委員會委員長核定辦法，仍被中共所拒絕。二月十六日離渝返延安，堅持將來召開一「政治協商會議」，以便成立「聯合政府」。

民國三十二年十一月二十八日至十二月一日，美總統羅斯福、英首相邱吉爾、蘇俄總理史達林，為討論對軸心國作戰及遠東問題，會議於伊朗之德黑蘭，羅斯福為促成蘇俄對日作戰，曾提議戰後旅順、大連租借俄國使用。三十四年二月四日至十日，三國領袖再會於克里米亞島之雅爾達（Yalta）。當時德國投降在即，日本仍在作垂死之掙扎，羅斯福錯估日本關東軍之實力，為早日恢復遠東和平，妄圖賄買蘇俄參加對日作戰，不惜以中國東北利權為犧牲，與史達林簽定雅爾達秘密協定。邱吉爾雖未參予討論中國問題之會議，而於事後加以默認。三國對外所發佈之公開聲明，則僅限於建立一般性之國際組織，及德國戰敗後之處理，以及波蘭、南斯拉夫改組為共黨政府。

雅爾達密約簽定後，三國雖協議保守秘密，但國際間已盛傳此次會議有影響中國之行動，我政府先

後命駐美軍事代表團團長商震及駐英大使顧維鈞，向參予會議之美國海軍上將李海探詢消息；惟被李氏

所否認。同年四月十二日羅斯福逝世後，該密約始行外洩，其要點如下：（一）外蒙古現狀（蒙古人民

共和國）應予保持。（二）俄國前於一九○四年（光緒三十年）被日本偷襲侵害之權利應予恢復。（包

括歸還庫頁島南半部及附屬島嶼，旅順、大連之租借權，及中蘇共同管理中東鐵路和南滿鐵路。）（三）

千島羣島割讓於俄國。依此協定，蘇俄同意歐戰結束後兩月或三月內蘇俄應加入同盟國對日作戰，美國

將採取步驟以獲得中國國民政府之同意，蘇聯政府準備與中國國民政府訂立中蘇友好同盟條約，俾以武

裝力量援助中國共同擊敗日本。

民國三十四年五月底，美總統杜魯門（Harry Truman）遣其助理霍浦金斯（Harry L. Hopkins）

訪問莫斯科，商討美蘇間有關問題，史達林要求中國行政院長兼外交部長宋子文在七月一日前到達莫

斯科，締結實行雅爾達密約之協定。六月九日、十四日杜魯門兩次約晤正在美國訪問之宋氏，轉告霍浦

金斯與史達林之談話，並說明雅爾達密約之原則。六月十五日宋氏返國，同日美駐華大使赫利正式將

雅爾達密約內容通知我國。

雅爾達會議因無中國代表參加，對我並無拘束力。然政府面對國際現實，為保持對日作戰期間同盟

國間之團結，及遠東和平與安全，不得已於六月二十七日派行政院長宋子文赴莫斯科，直接與蘇俄進行

交涉。三十日舉行第一次會議，我方出席者除宋氏外有駐俄大使傅秉常、外交部次長胡世澤、蔣經國

等。蘇俄方面由史達林親自主持，重要人員有外交部長莫洛托夫（Vyacheslav Molotov），駐華大

使彼得羅夫（Petrov）等，至七月十三日因史達林出席波茨坦會議，而宋氏亦有若干問題需回國請示，

會議暫告停頓。七月三十日王世杰繼任外長，八月五日隨宋氏再赴莫斯科，七日重新開始談判，至十

四日簽約爲止，先後會議在十次以上。蘇俄最初對雅爾達秘約條款解釋偏差甚大，美國務卿貝爾納斯

（James F. Byrnes）乃勸告中國不應作任何超越該協定之讓步。史達林則態度倨傲，露骨表現帝國

主義者猙獰面目，以割裂我外蒙，使用旅順、大連而意得自滿；並企圖離間中美間之友誼。「中蘇友好

同盟條約」，內容共分五項，另附記錄一份，有效期限三十年，摘其要點如下：

一、中蘇友好同盟條約（本約）　　規定兩國軍事同盟，防止日本重新侵略或破壞和平，互相遵重對

方之主權與領土。

二、中蘇關於中國長春鐵路之協定　　兩國各派五人組織理事會，各派三人組織監事會，理事長由華

人擔任，監事長及鐵路局長由俄人擔任，俄國運送軍用品及貨物不徵關稅，不受檢查。

三、關於大連之協定　　大連爲自由港，港口由俄國防衞，俄國進出口貨物享受特別優待。

四、關於旅順口之協定　　旅順口爲海軍根據地，俄國得駐紮陸海空軍，行政權屬中國，公務人員之

任免應徵得蘇俄之同意。

五、關於中蘇對日作戰蘇聯軍隊進入中國東三省後蘇聯軍總司令與中國行政當局關係之協定　　蘇聯

軍總司令同意中國政府派代表一人，助理若干，在收復領土內設立行政機構，樹立中國軍隊。

記錄：日本投降三星期內蘇聯開始撤退東三省駐軍，其期限不得超過三個月。

同年八月八日蘇俄對日宣戰，十四日我國簽訂「中蘇友好同盟條約」時，日本已宣佈無條件投降，

俄軍深入東北腹地。就當時情勢論，倘我峻拒蘇俄要求，則東北之收復勢將橫生枝節，並喪失美、英對

我之同情與支持。故談判雖瀕於破裂者屢，政府卒隱忍折衝簽約，實有不得已之苦衷。

作　業

一、新四軍事件後，共軍有那些破壞抗戰行為？

二、共產國際如何策應中共毀謗國民政府威信？

三、雅爾達秘約簽訂於何時？重要內容若何？

四、中蘇「友好」同盟條約有那些重要項目？

第八章　勝利與行憲

第一節　反攻與追擊

太平洋戰爭爆發後，日本爲挽救其失敗之命運，利用在東南亞所掠得之戰略物資，在中國戰場作垂死之掙扎。其作戰計畫，企圖使中國戰區與中南半島之交通貫穿一氣。故自民國三十一年夏迄三十三年底，二年半期間，在華敵車，迭次發動瘋狂攻勢，而遭受我嚴重之打擊。

民國三十一年五月，敵人爲防止美航空母艦飛機空襲其本土後在浙江諸機場降落，集中十餘萬兵力，使用戰車毒氣，自浙贛路東段向西進攻，二十七日陷金華，六月七日陷衢州，十五日陷上饒。同時江西南昌敵車，亦集中兵力三萬餘人，沿浙贛路東犯，先後侵陷臨川、崇仁、貴溪等地，與西犯敵軍會師，到處破壞機場，拆遷鐵路，掠奪物資。我軍轉移兵力，在敵後發動反攻。七月八日克崇仁，十九日克上饒，二十八日克衢州，至五月底終於迫敵人退回原陣地。

民國三十二年五月，湖北之敵爲打通長江上游航線，窺伺重慶門戶，分自宜昌、華容、松滋、石首內犯。十一月初，復合兵力十餘萬，各種飛機百餘架，分向鄂西、湘北進攻，沿途遭我截擊，死傷甚重。五日陷松滋，二十四日竄至常德城郊，與我守軍第五十七師展開激戰，計城防戰五日，巷戰七日，全城陷於火海。我軍逐屋爭奪，與敵往復衝殺，所餘不過五百人，猶守城內西南隅

數據點，艱苦奮鬪。此次會戰，我中美空軍飛臨前線助戰，使敵蒙受慘重損失，敵軍傷亡二萬餘人。

民國三十三年四月中，敵人為達成貫通平漢鐵路之目的，自東北華北抽調兵力十五萬餘人，自河南中牟邙山頭渡河南犯，藉優勢戰車及騎兵等快速部隊，分路進攻。西路之敵先侵陷洛陽周圍各縣，於五月五日竄至洛陽近郊，信陽北上之敵軍會師西平，打通平漢鐵路。南路之敵於五月一日陷許昌，八日與十日開始攻城，守軍第十五軍浴血苦戰，至二十五日晚，因彈盡援絕，乃分路突圍，敵軍沿隴海路西攻，六月十日陷靈寶，十一日陷閿鄉。及我軍增援反擊，十五日克靈寶，與敵對峙陝縣以西。

民國三十三年五月，敵人企圖打通粵漢鐵路，調集二十餘萬兵力，自湘北發動大規模攻勢，我軍節節抵抗，主力轉移於敵人後方。六月十八日長沙失，湘東湘西各縣先後放棄。二十三日敵軍竄至衡陽近郊，與我守軍第十軍展開空前之決戰，我軍苦戰達四十八日，傷亡殆盡，陣地全燬，至八月八日城始陷落。是役前後歷時兩月半，敵軍死傷六萬六千餘人。

民國三十三年九月上旬，敵人集中兵力十五萬人，分三路西犯：一路沿西江，一路沿湘桂公路，一路沿湘桂鐵路，我軍迭次予敵重創，終以眾寡懸殊，未能盡挫敵焰。十一月十一日桂林失，十一月二十八日南丹失，十二月二日獨山失，貴陽震動。我最高統率部命何應欽抵貴陽坐鎮，指揮各路援軍湯恩伯等部，向敵人施行猛烈反攻，八日克獨山，十二日克南丹，迫敵退至河池附近。

民國三十三年冬，我最高統率部為配合盟軍作戰，特設立中國陸軍總司令部於昆明，負責西南各戰區部隊之統一指揮及整訓，由參謀總長何應欽兼總司令，下轄四個方面軍，分由盧漢、張發奎、湯恩

伯、王耀武任指揮，共二十八個軍，八十六個師，另其他特種部隊。中印公路打通後，美方之作戰物資大量輸入，國軍獲新式裝備之陸軍共三十六師，於是我最高統率部乃集中人力物力，在華南華東戰場發動反攻。

民國三十四年五月上旬，我以有力部隊分向福州外圍發動攻擊，先後佔領各據點，於十八日克復福州，二十二日克復連江，殘敵向浙江邊境北竄，沿途遭我節節截擊，死傷慘重。六月十三日我軍克南康，二十安，十八日克永嘉，二十三日克樂清。同時贛南敵軍遭我夾擊，死亡甚眾，七月十日我軍克南康，二十五日克萬安，二十九日克吉安，敵軍死傷在五千人以上。

民國三十四年四月，我軍在廣西大舉發動反攻，四月二十七日我第二方面軍克都安，五月二十七日克南寧，七月三日克龍州、憑祥，逐敵於國境之外。復得桂省民團協助，先後收復桂平、武宜等地，逼近柳江。同時我第三方面軍於五月二十日克河池，六月二十九日克柳州，七月二十七日克桂林，殘敵狼狽逃竄，我軍士氣大振。

民國三十四年七月，我最高統率部擬定收復廣州作戰計劃，以便增加中國戰區陸空軍之物資供應。陸軍總司令何應欽設指揮所於南寧，命第一方面軍盧漢部固守滇南陣地，阻止越北敵人出擊。第二方面軍張發奎部，於九月一日前攻略雷州半島，並確保之。第三方面軍湯恩伯部，一支會同第四方面軍王耀武部，由湘西進攻衡陽；一支南下曲江攻廣州。八月初，第二方面軍已集結梧州以西地區，第三方面軍沿湘桂路東進部隊已到達北全州，南下部隊已到達桂東賀縣，方期一舉收復廣州，而敵人已無條件投降。

一、太平洋戰爭爆發後，中國戰場戰事因何反趨劇烈？

二、說明常德會戰之經過？

三、中國陸軍總司令部成立於何時？其組織若何？

四、勝利前夕，我軍反攻廣州之作戰計畫若何？

第二節　受降與接收

民國三十四年春，中國戰區我軍反攻節節勝利，太平洋美軍已登陸琉璜島、琉球，大批美機連日猛炸東京、神戶、名古屋等地，日本已呈土崩瓦解之勢。三月底，日外相重光葵乃密託瑞典駐日公使向盟國試探和平。五月八日德國無條件投降，日本益感孤立，復請蘇聯從中斡旋，蘇聯則匿不轉告中美英三國。七月二十六日，中、美、英三國領袖在柏林附近德皇夏宮波茨坦發表聯合聲明：開羅宣言之條件必將實施，日本主權限於本州、北海道、九州、四國，及盟國所決定其他小島之內，日本政府應立卽宣佈無條件投降；否則卽將完全毀滅。日本曾一度企圖拒降，仍乞求蘇聯之調停。旋以大勢已去，廣播請求聯合國採取較寬厚之和平條件，而被盟方所拒絕。惟重申其意義：所謂無條件投降者，並非消滅日本種族，奴役日本人民之謂。

八月六日美國第一枚原子彈投落廣島，毀該城建築物十分之六，人民死傷十餘萬。八月八日，蘇俄

對日宣戰。九日美國第二枚原子彈再落長崎，日本舉國震悚，遂於十日將降書託瑞典轉達中、美、英、蘇四國政府，表示願接受波茨坦宣言所列條款，惟要求保留天皇爲日本元首。八月十一日，美國務卿貝爾納斯代表中、美、英、蘇四國經瑞士答覆日本，同意其要求，至八月十四日日本天皇遂頒佈無條件投降之救書，於是我艱苦之八年抗戰卒獲得最後之勝利。八月十五日我政府接獲日本投降電文後，最高統率部卽致電南京日本駐華派遣軍總司令岡村寧次，指示其六項投降原則，飭其所屬日軍停止一切行動，維持所在地秩序及交通，所有飛機船艦停留現地，派遣代表至玉山接洽一切。並任命陸軍總司令何應欽，代表中國戰區最高統帥，接受日本之投降。同日蔣主席書告全國軍民對於日人不念舊惡，以德報怨，以表現我民族至高至貴之德性。

日本宣佈投降後，依照盟軍最高統帥麥克阿瑟（Douglas MacArthur）所劃分之受降區域，中國戰區包括中華民國（內東北歸蘇軍受降）、臺灣；及越南北緯十六度以北地區，全部敵軍投降兵力爲一百二十八萬三千人。岡村寧次於接獲我最高統率部投降原則後，乃派今井武夫等與我接洽。旋因玉山機場天雨跑道損毀，我政府乃於十八日再電岡村，改以湖南芷江爲接洽處，並限今井於八月二十一日前來接洽。屆時今井依照規定注意事項，率隨員八人飛抵芷江，於接獲我方備忘錄後飛返南京。九月八日何應欽由芷江飛往南京受降，九日上午九時代表最高統帥主持中國戰區日本投降簽字典禮。

中國陸軍總司令部爲迅速辦理受降事宜，乃劃分全國爲十五個受降區，指派就近之最高軍事長官，分別接受日軍之投降。計繳得步槍六十八萬五千餘枝，輕重機槍二萬九千八百餘挺，礮類一萬二千四百餘門，戰車及裝甲車五百餘輛，卡車一萬五千餘輛，馬匹七萬四千餘匹，各種飛機一千零六十八架，各

類艦艇一千四百艘，共五萬四千餘噸。合計日僑日俘二百零三萬九千餘人，另韓籍俘虜及臺胞十萬餘人，分別集中於重要城市，自同年十月由美國海軍協助開始遣送返國，至三十五年六月全部遣送完畢。

日本投降後，國軍得美國軍方協助，利用海空運輸工具，分別至各戰區接收；至於黃河以南，僅廣東部分地區各重要城市如北平、天津、保定、太原、濟南等地，均由政府所控制；至三十五年四月三十日國民政府頒佈還都令，五月四日被共匪所盤據。於是政府各機關先後遷返南京，三十五年四月三十日國民政府頒佈還都令，五月四日蔣主席飛抵首都，五月五日政府正式在南京恢復辦公。

先是八月十日日本無條件投降後，我最高統率部立卽電令全國各部隊，聽候命令，根據盟邦協議，執行受降之一切決定。對「第十八集團軍」之電令曰：「所有該集團軍所屬部隊，應就原地駐防待命，勿再擅自移動。」而共軍竟利用機會，乘機擴張。翌日由朱德以「延安總部」名義，連續發佈七道命令，指示各地共軍全面蠢動。八月十四日朱德、彭德懷，致電最高統率部，公開拒絕八月十日之命令。十五日，朱德自稱「中國解放區抗日軍總司令」，致電岡村寧次，飭其命令所屬日軍向共軍投降，並指定受降地點及代表如下：（一）華北在阜平地區，由聶榮臻負責。（二）華東在天長地區，由陳毅負責。（三）鄂、豫兩省在大別山地區，由李先念負責。（四）廣東在東莞地區，由曾生負責；惟被日方所拒絕。

八月十六日中共以朱德名義向政府提出六點主張，其內容如下：（一）政府接受日僞投降與締結受降協定及條約時，須事先與中共商得一致意見。（二）中共有權根據波茨坦宣言條款及同盟國規定受降辦法，接受所包圍日僞軍之投降，並收繳其武器資材。（三）中共有權選出代表參加接受敵人投降，及

處理敵人投降後工作。（四）中共有權選出代表，參加和平會議及聯合國會議。（五）共軍所包圍敵偽，由共軍接受投降，國軍所包圍敵偽，由國軍接受投降。（六）立即召開各黨派會議，成立聯合政府。

八月十四日 蔣主席電邀毛澤東至重慶共商國是。二十日再電邀之，毛竟不肯行。二十七日美駐華大使赫爾利偕張治中飛延安催勸，翌日乃伴毛飛抵重慶，周恩來等同行。此後在四十一天內，一面由蔣主席與毛直接會談，一面由政府代表張羣、王世杰等與周恩來連續協商。中共要求延緩召開國民大會，修改國民大會組織法、選舉法，和五五憲法草案。「共軍」應改編為二十四師，「陝甘寧邊區」、熱河、察哈爾、河北、山東、山西五省，應由中共推薦之人員擔任政府主席及委員。北平、天津、青島、上海四特別市，應由中共推薦之人員擔任副市長，東北各省中共得推薦人員參加行政。重劃受降地區，使共軍參加受降工作。綏遠、河南、江蘇、湖北、廣東六省，應由中共推薦之人員擔任副主席及委員。政府以全國政令統一為先決條件，未便全部接受其要求。十月十日政府公佈會談記要，十一日毛飛返延安，行前因受 蔣主席精神所感召，曾對記者發表談話，願在 蔣主席領導下，為實現三民主義而奮鬥，惟其諾言未幾卽被其破壞無遺。

日本投降之初，共軍佔領地區僅有八十一縣，利用重慶和談為掩飾，自九月上旬至十月初，攻佔城市二百餘座，在華北各交通線上控制若干據點，並包圍繳械三萬日軍供其奴役。

一九四五年（民國三十四年）八月八日，蘇俄對日宣戰後，以馬林諾夫斯基（Rodion Ya. Malinovski）為統帥，合兵力數十萬，在日軍喪失抵抗能力情形下，分三路侵入我東北內蒙。右翼經庫倫指

中國近代史　　　　　　　　　　　　　　　　　　　　　三四四

向張家口，中路取道外蒙東部，主力佔領承德，別支陷赤峯、平泉。左翼自滿洲里沿中東鐵路直薄哈爾濱，南下長春、瀋陽，分兵二支：一支入安東，取旅順、大連；一支經錦州，直抵山海關。八月十四日日軍投降時，俄軍已佔領東北大部分，俘虜日軍六十萬名，包括全部裝備和倉庫存儲。

俄軍佔領東北後，一面培植地方傀儡組織，製造「內蒙自治運動」，一面唆使共軍林彪、李運昌等部進入東北，太行山區共軍復分批由海陸路東竄，沿途裹脅，代共軍訓練軍事專門人才，將擄自日軍之武器裝收編爲滿洲國部隊外，並儘先恢復東北軍火業之生產，俄人除協助共軍就地備非法轉交給共軍使用。

俄人復爲培植中共勢力計，違反中蘇友好同盟條約，阻撓國軍前往接收。遲至一九四五年（民國三十四年）十月一日，始由其駐華大使彼得羅夫通知我政府，謂俄軍將於本月下半月自東三省開始撤退，十一月間撤退完畢。同日下午我外交部次長甘乃光通知俄使，表示中國國軍第十三軍已定於本月十日前後自九龍乘美國船隻，由海道前往大連登陸；俄使則藉口依據「中蘇友好條約」大連係商港，堅決反對。同月九日、二十五日，及十八日、二十三日，我外交部長王世杰及　蔣主席復先後召見俄使，商談國軍接收東北登陸地點，仍然不得要領。政府不得已，乃決定國軍改由營口及葫蘆島上岸。十月二十五日，俄軍自動將營口放棄，聽任共軍佔領。我政府復決定空運國軍至長春、瀋陽等地，經東北行轅主任熊式輝與馬林諾夫斯基迭次交涉，俄方備加刁難，竟誣指我抗日地下軍爲反蘇武力。遲至三十五年一月，我保安隊四千人方得空運長春，而瀋陽已組成之保安隊，反於一月十六日被俄軍包圍繳械。三十四年十月三十日，我軍自秦皇島登陸，沿途遭共軍截擊，排除萬難，十一月六日東出山海關，二十六日進駐錦

州，三十五年一月十五日進駐瀋陽。惟俄軍對我軍之接防仍處處加以阻撓，屢次藉端更改其撤退期限。

同年二月，全國各界爆發維護國權運動，反對東北特殊化，要求俄軍依約撤離東北，國際間均不值蘇俄之行為。蘇俄以共軍已全部控制東北，二月二十六日發表撤軍聲明，經我政府努力，四月一日雙方達成一項協議，對各地俄軍撤退，及中國恢復行使主權之程序與日期，均有詳細規定；惟俄人仍不肯切實履行。三月十三日俄軍撤離瀋陽，十四日撤離四平街，四月十四日撤離長春，不待國軍接防，至五月三日全部俄軍退入俄境。共軍配合俄軍行動，得其砲兵協助，三月十七日陷四平街，四月十八日陷長春，國軍傷亡四千餘人，我接收官員被逼撤入俄境。

俄軍進入東北後，公開搶掠，商店民居普遍洗劫，姦淫婦女，任意屠殺無辜人民。加以無限制發行軍用票，物價騰貴，市面蕭條，人民蒙受極大之痛苦。三十四年十一月二十四日，馬林諾夫斯基正式向我東北行轅經濟委員會主任委員張嘉璈提出要求，視東北工業設備為戰利品，並開列一百五十四種企業，要求中俄共同管理。十二月七日，再度向張氏提出上項要求，堅持除非此一問題獲得解決，不能預測俄軍自東北撤退日期。因被我政府所拒絕，乃不惜使用暗殺手段，以阻礙我工礦人員前往接收。三十五年一月十六日，我經濟部東北礦區特派員張莘夫率隨員六人赴撫順接收，因遭中共阻撓，於返瀋陽途中在李石寨被共軍殺害。而保護之俄兵竟坐視不救，其主使之嫌至明。同年三月二十七日，蘇俄駐華大使得彼得羅夫復以所擬之「中蘇經濟合作建議草案」面交我外交部長王世杰，仍要求與我共同經營前日人在東北之企業，王氏始終堅守「處理敵產辦法」立場，拒絕俄人之要求。於是俄人乃將東北輕重工業機器加以拆遷，其不能移動者則加以破壞，因之蘇軍撤離東北後，東北各工業城市大半成為廢墟，工廠停

工，礦山停採，鐵路寸斷，我直接間接所受之損失，時值在一百億美金以上。共軍乃因之坐大，爲日後戡亂戰事挫折之主要原因。

作　業

一、同盟國波茨坦宣言內容若何？

二、毛澤東重慶會談時，提出那些無理要求？

三、中共用那些卑鄙手段阻撓國軍受降？

四、俄軍佔領東北後，怎樣培植共軍？

五、蘇俄怎樣阻撓國軍接收東北？

六、俄軍對東北工業設備破壞情形如何？

第三節　政治協商與共軍之妄動

民國三十四年五月五日，中國國民黨第六次全國代表大會在重慶舉行，時值抗戰勝利前夕，而中共威脅日趨嚴重之時，大會推舉　蔣總裁連任總裁，決定爲鞏固國家之統一，確保勝利之果實，對於中共問題，願以談判方式解決之。希望共黨份子能共體時艱，實踐宿諾，不再妨礙抗戰，危害國家。大會並決定三個月內取消軍隊黨部及學校黨部，六個月內所有未淪陷省區，以普選方式成立地方議會。並決定同年十一月十二日召開國民大會，於是各基層黨務活動無形停頓，中共氣燄因之日增。

同年十月，毛澤東重慶會談後，政府依照協議於十月三十日向中共提議停止軍事衝突，共軍撤退各鐵路線，政府不派兵至該處。並定於十一月二十日召開政治協商會議，其代表名額政府八人，「共產黨」七人，「第三黨」十三人，無黨派九人。中共除政治協商會議外，不同意其他提議，而政治協商會議名單遲不派定，因之原定開會之期屆時未能舉行。

十一月二十七日，美國駐華大使赫爾利辭職，翌日美總統杜魯門任命馬歇爾（George C. Marshall）為特使來華，希望馬氏盡量利用美國之地位，促成國共之停戰。杜氏並不瞭解中共之本質，馬氏對中國政情更為隔膜也。十二月二十日馬歇爾抵上海，翌日至南京謁見 蔣主席，提議組織一小組委員會，商討停止衝突及其他有關事項。經政府同意，以馬歇爾為主席，政府代表為張羣，中共代表為周恩來，並於三十五年一月七日舉行首次會議。十日商定「關於停止國內軍事衝突辦法」，決定在北平成立一軍事調處執行部，由委員三人組成之，政府代表為鄭介民，中共代表為葉劍英，美方代表為羅柏森，協議自一月十三日午夜起各地停止一切戰鬥。由軍調部派出四個停戰小組，分赴各地監督執行，各有政府代表一人，中共代表一人，美方代表一人。

三十五年一月十一日，政府提議設立一軍事三人小組，以計劃中國軍隊之改編事宜，經中共同意，政府代表為張治中，中共代表為周恩來，而以馬歇爾為顧問，二月十四日舉行首次會議。經六次會商，二十五日簽定「關於軍隊整編及統編中共部隊為國軍之基本方案」，其要點如下：（一）國民政府主席為中國陸海空軍最高統帥。（二）陸軍編制，每軍轄三師，每師人數不得超過一萬四千人，十二個月內全國應整編為一百零八個師，其中「共軍」佔十八個師。（三）再過六個月，政府軍縮編為五十個師，

共軍縮編爲十師。（四）十八個月終了時，各區軍隊分配：東北，國軍十四師，共軍一師。西北，國軍九師。華北，國軍十一師，共軍七師。華中，國軍十師，共軍兩師。華南，國軍六師。（五）各省得酌設保安隊，其數額不得超過一萬五千人。馬歇爾於任務達成後，乃於三月十一日首途離華返美。瀕行向軍事三人小組提出「關於派遣執行小組赴東北授予執行部命令草案」，因周恩來對第四條拒絕同意，（按：第四條爲「政府部隊有權佔領恢復中國東北主權必要之各地區，並特別指明政府軍隊在鐵路兩側三十公里，有單獨管轄之權。」）以致未能獲得協議。

民國三十五年一月十日，政治協商會議在重慶國民政府禮堂開幕，出席代表三十六人，其中包括國民黨七人，中共六人，青年黨五人，民主同盟二人，國家社會黨二人，救國會二人，職業教育社一人，村治派一人，第三黨一人，無黨派人士九人。大會至三十一日閉幕，所得決議共分五類：（一）國民政府爲全國最高權力機關，委員四十人，其中國民黨佔二十人，中共佔十人，民主同盟佔四人，其餘爲無黨派人士。（二）各政黨均被認爲合法，具有平等之地位。（三）全國軍隊改編爲五十師或六十師，政黨不得利用作政治工具。（四）民國三十五年五月五日召開國民大會，以制定憲法。二十五年所選出之代表繼續有效，另增加東北及臺灣區域代表一百五十名，及遴選代表七百名，其中國民黨二百二十名，中共一百九十名，民主同盟一百二十名，青年黨一百名，社會賢達七十名。（五）以民國二十五年五五憲法草案爲依據，組織憲草審議委員會，以兩個月爲完成時間，提供國民大會採納。政府雖決心促成國內之和平，而政協所有決議盡被中共所破壞。

馬歇爾軍事調處期間，共軍四處襲擊國軍，其中尤以東北最爲嚴重。民國三十五年春，林彪所部主

力三十餘萬，集中於四平街附近，企圖阻止國軍前進。中共發言人則提出東北問題解決辦法四端以相要脅：（一）改組東北行營及政治經濟兩委員會與各省政府，吸收東北民主人士及各黨派無黨派人士參加。（二）承認並整編東北民主聯軍。（三）承認東北各地自治政府。（四）政府軍開入東北恢復主權部隊，其數量應予限制。同年四月，馬歇爾再度來華，政府與中共之談判益趨困難。國軍杜聿明部迫於情形，自五月起在東北發動反攻。五月三日克本溪，與共軍主力激戰於四平街一帶，十九日國軍克復四平街，共軍傷亡過半，潰不成軍。二十三日國軍克長春，二十八日克永吉，六月五日直薄哈爾濱，共軍軍心渙散，紛紛反正。經馬歇爾努力，政府迭次宣佈停止攻擊令，各地國軍遵守不作抵抗，遂予共軍以喘息機會。同年六月底，東北共軍盡陷松花江北岸，七、八月間，關內共軍賀龍部先後侵陷晉北各縣，並開始圍攻大同。聶榮臻部進犯冀南，徐向前部進犯太原，陳毅部進犯青島、徐州，南擾蘇北各地。劉伯承部流竄隴海路東段，李先念部流竄大別山區，皖北各地已受到威脅。

軍事調處執行部為阻止各地共軍攻勢，迭電各地執行小組，監督各地共軍遵守協議，政府復迭次下令國軍停戰，而中共公開攻擊美國對華政策，反對美國「干涉中國內政」，要求美國撤退在華駐軍。七月二十九日偷襲自天津至北平換防之美軍於平津公路之安平鎮，美軍傷亡甚眾。

同年秋，國軍不得已對各地共軍開始掃蕩，華中方面：九月十七日克淮陰，十二月十八日克鹽城，蘇北秩序次第恢復。華北方面：九月十四日克集甯，十月十一日克張家口。華東方面：十一月一日登陸烟臺，魯東各地相繼收復。東北方面：十月二十五日克安東，二十九日克通化，進抵鴨綠江畔。馬歇爾憤軍事調處之失敗，竟電請美國總統杜魯門，自三十五年七月起斷絕一切對華援助。八月，杜氏復以

正式命令禁止中國購買美國剩餘軍火，國軍之補給遂感困難。

作 業

一、中國國民黨第六次全國代表大會舉行於何時？有何重要決議案？

二、馬歇爾軍事調處之辦法如何？並說明其因何失敗？

三、政治協商會議舉行於何時？其決議案若何？

第四節　頒佈憲法與選舉總統

民國三十四年五月，中國國民黨第六次全國代表大會，曾通過同年十一月十二日為國民大會集會之期，因政治協商會議延期至三十五年五月五日舉行。嗣因中共藉故阻撓，民主同盟亦隨聲附和，會期復移至同年十一月十二日。屆時因等待中共及民主同盟代表出席，曾延會三日，至十五日大會始正式開幕。出席代表一千三百五十五人，青年黨、民社黨，及無黨派人士均有代表參加，中共及民主同盟代表則拒絕出席。大會推最年長之國大代表吳稚暉擔任主席，蔣中正先生等四十八人為主席團，洪蘭友為大會祕書長。蔣主席所致開幕詞，希望各代表實現　國父及先烈遺志，完成制憲大業，以安定國家根本，作為憲政之治之發軔。

十一月二十七日，政府以政治協商會議通過之憲法草案提交大會修正，十二月二十四日，首先通過憲法實施程序，二十五日三讀通過「中華民國憲法草案」，計十四章，一百七十五條，內容與政治協商

會議協定之草案極為相近。大會並決定民國三十六年元旦公佈憲法，同年十二月二十五日為憲法實施日期。同日國民大會閉幕，由 蔣主席代表國民政府接受憲法。三十六年元旦政府如期公佈「中華民國憲法」，及「憲法實施程序」，於是我國乃正式進入憲政時期。

政府為準備行憲，容納各黨派人士，三十六年三月一日宣佈立法院新增委員五十人，其中國民黨十七人，青年黨十三人，民社黨十二人，社會賢達八人。同時監察院亦新增委員二十五人，其中國民黨九人，青年黨六人，民社黨七人，社會賢達三人。又於國民參政會中，增加參政員四十四人，其中國民黨、青年黨、民社黨，及社會賢達各十一人。四月十八日，國民政府明令修正國民政府組織法。二十四日，國民政府發表行政院政務委員及各部會首長人選，其名額分配如下：（一）國民黨十四席，（二）青年黨四席，（三）民社黨二席，（四）社會賢達二席。於是多黨之內閣成立，中國國民黨還政於民之理想獲得初步實現。

民國三十六年三月三十一日，政府頒佈有關行憲各種法規：包括「國民大會組織法」、「國民大會代表選舉罷免法」、「總統副總統選舉罷免法」、「立法委員選舉罷免法」、「監察委員選舉罷免法」及「五院組織法」等。六月二十五日設立國民大會代表、立法委員選舉總事務所，並次第成立蒙藏、僑民、全國職業界，及婦女團體，與省縣市各級選舉事務所，展開全國選舉工作。監察委員之選舉，依照憲法規定則由內政部辦理。

政府原期同年十二月二十五日召開第一屆國民大會，因中共在各地破壞選舉，國民大會代表選舉未能如期竣事，乃延期至三十七年三月二十九日完成。依照規定代表總額為三千零四十五人，僅選出二千

九百六十一人。監察委員、立法委員之選舉，分別於三十七年一月十日、二十一日開始辦理，依照規定應選出監察委員二二三人，立法委員七七三人。大會至五月一日閉幕，共舉行預備會議六次，大會十六次，總統選舉大會一次，副總統選舉大會四次，通過各種提案八百九十九件。

為配合當前反共戰爭需要，大會於四月十五日第九次大會中，接受代表莫德惠等一千二百零二人提議，依照憲法第一百七十四條第一款程序，制定「動員戡亂時期臨時條款」，經四月十八日第十二次大會三讀通過。規定：「總統在動員戡亂時期，為避免國家或人民遭遇緊急危難，或應付財政經濟上重大變故，得經行政院會議之決議，為緊急處分，不受憲法第三十九條或第四十三條所規定程序之限制。」咨請國民政府，於五月十日公佈實行。

四月十九日，國民大會舉行總統選舉會，候選人有　蔣中正先生、居正二人，出席代表二千七百三十四人，選舉結果　蔣先生以二千四百三十票當選為中華民國第一任總統。副總統之候選人有孫科、于右任、李宗仁、程潛、莫德惠、徐傅霖六人，自四月二十三日至二十八日先後舉行副總統選舉大會三次，各候選人均未能獲得法定過半數之票數。二十九日舉行第四次副總統選舉大會，就第三次選舉得票較多之李宗仁、孫科二人中圈選一人，部分代表惑於李氏之虛妄宣傳，李氏得勉強以較多數當選。

五月二十日，　蔣總統在南京國民大會堂隆重舉行宣誓就職大典，由國民大會主席團主席吳敬恆監誓。　蔣總統於致詞中宣佈對內施政方針，為鞏固國權，保障民權；政治自由，經濟平等；整肅吏治，樹立紀綱。對外政策，強調維護聯合國，並加強其組織。貫澈既定國際合作政策，主張對日本寬大，但

不使其軍國主義復活。二十四日蔣總統提名翁文灝爲行政院長，於是我國正式步入憲政之途。

作業

一、制憲國民大會召集於何時？中華民國憲法序文內容若何？

二、第一屆國民大會何時召集？動員戡亂時期臨時條款意義何在？

三、蔣總統何時就任第一任總統？其就職時所宣佈之施政方針及對外政策若何？

第五節　動員與戡亂

民國三十五年冬，制憲國民大會召開後，我國已進入動員戡亂時期，政府爲保障人民生活，維護社會秩序，不得已實行動員戡亂。其作戰計劃：對東北採取防禦戰略，在關內進攻延安，以摧毀共軍神經中樞，瓦解共軍意志，並打擊其在國際上之虛妄宣傳。同時集中主力肅清蘇北、山東地區共軍，以恢復黃河以南之秩序。進而北渡黃河，肅清北平、天津、保定三角地帶，統一華北平原。

三十六年元月，國軍主力渡江掃蕩蘇北，二十二日共軍「淮陽縱隊司令」張少武通電反正，蘇北不戰而定。郝鵬舉復率共軍二萬人來歸，魯南戰局頓形改觀。四月初，津浦路徐州至濟南段打通，共軍陳毅部被國軍包圍於沂蒙山區。八月，膠濟路沿線共軍肅清。九月底，國軍分別自龍口、煙臺登陸，山東戰事告一結束。同年三月中旬，各路國軍在西安綏靖公署主任胡宗南指揮下，分由洛川、宜川向延安發動進攻，共軍憑藉地雷及伏地堡壘頑強抵抗，國軍鑽隙突進，迭克附近各據點，十九日攻入延安，先後

擊潰共軍十萬，斃傷共軍一萬六千餘人，俘虜共軍一萬餘人。五月初陝北全境次第光復，殘餘共軍大部流竄山西，太原、大同受到威脅。

中共為挽救其軍事失敗，自民國三十五年底起，藉口反美，製造學潮，以擾亂社會秩序。中共職業學生在南京、上海、重慶、成都各城市，以座談會、遊行、示威等方式，擴大反美之宣傳，要求美軍撤離中國。三十六年二月二十八日，由於臺灣菸酒公賣局之查緝私煙，共諜謝雪紅等策動流氓及野心政客，公開攻擊政府機關，殺害毆辱內地來臺人民，一時社會秩序頓形混亂，至三月十二日國軍登陸後，各地治安始漸恢復。

同年四月五日，共軍襲擊塘沽美軍倉庫，企圖奪取美軍軍火，雙方均有死傷。五月中旬，由於中共之挑撥煽動，各地學潮再度爆發。十七日，南京五大專院校學生首先開始罷課，上海、北平、天津、漢口各地學生同時響應，發動所謂「吃光運動」，進至變質要求政府結束「內戰」，與中共媾和。十二月二十五日，毛澤東發表文告，指示共軍全面行動，並煽動無知學生憎恨美國，以打擊政府之威信。三十七年七月五日，有自稱東北流亡學生四千餘人，藉口不滿北平市參議會所提管理東北流亡學生一案，攜帶武器磚石，搗毀市議會，騷擾議長許惠東居室，北平社會秩序與人心士氣大受影響。

共軍配合學潮到處破壞交通，焚掠物資，引起通貨膨脹。三十六年之初，法幣發行總額為三萬五千億，至七月增至十萬億以上。二千餘萬難民撲入都市，重大城市屢有搶糧風潮發生。三十七年八月十九日，政府頒佈「財政經濟緊急處分法」，開始發行金圓券，規定每一元折合法幣三百萬元，每四元折合

美金一元。同時停止發行法幣，並規定同年九月三十日以前收兌私人持有之法幣及金銀外幣。以上海爲全國金融中心，特派蔣經國爲經濟督導員，嚴厲監督執行。國人對新幣之反映，極爲良好，一個月內上海中央銀行收兌之黃金白銀外滙共值金圓券三億七千二百萬元。惟以中共之從中破壞，同年九月物價復告上漲，十月之後各地發生搶購現象，南京、上海等地糧食尤感奇缺。十一月十一日，金圓券之發行已達其所規定二十億之極限，於是工商停頓，社會經濟陷於混亂狀態。二十六年七月十一日，美總統杜魯門鑒於中國局勢之惡化，派遣魏德邁來華，作一實地之調查。魏氏於同月二十二日抵達南京，蘇俄及中共則利用機會對美國大肆攻擊。魏氏在華一月，曾視察瀋陽、北平、天津、臺灣、上海，及廣州等地，接觸中國各黨派領袖，政府官員，以及外國人士。魏氏認爲非立刻給予中國政府軍事物質及道義上之支持，不足以阻止中共之蔓延。魏氏於八月二十四日離華返國，九月十九日將其報告祕密呈送杜魯門，建議在今後五年內，經國會授權，美國政府給予中國大量軍事及經濟援助；惟不被杜氏所重視。三十七年五月以後，在華美國大使館，鑒於中國局勢之繼續惡化，連續以十五篇報告建議美政府，儘速對中國政府加以援助。同年十月底美國務院之答覆，竟認爲增加對中國政府之援助，將使美國直接捲入中國內戰之漩渦。蔣總統迭次接見外籍記者，說明中國之戡亂戰爭關係世界之反共前途，仍爲民主國家所漠視。

一、國軍何時克復延安？戰果如何？

二、民國三十五、六年間，中共怎樣煽動學潮？

三、說明民國三十六、七年間美國之對華政策？

第八章　勝利與行憲

第九章 國共的對決

第一節 戡亂戰局之逆轉

民國三十六年夏，關內各地國軍雖迭獲勝利，東北地區由於防地遼濶，兵力不足；加以交通被共軍所破壞，乃形成被動之形勢。同年二月底，共軍林彪部渡松花江南犯，五月初大舉發動猛攻，十七日懷德失，二十一日公主嶺失，永吉、長春、四平街乃陷於孤立。六月十六日國軍被迫放棄安東省會，熱河共軍亦於六月六日陷赤峯，遼寧共軍則開始進攻瀋陽。

民國三十七年春，共軍林彪部連續在東北發動七次攻勢，二月七日遼陽失，二十七日營口失，三月十四日四平街失，十九日永吉失，國軍集中兵力堅守長春、瀋陽、錦州三個地區，補給全賴空運接濟，因運輸量有限，三地食糧燃料奇缺，長春每日饑斃者不下百人。九月，共軍猛攻錦州，東北剿匪總司令衞立煌貽誤戎機，大爲共軍所乘。十月十四日錦州失，十八日 蔣總統飛臨瀋陽，指示東北作戰計劃，仍未能迅速挽回頹勢。十月二十一日共軍陷長春，東北剿匪副總司令兼吉林省政府主席鄭洞國被俘。十一月二日共軍陷瀋陽，衞立煌先期飛北平，部分國軍突圍撤至營口，經海運南下，東北盡失，國軍先後犧牲精銳達三十萬人。

民國三十六年八月二十二日，華中共軍陳賡部自豫西新安、澠池、陝縣等地分道偸渡黃河，穿越伏

牛山，一度攻陷嵩縣、洛寧、登封、臨汝、魯山、方城等地，遭國軍圍剿，復渡河回竄豫北。

三十七年春，共軍陳賡部再度渡河南犯，三月十四日陷洛陽，復陷豫西各縣，擾及鄂北一帶，七月十六日陷襄陽。別路共軍陳毅部，於六月二十二日陷開封，國軍第六十六師師長李仲莘壯烈以殉。同月二十六日，開封復被國軍邱清泉、孫元良兩兵團所收復，追擊陳毅所部於黃汜區，激戰十餘日，共軍傷亡近八萬人，乃向隴海路以北潰竄。九月十六日共軍集中兵力十餘萬圍攻濟南，因國軍第八十四師吳化文部叛變，至二十五日城陷，山東省政府主席王耀武被俘附共。

民國三十七年九月底，共軍集中劉伯承、陳毅、陳賡等部，約八十萬人，開始圍攻徐州。政府任命劉峙為徐州剿匪總司令，自動放棄鄭州、開封等據點，調動四十萬重兵與之決戰。十一月初雙方大戰展開，因國軍彼此缺乏聯絡，未能盡量發揮作戰功效。十四日，東線黃伯韜兵團被陳毅部共軍包圍於碾莊附近，至二十二日全軍覆沒，黃氏自戕成仁。二十七日，南線黃維兵團被劉伯承部共軍包圍於蒙城、澮河、渦河之間雙堆集，至十二月六日所部瓦解，黃氏被俘，副司令官胡璉突圍以出。徐州國軍為避免包圍，於十二月二日自動棄城南撤，至永城東北之青龍集、陳官莊間地區，遭共軍三十餘萬要擊，傷亡極眾。時值天氣嚴寒，連日雨雪，加以國軍掩護大批隨行難民，接濟困難，遂感不支。苦持至三十八年一月十日，共軍挾人海戰術，使用毒氣進攻，國軍陣地卒被突破，副總司令官杜聿明被俘，兵團司令官邱清泉慷慨自戕，李彌、孫元良等突圍以出。共軍乘勢南陷蚌埠、臨淮等地，進而威脅南京。

東北淪陷後，林彪所部數十萬精銳進入關內，合聶榮臻、賀龍等部共軍，以近百萬之眾對北平、天津採取大包圍形勢。三十八年一月七日，共軍開始猛攻天津，國軍警備司令陳長捷部奮勇抵抗，至十五

日城陷，共軍死傷在萬人以上。二十二日，華北剿匪總司令傅作義受中共誘惑，與中共成立所謂「北平局部平和」一月三十一日，共軍無阻進入北平，除少數學人事先由政府派飛機接運至南京外，政府官員多未能及時撤出。

自民國三十六年五月起，共軍徐向前，彭德懷等部開始圍攻太原，山西省主席閻錫山堅貞自守。三十七年七月以後，形勢日趨嚴重。及平、津淪陷，太原益感孤立，食糧接濟極度困難。共軍傾其華北正規軍四十萬，民兵二十萬，各種大礮四千門，大舉猛犯，發射燒夷彈及毒氣彈，軍民死傷甚眾，所有建築物及水電設備幾盡燬於兵火。三十八年二月十四日，閻氏飛京接洽空投事宜，由梁敦厚代理省主席，四月二十五日城破，國軍巷戰慘烈，負傷殺敵者有之，與樓共焚者有之，梁氏集合文武官員五百餘人於指揮所，集體自殺，舉火同儘，謂必不令屍骸見敵，寫下反共戰爭悲壯之一頁。

同年六月三日，政府以太原陷落，青島已失去軍事之價值，加以孤懸華北，防守不易，自動加以放棄，全部軍民物資撤至臺灣，整個華北遂被共軍所占據。

作　業

一、說明徐蚌會戰之經過？

二、衞立煌之貽誤戎機與傅作義之降共，對剿共軍事有何不利影響？

三、太原五百完人如何集體成仁？

第二節　蔣總統引退與人心之崩潰

徐蚌會戰前後，剿共軍事雖暫時失利，苟全國上下團結一致，服從蔣總統領導，憑長江之險，整軍恢復，國事非不可爲；以失敗主義份子紛紛離異，大局乃不可收拾。

民國三十七年八月十五日，副總統兼北平行營主任李宗仁離北平飛京前，對記者發表談話，希望對中共恢復「和談」。十七日在南京雖否認其事，而態度模稜，對戡亂前途已喪失信心。及徐蚌會戰失利，十二月二十四日，華中剿匪總司令白崇禧，首致電政府停止對共軍作戰，主張邀請美、蘇兩國，聯合調停國共之衝突。同時湖南省主席程潛，竟通電要求 蔣總統下野。李濟琛則在香港組織「國民黨革命委員會」，與李宗仁之代表立法委員黃紹竑有所密謀。美大使司徒雷登（John Leighton Stuart），及其中國顧問傅涇波，李宗仁之政治顧問甘介侯等，共同致力於 蔣總統退職之醞釀。向政府提要求多端：

（一）蔣總統下野。（二）釋放政治犯。（三）言論集會自由。（四）兩軍各自撤退三十里。（五）劃上海爲自由市，政府撤退駐軍，並任命各黨派人士組織上海市聯合政府，政府與「中共」代表在上海舉行和談。甚至公開主張 蔣總統下野後，由李副總統代理總統職務。同月三十日，白崇禧再度通電主和，河南省主席張軫亦於同日要求 蔣總統下野，一時主和狂流極爲猖獗。

蔣總統憂念國家前途，痛心於黨內分裂與派系之爭，本不願放棄革命職責，後感黨政軍之積重難返，非引退無法徹底整頓與改造，乃於同月二十六日，命張羣、吳忠信與李宗仁商談，由其代理總統職權。二十九日行政院會議通過任命陳誠爲臺灣省政府主席，中國國民黨中央委員會通過任命蔣經國爲臺

灣省黨部主任委員，預作日後恢復之準備。三十一日　蔣總統邀集國民黨中央執行監察委員約四十人餐敍，徵求各人對於引退意見，是晚對外發表元旦文告，願與中共開誠相見，商討停止戰事恢復和平之具體方法。

民國三十八年一月二日，　蔣總統分別電覆張軫、白崇禧，表示只要中共能保全國家命脈，顧念生民塗炭，合理合法解決國是，則個人進退出處，惟全國人民之公意是從。於是政府中失敗主義分子大爲擡頭。同月八日，外交部照會美、英、法、蘇四國駐華大使，徵詢對於中國和平意見，及是否準備予以協助，旋接四國大使答覆，威謂在目前情況下，礙難出任和平媒介。

同年元月中旬，黃紹竑由南京飛赴漢口，與白崇禧晤談後，轉飛香港，向中共代表提出下列五點作爲和談之基礎：（一）　蔣總統下野。（二）釋放政治犯。（三）言論集會自由。（四）雙方陣線以十英里爲緩衝地帶。（五）懲治戰犯。而十四日毛澤東廣播其所謂「和平」條款，共分八項：（一）懲治戰犯。（二）廢止憲法。（三）廢除中華民國法律制度。（四）依照「民主」原則改編國軍。（五）沒收官僚資本。（六）改革土地制度。（七）廢除「賣國」條約。（八）召開一政治協商會議，「反動分子」不得參加。成立「民主聯合政府」，接收「南京政府」與其各階層之權力。條件苛刻，無以復加。十六日晚，　蔣總統邀請民社、青年兩黨代表及有關人士研究時局，邵力子竟公然主張對中共無條件投降。時政府各部會少數職員，受共諜煽動，要求加發遣散費，包圍機關，甚至毆辱主管官員，以打擊政府之威信。十九日，行政院通過與中共進行和談案，二十日國民黨中央政治會議復對行政院之決議加以同意，逼使　蔣總統不得不採取下野之途徑。

蔣總統為重整革命陣營，預作恢復之準備，曾於三十八年一月十日，命蔣經國赴上海轉告中央銀行總裁俞鴻鈞，將政府庫存黃金外滙密運臺灣，以策安全。二十一日宣佈引退前，對各地軍政首長作最後之調整，以薛岳為廣東省政府主席，余漢謀為廣州綏靖公署主任，湯恩伯為京滬杭警備總司令，朱紹良為福州綏靖公署主任，張羣為重慶綏靖公署主任，張發奎為海南特區行政長官。下午二時，蔣總統召集中國國民黨中央常務委員會臨時會議，正式宣佈引退。座中同志勸阻無效，相對涕泣。旋發布引退謀和文告。下午四時，蔣總統於謁辭國父陵寢後，乘專機離京飛杭州，蔣經國等隨行，臺灣省政府主席陳誠自臺北飛杭州迎候。次日 蔣總統轉返奉化溪口故里閒居，軍民聞報，至於痛哭失聲，全國頓失領導中心，人心因之而崩潰。

第三節　李宗仁之求和與誤國

民國三十八年一月二十二日，李宗仁宣佈代理總統職權，派邵力子、張治中、黃紹竑、彭昭賢、鍾天心五人為代表，與中共進行「和談」。次日李濟琛、章伯鈞等五十五人發表對於時局聲明，響應中共

三十七年五月一日所提出之召開「新政協」解決國是辦法，李宗仁乃致電李濟琛等，表示願共同策進國內之「和平運動」。二十三日李氏下令撤銷總動員令，停止戒嚴法之執行，改各地剿匪總部爲軍政長官公署，釋放政治犯，啓封一切在戡亂期間因抵觸法令而被查封之報館雜誌，撤銷特種刑事法庭，廢止特種刑事條例。二十七日李氏擅自致電毛澤東，表示願接受其八項條款，作爲和談之基礎。

李氏除直接向中共求和外，復欲利用美蘇間之矛盾，坐收漁人之利。二十二日李氏遣人與蘇俄駐華大使羅申談判，同意以下列三原則促成諒解：（一）任何未來之國際衝突，中國保持中立。（二）儘可能擯除美國在華勢力。（三）樹立中蘇眞正合作基礎。次日李氏復遣代表訪晤美國駐華大使司徒雷登，故意洩露其與羅申之交涉，轉而要求美國之支持。美國務院讚其行動幼稚而愚拙，斷然拒絕其要求。

一月二十三日，邵力子等赴上海，開始與「民主同盟」分子黃炎培、羅隆基、張瀾等有所接洽。二十四日中共聲明：（一）與國民政府談判，並非承認國民政府，乃因其尚控制若干軍隊。（二）談判地點俟北平「解放」後在北平舉行。（三）反對彭昭賢爲國民政府代表。（四）戰犯必須懲治，李宗仁亦不能免。二十八日，中共復發表長篇聲明，要求政府逮捕四十三名「戰犯」。二月三日拒絕接待政府「和談」代表，而李氏仍然執迷不悟。

二月五日，李宗仁授意其政治顧問甘介侯，組織一私人代表團，由顏惠慶、章士釗、江庸、凌憲揚、歐元懷、侯德榜六人爲代表，備受中共阻難，遲至同月十三日始飛北平，邵力子等同行。二十一日轉至石家莊，與毛澤東、周恩來會晤。二十四日李氏以和平草案提請行政院同意，並決定政府正式和談代表團由張治中、邵力子、黃紹竑、章士釗、李蒸、劉斐六人組成，由邵力子任首席代表。二十六日中

共宣佈以周恩來、林伯渠、林彪、葉劍英、李維漢等為「和談」代表，由周恩來任首席代表，談判日期定於四月一日，地點在北平，以毛澤東所提八項條款為基礎。

四月一日，張治中等飛抵北平，五日上午九時「和談」預備會議開始。中共對李宗仁發出最後通牒，要求在十二日限期內投降。並提出組織所謂聯合委員會要求，由毛澤東任「主席」，李宗仁副之。李氏須親往北平，主持國共軍隊之移交。八日毛澤東對張治中等發表談話，其要點如下：（一）「戰犯」在條約中不舉其名，但仍需有追究責任字樣。（二）簽約時須李宗仁及五院院長何應欽、于右任、居正、童冠賢、吳忠信等皆到北平參加。（三）改編軍隊可以暫緩。（四）共軍必須過江，其時間在簽字後實行。（五）聯合政府之成立必須經過相當時間，在此階段國民政府仍可維持現狀，免致社會秩序紊亂。十三日，和談第一次正式會議，周恩來復提出「國內和平協定」，除前述之要求外，另列舉八條二十四款，限五日內接受，並聲稱共軍須在協定簽字後三日內渡江。十五日，和談第二次正式會議，周恩來將修正後之「國內和平協定」提出，限張治中等二十日簽字，並表示不論戰爭或和平，屆期共軍一定渡江南下。

當李宗仁接受毛澤東所提八項條款時，事前未經國民黨中央政治會議及行政院之同意，行政院長孫科遂反對該通電。二月一日及五日，國民黨中央黨部、行政院分別遷移廣州辦公，南京惟留代總統辦公處，負責「和談」事項。三月八日，孫科因與李宗仁意見不合辭職，十二日李氏提名何應欽組閣，並經立法院之同意。

先是四月初北平「和談」期間，李宗仁以中共背信欺詐，蠻橫刁難，懼「和談」破裂，難以肩此重

任。四月十日乘閻錫山至溪口晉謁　蔣總裁之便，曾託其帶書請示機宜。十二日　蔣總裁函復李氏，戒其勿爲中共脅迫而自餒。及中共「國內和平協定」草案提出，國民黨中央及政府領袖，咸認爲中共之要求無異於無條件投降，堅決表示反對，李氏以衆情不服，十七日乃致電　蔣總統，請其復職，繼續領導反共戰爭。二十日國民黨中央常務委員會發表聲明，指斥中共之「國內和平協定」歪曲事實，超出和議原則，失去和平條款之性質。勸告中共懸崖勒馬，立即停戰，政府與中共之最後「和談」因之破裂，張治中、邵力子等，則於二十三日變節投共。

中共利用「和談」期間，在江北整補共軍達四月之久，兵力逾五十萬人。四月二十日中共最後通牒限期屆滿，共軍開始砲轟長江南岸，是夜共軍分道偸渡長江。西路共軍劉伯承、陳賡部自蕪湖荻港南犯，東路共軍陳毅部則進攻江陰礮臺，要塞司令戴戎光叛變，共軍乃得傾巢南下。二十一日毛澤東、朱德向共軍發佈總攻擊令，於是共軍林彪、彭德懷等部，亦分別對武漢及西安發動瘋狂進攻。

先是　蔣總統雖然引退，仍擔任中國國民黨總裁，爲全國軍民精神之所寄。共軍旣渡長江，　蔣總裁以大局嚴重，不得已飛臨杭州，與李宗仁、何應欽、張羣等舉行會商，決議如下：（一）政府今後惟有堅決作戰，爲人民自由與國家獨立奮鬥到底。（二）聯合全國民主自由人士共同奮鬥。（三）由何應欽院長兼國防部部長，統一陸海空軍之指揮。（四）採取緊急有效步驟，以加強中國國民黨之團結，及黨與政府之聯繫。（五）實行全面動員，以阻遏共軍之繼續前進。二十三日南京撤守，同日李宗仁置一切職責於不顧，逃遁桂林。

二十六日，　蔣總裁冒險抵上海指揮軍事，駐節復興島，淞滬人心士氣爲之一振。二十七日　蔣總

裁發表告全國同胞書，重申戡亂決心，呼籲全國軍民同胞一致支持反侵略、反共產、求生存、求自由，拯救國家，保障歷史文化和倫理道德之神聖戰爭。二十八日中國國民黨中央常務委員會發表告全體黨員書，要求全體同志響應　總裁號召，為救國護黨而精誠團結。同日中國國民黨中央常務委員會通過「中央非常委員會組織條例」，以代行中央政治委員會職權，由　蔣總裁任主席，李宗仁副之，主持戡亂及其他重大事件。

李宗仁逃飛桂林後，遲不至廣州處理公務。一時中樞頓失領導，各機關疏散秩序紊亂，人心浮動，大局難卜。五月二日政府領袖居正、閻錫山、李文範等相偕飛桂林，促請李氏早日赴穗。三日李氏致函　蔣總裁，竟提出下列條件相要脅：（一）代總統有絕對調整軍政人事之權。（二）所有移存臺灣之黃金及軍械，應運回大陸。（三）所有軍隊一律聽從國防部指揮調遣。（四）所有國民黨內決定，只能作為對政府之建議。（五）擬請　蔣總裁出國覓取外援。其用意在消滅　蔣總裁對政府之影響力，使臺灣成為不設防之區，喪心負德，莫此為甚。

　蔣總裁痛心李氏於國運飄搖之時仍作閱牆之爭，特函示行政院長何應欽，轉達李氏，促其立即蒞臨廣州，領導政府，表明既無復職之意，亦無牽制李氏之心。獨對李氏要脅出國一事，認為無法接受。是時李氏已派其親信甘介侯赴美，不經中國大使館直接與美國官員接洽，希望美國政府援助其個人，並斷絕對國民政府之一切援助。五月五日李氏致書美總統杜魯門，對過去政府之措施極盡詆諉之能事。八日李氏雖返廣州，惡意攻擊　蔣總裁，更變本而加厲。甚至仇視一向服從　蔣總裁之忠貞國軍將領，對湯恩伯之抑制即其明例。

五月三十日何應欽內閣為惡劣情況所壓迫，全體總辭。三十一日李宗仁提名居正繼任，遭立法院否決，六月三日改提閻錫山，始獲通過。十三日閻錫山在廣州就任行政院長職，並兼任國防部長。閻氏以戰鬥內閣自矢，七月二日公佈「改革幣制令」，發行銀元券，規定其價值等於硬幣銀元一元；惟以戰局之變化，迅即失敗，市面交易仍以黃金銀元外幣為媒介。政府為籌措戰費，三個半月以內支出黃金、銀元，及外幣共值一億二千萬美金以上，皆取自臺灣中央銀行之庫存。

作　業

一、李宗仁代理總統後，外交方面有何幼稚舉動？

二、北平「和談」期間，中共迭次有何種蠻橫要求？

三、北平「和談」因何破裂？

四、共軍渡江後，政府領袖杭州會議有何決策？

五、民國三十八年五月，李宗仁在桂林向　蔣總裁提出那些條件相要脅？

第四節　大陸撤守與金門大捷

民國三十八年四月二十三日國軍撤離南京後，鎮江、常州、無錫等地相繼淪陷。東路共軍陳毅部分兵兩支：南支於五月三日陷杭州，沿浙贛路南進，連陷蕭山、金華等地，至五月底侵入福建北部。東支於五月五日陷嘉興，十二日陷太倉、崑山，合主力四十萬人開始圍攻上海。淞滬防衞司令官湯恩伯，集

中所部十五萬人，利用上海地區豐富物資與堅固工事，嚴加防守，共軍傷亡近六萬人。至二十七日，國軍始主動向舟山、臺灣方面撤退。西路共軍劉伯承部渡江後，四月二十三日陷蕪湖，同月底竄入江西，五月二十一日陷南昌。

同年四月底，共軍林彪部直趨武漢，五月十五日華中軍政長官白崇禧南移衡陽辦公。七月初林彪分兵兩路：西路共軍竄入鄂西，十七日陷宜昌，續陷宜都、松滋等地。南路共軍侵入湘北，二十六日陷株州，二十九日陷常德。八月一日，湖南省政府主席陳明仁、長沙綏靖公署主任程潛通電附共，湘北局勢更加惡化。八月五日，政府任命黃杰為湖南省政府主席，自動放棄長沙，集中國軍於衡陽附近。同月中旬，國軍自湘西發動反攻，連克青樹坪、永豐等地，殲共軍一師，俘萬人，鹵獲槍械甚多。繼續沿湘黔路東進，二十六日克湘鄉，二十九日克湘潭，湖南戰局暫告穩定。

同年七月底，江西共軍分兩路南犯：劉伯承部於八月二日陷遂川，二十日陷贛州，九月初竄入粵東。陳賡部則越大庾嶺竄入粵北，十月六日陷韶關，廣州進入緊急狀態。十月十二日政府宣佈自本日起西遷重慶辦公，廣東省政府則移設海南島。十月十三日廣州放棄，至十月底粵東及粵西各地先後為共軍所盤據。

同年八月，共軍陳毅部自閩北南犯，十七日陷福州。政府任命湯恩伯主持福建軍政，湯氏集中所部主力於廈門，九月二十日共軍來犯，遭國軍痛擊，傷亡慘重。十月十七日國軍自動放棄廈門，集中兵力固守金門。二十五日共軍大舉來犯，利用人海戰術，自古寧頭登陸，遭國軍圍攻，共軍兩萬悉數殲滅，為年來剿共戰爭之最大勝利，亦係轉敗為勝之契機。十一月三日，共軍乘黑夜再攻舟山登步島，

國軍石覺部奮力抗敵，激戰至六日晨，共軍傷亡五千，被俘二千，國軍士氣為之一振，共軍遂無犯臺能力。

民國三十八年五月七日，蔣總裁乘江靜輪由上海啓程至舟山，預作上海撤退國軍停頓之安排。蔣總裁曾親至每一小島巡視，召集地方人士和黨政首長訓話，勉勵團結一致，共赴國難。旋經澎湖飛臺北。七月十日，蔣總裁應菲律賓總統季里諾 (Elpidio Quirino) 邀請，飛馬尼剌訪問，與季里諾會議於碧瑤，至十二日發表聯合聲明，號召遠東各國密切合作，促成經濟及文化之發展，並成立亞洲反共聯盟組織，以抵抗並消除共黨勢力之威脅。十四日飛莅廣州，十六日就任中央非常委員會主席，二十一日乘輪至廈門，指示守軍防衛方略，二十四日飛返臺北。八月六日復應韓國總統李承晚邀請，飛南韓鎮海訪問，同月八日與李承晚發表聯合聲明，同意碧瑤會議之聯盟主張，並將採取步驟以促成反共聯盟之實現。

共軍渡江後，美國政府因受中共歪曲宣傳之影響，八月五日國務院為辯護其對華靜觀政策，不惜發表「中美關係白皮書」，以打擊中國之人心士氣。該文件特別着重一九四四年至一九四九年（民國三十三年至三十八年）一段時期，其重點在毀謗國民政府，對中共則多所偏袒。其所產生之惡果，使已趨危險之中國局勢，更加速其崩潰。我外交部於同月十六日特發表鄭重聲明，認為該文件內容所涉及之重要問題，在意見或論據方面，與事實有極大之出入，中國政府特表示嚴重之異議。

蔣總裁鑒於局勢之嚴重，於八月二十三日飛往廣州，與李宗仁、閻錫山等籌劃戰守事宜。二十四日飛重慶，主持西南軍政人員會議。九月十二日飛成都，佈置防務。二十二日飛昆明，與駐軍將領會商西

南局勢，而大勢已無法挽回。

民國三十八年四月底，共軍彭德懷部自陝北大荔、蒲城、富平大舉南犯關中，胡宗南所部國軍以防地突出，五月二十日主動撤離西安，集中主力三十萬人扼守秦嶺山區，隴東各地盡爲中共軍所有。同月底，政府任命馬步芳爲西北軍政長官，馬氏自甘肅率部反攻，六月初連克歧山、鳳翔、扶風、乾縣、武功、興平等地，殲共軍二萬餘人，於六月十二日包圍咸陽，十四日包圍西安，西北局勢頓形改觀。七月初，共軍徐向前、轟榮臻等部大舉來援，馬氏以眾寡懸殊，卒告潰敗，關中各地再告淪陷。

七月底，共軍二十餘萬侵入甘肅，連陷平涼、天水等地。八月初與國軍激戰於固原附近，共軍傷亡達五萬餘人，國軍損失亦重。八月中旬，共軍迫近蘭州，激戰至二十六日，共軍傷亡四萬餘人，國軍主動撤退至河西走廊，甘肅省政府西遷張掖辦公。於是共軍分三路西犯：南路向青海，九月四日陷西寧，至十一月，全省盡入共軍手中。北路向寧夏，九月二十三日陷銀川。中路共軍沿西北公路前進，九月中旬，連陷武威、張掖等地。二十六日新疆省政府主席鮑爾漢、警備總司令陶峙岳通電附共，新疆不戰淪喪。而綏遠省主席董其武早於九月十九日通電降敵，整個西北全被共軍所竊據。

蔣總統引退前後，四川軍人鄧錫侯、劉文輝等，以剿匪戰局惡化，已向中共接洽局部和平，因四川省政府主席王陵基及重慶市長楊森之反對，未獲實現。同年八月，雲南省政府主席盧漢態度動搖，西南局勢再告不穩。九月二日共諜在重慶市區縱火，焚燒十八小時，燬房萬棟，千餘人葬身火海，十萬人無家可歸，市面秩序頓形混亂。

十月初，共軍林彪、劉伯承、陳賡等部，分路自湘、鄂向四川發動總攻。八日衡陽失，湘西國軍黃

杰部被迫退入桂境。共軍沿湘黔路西犯，十一月十四日貴陽失，二十二日桂林失，十二月六日南寧失，白崇禧放棄大陸作戰，移其總部於海口，黃杰率領所部退入越南。

十一月二日，李宗仁以大局惡化，自重慶遁飛昆明，釋放共諜份子，盧漢受其影響，復萌異志。行政院長閻錫山迭電　蔣總裁蒞渝坐鎮，十一月十四日　蔣總裁乃自臺灣飛抵重慶，電促李氏速來共商大局；李氏竟不顧一切，轉南寧飛往香港。　蔣總裁派居正、朱家驊等持親筆函飛港促其返渝，李氏則藉口胃疾復發，須出國治療，十二月五日竟偕其妻及隨員七人，乘包機一架，離港赴美。瀕行前一日對記者發表聲明，將勸美國軍事當局在越桂邊區建立一枝中國軍隊，備作反攻之用，任何對華之援助，均應由其本人分配。李氏抵美後，受到美國朝野之冷淡待遇，尤爲旅美僑胞所不齒。初則組織所謂「第三勢力」，反對政府，以後於五十四年七月二十日偕其妻潛回大陸投靠中共。

民國三十八年十一月十四日，　蔣總裁抵渝之時，秀山已陷，彭水告急，重慶日在孤危之中。二十八日共軍已逼近郊區之南溫泉、海棠溪一帶，　蔣總裁仍鎮定如恒。二十九日午間，主持軍事會議，指示重慶外圍作戰計劃。入夜十時，林園行邸已聞槍聲，兵工廠亦爆炸甚烈，始愴然離邸。途次車轂相銜，曾下車徒行，始至白市驛機場，翌日晨飛抵成都，重慶遂於同日下午三時陷落。時胡宗南部國軍以陝南防地孤立，奉命南撤成都，半月期間，以數十萬大軍，六百公里與敵對峙之正面轉進，至一千餘公里長距離之目的地，竟能於十二月五日迅速完成，主力無損。共軍彭德懷、徐向前等部，乃跟踪侵入川北。會合林彪、劉伯承等部共軍，對成都採取大包圍形勢。十二月七日成都外圍展開激戰，政府決定遷設臺北，並於西昌設置大本營，於成都設置防衛司令部。四川軍人劉文輝、鄧錫侯等，與雲南省政府主

中國近代史

三七二

席盧漢密謀，欲扣留　蔣總裁向中共「戴罪立功」，　蔣總裁乃於十日下午飛返臺北。同日劉文輝、鄧錫侯、盧漢等，公開通電附共。十二月十六日，川南樂山失守，十八日劍閣復陷。劉文輝佔據雅安欲阻截國軍退路，成都有被圍之慮，國軍乃於二十六日撤守。胡宗南移其總部於西昌，繼續作戰。

盧漢附共後，駐防雲南國軍李彌、余程萬等軍，曾對昆明發動進攻，十二月十九日佔領昆明機場，及共軍增援來攻，復於二十二日放棄，滇西繼亦失陷，李彌率所部退至滇緬邊區。三十九年一月，共軍劉伯承、陳賡、賀龍等部十餘萬人，沿川康公路竄入西康，連陷雅安、康定等地，與國軍激戰於寧南、會理一帶。三月七日國軍一度克復康定，及共軍大舉來犯，乃於三月二十七日主動撤離西昌，將守城部隊空運來臺。

同年秋，共軍賀龍、彭德懷、陳賡等部，分自西康、青海、雲南侵入西藏，十月十九日陷昌都，藏軍被消滅者萬餘人。四十年五月二十三日脅達賴代表在北平簽訂「和平解放西藏辦法的協議」，同年十二月一日共軍張國華、范明等部會師拉薩，至翌年二月佔領江孜、日喀則等城市，整個西藏乃被關入鐵幕之中。其後中共違約，迫害藏人，抗暴事件不斷發生。四十八年三月，藏胞三十餘萬起義反共，共軍砲轟拉薩各寺院，利用空軍濫炸無辜藏胞，達賴乃率領藏胞反共領袖退入印境。

第九章　國共的對決

作　業

一、金門大捷有何重大意義？

二、美國「中美關係白皮書」之發表有何不良惡果？

三、說明西南大局惡化期間李宗仁之辱國表現？

四、蔣總裁在重慶撤退前後如何從容應變？

五、國軍何時放棄大陸作戰？共軍何時侵入西藏？

第十章 中華民國在臺灣的建設與成就

第一節 蔣總統復職與大局之開展

民國三十八年十一月，李宗仁自重慶出走香港後，中樞頓然失去領導。同月二十七日，中國國民黨中央常務委員會鑒於國家局勢嚴重，西南戰況艱危，決議先設法促請李宗仁回渝視事，否則即請 蔣總統復職。及李宗仁由港飛美，在臺立法委員、監察委員、國大代表，先後聯電 蔣總統執行總統職權。成都民意代表亦相率來謁，懇求 蔣總統立時視事，庶前線官兵不致因惶惑而一再潰敗。同時民社黨及青年黨亦作同樣之呼籲，惟被 蔣總統所婉辭。

三十九年春，共軍在東南沿海集結重兵，窺臺日急，中國在國際間地位日漸動搖，內外情勢萬分險惡。而二月三日李宗仁致電監察院，仍以接洽美援為名，企圖在美國遙領國事。同月十二日，監察院大會乃決議函復李宗仁，指斥其逗留美國之謬誤，並提請國民大會彈劾之。十三日中國國民黨中央非常委員會聯電李氏促其返國，仍被李氏所拒絕。二十一日再電之，希其於三日內回臺，李氏竟置之不顧。二十三日中國國民黨中央常務委員會乃決議敦請 蔣總統早日復職，二十四日立法院舉行第五期大會，立法委員三百八十餘人聯合簽名請求 蔣總統復行視事。二十五日監察院提出「彈劾李宗仁代總統案」，於是各地法團與機關首長，暨海外僑團，紛紛作 蔣總統復職之請求。 蔣總統以全國軍民之殷切責

望，及國家民族存亡絕續之所繫，於同月二十八日假臺北賓館舉行茶會，中央常務委員、中央監察委員、中央政治委員、中央非常委員，均應邀出席，羣情沸騰，一致要求蔣總統復職。蔣總統為順應輿情，挽救危局，乃於三月一日在臺北復行視事。於是全國人心復歸統一，反共抗俄意志更趨堅強。同月八日行政院長閻錫山懇請辭職，蔣總統提名陳誠繼任，並經立法院投票同意。四月，國軍主動放棄海南島。五月，主動放棄舟山。集中全力防守臺灣本島，及金門、馬祖等外圍據點，共軍侵佔臺、澎之企圖乃為之粉碎。

民國四十三年二月，四十九年二月，五十五年二月，六十一年二月，第一屆國民大會舉行第二、三、四、五次會議，蔣總統為海內外同胞所歸心，當選連任第二、三、四、五任總統。第二、三任副總統係陳誠當選。第四、五任副總統係嚴家淦當選。並於當選同年五月二十日舉行就職典禮。第二、三任副總統陳誠兼任行政院長，四十七年七月俞鴻鈞辭職，由副總統陳誠兼任。五十二年十二月陳副總統請辭行政院長，由嚴家淦繼任。及嚴氏當選為副總統，仍兼行政院長。

民國六十一年五月，蔣總統就任第五任總統後，任命蔣經國為行政院長。蔣氏本親民實幹精神，抱為國效命之決心，以守法負責，推進廉能政治為宗旨。於是破除情面，用人惟賢，嚴懲貪污，提倡節約，人心振奮，社會風氣為之驟變。

民國六十四年四月五日，蔣總統逝世，次日副總統嚴家淦宣誓繼任總統。四月二十八日，中國國民黨第十屆中央委員會舉行臨時全體會議，推舉蔣經國為黨主席。六十七年三月二十一日，蔣經國當選第

六任總統，次日，謝東閔當選副總統。五月二十六日，立法院同意蔣經國總統提名孫運璿爲行政院長。

七十三年三月二十二日，蔣經國當選第七任總統，次日，李登輝當選副總統。五月二十五日，蔣經國總統特任俞國華爲行政院長。七十七年一月十三日，蔣經國病逝，李登輝宣誓繼任總統。七十八年五月三十日，特任李煥爲行政院長。七十九年三月二十一日，李登輝當選第八任總統，次日，李元簇當選副總統。五月二十六日，郝柏村獲立法院同意出任行政院長。八十一年十二月，郝柏村辭職獲准，八十二年二月十日，李登輝總統提名連戰爲行政院長，二月二十三日連氏獲立法院同意出任行政院長。

先是大陸淪陷之初，國際間對中共姑息息氣氛甚爲濃厚。民國三十八年底，美國務院屢次下令撤退在臺僑民，三十九年一月五日美總統杜魯門一度發表聲明，美國不願過問臺灣問題。惟其對中共之安撫政策，適得相反之結果。三十八年七月，中共拘捕上海美國副領事歐利文，並加以毆辱。封閉大陸各地之美國新聞處，禁止美人在大陸自由行動，同時對各地美僑施以暴行。三十九年一月十三日，更進一步沒收北平美國領事館；因之引起美國朝野之普遍憤慨。同月十六日美國務院下令召回大陸境內外交人員及其眷屬，十八日美國務卿艾契遜 (Dean G. Acheson) 再度聲明不承認中共政權，三十一日美參眾兩院通過繼續援華案，三月二十二日兩院外交委員會通過五千萬美元對華援助，並透過經濟合作總署，以餘款八千一百萬元用之於臺灣地區。

民國三十九年六月二十五日韓戰爆發後，美國對中共之侵略本質更有明確之認識。二十七日美總統杜魯門下令第七艦隊協防臺灣，遏止共軍對臺灣之任何攻擊，中美關係大爲改善，我國之反共戰爭乃引起自由世界所重視。二十九日我國爲尊重聯合國憲章，由外交部向美國提出備忘錄，願派遣精銳部隊三

萬三千人參加聯合國部隊援助南韓，由於英國之反對，七月一日美政府答覆我國，藉口整個太平洋安全婉辭拒絕。七月三十一日聯軍統帥麥克阿瑟自東京飛臺北訪問，曾與蔣總統兩度會談，於八月一日飛返東京，瀕行發表聲明，欽佩蔣總統不屈不撓抵抗共黨控制之決心，與美國人之共同利益及目標完全相符，並保障太平洋區各民族之自由與不被奴役。其後聯合國會員國英國、土耳其、澳洲、加拿大、紐西蘭等國，雖先後派軍援助南韓，以兵力有限，不足以阻止北韓之攻勢，均被美政府所拒絕。同年九月，聯軍登陸仁川，漢城、大田等地相繼陷落。麥帥屢次建議動用中國國軍，均被美政府所拒絕。翌年四月杜魯門雖下令解除麥帥職務，使動用國軍之計劃無法達成，而臺、澎、金、馬之防務因之益固，我國反侵略反暴政之英勇表現爲自由國家所同欽。

作　業

一、說明　蔣總統復職之經過？

二、蔣總統分別於何時連任第二、三、四、五任總統？

三、蔣經國就任行政院長後之政風若何？

四、韓戰爆發後我國國際地位有何改變？美國以何爲藉口婉拒我國援韓之表示？

第二節　復興基地之新政

民國三十八年夏，蔣總裁鑒於剿共戰事形勢險惡，影響國民革命之前途，欲矯正過去之錯誤，奮

發革命之精神，建立堅強之組織，爭取反共戰爭之勝利，完成革命建國大業，於七月十八日在廣州舉行之中央常務委員會中，首先提出「中國國民黨之改造案」。經通過後，分發各級黨部，使全國同志熱烈討論，提供意見，俾作最後之決定。九月二十日　蔣總裁爲中國國民黨改造在重慶發表告全黨同志書，勗勉排除萬難共同爲反侵略反極權反奴役而奮闘。及政府遷臺，民國三十九年春，蔣總裁迭次邀集中央同志，就原案及各級黨部各地同志提出之意見，綜合研究，另定方案，至七月二十二日經中國國民黨中央常務委員會議修正通過「中國國民黨改造案」。同月二十六日　蔣總裁遴派陳誠、張其昀、張道藩、谷正綱、蔣經國、連震東等十六人爲中央改造委員會委員。八月五日中央改造委員會成立，三十一日通過「現階段政治主張」。九月九日，通過「中國國民黨暨所屬黨部改造之措施及其程序」。二十九日通過「黨員歸隊實施辦法」，於是臺灣省各縣市改造委員會相繼成立‧開始辦理黨員重新登記及編隊工作，至四十一年九月，改造工作全部完成。十月十日舉行第七次全國代表大會於臺北近郊之陽明山，通過　蔣總裁交議之「反共抗俄基本論」，作爲革命建國之準繩，革命陣容煥然一新。

民國四十六年十月、五十二年十一月、五十八年三月，中國國民黨配合內外情勢，復舉行第八、第九、第十次全國代表大會，均通過推請　蔣總裁連任總裁，並制定政綱及現階段工作綱領。民國六十年三月，中國國民黨針對國際姑息中共逆流，舉行十屆三中全會，爲開創勝利契機，復改組中央黨部，變各分組爲工作委員會，增設文化與青年工作委員會，以配合國策之推行。

蔣總統復爲促成全國青年第三次大團結，接受時代考驗以創造時代，擔當旋乾轉坤之重任，於四十一年青年節發表文告，號召成立「中國青年反共救國團」。同年十月三十一日正式成立，由　蔣總統兼

團長，蔣經國任主任，各縣市學校團委會次第成立。近二十年來救國團經常不斷輔導青年學術進修，協助出版及研究發明，舉辦夏令、冬令營，及各種青年集會活動。並屢次推派代表參加國際反共會議，以促進中外青年之情感交流與反共合作。民國四十二年時，參加救國團各類活動在學及社會青年僅八千三百人，六十一年增至三十七萬二千人，對於青年之身心有莫大之助益。

政府為尊重憲法，貫澈反共復國之基本國策，曾於民國五十年舉行兩次陽明山會談，邀請海內外反共人士，交換對政府之興革意見，作為復國建國之準繩。近年臺灣各項建設之突飛猛進，不僅為三民主義之模範省，其農工生產之不斷增加，經濟繁榮，社會安定，國民生活水準之逐年提高，國民教育之全面普及，可為世界上其他國家所師法。

民國三十九年四月五日，行政院通過「臺灣省各縣市實施地方自治綱要」，准許臺灣省試辦地方自治，同月二十四日由省政府公佈實行。六月七日行政院通過「臺灣省選舉法規」，八月十六日通過「臺灣省各縣市行政區域調整方案」，將原先之八縣九市，改為十六縣五省轄市。五十六年七月，復將臺北市改為院轄市。除舊有轄區外，五十七年七月，將原臺北縣轄之景美、南港、士林、北投、木柵、內湖六鄉鎮，劃歸臺北市管轄。六十八年七月，復將高雄市改制為院轄市。

臺灣省議會成立於民國三十五年五月一日，迨三十九年實施縣市地方自治後，各縣市均於是年成立縣市議會，並遵照中央指示在省縣自治通則未公佈前，先成立本省臨時省議會。第一屆臨時省議會於四十年十二月十一日成立，議員任期三年，並兼採候補制度。四十八年六月改為第一屆省議會，迄今已歷五屆。各縣市議會分別自三十九年八月至四十年二月成立，議員任期初為二年，自第

三屆起改爲三年，第六屆起改爲四年。

自民國三十九年臺灣實施縣市地方自治後，縣市長均由公民直接選舉，任期初定三年，第四屆後改爲四年，其下之鄉鎮及縣轄市區村里長亦同時由公民直接選舉，迄今已歷七屆，惟省轄市下之區長因非自治法人，自民國四十八年後改由政府委派，已作到選拔眞才之目的。

政府爲配合自由地區人口之增加，充實中央民意代表新生力量，於六十一年六月二十九日由總統明令公佈「動員戡亂時期自由地區增加中央民意代表名額選舉辦法」，規定國大代表任期六年，立法委員任期三年，監察委員任期六年。九月二十二日國民黨公佈黨內提名候選人名單，於是臺閩地區開始辦理選舉之活動。十二月二十三日各地同時順利投票完成，投票率在百分之七十以上，計選出國大代表五十三人，立法委員三十六人，多爲青年才俊之士，而本省籍尤佔絕大部分。監察委員之增補，依照規定由臺灣省及臺北市議會選出，計臺灣省應選出七名，臺北市應選出三名，於六十二年二月十三日選舉完成。另僑選立法委員十五名，監察委員五名。中央民意代表選舉之日，臺灣地區同時舉行第七屆縣市長及第五屆省議員之選舉，共選出縣市長二十名，省議員七十三名，其平均年齡降低，學歷提高，足以證明本省地方自治事業已有令人滿意之進展。

六十四年十二月二十日，又辦理增額立法委員改選，選出立法委員，計五十二名。依「增加中央民意代表名額辦法」第五條之規定，原訂於民國六十七年十二月二十三日投票改選增額之國大代表、立法委員及監察委員，惟因適逢中美斷交，國家面臨非常情況，於十二月十六日奉總統緊急處分令，延期辦理。至六十九年恢復選舉，大幅度增加名額，加強中央民意代表機構的功能。這年的選舉，將三項增額

中央民意代表共擴增為二〇五人，計增額國大代表七十六人、立法委員九十七人、監察委員三十二人，較原有增額中央民意代表一二〇人，擴增八十五人。六十九年五月十四日，公布「動員戡亂時期公職人員選舉罷免法」，計分七章，一一三條，內容詳細周延，為選舉運作建立了法治的基礎。七十二年對此選罷法再作審慎研討，廣徵意見後提出修正草案，於同年七月八日修正公布。

民國七十二年，辦理增額立法委員改選，於十二月三日舉行投票，選出增額立法委員二十七人，另由海外遴選產生僑選增額立法委員二十七人，合計九十六人。民國七十五年、七十六年的選舉，三項增額中央民意代表共選出二一六人，比六十九年的選舉增加十一人，計增額之國大代表八十四人、立法委員一百人、監察委員三十二人。七十六年七月七日，立法院院會無異議通過「臺灣地區解嚴案」，完成我國民主憲政史上劃時代之立法程序。七月十四日，宣告臺灣地區自十五日零時起解嚴，國家安全法亦同時施行。

民國七十七年三月二日，通過制頒第一屆資深中央民意代表自願退職條例。七十八年二月二日，資深國大代表張群決定響應第一屆資深中央民意代表自願退職。是第一位公開表明退職意願的資深國代。資深立法委員裴存藩亦聲明第一屆資深中央民意代表自願退職條例生效後，卽辦理退職，並強調其退職的目的是為了使國會早日換新血輪。二月三日，「第一屆資深中央民意代表自願退職條例」公布，資深中央民代陸續辦理退職。十二月二日，增額立法委員、臺灣省縣市長、臺灣省議員選舉舉行投票，總投票率為百分之七十五點三九。

民國七十九年十一月五日，中國國民黨中央憲政改革策劃小組決定立、監委在八十二年二月一日前

辦理選舉，國大代表則於八十年底選出，任期將配合總統任期，共四年一個月；第二屆中央民意代表名額方面，則規劃爲國大代表三七五人、立法委員一五〇人、監察委員五十四人。八十年十二月十六日，四六九位現任第一屆國大代表已全部完成自願退職手續。十二月二十一日，第二屆國大代表選舉圓滿完成，選出三二五位二屆國代，其中中國國民黨獲得二五四個席位，民進黨籍有六十六人當選，民主憲政的推行，更向前邁進一步。

民國三十八年二月四日，臺灣開始實施「三七五減租」，以耕田收穫量除去種籽施肥等費用百分之二十五，尚餘百分之七十五，由業主與佃農雙方均分之，各得百分之三十七點五，用和平漸進手段達成改善農民生活，繁榮農村之目的，爲民生主義在臺灣實行之起點。同年九月辦理完成，農民生活大爲改善。四十年六月政府復公布「耕地三七五減租條例」，規定租期一律改爲六年，在租期中非因法定事故，地主不得終止租約，以保障佃農權利。農民生活大爲改善，農業生產增加，農地價格降低，農村經濟因之繁榮。

民國四十年六月，政府開始實施公地放領，至五十九年底，先後辦理七次，放領耕地面積十二萬零二百六十六公頃，受益農戶二十六萬五千九百七十六戶，地價繳納期限爲十年，按期由政府委託臺灣土地銀行征收，使無地之農民取得所有權，增加糧食生產，並改善其生活。

民國四十二年一月，政府公佈「實施耕者有其田條例」，規定地主可保留水田三甲或旱田六甲，其餘由政府用征收補償方法交佃農承租耕種。其中搭發百分之七十實物土地債券，百分之三十公營公司股票。四十四年六月，臺灣省政府復擬定「臺灣省實施耕者有其田保護自耕農辦法草案」，經省議會通過

第十章　中華民國在臺灣的建設與成就

三八三

後，呈奉行政院核定，於同年八月公佈實行。其目的不僅在改善農民生活，尤在建立一種合理公平之土地制度。歷年全省地主保留耕地經佃農貸款或自籌款向地主購買，或因軍公需要征收外，目前僅餘出租耕地五萬八千餘公頃，佃農十萬三千餘戶。

民國四十三年八月，政府公佈「實施都市平均地權條例」，指定臺灣爲實行區域。經省政府研擬細則草案，呈送行政院於四十五年一月核定，同月十九日公佈施行。同年八月一日開征土地增值稅，九月一日開征地價稅。由人民自動申報地價，政府照價征稅，漲價歸公，並採取增值累進稅率，以貫澈平均地權之全面實施。四十五年度全省都市平均地權地價稅征實僅一億五千五百八十餘萬元，至五十九年度曾至六億三千一百餘萬元，皆用作興辦社會福利事業及九年國民義務教育之用。六十六年三月二十日，臺灣省政府全面實施平均地權，並於九月一日公告地價。同時，爲促進土地開發利用以達到平均地權之最高理想，四十七年起辦理市地重劃，四十八年起辦理農地重劃，至六十四年全部完成。

作　業

一、中國國民黨改造之動機始於何時？

二、中國國民黨中央改造委員會成立於何時？改造之要旨何在？

三、說明中國青年反共救國團之特點？

四、臺灣行政區何時調整？臺北市何時改爲院轄市？

五、說明臺灣耕者有其田實施之經過？

第三節 學術文化與經建成果

近年我國學術文化發展之方向，在配合國策，提高科學技術，維護傳統文化，發揚革命精神。民國四十一年十月中國國民黨第七次全國代表大會期間，蔣總統所交議通過之「反共抗俄基本論」，分就蘇俄侵略之傳統，反共抗俄戰爭之特性，國民革命之本質與方略，三民主義之哲學觀點與現階段之提綱，與漢奸必滅，反共必勝，侵略必敗，抗俄必成，有扼要之說明，而建立我反共理論之基礎。四十二年十一月，蔣總統針對我民族文化特性，博採近代各國學說制度，益以實際領導革命經驗，發表手著「三民主義育樂兩篇補述」，以補充　國父民生主義講稿中未完成部分之缺憾。四十五年十二月，蔣總統發表手著「蘇俄在中國」一書，揭發蘇俄與中共歷年所施和平共存之陰謀，與其竊取大陸之罪行，不僅爲我反共之寶典，亦爲自由國家反共之借鏡。

民國五十五年十一月十二日　國父一百晉一誕辰紀念，同日陽明山中山樓舉行落成典禮，蔣總統針對中共之「文化大革命」，摧殘中華文化，明定此日爲中華文化復興節，並發表紀念文字，說明中華文化之基礎在於倫理、民主、科學，國人應共同以衛道者而互勉。同年十二月二十九日，中國國民黨九屆四中全會通過「中華文化復興運動推行方案」，於是中華文化復興運動推行委員會及臺灣省分會，與各團體分支機構相繼成立，配合國民生活、教育、學術、國防、外交，形成一種熱烈之高潮。

科學研究方面

民國四十八年，行政院成立國家長期科學發展委員會，五十六年八月改組爲國家科學委員會，主持全國科學之研究與發展。歷年充實各級學校研究設備，增建學人住宅，設置研究補助費

及客座教授，遴選科學技術人員出國進修等工作，均獲致預期之功效。

高深學術研究機構，中央研究院至八十三年共設有二十個研究所，臺灣大學八十二學年度共有六十八個研究所，幾乎每一個研究所都設有博士班。清華大學之原子科學研究所之原子爐，所生產之同位素，經常接受醫藥、農業及生物研究使用之申請。行政院原子能委員會則協調有關機關及學校，策進原子能和平用途之研究及實施，包括輻射安全，同位素之生產及供應，反應器技術及應用，以及核能發電等。中山科學院則以發展國防科學為目標，以加速提升我國科技水準，於六十九年十二月在新竹設置科學工業園區，依照所訂計畫順利進行。至七十七年三月底止，園區共引進高級工業九十一家，其中已有八十家正式入區設廠營運，並有六十二家已有產品問世。

教育方面　教育當局為遵行　蔣總統革新教育之指示，曾於五十九年八月二十四日至二十九日，在臺北召開第五次全國教育會議，檢討當前教育問題，擬訂復國建國教育綱領，研究加強科學教育，並規劃大陸教育重建等事項。國民教育：自民國五十七年我國開始實施九年國民義務教育，為我國學制之重大改革，亦為教育史上之創舉。中等教育：特別重視師範及職業教育，提倡建教合作及技藝訓練。高等教育：以研究高深學術，培養專門人材為宗旨。近年政府特別著重空中教學及夜間部之推廣，以增進社會青年之知識技能。他若僑生回國升學之輔導，大陸來臺青年之再教育等，均有卓越之成就。近年各級學校數量及在校學生人數有顯著之增加，全國教育經費在政府總預算中比例逐漸提高。

政府為配合反攻復國計劃，實施文武合一之教育，自民國四十一年起專科以上學校應屆畢業生實施

一年之預備軍官訓練，四十二年起高中以上學生亦開始軍訓之管理。歷年來因實際需要，辦法迭有變更。五十四年起，改爲新生錄取註冊後接受入伍及分科訓練各四星期，畢業後服役初定一年，後改爲二年。並於五十八年起實施大專預官志願考選，每年錄取預官學生約一萬人左右。

民國四十年十一月，教育部頒佈中國童子軍教育改造方案，凡初級中學學生均可登記爲中國童子軍。自四十四學年度開始，初中學生除依照規定每週實施一小時童子軍訓練外，復鼓勵學生從事實際之童子軍活動，包括服務訓練、大露營、參加國際童子軍活動等，以便與高中軍訓相銜接。五十九學年度全國登記之童子軍團共一千二百九十一個，接受此一教育之男女學生達七十九萬九千餘人。

經濟建設方面

近年我國經濟建設之目標，在增加農工業生產，使臺灣經濟完全達到自給自足之地步。自民國四十二年一月，政府宣佈推行四年經濟建設計劃，此後二十年間，連續推行五次，特別着重交通、水利、電力、貿易，及重工業之發展。

六十二年十一月，行政院長蔣經國在中國國民黨十屆四中全會中宣布，政府自六十三年起，將以五年時間完成九項重大建設。旋合併爲「十大建設」，這十大建設是㈠南北高速公路：北自基隆，南迄高雄，全長三七三點四公里，自六十年七月開工，六十七年十月三十一日全線通車。㈡桃園中正國際機場。㈢臺中國際港。㈣鐵路電氣化。㈤核能發電廠。㈥高雄大造船廠。㈦大煉鋼廠。㈧石油化學工業。㈨北廻鐵路。㈩擴建蘇澳港。以上十大建設完成後，又於六十九年，續辦十二項建設：㈠完成臺灣環島鐵路網。㈡興建東西橫貫公路三線。㈢改善高、屏地區交通，拓寬公路。㈣中國鋼鐵公司第一期第二階擴建工程。㈤繼續興建核能發電第二、三兩廠。㈥完成臺中港第二、三期工程。㈦開發新市鎮，廣建國

民住宅。㈧加速改善重要農田排水系統。㈨修建臺灣西岸海堤工程及全島重要河堤工程。㈩拓建由屏東至鵝鑾鼻道路爲四線高級公路。㈩設置農業機械化基金，促進農業全面機械化。㈩建立縣市文化中心。

這十二項建設，包括經濟、社會、文化的建設，有助於中華民國走向「明日大國」之林。繼十大建設與十二項建設完成後，政府又於七十三年九月開始，推動「十四項建設」，每年投資在一千億元以上。自八十一年起，十四項建設計劃爲「國家建設六年計劃」所取代，由於六年國建投資過鉅，政府不得不緊縮財政以因應之。

以對外貿易爲例，民國四十八年我對外貿易總值尚僅四億餘美元，其後以年增加百分之二十三以上速率直線上升，六十年總值爲四十一億餘美元，六十一年總值爲五十五億八千餘萬美元，其中輸出總值爲三十億五千餘萬美元，輸入爲二十五億三千餘萬美元，出超五億二千萬美元，增加率爲百分之四十二點九，商品輸出總值較六十年增加百分之四十八點一，其中工業輸出居首位，其次爲紡織品，再其次爲電氣機械器材及農產品。貿易地區以美國、日本爲主，其次爲歐洲各國。近年政府獎勵外人在臺投資，其總額已超過七億餘美元。七十二年由於對美出口快速增加，更取代沙烏地阿拉伯成爲美國第六大貿易伙伴。七十九年的貿易總值超過一千二百億美元，在自由世界占第十五位。

臺灣工業發展過程大致可分爲四個階段。自光復至民國四十一年爲復舊階段，自四十二年至四十六年爲保護階段，自四十七年至五十七年爲發展階段，自五十八年迄今爲開放階段。五十九年五月政府頒佈「加速工業發展綱要」，以加強第五期經濟建設四年計劃之執行方針。其基本措施在發展電力、石油、天然氣，及銅礦等能源工業，分期與建鋼鐵廠，發展機械、造船、電機、車輛等基本工業，並鼓勵

電子組織及零件之製造，以及化學原料、塑膠、人造纖維、紡織染整、食品及木材加工、家用電器之增產。此外如改善投資環境，解除設廠限制，拓展外銷，加強工業研究與資源探勘，擴大技能訓練，提高品質及生產能力，均有顯著之成效。

自民國四十二年起，第五期經濟建設四年計劃之目標，在於「以農業培養工業，以工業發展農業」實施生產技術改進，革新農業制度，開發水利資源，增加肥料供應，加強病蟲害防治，以及作物改良，山坡地水土保持，農業運銷等措施。惟以近年工業加速成長，致農業在經濟結構中所佔比重相對降低，農民收益相對減少。政府有鑒及此，乃於五十八年十一月二十一日公佈農業政策檢討綱要，五十九年三月中國國民黨十屆二中全會復通過現階段農村經濟建設綱領，以促進農村經濟之再繁榮。五十九年農業生產年成長率為百分之六，生產總值自民國三十八年新臺幣十七億七千二百萬元，增至五十九年新臺幣五百三十一億一千三百餘萬元。其中米穀產量，三十九年為一百四十萬公噸，五十七年增至二百五十餘萬公噸。雜糧生產亦呈直線上升趨勢，民國五十九年栽培面積已達四十餘萬公頃，佔全省農作物面積百分之二十四，年總生產量四百二十九萬公噸，價值新臺幣五十二億元，成為繁榮本省農村經濟之重要力量，及發展本省畜牧事業所需飼料之主要供應來源。

作　業

一、說明　蔣總統所著「反共抗俄基本論」及「蘇俄在中國」之要旨？

二、近年我國各級教育發展之情形若何？

三、說明近年我國經濟之成長率？及對外貿易之情形？

四、近年我國工業發展之目標若何？

五、近年我國農業生產成長率若何？

第四節　國防與外交

自政府遷設臺灣以來，國軍從事全面整建工作。其目標在實行精兵主義，改進裝備與編制，擴大兵工生產，並積極發展國防科學，以適應未來原子戰爭之能力。陸軍方面：（一）加強反裝甲及戰車與步兵聯合作戰能力，（二）發展航空部隊，（三）強化飛彈部隊，（四）增設化學兵訓練機構，（五）更新戰車及各型車輛，（六）充實各型火礮與輕重兵器及通信裝備。海軍方面：建立兩棲作戰部隊，及擴充陸戰隊，實施艦隻汰舊換新政策，增強自製快艇能量，實施軍艦遠航及反潛訓練，特別加強以寡擊眾及夜間與惡劣天候之戰鬪演習。空軍方面：自製換裝各種新型飛機與裝備，提高飛行人員素質，力求戰術與技術上之改進。中部所建立遠東規模最大之基地，可降落現代化任何巨型戰略轟炸機或戰鬪機，絕對掌握臺澎之海空優勢。

國軍整建方面　近年國軍特別著重政治教育及隨營補習教育，推行克難運動、新文藝運動，及「毋忘在莒」運動。每年召開國軍英雄政士大會，選拔國軍英雄與國軍政士，以培養三軍之活力與士氣。此外國防部爲建立完善之人事制度，屢次舉辦晉級考試，實施官兵退除役制度，依其體能、學識、專長及志願，辦理戰士授田及就業輔導等工作。以民國六十年爲例，經輔導安置之退除役官兵共計二萬六千二

百餘人。而退除役官兵輔導會所經營之各種生產事業，多年以來始終本照自給自足，以事業與事業，以事業創事業，及與民興利，服務社會之方針，自強不息。

由於臺灣兵役制度作業之完善，每年約有二十萬常備新兵入伍，平均年齡為二十歲。目前我強大現役之陸海空三軍以及特種部隊，約有六十萬人，服務期限陸軍為二年，空軍海軍為二年。其中陸軍約四十萬人，空軍八萬人，海軍與陸戰隊約十萬餘人，隨時在備戰狀態，具有高度之機動性。一俟動員令下，立即可徵召一百萬訓練有素之後備兵。此外由於民防制度之完善，國民之守法自治，金、馬、臺、澎已成為世界上最堅強之反共堡壘，其中尤以金門及馬祖，真正作到「人人戰鬪、村村聯防」之戰時體制。

對中共作戰方面　自中共占據大陸以來，各地人民之抗暴義舉及反共游擊隊之活動層出不窮，經常襲擊共軍，破壞共方交通，奪取共方物資。至於沿海作戰，前十年國軍側重對大陸突襲。四十一年十月十一日我浙海游擊隊攻佔玉環縣屬之鷄冠山、羊嶼、塞頭等島，閩海游擊隊攻佔閩北之南日島，殲共軍四營，俘共軍七百餘人，盡毀其渡海工具，於任務達成後，十三日自動撤退。四十二年七月十六日，國軍復登陸廈門、汕頭間之東山島，殲共軍千餘人，俘共軍四百八十餘人，十八日晨始凱旋返航。

四十七年夏，中共為實現其奪取金、馬之企圖，進而侵犯臺澎，在福建前線集中陸軍約十八萬人，大小艦艇二六二艘，各型飛機二九八架，於八月二十三日以各種火礮三百四十二門（礮戰中增至五百六十一門），對我金門羣島實行猛烈火力偷襲。自下午六時起，兩小時內連續射擊五萬七千餘發，同時其機艦亦乘機大肆活動，企圖斷絕我對金門之運補。我礮兵奮勇還擊，海軍執行「鴻運計劃」，猛轟共

艦，兩棲作戰，載運補給品搶灘登岸。空軍亦執行「中屛計劃」，攔截共軍飛機，空投補給品。迄十月上旬，共軍大礮連續發射四十七萬餘發，並發動空戰十次，海戰四次。總計四十日內，共方陣地被我摧毀數十處，礮百餘門，共軍飛機被我擊落二十九架，擊傷四架，共方艦艇及運補船隻被我擊沈擊傷者一百零七艘。共軍智窮力拙，乃發出間日停火之讕言，以掩飾其失敗。近十餘年來，共軍仍斷續對金門作騷擾性濫射，因金門之防衞固若金湯，共軍終不敢冒然來犯。

近十餘年國軍爲顧忌殺傷無辜同胞，對共方作戰政治重於軍事。經常出動高空飛機，投擲傳單及救濟物品，號召共軍及大陸同胞起義來歸。並分別在金門、花蓮對大陸空飄心戰品，以加強對共方心戰攻勢。進而由反共義士從事匪情教育，訪問友邦，以促進自由國家對中共之認識。

大陸撤退前，我政府鑒於中共叛亂純係蘇俄所支持，於民國三十八年秋，向聯合國大會提出控蘇案，雖經蘇俄代表阻撓，至四十一年二月一日，聯大卒以二十五票對九票（二十四國棄權）通過。自三十九年一月起，蘇俄代表迭次在安全理事會中提議排擠我代表，其附庸各國隨聲附和，每年均由阿爾巴尼亞領銜提出牽引中共入會案，終因大多數民主國家主持正義，歷屆大會咸以多數票予以否決。四十年一月三十日，聯大政治委員會以四十四票通過譴責中共爲侵略者案，四十二年二月二十五日我政府正式宣佈廢止「中蘇友好同盟條約」，於是廣大外蒙重歸我國版圖，俄人在東北所享有之特權一概取消。

近年中共爲突破美、蘇對其雙重圍堵，一方面繼續在全世界加強支援顛覆叛亂，一方面利用和平統戰攻勢，以迷亂反共陣營，聯合國內姑息氣氛日漸濃厚。六十年秋聯合國第二十六屆常會期間，我政府鑒於聯合國已屈服於暴力之下，完全喪失維護國際正義之立場。十月二十五日我出席聯大代表團長周書

楷於「納匪排我」案投票前，毅然宣佈我國退出聯合國。同日聯大否決美國所提重要問題案，並通過阿爾巴尼亞所提牽中共入會之提議。

近年我國之對外關係，與美國最為密切。民國三十九年八月五日，美國第十三航空隊借駐臺灣，以防止中共之偷襲。四十年一月三十日及二月九日，中美雙方以換文方式成立聯防互助協定，五月二日美國軍事援華顧問團在臺北開始辦公。四十三年十二月二日，雙方簽訂共同防禦條約，規定彼此以自助互助方式維持並發展臺灣與澎湖及西太平洋地區之安全與和平。四十四年十一月，美軍協防臺灣司令部成立，美空軍及飛彈部隊正式進駐臺灣。五十四年四月，雙方復簽定在華美軍地位協定。歷年以來美國不斷加強對我軍援，迭以海軍艦艇及新式作戰飛機，以及勝利女神飛彈移交我國使用。近年由於我兵工製造能力之發展，中美雙方已有在臺合作製造百架作戰飛機之計劃。

美國對我之經濟援助，民國三十九年度為五千五百萬美元，至四十五年增至一億二千萬美元。五十四年後因臺灣經濟日趨繁榮，美國對華經援始告終止，惟剩餘農產品之贈予仍舊繼續。四十一年六月二十五日，中美兩國政府為鼓勵美國私人廠商來華投資，以換文方式訂立「投資保證協定」。其後迭次修正，其保證範圍擴大及於因戰亂及正常商業風險所造成之損失，對美人來華投資具有重大之鼓勵作用。美政府為配合我棉織品之銷美，於五十二年十月十九日以換文方式與我國簽訂貿易協定，有效期限四年，使我棉織品輸美在一定限期內有一定限額，對我工廠之安排生產計劃，以及我政府作有效之管理，均有助益。近年我對美貿易關係迅速擴展，自五十八年起由入超轉為出超，五十九年總值為十億四千餘萬美元，其中紡織品達二億二百六十餘萬美元，出超一億一千五百萬美元。

民國五十三年四月二十三日，中美兩國政府在臺北簽訂「資助教育文化交換協定」，使「美國在中華民國教育基金會」能獲得廣泛之財源，繼續推進擴展兩國之文教合作。民國四十四年七月十八日，中美兩國簽訂民用原子能合作協定，期限兩年，曾兩度修展。五十三年六月八日雙方在華盛頓第三次修展條約，將原協定展限至六十三年，雙方同意在中國原子反應器生產之核子材料，美國有優先承購權。

民國五十九年十二月二十五日，中美中國大陸問題研討會在臺北開幕，參加兩國專家學人二八〇人，歷時五日，曾對中共本質廣泛交換意見，並深入探討，從而獲得一正確之認識。

民國四十一年四月二十八日，中日戰後和平條約在臺北簽字，共計十四條，我國本乎寬大精神，不索賠償，日本放棄對於臺灣、澎湖以及南沙羣島、西沙羣島之一切權利與要求。於是十五年以來兩國之戰爭狀態乃告中止。近二十年來，日本對華政策採取政經分離之原則，一面在聯合國及各項國際會議中支持我國政府，擴大技術合作、企業投資，及文化交流；一面與中共進行貿易。民國六十一年七月，於九月二十五日訪問中國大陸，二十九日雙方發表「聯合公報」，建立「外交」關係。同日我外交部發表聲明，宣佈對日絕交，惟與日本民間及其反共人士仍維持友好之關係，雙方貿易及文化交流繼續發展。

近年我國外交努力之方向，及代為訓練農業技術人員，在在表現我國團結自由國家共同反共之決心。四十三年六月，中韓兩國發起組織亞洲人民反共聯盟，歷年分別在亞東各國召開會議。五十六年改組為世界反共聯盟，每屆大會美洲、中東，及歐洲部分國家，均派有代表列席，對民主反共陣營之團結大有俾益。至於與中共建交國家，我

仍與其從事多邊之貿易，繼續經濟與文化之交流，促醒其政府對中共之認識，共同為反共大業而努力。

作　業

一、說明近年國軍整建之目標？
二、民國四十七年，金門「八二三」礮戰，國軍之戰果如何？
三、近年我對中共政治作戰之策略如何？
四、聯合國何時通過我國之「控蘇案」？何時通過「譴責中共為侵略者案」？
五、說明近年中美軍事合作之情形？

第五節　對中共統戰之因應

自民國三十八年（一九四九）以來，中共對中華民國的態度有三個階段。第一個階段是自三十八年至四十三年，其口號是「武裝解放臺灣」，並且要「血洗臺灣」。第二個階段是自四十四年至六十年（一九五五至一九七一），策略是「和平解放臺灣」；但在四十七年卻發動了金門砲戰，顯示其「和平解放」僅是誘餌而已。第三個階段是自六十一年（一九七二）至今，目標是「和平統一中國」，最先利用傅作義等變節份子提出「國共和談統一中國」的建議，要求「坐下來談談」。由於美國已與中共建交，國際間姑息氣氛正盛，周恩來首次提出「和平統一」的策略，鄧小平復出後繼續玩弄「三通」（通商、通郵、通航）、「四流」（經濟交流、文化交流、科技交流、體育交流）的花招，鄧並把「統一」

與「四化」（四個現代化，即工業、農業、國防及科技之現代化）、「反霸」並列為八十年代的「三大任務」。

民國六十八年（一九七九）一月一日，中共發表「全國人大常委會告臺灣同胞書」，提出臺灣「回歸祖國」的方針，建議臺灣和大陸之間儘快實現通郵通航。七十年（一九八一）九月三十日，中共中央副主席，全國人大委員長葉劍英向新華社記者發表談話，進一步闡明關於臺灣回歸祖國，實現和平統一的九條方針政策，建議舉行中共和國民黨兩黨對等談判，實行第三次合作。七十二年（一九八三）六月二十六日，鄧小平在接見美國西東大學（Seton Hall University）教授楊力宇談話時，提出所謂「和平統一」的構想。他雖說「和平統一不是大陸把臺灣吃掉」，但實質上就是吃掉中華民國，誘勸中華民國政府和平投降。鄧小平說「祖國統一後，臺灣特別行政區可以有自己的獨立性，可以實行同大陸不同的制度。司法獨立，終審權不須到北京。臺灣還可以有自己的軍隊，只是不能構成對大陸的威脅。大陸不派人駐臺，不僅軍隊不去，行政人員也不去。臺灣的黨、政、軍等系統，都由臺灣自己來管。中央政府還要給臺灣留出名額」。這種先定價碼的作法，使中華民國政府無法接受，也使解決中國問題形成僵局。同年十月二十二日，鄧於「中央顧問委員會」上談話時以帶有威脅的口氣說，解決「臺灣問題」只有兩種選擇，一種是和平談判，一種是武力方式。足見他雖然主張以和平方式解決，但並沒有放棄「用非和平方式」。其所提出的「一國兩制」方案，乃係威脅與利誘同時進行。

民國七十七年（一九八八）四月十三日，中共國家主席楊尚昆要求「臺灣領導人在統一問題上要有緊迫感」，同年四月二十日，文滙報社論之標題為「要有統一緊迫感」。次年九月二十四日，楊尚昆發

表談話，「希望國共老一輩人物有生之年進行雙方溝通」。十二月十二日，中共對臺工作會議決議「爭取早日解決臺灣問題，實現祖國完全統一，是全黨全國九○年代重大任務」。十二月二十日，十二月三十日，楊尚昆兩度放話，「希望早日實現國家統一」，以及「海峽兩岸應儘快統一，實行一國兩制」。

可見中共領導人對兩岸統一表達出緊迫感，至民國七十七、七十八這兩年達到最高點。八十年（一九九一）後，這類引起兩岸緊張的言辭不再出現，但仍一直宣稱不放棄以武力統一臺灣。

對於中共近年來積極進行的「和平統一」統戰攻勢，中華民國政府一直保持冷靜、鎮定，並適時予以防制及反擊。民國六十一年（一九七二）九月二十九日，當時任行政院長的蔣經國，在立法院做施政報告時，就明白指出不與中共進行接觸和談判。六十六年（一九七七）五月十二日，他再以中國國民黨黨主席的身份強調絕不與中共進行接觸和談判。到了民國六十八年，他再進一步地重申：「我們黨根據過去反共經驗，採取不妥協、不接觸、不談判的立場」。至此，「三不政策」乃告確立。同年一月十一日，行政院長孫運璿針對中共「告臺灣同胞書」發表談話，指出中共的「和平統一」實為一派謊言，目的在迷惑並欺騙美國人民、國會和輿論界；認為「吃飯要飯票，出外要路條，教育受限制，工作無選擇」的大陸社會，人民沒有行動和貿易自由，有何資格談「三通」、「四流」。葉劍英於七十年九月三十日發表「九項建議」的當天，即受到行政院新聞局長宋楚瑜的批評：「此等統戰花招，毫無新義」。十月七日，國民黨蔣經國主席在中常會上發表專文，對中共的和平統戰，從歷史上痛苦的經驗中予以拆穿，指出所謂「和談」，只是「戰爭的另一方式」和「政治詐術」。

民國七十年四月二日，中國國民黨第十二次全國代表大會通過「貫徹以三民主義統一中國案」，是

為我國對中共「和平統一」政治攻勢的基本對策，也是對中共政權的一項「反統戰」的政治攻勢。七十

七年七月，中國國民黨第十三次全國代表大會通過「現階段大陸政策」，仍宣示繼續堅持「三不立場」。

直到八十一年（一九九二）一月，海峽兩岸互動交流次數已至極為頻繁，層面已相當廣泛的時候，政府

仍未宣布放棄「三不政策」，行政院長郝柏村且於其就任以來的第五次記者會上表示：「在中共未放棄

以武力犯臺，以及仍在國際間百般阻撓我們的生存空間，且未認同政府同政府之間的談判，我政府不會

在民間接觸的基礎以外，再做進一步開展官方的對談」。八十年十二月二十八日，李登輝總統接受美國

之音訪問時明確地說，不拒絕與大陸三通，但前提是要臺灣的安全能獲得保障。這都充分顯示政府內部

已凝聚成一個共識，就是在確保臺灣生存安全的情形下，政府才有進一步與中共接觸的可能。而中共卻

在臺灣所看重的安全保障上毫不讓步，不放棄武力犯臺，並企圖以「三通」突破政府的「三不」，這種

企圖心，導致政府在強大民意要求直接三通壓力下，仍然堅持「三不政策」。但政府為疏解民意，仍允

許「間接三通」，但不得「直接三通」。

　　由於受到國際冷戰結束及國內民主思潮的激盪，政府自民國七十年起逐漸對兩岸關係進行較大幅度

的彈性調整，對於兩岸之間的民間交流、人員接觸以及貿易往來的限制逐步加以放寬。七十五年（一九

八六）起，政府推動政治革新、解嚴、開禁，國內整個政治氣氛趨於開放，新的大陸政策逐漸成型。七

十六年下半年，政府正式宣佈解嚴、放寬外匯管制，並於十一月二日開放民眾前往大陸探親以後，兩岸

經貿關係從此進入一個新里程，呈現了迅速、驚人的發展。根據民國七十九年十二月「香港政府海關統

計」資料顯示，七十九年兩岸轉口貿易金額為四○・○四三六一億美元，較六十八年的四六七三萬美元成

中國近代史

三九八

長了八十四倍，十二年間兩岸轉口貿易金額累計爲一五八‧四五八六億美元，平均成長率爲百分之七十

二。而根據財政部的統計資料更顯示，民國八十一年一至四月我國對香港的外貿出超額，累計已達四十

億四千萬美元，比同年同期我國對外貿易出超額四十億二千萬美元還要多，且八十一年四月份我國對香

港的單月份出口額與出超額，雙雙還創下歷年來的單月最高紀錄。在在顯示兩岸轉口貿易持續擴張，有

沸騰之勢。臺商也競相赴大陸投資，據大陸學者陳福敏的統計，臺商到大陸的間接投資到民國七十九年

底廠家約爲二八六〇家，協議投資總金額在三十億美元左右，四年間（自七十五年開始）的年平均成長

率爲百分之四〇‧七一。九〇年代由投資主導取代貿易主導的兩岸經貿關係新趨勢，已成爲所有關注兩

岸關係人士的新焦點。

由於海峽兩岸人民接觸日趨頻繁，兩岸經貿關係亦日益密切，其所涉及的法律事件，紛至沓來，影

響所及，既有之規範已不足以因應兩岸情勢之需要。政府盱衡主客觀情勢及實際需要，認爲在國家統一

前，爲確保臺灣地區安全及社會安定，並維護兩地區人民之權益，非於現行法律之外，另訂特別法不

可，乃著手研擬「臺灣地區與大陸地區人民關係條例」，以規範兩岸人民往來及解決所衍生之各種法律

事件。此一條例草案之研擬工作，由法務部負責，自七十七年八月底開始進行，經行政院審查通過，於

七十九年十二月二十日將草案送請立法院審議，立法院前後共召開十八次聯席審查會議，爲時長達一年

四個月，始於八十一年七月十六日三讀通過，並於同月三十一日經李登輝總統明令公布，完成立法程

序，全文共六章九十六條，嗣經行政院另定自九月十八日施行。

在大陸方面，自民國七十六年（一九八七）十月起，中共爲因應海峽兩岸的急遽發展，亦迅速頒布

一些專門規範「臺胞」的行政命令，例如七十六年十月的「國務院辦公廳關於臺灣同胞來祖國大陸探親旅遊接待辦法的通知」，七十七年七月的「國務院關於鼓勵臺灣同胞投資的規定」，八十一年一月的「國務院關於中國公民往來臺灣地區管理辦法」等等。惟中共迄今尚無全面規範兩岸關係的「兩岸人民關係條例」之立法。雖然中共北京之人民大學一些法學者曾草擬過一份「兩岸人民關係條例」，政法大學也曾提出「兩岸關係條例」三十七條，但都被中共擱置一旁，只能作為研究和參考之用，顯見中共自始至終無意制訂類似立法，只想便宜行事採取單方面頒布行政命令的方式來處理兩岸事務，但中華民國政府和人民並不以此為滿足，咸認必須將規範兩岸事務的法規從行政命令提升至法律的位階，對海峽兩岸人民的權益會較有保障。因此，在海峽兩岸未能正式談判解決雙邊關係的情況下，我國以正式立法適時通過「臺灣地區與大陸地區人民關係條例」，解決了兩岸無法可依的問題，使兩岸關係邁入比較穩定的局面，應具歷史意義。該關係條例明確規定，在無涉臺灣地區的民事事件上，承認並適用大陸地區的規定，在涉及臺灣的民事事件上，原則上適用臺灣地區的法律，但仍將視各個不同情況而分別規定適用大陸地區的法規，並不排除適用大陸地區的規定，這同是否強加臺灣地區的法律於大陸人民毫不相關。這種做法充分顯示「臺灣地區」立法機關的務實取向，旨在解決問題，使兩岸人民的權益同獲保障。雖然該關係條例難免帶有若干「臺灣優先」或「臺灣本位」的色彩，但那是在「臺灣地區」再三呼籲中共能以務實、對等、善意的態度相對待卻毫無回應下必然的結果，中共應負相當責任。該關係條例公布施行後，中共不但不自我省思，反而對該關係條例大肆批評，其中更有泛政治化的攻擊，實有礙其「統一大業」的進行。

中華民國爲因應新階段兩岸互動關係及其發展，並且建立政府處理大陸事務的主導權，陸續於民國七十九年十月七日成立「國家統一委員會」（簡稱國統會，成立時由李登輝總統爲主任委員，李元簇副總統爲副主任委員），同年十一月二十一日成立「海峽交流基金會」（即海基會，由辜振甫任董事長）。次日，於行政院之下成立「大陸委員會」（即陸委會，成立時由行政院副院長施啓揚兼主任委員，後易爲黃昆輝）。其中「海基會」雖屬民間組織，但其設立動力及經費大部分均來自於政府。其任務約爲㊀處理「陸委會」交辦事項；㊁處理民間往來交流有關事宜；㊂處理民間往來交流中涉及公權力而不便由政府出面的事務、技術性事宜；㊃推動本身業務。

接受政府委託辦理兩岸民間交流中涉及公權力而不便由政府出面的事務、技術性事宜；

大陸方面，中共早期的對臺工作是由毛澤東、周恩來親自領導，此時期執行對臺工作部門包括：中共中央統戰部、調查部、中共中央軍事委員會及其控制的總參謀部。此種以統戰、安全部門、軍方爲主的對臺工作組織體系，與當時中共「解放臺灣」的政策密切相關。文化大革命期間，是中共對臺工作最黯淡的時期，中共對臺工作組織運作停擺，臺胞遭嚴重打擊與鬥爭。其後，隨著中共對臺工作方針的調整，以及對臺工作的強化，民國六十八年十二月，鄧穎超以政協主席身分兼任「中央對臺工作領導小組」組長一職。此後廖承志、楊尚昆、吳學謙亦分別擔任小組要職（楊任組長，廖、吳爲副組長）。其中「小組」的日常辦事機構爲「中央對臺工作領導小組辦公室」（以下簡稱「中央對臺辦」或「中臺辦」），主任爲楊斯德。八十一年十月中共召開十四大、八十二年八月人大一次會議楊尚昆、吳學謙卸職後，「中央對臺工作領導小組」成員改組，由中共中央總書記江澤民任組長，錢其琛爲副組長，王兆國爲祕書長，成員有汪道涵等人。此外，民國七十七年九月，中共成立「國務院臺灣事務辦公室」（以

下簡稱「國臺辦」），任丁關根為主任（七十九年十一月，中共調派福建省省長王兆國接任主任，唐樹備為副主任之一兼發言人）。「國臺辦」的主要任務大致為㈠負責對臺工作有關官方的具體事務，成立對等單位；㈡接受執行中共對臺工作領導小組指示，向上（國務院及中共中央）申報；㈢接受執行中共對臺工作領導小組指示的有關教育、科技、文化、衛生、體育交流；㈣協調國務院各部門與黨的統戰部，共同對臺工作；㈤指導對臺經濟合作事宜，協調對臺有關實際接觸；㈥會同有關部門做好對臺接待、訪問工作；㈦負責對臺工作的對外發言。

七十九年底，臺灣成立「海基會」，當時中共當局並無意成立對等單位，且表示反對之意，其理由包括：成立對等單位可能給外界產生兩岸對等談判的印象，這是北京方面所一向反對的；成立對等單位可能延緩兩岸政治接觸的時機，不利兩岸早日坐上談判桌；中共主張國共直接派代表接觸，而不是由中介機構出面商談。不過，中共當局在「海基會」成立一年後卻有了另一種看法，其八十年三號文件即曾指出：「對臺灣設立有官方背景的中介機構，我應與之接觸聯繫，因勢利導，使其為實現直接三通發揮積極作用」。而事實上兩岸直接三通勢必要官方或具有官方背景的機構事先談判，臺灣未放棄「三不政策」前，不可能會與北京就「三通」問題進行接觸。因此，為了早日實行直接「三通」，中共有必要成立一個相對應於「海基會」的機構，以作為未來兩岸談判直接「三通」的準備。此一看法逐漸為中共決策單位所接受，因而「海峽兩岸關係協會」（以下簡稱「海協會」）於民國八十年十二月十六日在北京人民大會堂宣布成立，會長由汪道涵（前上海市長）擔任，常務副會長為唐樹備。「海協會」雖標榜為民間組織，其章程第一條亦凸顯其是「社會團體法人」。然而其宗旨則是根據中共中央、國務院的方針

處理兩岸之間的問題，促進直接「三通」和雙向交流。且從「海協會」的人事中可以看出，自唐樹備以下，由「國臺辦」轉任的官員頗多。因此，「海協會」實際上就是原「國臺辦」綜合業務局的擴大，主要幹部亦來自綜合局。

民國八十二年（一九九三年）四月二十六日，臺灣「海基會」董事長辜振甫，與大陸「海協會」會長汪道涵，在星加坡舉行備受世人矚目之「辜汪會談」，是為四十多年來兩岸關係最重大的突破。會談於四月二十九日結束，就會談結果來看，雙方各有所獲，也各有堅持，如雙方所簽署的四項協議，純屬民間事務交流性質，很難說是誰佔便宜。「海協會」臨時提出「三通」要求，「海基會」避而不談；「海基會」要求談判臺商投資保障問題，「海協會」不予理會。因此，就此次會談而論，雙方應該是平手的局面。

展望兩會未來談判之途，仍然充滿荊棘。因為曾和「海協會」接觸過的臺灣人士都發現它是一個非常講究組織紀律的及政治警覺性高之單位。「海協會」雖號稱是一個民間團體，但卻比官僚衙門還要森嚴。臺灣的「海基會」是一個服務兩岸人民事務性與功能工作的機構，但「海協會」卻是一個負有政治任務的組織。它對臺灣記者的訪談查證，態度防衛而保守；對涉及兩岸性事務與功能性之案件處理態度消極，兩岸談判懸而未決，千島湖事件（發生於八十三年三月三十一日，三十二名臺胞在浙江慘遭劫財殺害）的運作即是鮮明的實例。事實上，「海基會」對兩岸事務性與功能性問題的解決與趣不大，現階段真正想做的只有推動兩岸直接「三通」，以及促成兩黨高層人士接觸、談判的工作。對此「海基會」副董事徒呼負負，顯得有些力不從心。因此八十三年二月在北京舉行的焦（焦仁和，新任之「海基會」副董事

第十一章 中共統治下的中國大陸

第一節 中共政權的成立

民國三十八年秋，共軍南侵之際，九月二十一日在北平召開「全國人民政治協商會議」，參加包括「解放區」、「解放軍」、「人民團體」，與「各黨派」等共四十五個單位，正式代表五百一十人，候補代表七十七人，特邀代表七十五人，共計六百六十二人，其中中共幹佔四百零八人，其他包括失意政客、軍閥、名伶，以及變節政府官員，若顏惠慶、張治中、傅作義、龍雲、黃紹竑、梅蘭芳、程碩秋等，制定具有「臨時憲法」作用「共同綱領」。三十日選舉毛澤東為主席，朱德、劉少奇、李濟琛、張瀾、高崗等為副主席，李立三等五十六人為「中央人民政府委員會委員」。十月一日中共政權正式成立，定名「中華人民共和國中央人民政府」，改北平為北京，而作為國都。十月二日，蘇俄首先予以承認，各附庸國繼之。二十一日毛澤東發表「政務院」人選，以周恩來為「總理」，兼「外交部部長」，其各部會署行局架床疊屋，名目繁多，重要機構均由共幹任主管，少數閒散單位，任用變節份子作點綴。「人民革命軍事委員會」由毛澤東兼主席，朱德、劉少奇、周恩來、彭德懷、程潛等為副主席。

民國三十八年十二月十六日，毛澤東應召赴莫斯科，參加慶祝史達林七十賤辰，其「政務院總理兼外交部長」周恩來、「東北人民政府主席」李富春、「新疆人民政府主席」賽福鼎，及蘇俄駐中共「大

使」羅申等同行。二十一日到達莫斯科，迅即進行史毛談判。毛滯留俄國至三十九年三月四日始返北平，同年二月十四日雙方宣佈在莫斯科簽訂重要協定三項：一爲蘇俄與中共「友好同盟互助條約」，規定雙方不參加反對對方之任何集團及行動，彼此給予一切之經濟援助及合作。一爲「關於中國長春鐵路、旅順及大連的協定」，表面規定一九五二年（民國四十一年）底以前，蘇俄將中國長春鐵路及旅順大連管理權移交中共政權，由中共償付蘇俄自一九四五年（民國三十四年）日軍投降起，對該處設備之恢復與建設之費用。而附帶聲明：「一旦締約國任何一方受到日本或其他與日本相勾結任何國家之侵略，因而被捲入軍事行動時，雙方可共同使用旅順港口海軍根據地，以共同對敵作戰。」一爲關於蘇聯政府給予中共「長期經濟貸款作爲給付自蘇聯購買工業與鐵路的機器設備協定」，規定蘇俄在五年內貸款中共政權三億美元，其用途硬性規定必須用以償付由蘇聯交付之機器設備與器材，包括電力、金屬，與機器製造工廠之設備，採礦、採煤等礦坑設備，鐵道及其他運輸設備，鋼軌及其他器材等。至該機器設備與器材所開採之資源，依照規定須長期（按：至一九六三年十二月三十一日）用以償付前項貸款及其利息，不足時應以其他原料、茶葉、現金、美元償付。並規定原料與茶葉之價格數量，及交付期限，使中共政權無異於蘇俄之傀儡組織。其後直至民國五十年中共與蘇俄正式內訌，十餘年間與蘇俄簽訂各種賣國條約達數百種之多。包括文教、軍事、經濟、農業、漁業、交通、礦產各類別。在此期間，大陸俄籍軍事顧問及技術人員經常在八萬人左右，控制一切港口要塞及交通網。中共之一切軍事教育及科學技術全盤蘇俄化，俄軍散駐東北、西北各要地，單獨設立電臺與機場。

一九五〇年（民國三十九年）六月，韓戰爆發後，中共初則派遣技術及顧問人員協助北韓南侵，迨同年十月聯軍反攻逼近東北國境，中共懼大陸同胞響應起義，復因受俄國所唆使，乃組織「抗美援朝志願軍」，先後以林彪、彭德懷爲司令員，開入北韓對聯軍發動瘋狂猛撲，聯軍驟不及防，被迫後撤。其後共軍送次增援，至一九五一年春，與聯軍相持於金化、鐵原地區。一九五三年七月，韓境停戰協定簽字，總計共軍死傷達一百五十四萬人，其中約一百萬人係脅迫「戴罪立功」之國軍俘虜。而志願來臺之反共義士高達一萬四千餘人。彼等在濟州島戰俘營中時有可歌可泣之愛國表現，曾血染國旗，遍體刺「反共抗俄」字樣，並瀝血上書　蔣總統，表示嚮往自由，效忠領袖之決心。一九五四年（民國四十三年）元月，反共義士分批抵臺，受到祖國軍民之熱烈歡迎，共同參加復國建國之大業。

中共僞政權之成立，係利用「全國人民政治協商會議」爲掩飾，以製造「聯合政府」之騙局。其後迅即限制各黨派自由活動，而全力向下層社會滲透發展。民國四十三年六月八日，中共開始在大陸舉辦「全國人民代表大會代表」普選，各地在「一黨提名一人競選」情形下，一千二百二十六名代表中，共幹份子竟佔百分之九十二以上。九月十五日至二十八日，「人代會」集會北平，通過憲法，公開揭出一黨專政之眞面目。「大會」仍選舉毛澤東爲「主席」，毛仍提名周恩來任「總理」。四十七年四月十八日至二十八日，「人代會」舉行第二屆大會，代表名額照舊，改選劉少奇任「主席」。五十三年十二月，「人代會」舉行第三屆大會，「代表」名額增至三千零四十五名，仍選舉劉少奇連任「主席」。五十五年，「文化大革命」發生後，劉因「叛徒、內奸、工賊」罪名，被毛澤東、林彪派所淸算，由「副主席」董必武代行其職權，而第四屆「人代會」因大陸人心不穩，歷時七年迄未舉行。

作　業

一、史毛協定訂立於何時？並說明中共賣國之內容？

二、中共參加韓戰傷亡若何？

三、韓戰來歸反共義士有何愛國表現？

四、扼要說明大陸淪陷以來中共首要奪權之經過？

第二節　中共之內訌與殘民

先是民國三十四年四月中共舉行「第七屆全國黨員代表大會」於延安，所通過之「新黨章」，規定以毛澤東思想指導共黨思想，確定毛在共黨之「領袖地位」。四十五年九月，中共舉行第八屆全國黨員代表大會於北平，復通過「新黨章」，黨權漸由劉少奇、鄧小平所操縱，毛氏地位有日趨下降之勢；毛乃支持林彪當選中央政治局委員以厚其勢力。四十七年五月，毛為進一步培植林彪之政治地位，在中共「八屆五中全會」中，增選林彪為中央委員會副主席，林彪乃躋身於中共中央最高領導階層。四十八年八月，中共八屆八中全會中，彭德懷「反黨集團」被整肅，毛復提升林彪接替彭德懷所任中央軍委會副主席及國防部部長職位。五十五年八月，中共召開「八屆十一中全會」，改組中共中央人事，毛澤東再提升林彪為中共中央唯一副主席，林彪勢力因之大張。文化大革命前夕，毛在北平已陷入四面楚歌之困境，迫而遠走上海，幸獲林彪支持，始得返平。遂利用紅衞兵發動文化大革命，於五十七年九月五日初步完成對

劉、鄧派之奪權鬥爭，在二十九省、市、自治區成立「革命委員會」，使毛恢復獨裁控制權。「文化大革命」期間，毛、林利用「軍管」消滅劉、鄧「走資派」，林彪因利乘便，自國務院各部會起，以至各省市自治區及其所屬之縣級黨政機構，普遍成立「軍管會」和「軍管小組」，由共軍各部、軍種，及軍區、各地駐軍首長負責領導，於是舊第四野戰軍系統聲勢大張，計二十九省、市、自治區「革命委員會」主任委員中，軍人佔二十一人，其中屬於林派系統者竟達十三人之多；而各軍區司令員，亦多改由林嫡系繼任。五十九年四月一日，中共為慶祝「無產階級文化大革命勝利」，及籌備召開「第四屆全國人民代表大會」，在北平召開第九次「全國代表大會」，在林彪要脅下，通過新黨章，規定林為毛之法定繼承人。於是毛處境日危，毛妻江青所代表之「革命群眾派」，國務院總理周恩來所代表之「革命幹部派」，與林彪明爭暗鬥，越積越多。六十年九月中旬，大陸發生「九月風暴」，林彪與其妻葉群、參謀總長黃永勝、空軍總司令吳法憲、海軍高級政治委員李作鵬等，被毛所誅死，對外嚴密封鎖消息，遲至六十一年七月二十八日，中共始正式對外宣佈，謂林彪等於去年九月一項政變陰謀失敗後逃離大陸，在外蒙古境內墜機身亡。

中共政權成立之初，在蘇俄控制下，不顧民命，以糧食作饑餓之輸出。韓戰爆發後，因須換取戰略物資，輸出數量更為龐大。民國三十八年根據中共蘇俄「哈爾濱協定」，中共輸出蘇俄糧食八千萬美元，折合大米九十萬噸。三十九年對外輸出糧食增至三百萬噸，四十年為三百六十萬八千噸，四十一年為四百五十萬噸，四十二年為六百萬噸，以後各年均有增加。

中共占據大陸之初，全國人口約四億八千六百萬，可耕土地面積約十六億八千萬畝，每年增殖人口

約一千四百萬，加以天災與人謀不臧，糧食供應日趨嚴重。四十三年大陸被災農田共九千七百萬畝，饑

民約二億上下，而同年中共僅輸往東南亞糧食價值三億五千二百八十萬美元。四十四年大陸被災農田逾

二億三千萬畝，災民約佔半數，而中共僅輸往東南亞糧食價值四億一千七百五十萬美元。四十八年大陸

被災農田高達六億五千萬畝，除共幹共軍外，五億八千萬同胞陷入全面大饑荒中，每人每日配米僅有六

兩，而同年中共仍有六百萬噸農產品出口，其有意製造饑荒，置民命於不顧之暴政暴露無遺。

大陸淪陷後，各地同胞因不堪中共統治，或從事反共宣傳，或建立反共組織，或進行游擊破壞，或

掀起抗暴活動，或紛紛奔向自由，悲憤壯烈之事蹟不勝枚舉。而中共遂藉口「鎮反」（鎮壓反革命）、

「肅反」（肅清反革命），殘殺無辜同胞，二十餘年來，總數高達六千六百萬人。至於其虐民暴政，則

以「土改」、「勞改」，與「人民公社」爲最殘酷。

民國三十九年六月三十日，中共頒佈「土地改革法」，沒收所有地主土地，分給無地或少地農民，

其過程可分爲四階段：第一階段稱做「打威風」，在「窮人翻身」口號下，逮捕折磨地方有聲望士紳，

造成恐怖統治。第二階段稱做「劃階級」，將農民劃分爲六等十二級：六等爲富農、富裕中農、中農、

佃農、僱農、貧農。十二級爲地主、半地主、大地主、中地主、小地主、官僚地主、當權地主、惡霸地

主、工商地主、經濟地主、肉頭地主、沒落地主。規定前六級必殺，後六級必抓。第三階段稱做「燬契

約」，號召農民「退租退莊」，將民間一切信用往來之田地租約、地契、借據等，一概收繳焚燬，以安

分得耕地住屋農民之心，而絕地主報復之想。第四階段稱做「農業合作化運動」，或「農業改造運動」。

全部歷程分爲三時期：第一時期成立「互助組」，開始編組農民。第二時期成立「初級農業合作社」，

以村爲單位，農民各以土地入社，惟得保留五分之一爲菜地，公選本村「有領導能力」農民爲社長，負統一經營之責。第三時期成立「高級農業合作社」，由多數「初級農業合作社」合併而成，全部土地歸公，工具歸公，由共幹任社長，對農民實行全盤控制，使其成爲牛馬般之生產工具。

中共控制大陸後，制定所謂「勞動改造條例」，不經法院審判，用「反動、反革命、特務嫌疑、資本主義走狗、思想不穩」等名義，將知識份子下放勞動營或勞動場，無償勞動，穿著勞改字號衣服，分隊編組住於茅棚中，以稻草爲蓆褥，日與臭蟲、蝨子、蚊蟲爲伍，每天工作十三小時。以民國四十七年爲例，規定每人每月糧食十八市斤，每餐「基本口糧」三市兩。四十九年更推行所謂「代食品」運動，命勞改犯改食「茜菜糕」、「甘蔗粉」、「蕃薯藤糕」，動輒體罰，待遇不如牛馬，極盡窮兇極惡之能事。預計目前大陸經常在營在場之「勞改犯」約二千萬左右，已經有五六千萬人嚐受勞改之苦。幸而未遭受勞改同胞，亦因中共各項虐政，每日掙扎在死亡邊緣。

民國四十七年四月起，中共首在河南遂平縣農業生產合作社開始試辦農村人民公社。至十二月底推廣至各省市，農村公社建立至二萬六千五百七十八個之多。同時城市亦分別開始建立，至四十九年七月底，發展至一千零六十四個城市公社，入社人口五千五百五十萬人。以「生活集體化，組織軍事化，生產戰鬥化」爲號召，公社轄區日漸擴大，所謂「工農商學兵」，五位一體，均需加入公社之組織。由於人民不特失去僅有之生產憑藉，並破壞其家庭組織，剝奪其自由，因而激起普遍之反抗。故自四十九年至五十一年爲其退卻時期，五十二年至五十七年爲重整時期。文化大革命期間，中共對農村公社控制力大爲削弱，農民趁機瓜分公社集體資財，私人經營迅速發展。至五十八年三月，各地農村公社始先後成

立「革命委員會」，「精簡」組織機構，推廣大寨式勞動管理制度，復逐漸定型。

作　業

一、林彪因何被毛澤東所整肅？

二、說明大陸淪陷之初中共之饑餓輸出政策？

三、說明中共「土改」之殘暴行為？

四、中共推行之「人民公社」內容若何？

五、中共怎樣「勞動改造」知識份子？

第三節　「紅衞兵」與「文化大革命」

中共發動「文化大革命」之目的，企圖澈底消滅中國傳統文化，及三民主義思想。開始於民國五十四年，最初鬥爭投靠中共「史學家」吳晗之「資產階級學術觀點」，認為吳氏在大陸淪陷前所發表言論，即具有親國民政府、崇美、反共色彩。至五十五年五月「三家村」反毛事件發生，中共內部反右派鬥爭，乃形成空前之大風暴。三家村係中共加予吳晗、鄧拓（馬南邨）、廖沫沙（繁星）「反黨、反社會主義集團」稱呼，鄧拓原任中共「北京市委」書記處書記、中共中央華北局書記處候補書記，廖沫沙原任中共「北京市委」統戰部長、北京政協副主席。「三家村」事件之由來，乃因鄧拓、吳晗、廖沫沙三人合寫之「三家村札記」而起。該札記共計六十七篇，從五十年十月，到五十三年七月，連續發表於

「前線雜誌」。此外鄧拓所寫之「燕山夜話」，凡一百五十三篇，從五十年三月，到五十一年九月，先後刊登於「北京晚報」，均被列為是「毒草」或「毒箭」作品。或指其過去所發表之著作中曾為國民黨效忠，或指其曾發表紀念孔子或「封建社會道德論」文字，或指其「堅持資產階級的學術路線」。

民國五十五年五月四日，北平「解放軍報」社論提出「社會主義文化大革命」名詞，以後又改為「無產階級文化大革命」。同年五月十六日，毛澤東乃以中共中央名義發出通知，於政治局常委之下，設立「文化革命小組」，由陳伯達、江青負責，「文化大革命」遂成為一個「政治運動」。由「破四舊，立四新」（文化、思想、風俗、習慣），進而否定過去歷史遺產，否定現代文化思潮，而自陷於落後愚昧孤立之絕境。由攻擊吳、鄧、廖，進而對手無寸鐵曾經御用過之左傾文人周谷城、羅爾綱、翦伯贊、侯外廬等，展開嚴厲之批判。

惟因中共黨政組織以及共青團、工會、婦聯會等團體，均被劉少奇、鄧小平等所控制。毛、林派缺乏群眾基礎，乃廣泛利用知識經驗欠缺，而富於熱情之青少年，組織「紅衞兵」，作為「文化大革命」主力軍，向當權派「造反」。於是中共高級幹部黨中央副主席、「政府主席」劉少奇，中央副主席、中央政治局常委、中央軍事委員會副主席、「人代常委會委員長」朱德，前中央副主席、政治局常委、「國務院副總理」陳雲，以及重要當權派羅瑞卿、陸定一、陶鑄等，均成為「鬥」、「批」對象。同年五月七日，毛澤東發出「反右派」指示，其要點如下：（一）自六月起各級學校「停課鬧革命」。（二）廢除考試制度，改用選拔推薦辦法。（三）號召青少年「敢想、敢說、敢做、敢革命」，「不怕苦、不怕難、不怕死」。（四）聲稱：「馬列主義千條萬條，祇有一條：造反有理，革命無罪。」（五）實行

「大鳴大放」、「大辯論」、「大字報」、「大串聯」。於是北平大中學校紛紛出現「紅旗小組」、「戰鬥小組」等組織，以中共高級幹部及所謂「紅五類」（工、農、幹部、軍人、復員軍人）子弟為主體，發動「保衛毛澤東」、「保衛毛澤東思想」、「保衛毛澤東革命路線」運動。

同年八月一日至十二日，中共「八屆十一中全會」，決定建立「紅衛兵」，作為「文革」運動中「革命群眾組織」，於是「紅衛兵」乃成為合法之團體。由林彪任「總司令」，賀龍任「參謀長」，周恩來任顧問。八月十八日，中共在北平天安門廣場舉行「慶祝無產階級文化大革命大會」，紅衛兵首次擔任警戒任務。八月三十日林彪接見紅衛兵時，稱讚是「文化大革命的急先鋒，是人民解放軍的後備力量。」於是各地紅衛兵乃由學校走向社會，以排山倒海之勢，摧毀我國歷史文物和倫理道德，干涉人民生活習慣，破壞交通，造成社會及生產秩序之大混亂。所有「大字報」盡量刊登被「批」、「鬥」人員之「黑材料」，毛澤東先後八次接見各地擁至北平之紅衛兵，及所謂「革命師生」，共計達一千二百萬人。於是各省市紅衛兵互相訪問，交換經驗，免費乘坐車船，供應膳宿，分別建立所謂「革命造反派的核心組織」。從機關學校文化界之「鬥」、「批」、「改」，進而到社會之「鬥」、「批」、「改」，造成打擊劉、鄧派之主要力量。十月二十五日，中共中央工作會議，劉、鄧被迫當眾自我批判，檢討錯誤。五十六年元旦，毛、林派透過「人民日報」和「紅旗」雜誌，發表「把無產階級文化大革命進行到底」社論，號召紅衛兵、知識份子、機關幹部，走向工廠、農村，與工農聯合，徹底摧毀劉、鄧主要陣地。同年五月以後，整個大陸形成武鬥潮，演至六、七月間，達到最高峯。九月以後，毛、林派卒利用群眾組織為基礎，以軍隊為支柱，在各

地達成奪權之目的。十月十四日，中共中央及偽「國務院」，強迫各地紅衞兵由社會返回學校，「復課鬧革命」，接受軍事訓練，整頓組織，並開始在各省市成立「革命委員會」，社會秩序始逐漸恢復，而毛、林兩派之間，復展開新之鬥爭。

「文化大革命」對中共發生嚴重之惡果：(一)使共黨整個組織體系完全解體，共黨中央形成四分五裂之局面。截至五十七年五月，共黨現存之一百七十二名中委及候補中委中，擁毛者僅有四十五人，其餘或被整肅，或被撤消職務。(二)中共政權體系全面瓦解。以國務院為例，主要負責人包括副總理、辦公室主任、副主任、部長、副部長、被整肅者達一百二十六人之多，地方行政組織破壞尤甚。(三)軍事危機加深。共軍高級將領被整肅者達五十六人，造成衞戍部隊與公安部隊間之矛盾。(四)經濟情況惡化。由於奪權反奪權之結果，不僅使中國大陸經濟普遍受到糜爛，其財經領導機構亦陷於癱瘓狀態，造成工農業生產之銳減，及對外貿易之衰退。(五)文化眞空，教育停頓。由於文教知名人士多數被批判或整肅，使整個大陸陷入黑暗時代。

作　業

一、毛澤東發動「文化大革命」之目的安在？
二、何謂「紅衞兵」？並說明其「鬧革命」之經過？
三、「文化大革命」對中共有何惡劣影響？

第四節 中共的外交

自中共占據大陸以來，其對外策略有三個極端之轉變。（一）中共與蘇俄勾結階段。自民國三十八年中共政權成立，至四十七年八月毛澤東與俄酋赫魯雪夫談判決裂，十年期間，中共之外交活動完全向蘇俄「一邊倒」，雙方維持主奴關係，中共全力反美，對亞非國家則以「和平共處」為手段，進行其滲透顛覆活動。（二）中共反蘇反美階段。自民國四十七年八月，至五十七、八年間中共「文化大革命」暴亂之後，中共欲在國際共產主義運動中獨樹一幟，一面指責蘇俄為現代修正主義者，與蘇俄爭奪國際共黨之領導權，一面繼續反美，聲稱美蘇勾結聯合對其實行夾擊。（三）中共笑臉攻勢階段。自民國五十八年四月，中共「九全大會」之後，中共為挽救其內部危機，積極加強對民主國家政治、經濟、貿易、文化、宣傳等活動。甚至對美國亦表現出「友好」姿態，使各民主國家對其發生錯覺與幻想，競相與其建立「外交」關係。

一九五三年（民國四十二年），蘇俄總理史達林逝世，蘇俄內部權力鬥爭激烈，國際共黨領導中心開始發生動搖。中共藉機企圖擺脫蘇俄之控制；惟因彼此依附之需要，直至一九五六年（民國四十五年）二月蘇共第二十次大會，雙方表面仍維持主奴關係。該次大會期間，蘇俄總理赫魯雪夫發動清算史達林個人崇拜思想，提出戰爭可以避免論調，大為毛澤東所不滿，雖未作公開之反對與批評，而銜恨甚深。一九五七年（民國四十六年）十一月二日，毛第二次訪蘇，參加「十月革命」四十週年慶典與國際共產黨大會，和赫魯雪夫簽署所謂「莫斯科宣言」，號召在亞非地區拉丁美洲建立「反帝反封建的統一

戰線」，毛爲繼續乞求蘇俄工業和技術援助，不惜發表阿諛蘇俄之談話。一九五八年（民國四十七年）八月，赫魯雪夫與毛在北平舉行會談，因毛堅決拒絕蘇俄對中共軍事經濟之控制，雙方關係始告分裂。

一九五九年（民國四十八年）一月，赫魯雪夫在蘇共第二十一次大會上，首次指責中共人民公社缺乏物質基礎。雙方思想正式表示離異。六月，蘇俄片面取消一九五七年（民國四十六年）蘇俄與中共所簽定之「關於國防新技術協定」，撤退在大陸科學專家和技術人員，拒絕向中共提供原子彈樣品，及製造原子彈技術資料。九月，蘇俄政府發表「關於中印邊境事件的聲明」，偏袒印度，於是雙方乃展開激烈之大論戰。中共公開攻赫魯雪夫爲修正主義者，爲「大國沙文主義」和民族利己主義者。一九六四年（民國五十三年）十月，赫魯雪夫被黜後，中共復指責蘇俄領袖柯錫金、布里茲涅夫、包戈尼等，聯合美國對其夾攻，利用反對蘇共現代修正主義鬥爭，推進對共產集團與國際共黨之分裂活動。

中共「文化大革命」期間，一面爭取西方國家之承認，並建立經濟關係，一面加強其反蘇反美鬥爭。慫恿紅衞兵在北平蘇俄大使館門前示威，毆辱蘇俄外交人員，聲言要把「反對現代修正主義的鬥爭進行到底」。蘇俄一面經常派遣各種軍用飛機侵入東北上空進行偵察，陳兵遠東邊境達一百三十萬人之多；一面策動各附庸國對中共實行總攻，利用群衆包圍中共駐莫斯科「大使館」，催逼欠債，召回使節，驅逐中共留俄學生。一九六九年（民國五十八年）三月，雙方邊境部隊在烏蘇里江珍寶島發生衝突後，緊張情勢發展至最高峯。同年六月，新疆邊境復發生衝突事件，因之雙方貿易頓減，關係頻臨破裂邊緣，乃由蘇俄建議舉行邊界談判。直至一九七〇年（民國五十九年）秋，雙方雖復互派「大使」，而其兩年邊境談判始終毫無進展。近年雙方軍事對峙並未放鬆，蘇俄迭次公開表示中共是主要威脅者，是國際共

產主義運動之叛徒。毛澤東亦聲明雙方理論鬥爭要鬥爭一萬年，至少九千年。

近年中共為突破孤立，加強美蘇之疑忌，自一九六九年（民國五十八年）四月中共「九全大會」之後，外交政策作劇大之轉變。一面在世界各地加強滲透與顛覆，一面利用和平統戰攻勢，煽動美國姑息主義者反對越戰，使其對中共發生錯誤之幻想。首先利用華沙大使級會談，緩和與美國之緊張空氣，繼於一九七〇年（民國五十九年）七月提前釋放美籍神父華理柱，一九七一年（民國六十年）四月邀請美國乒乓球隊訪問中國大陸，美國朝野部份人士對中共之認識竟因之混淆不清。美總統尼克森欲利用中共影響力早日結束越戰，爭取時間穩定國內經濟，增加中共蘇俄之衝突，以及提高聲望達成連任總統之目的，一九七〇年（民國五十九年）八月放鬆對中共貿易之限制，一九七一年（民國六十年）三月取銷美國公民往中國大陸旅行之禁令。同年七月復宣佈訪問北平計劃，十月聽任由中共混入聯合國，造成世界反共形勢之迷亂。

惟尼克森一九七二年（民國六十一年）二月二十一日至二十八日之中國大陸訪問，並未能稍減對中共之基本歧見，二十七日在上海所發表之「尼周公報」，中共絕未放棄其基本之侵略政策。而尼克森在公報中，暗示美國反對中共以武力侵犯臺灣之野心與行動。後來中共迭次邀請美國國會議員、學人、記者、工人、青年學生，訪問中國大陸，企圖煽動美國內部動亂，誘使美國傾向姑息主義，用心可謂狠毒至極！

又自中共占據大陸以來，日本執政之自民黨對中共雖不作正式之承認，但雙方自一九六二年（民國五十一年）後分別設立「備忘錄貿易辦事處」，從事商品之交易。日本左側份子迭次訪問中國大陸；中共亦經常派遣所謂「文化團體」赴日本從事滲透顛覆活動。「文化大革命」後，中共與日本貿易總額略

中國近代史

四一八

有增加，因之日本投機政客積極從事與中共「建交」之活動。由於周恩來敵視日本佐藤內閣，「建交」談判遲遲未獲具體結果。一九七二年（民國六十一年）七月，田中角榮繼任日本首相，周恩來乃利用時機主動發表雙方儘速「建交」之聲明。九月二十五日田中訪問中國大陸，二十九日與中共發表「聯合公報」，彼此從事「外交」之承認。

中共除對與其已建有「邦交」之英、法等國，以偽善姿態積極展開貿易及統戰攻勢，並為爭取其他民主國家之承認，對亞非落後地區，以提供經技援助為誘餌，而改變其在「文革」期間所造成之惡劣國際環境。此一陰惡毒計，使國際姑息主義氣燄愈益囂張，造成民主國家與中共交往之歪風，使國際情勢更加複雜混亂。

作　業

一、說明中共占據大陸以來對外之不同策略？

二、分析中共近年「反蘇」之原因？

三、中共怎樣引誘日本建交？

第五節　如火如荼的民主運動

中國大陸在中共的統治之下，政權操在極少數的高幹手中，一般人民少有參政的機會；加以共產國家一向講求集體的利益，個人毫無自由可言，物質生活條件，又遠不如西方先進國家，大陸人民在鬱悶

之餘，紛起向中共領導當局表達他們的不滿，要求民主、要求自由。四十多年來，大陸人民曾進行多次追求民主、自由的抗爭活動，其中以民國四十六年（一九五七）的新五四運動、六十五年（一九七六）的第一次天安門運動（即四五運動）、七十五年（一九八六）的新一二九運動、七十八年（一九八九）的第二次天安門運動最具代表性。

民國四十四年底，中共發動「肅反」，被侮辱與被傷害者多達一百四十萬人。毛澤東為了安撫人心起見，於次年五月二日，在最高國務會議致辭中提出了「百花齊放，百家爭鳴」的口號。四十六年二月二十七日，他重彈此調，要「正確處理人民內部矛盾的問題」。於是同年三月和四月，各大城市召開了座談會，毛在一次知識分子集會上再次發言強調共產黨人歡迎批評，也需要批評。他敦促黨中央正式贊同「齊放與爭鳴」運動。五月一日，中共正式公布關於整風運動的指示，要大家以「鳴放」來幫助共產黨進行一次反官僚、反宗派主義、反主觀主義的整風，於是五、六月間，大陸各民主黨派、工商界人士、知識分子乃至共產黨員爭取民主的呼聲，如火如荼地展開，其中青年學生鳴放的聲音最大最強，此即所謂新五四運動。

民國四十六年五月二日，北京各校學生代表在頤和園集會，商定在五月四日晚間舉行自由民主大會，用大字報、討論會等方式，公布中共的劣跡，並創辦一個刊物，開放部分組織以吸收同學，展開更廣泛的接觸，向知名人士和各大專發出民主接力棒，以擴大社會影響等。會中還決定為顯示力量，將理論鬥爭的中心放在五四運動策源地的北京大學，以及被指為教條主義大本營的人民大學，其他各校則全力支援這兩校的活動。兩天後，各校幾乎都舉行了五四紀念晚會，其中以北京大學最為熱烈，會中高呼

「五四精神萬歲」等口號。稍後，北大學生譚天榮等人發起成立「百花學社」，兩日內社員已發展到近兩千人，並在各校成立分社，總社仍在北大，於五月十八日召開代表大會，遂成爲新五四運動的核心組織。

「百花學社」成立後，新五四運動卽向各地伸展，清華大學成立了「庶民社」，南開大學成立了「自由廣播」等，天津大學成立了「鳴放社」等。其中最著名最坦率的是中國人民大學的一名女學生林希翎，她組織「自由論壇」，用馬克思主義的觀點抨擊「新的階級」制度，指出，除非中國實行眞正的民主，否則中國就不可能成爲一個眞正的社會主義社會。另外武漢大學成立了「火燄社」，並與湖北醫學院、湖北師專等校同時宣布罷課，組成師生聯合陣線。重慶大學組織了「聲援北大同學會」，蘭州大學也有「赴京請願代表團」的設立。總計在四十六年五月初到六月初，新五四運動普獲大陸大學生的支持，僅北大一校就提出了四千多條抨擊中共的意見。中共驚恐之餘，乃開始變臉反撲，發動反右派鬥爭來鎮壓。據中共自己估計，右派人數高達六百萬，力量不容忽視。四十六年五月二十五日，毛澤東在接見共青團代表的講話時就表達了他對此一運動方向的關注，他警告說：「一切離開社會主義的言論行動是完全錯誤的」。七月一日，人民日報刊出毛澤東執筆的社論「文匯報的資產階級方向應當批評」一文，略云：「有人說，這是陰謀。我們說，這是陽謀。因爲事先告訴了敵人：牛鬼蛇神只有讓它們出籠，才好殲滅它們；毒草只有讓它們出土，才便於鋤掉。」毛澤東鼓勵鳴放的本意，是在安撫、拉攏知識分子，不料弄巧成拙，只好美其名爲「陽謀」，新五四運動的大學生和任何敢言者，都在「陽謀」下遭到殘酷的打擊。

民國六十五年一月八日，中共中央副主席、國務院總理、政協全國委員會主席周恩來病逝。同年三月底起，大陸人民在飽受文化大革命的煎熬之餘，借悼念周恩來的名義，在北京天安門廣場示威。四月四日（農曆清明節），悼念活動達到高潮。北京和外地來的羣衆，不顧當時一再重申的禁令，到天安門廣場的達二百多萬人次。聲勢浩大，羣情激憤。天安門廣場的花海人潮中，觸目都是詩詞和條幅，包括「若有妖魔興風浪，人民奮起滅豺狼」；「欲悲聞鬼叫，我哭豺狼笑，洒淚祭雄傑，揚眉劍出鞘」；「熱血湧心潮，痛詞壯征歌，我按三尺劍，犬物敢禍國？」「中國已不是過去的中國，人民也不是愚不可及，秦皇的封建社會已一去不復返了」。由此可知，第一次天安門運動雖以悼周的形式出現，矛頭則指向毛澤東、四人幫和共產制度。

四月五日凌晨，中共當局調集了卡車、救火車和大吊車開進天安門廣場，將所有的花圈、詩詞、輓聯沒收撤走，憤怒的羣衆與一部分民兵、警察和士兵發生嚴重的衝突。晚上九時三十分，一萬多民兵和警察奉命手持木棍跑步進入廣場，驅趕、毆打和逮捕留在廣場的羣衆。事後，北京衛戍區動員部隊在廣場清洗了三天以上的血跡，並展開追捕行動，直到四人幫本身被捕爲止。四月七日，由毛澤東提議，中共中央政治局通過，撤銷鄧小平在黨內外一切職務，任命華國鋒爲中共中央第一副主席和國務院總理。

六十七年十一月，中共新當權派因本身政治利益之需，開始爲第一次天安門運動平反，強調四人幫的鎮壓之舉才是反革命，「中國不是四人幫的，人民，只有人民才能決定中國的命運，只有人民才能推動歷史前進」。鄧小平表面上爲第一次天安門運動平反，稍後的一九七九年三月二十九日，卽逮捕中國大陸最著名的異議人士魏京生，並判以重刑（有期徒刑十五年），鄧式民主的本質，於此可見。

民國七十五年十二月九日，安徽合肥的中國科技大學在一二九運動五十一周年時爆發了學潮，迅即蔓延各地，規模之大，為中共建國以來所未曾有。十二月十日，上海交通大學校園內首先出現了大、小字報。此後，北京、南京、西安等地校園內相繼出現大字報，學生上街遊行，提出關心改革的口號，言詞相當激切。此次學潮的共同口號是「要民主」和「要自由」，上海交通大學並質問中共統治的基礎，同濟大學呼籲打倒官僚主義，南京地區的學生要求打倒專制，天津南開大學建議效法菲律賓人民推翻馬可仕的起義，北京大學更指斥中共領袖為暴君。總計一個月內，至少有一百五十所大學的青年加入示威行列，大陸各省除了西藏和青海，都有官員匯報學潮的消息。中共當局惶恐之餘，在上海、南京、北京、蕪湖、武漢、青島、太原、天津和四川各省市展開逮捕行動，對象包括大學生、留學生、知識青年、工人和反共人士等。

民國七十六年一月十二日，中共中央和國務院決定，改組中國科技大學領導班子，免去管惟炎校長、黨委副書記和研究生院院長職務。敢做敢言的副校長方勵之，亦同時被免職，罪名是「在不同場合散佈了許多資產階級自由化的錯誤言論，背離了四項基本原則」，以及「企圖擺脫黨的領導和背離社會主義道路的辦學思想，給中國科技大學帶來極惡劣的影響，這些錯誤思想在這次科大鬧事中充分暴露出來」。所謂四項基本原則，是指「堅持社會主義道路，堅持無產階級專政，堅持共產黨的領導及堅持馬列主義、毛澤東思想」四個堅持為中心的基本原則，是中共的「國策」，背離者可謂「罪孽深重」。一月十七日，中共安徽省紀委開除方勵之黨籍，同月，兩名大膽直言的作家劉賓雁和王若望，也被開除黨籍。作風較開明的中共中央總書記胡耀邦，則在一月十六日舉行的中共中央政治局擴大會議上

辭職，由國務院總理趙紫陽代理中共中央總書記。消息傳到美國，中國大陸留美、加學生、學者發起公開信簽名運動，支持大陸學生運動與胡耀邦。留學生最爲傷心的，是中共當局對方勵之、劉賓雁、王若望等人的懲罰處置，認爲是標準的倒行逆施。他們在公開信中一連提出了四個「不利於」──不利於安定團結；不利於民主與法制的建設；不利於發展對外經濟合作；也不利於祖國的統一大業。充分表露他們對鄧小平領導下的中共當局深切的不滿。

民國七十八年一月六日，方勵之致函鄧小平，指出本年爲中共政權四十年，也是五四運動七十年，有鑒於此，他建議實行大赦，特別是釋放魏京生以及所有類似的政治犯。此函既出，吳祖光、湯一介、蘇曉康、蘇紹智、王若水等三十三位知識分子，於二月十三日以公開信連署響應。三月十四日，又有戴晴、嚴家其等四十三位文化界人士加入聲援，而中共當局置若罔聞。

四月十五日，胡耀邦心臟病突發逝世，爲學生們發動大型示威製造一個適當的藉口。胡在被迫辭去中共中央總書記以前，一直是鄧小平預定的接班人，擔任總書記達六年之久。中共邁向市場經濟和採取更開放的政治體系泰半要歸功於胡耀邦；胡對知識分子的尊重以及對異議分子的容忍，深得學生尊敬。

在胡去世當晚，北大學生立即貼出大字報，頌揚胡爲民主鬥士，要求大規模遊行來悼念他。四月十八日清晨，二千多名學生繞北京城遊行，高呼民主口號並唱民主歌曲。學生當時提出三個要求：㈠中共官方應重新評價胡耀邦；㈡政府應爲「反精神污染運動」以及「反資產階級自由化運動」中所犯的錯誤公開道歉；㈢某些國家領導人應引咎辭職。其他學生領袖又加上更多的要求，例如以民主方式選舉人大代表，釋放政治犯和實施新聞自由。

四月二十日，十萬學生和市民齊集天安門廣場，提出「慈禧退休」等口號，上海、天津、武漢、合肥應之。次日，包遵信、吳組緗、嚴家其、李澤厚、北島、蘇曉康等四十七名知識份子，致函中共中央、人大常委會和國務院，呼籲加速大陸民主進程和政治體制改革，清除各級黨政機構中日趨嚴重的腐敗現象，解決各級政府普遍存在的軟弱低頭狀態，實現憲法規定的言論和新聞自由，確保大眾傳播媒介的輿論監督功能。「我們建議，黨和國家領導人認眞聽取學生的願望和要求，直接與學生們平等對話，汲取一九七六年天安門事件的歷史教訓，不能置之不理；置之不理，容易激起學生們的過激反應，不利於全國人民同心同德實現中華民族的現代化大業」。

四月二十二日，中共官定悼念胡耀邦期限已過，學運開始邁向新的階程。首先是將北京地區的大專院校組成學生聯盟，該聯盟於四月二十三日發表一份聲明要求學生總罷課。其次，學生的訴求也不斷增加，要求公開中共高幹及其子女的收入和財產。第三，學生的口號也開始改變。學生以特殊的經濟事件，如通貨膨脹和官員投機倒把等具體問題，取代政治民主化的空泛要求。這些事件都切中時弊，是當時工人和市民所關心的主要問題。因此，工人也加入了遊行行列。四月二十四日，北大出現大字報，箭頭指向鄧小平，謂中國已沒有時間等強人去世才爭取民主，何況強人之後可能出現另一強人。四月二十六日，人民日報發表社論，指控學運是「企圖向共產黨奪權的陰謀」，「是一場嚴重的政治鬥爭」。「如果我們不果斷地阻止這次動亂，我們國家將永無寧日。我們的改革和現代化，以至國家的未來都將視這場鬥爭而定」。把學生運動定位為「動亂」，立即引起公憤，次日，北京爆發四十年來最大規模的示威，超過十五萬名學生不顧中共當局的警告和軍隊向北京集結的威脅，在北京市內遊行達十四小時，

如果包括路旁搖旗吶喊以示支持的羣眾在內，總計約有五十萬人參與這次遊行。

五四前夕，李洪林、于浩成、嚴家其、張顯揚、戴晴、張抗抗等知識分子，發表「五四七十周年倡議書」，肯定學生的愛國行動，是五四精神在新時期的延續。事實證明，「民主當然不能一蹴而就，但是我們不能同意所謂中國人民素質太低因而需要推遲民主的怪論。「民主當然不能一蹴而就，但是我們不能同意所謂中國人民素質太低因而需要推遲民主的怪論。事實證明，缺乏民主素質的，恰恰是那些害怕民主的官員」。五月四日，高舉「自由、民主、科學」、「反對貪污、打倒官僚」等旗幟的遊行隊伍，受到北京市民夾道歡迎，也有標語強調「發揚五四、超越五四」。由於中共當局不肯讓步，五月十六日傍晚，工人、學生決定在五月十三日開始絕食抗議，絕食抗議贏得廣大羣眾的同情和支援。五月十七日中共蘇聯高峯會議進行生、市民總數超過三十萬人在天安門廣場集中公開抗議中共的作為。五月十六日傍晚，工人、學中，超過一百萬的民眾走上街頭，形同一次總罷工。民眾控制了北京，在一片旗海中，到處出現要求鄧小平和李鵬下臺，以及爭取更大民主的標語和口號。

和以往歷次的學運比較，民國七十八年的第二次天安門運動，具有幾個顯著的特徵。第一，這次運動的規模是歷次最大的。從四月十五日到六月初，總共有八十個城市，超過六百所大專院校，總數達二百八十萬的學生參與這次運動。幾乎所有大專院校都加入了示威的行列。到後來，此一運動吸引了各階層的人士，包括演員、工會成員、科學家、工程師、記者、文藝工作者，以及其他來自社會、黨、政組織的各方面人士。第二，這次運動也是中國近代史上持續最久的一次。從追悼胡耀邦逝世到六四大屠殺為止，一共維持七週之久。雖然運動的波瀾有起伏，其活力卻從未減退。第三，這次的學生運動是和平非暴力的，與南韓和非律賓學生的激進作風完全不同，自始至終學生都保持高度的紀律與自制。第四，

這次學運亦受到全球最多的注視；西方媒體從開始就予以廣泛的報導。當全球記者群集北京採訪中共蘇聯高峯會議前夕，學生的絕食抗議反成為世界最矚目的電視新聞。

五月二十日，中共國務院經理李鵬在電視廠播宣佈戒嚴已在北京部分地區實施，政府已命令軍隊清理天安門廣場。經過兩週刻意的籌劃部署，大屠殺已如箭在弦。六月四日清晨二時，五十輛卡車和步兵衝向通往天安門廣場的市街。先頭部隊掃除巴士組成的路障以利軍隊前進，解放軍在極短時間內從東、西、南三方面進入天安門廣場，其餘則在紫禁城或人民大會堂屋頂和毛澤東紀念堂前待命。一萬名左右軍隊展開強烈的攻擊行動，恣意射殺群眾。攻擊行動迅速擴展到天安門外地區，大批坦克橫越全市，其中有些隨便開火，北京已成為一個恐佈的血腥城市。清晨五時，天安門廣場已空無一人，遍地是沾滿血跡的殘骸。這場慘絕人寰的大屠殺死亡人數說紛紜。中共國務院發言人袁木，六月十六日接受美國全國廣播公司電視採訪時答稱，在這次事件中，解放軍有五千多人受傷，圍觀的群眾和「歹徒」受傷的有兩千多人，死亡的數字大體上三百人，包括解放軍和「歹徒」和少數圍觀的群眾⋯⋯袁木的說法，不僅曲解事實，且少報死亡人數，刻意廻護中共當局之心昭然若揭。八月二十九日，總部設在倫敦的國際特赦組織，發表長達四十八頁的初步報告，列舉第一手資料，譴責中共在六四天安門廣場鎮壓行動中，濫殺老幼和學生，至少有一千三百人在中共安全部隊的坦克和自動武器下喪生，喪生者多是無武裝的老百姓。

六四事件後，中共當局立卽在北京及其他主要城市大規模追捕民運人士，至六月二十日，被逮捕人數已超過一千五百人。六月二十二日至二十三日，就有二十七名「罪犯」遭到處決。據估計到九月中

旬，僅北京就有五千至一萬人被捕，其他地區被捕總數亦至五千至一萬之間。然而仍有一些著名異議人士如方勵之、劉賓雁、蘇曉康等人，第二次天安門運動學生領袖如吾爾開希、柴玲、李祿、封從德等人，透過各種管道逃離中國大陸，旅居美國，向世人控訴中共當局血腥鎮壓民運的種種暴行。

作　業

一、說明第一次天安門運動的由來及其影響。

二、何謂中共「建國」之四項基本原則？

三、與中國大陸歷次民運相比，第二次天安門運動有何顯著特徵？

三民大專用書書目——歷史・地理

書名	著者	服務機構
蜀漢風雲人物	惜秋 撰	
隋唐風雲人物	惜秋 撰	
宋初風雲人物	惜秋 撰	
民初風雲人物（上）（下）	惜秋 撰	
世界通史	王曾才 著	臺灣大學
西洋上古史	吳圳義 著	政治大學
世界近代史	李方晨 著	
世界現代史（上）（下）	王曾才 著	臺灣大學
西洋現代史	李邁先 著	前臺灣大學
東歐諸國史	李邁先 著	前臺灣大學
英國史綱	許介鱗 著	臺灣大學
德意志帝國史話	郭恒鈺 著	柏林自由大學
印度史	吳俊才 著	政治大學
日本史	林明德 著	臺灣師大
日本信史的開始——問題初探	陶天翼 著	
日本現代史	許介鱗 著	臺灣大學
臺灣史綱	黃大受 著	
近代中日關係史	林明德 著	臺灣師大
美洲地理	林鈞祥 著	臺灣師大
非洲地理	劉鴻喜 著	臺灣師大
自然地理學	劉鴻喜 著	臺灣師大
地形學綱要	劉鴻喜 著	臺灣師大
聚落地理學	胡振洲 著	臺灣藝專
海事地理學	胡振洲 著	臺灣藝專
經濟地理	陳伯中 著	前臺灣大學
經濟地理	胡振洲 著	臺灣藝專
都市地理學	陳伯中 著	前臺灣大學
中國地理（上）（下）（合）	任德庚 著	